重原久美春

日本銀行とOECD

実録と考察

内外経済の安定と発展を求めて

中央公論事業出版

Some OECD Chief Economists, from left: John Fay, Sylvia Ostry, David Henderson, Kumiharu Shigehara

No.1 (1)

No.1 (2)

No.1 (3)

No.2 (1)

No.2 (2)

No.2 (3)

No.2 (4)

No.3 (1)

No.3 (2)

No.3 (4)

No.3 (3)

No.4 (1)

No.4 (2)

No.5 (1)

No.5 (2)

No.5 (3)

No.6 (1)

No.6 (2)

No.6 (3)

No.7 (1)

No.7 (2)

No.7 (3)

No.8

Honourable Donald J. Johnston, P.C., O.C., Q.C.

Glen Sutton, Quebec ,Canada,   5 February 2019

On Publication of Your New Book

Dear Kumi,

On this day which marks your eightieth anniversary, I would like to express my hearty congratulations on the forthcoming publication of your new book.

This follows your book "The Limits of Surveillance and Financial Market Failure – Lessons from the Euro-area Crisis" which was published by Palgrave Macmillan in 2014. It was essentially the proceedings of the international conference held in Paris on 23 September 2013, which was organized by you as president of the International Economic Policy Studies Association with assistance from Robert Raymond, honorary director general of the Banque de France, former director general and CEO of the European Monetary Institute (EMI), the forerunner of the European Central Bank (ECB).

The event, which I attended as former OECD secretary-general, gathered first-class economists with rich experience in domestic and international and financial policy-making, as well as policy advisory work, in Europe, the USA and Japan. It demonstrated your admirable capacity to assemble such people on the basis of your long-run personal and friendly ties that have been established and strengthened over more than three decades through your work as an eminent economist at the OECD as well as at the Bank of Japan. And, in my view, which was, I believe, shared by all other participants, the conference, aimed at in-depth discussion of fundamental issues with a view to finding ways for better management of the euro area and the global economy more generally, was a big success.

Earlier last year, you informed me and other former OECD colleagues about writing your memoirs. You then let us know that, in addition to a record of your work as a Japanese central banker, it would include descriptions of your contributions to OECD activities, starting with those related to Economic Policy Committee (EPC) and in particular its Working Party No. 3 on balance of payments adjustment (WP3) before the demise of the Bretton Woods system and the OECD's pioneer project on monetary policy studies in the early 1970s when OECD secretary-general was Emile van Lennep and you were Head of Monetary Division in the Economics and Statistics Department (ESD).   You also informed us that these descriptions would be followed by a section on your second service at the OECD in the early 1980s. as a deputy to Silvia Ostry, then Head of ESD and OECD chief economist.

Jean-Claude Paye, my predecessor as OECD secretary-general invited you to work at the OECD for the third time, as Director of General Economics Branch of ESD in 1987. You declined his offer to appoint you as OECD chief economist and Head of the Department before the end of your two-year term and returned to the Bank of Japan in late 1989 to become the Bank's chief economist in December of that year.

DJJohnston Consulting Inc., 537 Courser Road, Glen Sutton, QC, Canada JOE 2KO
email: donaldjames.johnston@gmail.com Tel. 1.450.538.5124 - Cell. 1.514.209.0551

Honourable Donald J. Johnston, P.C., O.C., Q.C.

Two years later, Paye succeeded in inviting you to assume the OECD chief economist's post as he felt that EPC and WP3 activities should be revived under your strong leadership.

Your new book does not end with your work as OECD chief economist for 5 years and a deputy secretary-general for 2 years and 2 months during my first term as OECD secretary-general. It also includes your work as President of an independent association of former OECD economists who worked for you in the Economics Department. It includes your evaluation of the OECD's surveillance activities in the 2000s and the 2010s: those in the run-up to the global financial and economic crisis, the Euro-area crisis and the UK referendum on Brexit.

As such, your new book is very important for the OECD where there is so little living institutional memory.

Don

Honourable Donald J. Johnston PC OC QC

あなたの新著刊行に寄せて

2019 年 2 月 5 日
カナダ国ケベック州グレン・サットン

　親愛なるクミヘ

　あなたが 80 歳の誕生日を迎えたこの佳き日、あなたの新著が近く発刊される運びであることについて心からお祝いを述べたいと思います。

　新著は、あなたが『監視の限界と金融市場の失敗』と題してパルグレイヴ・マクミラン社から 2014 年に出版した書物に次ぐ成果です。前著は、あなたが国際経済政策研究協会の会長として 2013 年 9 月 23 日にパリで主宰された国際会議の模様を取りまとめたものでした。会議のパリ開催にあたっては、フランス銀行名誉総局長で欧州中央銀行（ECB）の前身である欧州通貨機構（EMI）事務局長でもあったロベール・レモンの支援がありました。

　この国際会議には、私も OECD 前事務総長としての立場で参加しましたが、欧州、米国そして日本における国内面そして国際面における金融政策の立案や政策提言に関する経験が豊富な第一級のエコノミスト達が一堂に会したことを憶えています。あなたは、傑出した人達を結集する卓越した力量を示されました。それは、あなたが日本銀行だけではなく OECD における著名なエコノミストとして通算 30 年余に亘って勤務する中で築き強固なものにした永続的で心の通う友好関係を礎にしたものでした。ユーロ圏、更には世界経済のより良い運営方法を模索する掘り下げた議論を企図したこの国際会議は大成功でした。この思いは、出席した私だけでなく全ての参加者に分け持たれていることでしょう。

　昨年のはじめに、あなたは私や OECD における他の元同僚達に回顧録を執筆する計画を知らせてくれました。それは日本の中央銀行家としての過去の活動の記録にとどまらず、OECD におけるあなたの活動に関する記述を盛りこんだものになる由でした。その記述は、OECD 事務総長がエミール・ヴァンレネップであった 1970 年代の初めから始まり、ブレトンウッズ体制の崩壊以前からの経済政策委員会（EPC）、なかんずく国際収支調整に関する第三作業部

3

会（WP3）の活動に関する仕事、そして金融調査課長としてあなたが成し遂げた金融政策研究に関する OECD の先駆的な作業にも触れるということでした。また、シルヴィア・オストリが OECD 経済統計総局長・チーフエコノミストであった 1980 年代初め、あなたが二度目の OECD 勤務をした時の活動も記述されることも伺いました。

OECD 事務総長としての私の前任者であったジャン＝クロード・ペイユは、あなたを OECD 一般経済局長に招聘しました。こうして 1987 年に始まった三度目の任期 2 年間の勤務が終了する前に、あなたはペイユから提示された OECD 経済総局長・チーフエコノミスト就任を断り、1989 年初冬に帰国し、同年 12 月に日本銀行のチーフエコノミストに任命されました。

その 2 年後、ペイユは、首尾よくあなたを OECD チーフエコノミストに招くことが出来ました。彼は、EPC と WP3 の復活のためにはあなたの強力な統率力が必要だと感じていたのです。

この新著は、5 年に及ぶ OECD チーフエコノミスト、私が OECD 事務総長であった当初の 2 年 2 カ月に亘る副事務総長としてのあなたの活動に関する記述で終わるものではありません。新著には、あなたが OECD 経済総局長時代に部下であったエコノミスト達と一緒に独立した組織を立ち上げて、その会長として行なってきた活動の記録も含まれています。そこでは、2000 年代と2010 年代における OECD の監視活動、特に世界金融経済危機、ユーロ圏危機、そして英国の EU 離脱是非論を巡る OECD の監視活動をあなたがどのようにご覧になっていたかを知ることが出来ます。

そういう意味で、あなたが新しく書き下ろされたこの本は、組織記憶の伝達者が殆どいない OECD にとってかけがいのないものです。

ドンより
（ドナルド　J. ジョンストン）

日本銀行とOECD
──実録と考察──
内外経済の安定と発展を求めて

目　次

あなたの新著刊行に寄せて　ドナルド　J.ジョンストン前 OECD 事務総長

写真一覧　7
はしがき　11

第一部　日本銀行と OECD における仕事

第 1 章　中央銀行業務の修得と国際通貨制度の動揺　26

第 2 章　考察：固定平価制度における日本の物価安定　48

第 3 章　考察：平価切上げ～西ドイツと日本の比較　56

第 4 章　考察：準備通貨国の節度～英国と米国　64

第 5 章　史料：国際協力の枠組み整備と OECD 第三作業部会　75

第 6 章　OECD の金融調査研究　88

第 7 章　日本銀行の金融調節と民間銀行外貨業務の指導　110

第 8 章　内外金融政策の企画部門の兼務　119

第 9 章　米国高金利と日本円安～OECD 第三作業部会の検討　145

第 10 章　日本銀行金融研究所の立ち上げ　165

第 11 章　プラザ合意・ルーブル合意前後の地方経済　171

第 12 章　バブル形成期の銀行考査　180

第 13 章　OECD 一般経済局長としての活動～第三作業部会の立て直し　185

第 14 章　日本銀行チーフエコノミストとしての活動　192

第 15 章　史料：日本締め出し論　203

第 16 章　OECD チーフエコノミストとしての活動　212

第 17 章　史料：欧州における金融・為替相場政策の運営　247

第 18 章　OECD 副事務総長としての活動　252

5

第二部　私人としての言論活動

新しい生き方を志して　278

第 19 章　日本の経済政策運営〜2000 年以降　280

第 20 章　経済の発展と社会公正　307

第 21 章　人材の育成　314

第 22 章　国際機関による監視活動の事後評価　321

第 23 章　多角的監視の枠組みの再構築　338

第 24 章　繁栄のための新たなモデルを求めて　344

第三部　人事を巡る話題

第 25 章　日本銀行と OECD の職員としての処遇　350

第 26 章　OECD 首脳陣の選任　357

第 27 章　日本銀行総裁の選任〜私の経験　364

余禄　生い立ちと学び　377

あとがき　392

本書および著者に関してコメントを収録させていただいた方々　417

重原久美春略年譜　418

解題　矢後和彦　420

著作目録　437

人名索引　445

写真一覧

No.1（1）歴代 OECD チーフエコノミスト一覧　©OECD
　　左から、第 3 代ジョン・フェイ（英国人）、第 4 代シルヴィア・オストリ（カナダ人、女性として初の就任）、第 5 代デヴィッド・ヘンダーソン（英国人）、第 6 代重原久美春（日本人、非英語圏出身者として初の就任、1992 年 5 月〜97 年 5 月）。（出典）OECD, "From War to Wealth: Fifty Years of Innovation", 1997, p.55.
No.1（2）重原久美春 OECD 経済総局長記者会見
　　左から、コンスタンティノ・ユーク（経済総局・政策調査局長）、スティーヴン・ポッター（経済総局・国別審査局長）、重原久美春（経済総局長）、ジェフリー・シェイファー（経済総局・国別審査局次長、後に米国財務次官）、ジョン・マーティン（経済総局・総括評価課長、後に社会労働政策局長）。1992 年 6 月 OECD「経済展望」発表時。
No.1（3）OECD 本館（Château de la Muette）の外観

No.2（1）OECD 経済政策委員会第三作業部会（WP3）東京会合・昼食懇談会
　　左から、速水優（日本銀行外事審議役）、前川春雄（日本銀行副総裁）、ジョン・フェイ（OECD 経済統計総局次長）、ヘンリー・ウォーリック（米国連邦準備制度理事会理事）、スティーヴン・マリス（OECD 一般経済局長）、緒方四十郎（日本銀行外国局総務課長）、重原久美春（OECD 経済統計総局・金融調査課長）。WP3 東京会合の際に日本銀行本店で開かれた昼食懇談会にて、1974 年 5 月。
No.2（2）アジア開発銀行ウィーン総会出席の日本銀行関係者
　　左から、横山昭雄（日本銀行フランクフルト事務所長）、速水優（日本銀行理事）、箕浦宗吉（日本銀行秘書役）、森永貞一郎（日本銀行総裁）、森永隆子夫人、横山夫人、重原久美春（日本銀行総務部兼外国局調査役）。ウィーン郊外、ドナウ河畔にて、1978 年 4 月。
No.2（3）森永貞一郎日本銀行総裁へのブリーフィング
　　左から、重原久美春（日本銀行総務部兼外国局調査役）、森永貞一郎（日本銀行総裁）、速水優（日本銀行理事）。羽田国際空港 VIP 待合室にて、1978 年 4 月。
No.2（4）速水・緒方・重原＝鼎談「国際経済の流れをみつめて」
　　左から、緒方四十郎（日本銀行外事審議役）、速水優（日本銀行理事）、重原久美春（日本銀行総務部兼外国局調査役）。日本銀行行内誌『にちぎん』1978 年 12 月号。

No.3（1）日本銀行広島支店勤務時代（1962 年〜 65 年）
　　日本銀行同期の永島旭君（当時、福岡支店勤務）の広島来訪。
No.3（2）日本銀行広島支店勤務時代（1962 年〜 65 年）
　　ワーナー氏（山際正道日本銀行総裁の英語の先生）の広島市内視察の案内。

7

No.3（3）日本銀行長崎支店長時代（1983 年〜 86 年）

　　佐々木義孝氏（当時、十八銀行常務取締役）が日本銀行長崎支店長室に来訪して製作した切り絵。

No.3（4）日本銀行長崎支店長時代（1983 年〜 86 年）

　　スティーヴン・マリス（元 OECD 事務総長顧問）夫妻の長崎来訪。

No.4（1）日本銀行金融研究所主催第 5 回国際コンファランス・レセプション

　　右から、アラン・メルツァー（カーネギー・メロン大学教授）、重原久美春（日本銀行金融研究所長）、スタンレー・フィッシャー（マサチューセッツ工科大学教授、後に世界銀行チーフエコノミスト、国際通貨基金（IMF）筆頭副専務理事、イスラエル中央銀行総裁、米国連邦準備制度理事会副議長）、ローダ・フィッシャー（同夫人）、重原曄子。1991 年 10 月。

No.4（2）OECD 事務総長公邸夕食会　©OECD

　　左から、ジャン＝クロード・ペイユ（OECD 事務総長）、トマゾ・パドア＝スキオッパ（イタリア銀行副総裁）、重原久美春（OECD 経済総局長）、マリオ・グラフ・フォン・マツーシュカ（ドイツ OECD 代表部大使）、ジャン＝クロード・トリシェ（フランス国庫局長）、ハンス・ティートマイヤー（ドイツ連邦銀行副総裁、OECD 第三作業部会議長）。カッコ内の肩書きは 1993 年 9 月当時のもの。この直後ティートマイヤーはドイツ連邦銀行総裁に、トリシェはフランス銀行総裁、後に欧州中央銀行総裁に、トマゾ・パドア＝スキオッパは欧州中央銀行専務理事をへてイタリア財務大臣に、それぞれ就任。

No.5（1）OECD・WP3 会合　©OECD

　　左から、ヴォルフガンク・リーケ（ドイツ連邦銀行国際金融局長）、ジャン＝クロード・ペイユ（OECD 事務総長）、ハンス・ティートマイヤー（ドイツ連邦銀行副総裁、OECD 第三作業部会議長）、重原久美春（OECD 経済総局長）、コンスタンティノ・ユーク（OECD 経済総局・政策調査局長）、マイケル・ファイナー（同次長）。1993 年 9 月。

No.5（2）OECD・WP3 会合　©OECD

　　左から、ローレンス・サマーズ（米国財務次官）、エドウィン・トルーマン（米国連邦準備制度理事会国際金融局長）、ウィリアム・ホワイト（カナダ銀行副総裁）、スコット・クラーク（カナダ財務次官、後に副長官）、ユルゲン・シュタルク（ドイツ財務次官）、ジャン＝クロード・ペイユ（OECD 事務総長）、ハンス・ティートマイヤー（ドイツ連邦銀行副総裁、OECD 第三作業部会議長）、重原久美春（OECD 経済総局長）。1993 年 9 月。

No.5（3）OECD・WP3 会合　©OECD

　　左から、ジャン＝クロード・ペイユ（OECD 事務総長）、ローレンス・サマーズ（米国財務副長官、OECD 第三作業部会議長）、重原久美春（OECD 経済総局長）、コンスタンティノ・ユーク（OECD 経済総局・政策調査局長）。1995 年 7 月。

No.6（1）OECD閣僚理事会　©OECD

左から、ジャン・アルチュイ（フランス財務相）、重原久美春（OECD副事務総長）。1997年6月。

No.6（2）OECD閣僚理事会　©OECD

左から、レナート・ルジェロ（GATT事務局長）、エリック・オスブリンク（スウェーデン財務相）、ライフ・パグロツスキー（スウェーデン貿易相）、重原久美春（OECD副事務総長）。1997年6月。

No.6（3）OECD首脳ロシア訪問　©OECD

右から、アナトリー・チュバイス（ロシア第一副首相兼財務大臣）、ドナルド・ジョンストン（OECD事務総長）、重原久美春（OECD副事務総長）。モスクワ・クレムリンにて、1997年10月。

No.7（1）ベルギー・リエージュ大学名誉経済学博士号授与式

右から、ギュイ・カダン（ベルギー国立銀行理事、後に総裁）、ベルナール・ジュリオン（リエージュ大学・学長）、重原久美春（OECD副事務総長）、重原曄子。1998年11月。

No.7（2）OECD経済総局の旧幹部一同

左から、アンドルー・ディーン（経済総局長室マクロ経済担当審議官などを経て国別審査局長、英国人）、ニコラス・ヴァンストン（元国際収支課長、英国人）、ロバート・プライス（元金融財政課長、英国人）、重原久美春（元総局長）、ジェフリー・シェイファー（国別審査局次長、後に米国財務次官）、ポール・アトキンソン（元総括評価課長、米国人）。パリ郊外のレストランにて、2015年7月。

No.7（3）日本銀行1962年入行者一同

前列中央が重原久美春。日本銀行入行50周年記念夕食会。帝国ホテルにて、2013年2月。

No.8　東京大学入学記念

前列左から、重原るつ（母）、重原いえ（祖母）、重原久美春、後列が重原格（弟）。1958年5月。

9

はしがき

前川春雄の教え

第24代日本銀行総裁・前川春雄（注1）の人物像を描き出した経済ジャーナリスト浪川攻の著書『前川春雄「奴雁」の哲学』に、以下の記述があります。

「国際機関の職員として出向する部下にはこのような言葉を送っている。92年に非英語圏国出身者として初のOECD経済総局長に就任した重原久美春が70年に最初のOECD勤務を始めた際、前川は言った。『日本や日銀のことは全部忘れろ』国際機関で働く以上、国際的な視野を持って働くべきである、ということである。人の扱い方に細かい神経を使いながら、心構えを伝えていたことが理解できる。」（注2）

このエピソードは、1992年初め、私が経済協力開発機構（Organisation for Economic Co-operation and Development: OECD）の経済総局長に就任することがOECDと日本銀行から同時に発表された直後、朝日新聞（1月24日）の人物紹介欄『この人』の中で、大きな顔写真と共に最初に明らかにされたものでした。

日本の出番

この朝日新聞の記事が出る2日前、国際機関における日本の役割について、「日本の出番」と題した、かなり皮肉交じりの記事が英国『フィナンシャル・タイムズ』紙（1992年1月22日）（注3）に掲載されました。その中での私の人物紹介は次のようなものでした。

「これまで日本は国際機関に対して、最も優秀な官僚を送り出すよりも、多額の資金を拠出することのほうが得意であった。それだけに、重原久美春が次期の OECD チーフエコノミストとしてどのような仕事振りをするかには異例の関心が寄せられよう。」

「パリに本部がある OECD のチーフエコノミストはこれまで一貫して英国人ないし北米人であった。」（写真 1-1）

「自己主張が出来ると共に、豊かな国際感覚を持ち、自らの思うところを惧れず発言する新しいタイプの日本人の典型と言われている。」

OECD 経済総局長就任の経緯

実は、1991 年 10 月下旬、OECD 事務総長ジャン＝クロード・ペイユ（フランス人、写真 4-2）の命を受けたジョン・ルウェリン官房長（英国人）が、私に経済総局長就任を考慮して欲しいという事務総長の要請を伝達するため、パリ本部から東京まで出張し、日本銀行で金融研究所の所長をしていた私の執務室を訪れたという経緯がありました。しかし、私は当初、ペイユ氏の招聘話を即座に断ってしまいました。

それというのも、OECD 加盟国の経済政策のあり方に関する論議の場として特に重視されてきた経済政策委員会（Economic Policy Committee: EPC）、そして外部の人には殆ど知られていない第三作業部会（Working Party No.3: WP3）、という二つの OECD 会議の活動状況について、これに参加している政府と中央銀行の幹部がいろいろと不満を持っているということを私が承知していたからでした。

しかも、私はそれまでに OECD 経済統計総局（1992 年から経済総局に改称）において前回の一般経済局長を含めて既に 3 回も勤務経験がありましたので、これらの会議を再生させるというのは一筋縄では出来ない仕事であることも十分承知していました。

その上、外交プロトコルの上で主要国の経済官庁の次官ポストに相当する OECD 経済総局長に就任すれば、当時 OECD で事務総長につぐ「実質ナンバー

ツー」とも称せられた重要な立場であるだけに、以前の OECD 勤務と異なり、相当長い期間のパリ住まいを覚悟しなければなりません。それは、東京に残ることになる家族にも大変な負担を伴うことになります。

　また、仕事の面では、2 年間に亘った OECD 一般経済局長としての勤務を終えて 1999 年末に日本銀行に戻り、金融研究所長を命じられた時に、総裁であった三重野康（注 4）氏から、年次の関係で最初の局長ポストは金融研究所長だが、やがて企画局長になってもらい、その後は国際金融担当の理事として活躍して欲しい、と思っていると内話を頂いていました。人事の話はあてにならないもので、こうしたシナリオどおりになると信じていた訳でもありませんし、またそれが現実となる場合に、そうした昇進の道を自分として本当に望むのだろうか、自分の心の内を計り知れないでいる面もありました。

　ところが、ルウェリン官房長がパリ本部に帰任して 1 週間も経たない内に今度はペイユ事務総長が自ら私に直接国際電話をかけ、招請を受けるよう説得に乗り出すに及び、私はこの難題に立ち向かおうと意を決しました。

　私の OECD 復帰が公表されると、こちらから何の知らせもしない内に、欧米の主要紙の報道などを読んだ海外の友人達からいくつかの興味深い反応がありました。

　マーヴィン・キング（当時のイングランド銀行理事、後に副総裁をへて総裁）は、早速、お祝いと強い励ましの手紙を送ってきました。同様に、これまで個人的には知己をえていなかったローレンス（通称ラリー）・サマーズ（当時は世界銀行のチーフエコノミスト、後に米国・クリントン大統領の下で国際金融担当の財務次官、財務副長官、財務長官を歴任、写真 5-2）から来た祝い状には、OECD と世界銀行との協力を強化出来ることを期待していると書かれていました。

　一方、米国連邦準備制度理事会（FRB）の金融政策局長であり、ポール・ヴォルカー議長の右腕だったスティーヴン・アキシルロッドの手紙は、より意味深長な内容でした。「貴方が国際機関の要職に就くのは日本にとって良いことだと思います。しかしながら、貴方のように国際社会を熟知し、そこで楽に活躍することが出来る人物が日本の国内で枢要ポストを歩んでゆく機会も与えられる方が日本にとってはもっと良いという気がします」というものでした。

　アキシルロッドは、ヴォルカー議長の退任直前に FRB の要職から日興証券

はしがき　*13*

の米国現地法人の副会長に転じ、旧態依然とした日本の金融界の実態に触れ、来日する機会に必ず私と会い、不満を漏らしていました。こうした彼が書簡に書いたこのメッセージをどう解釈すればいいか、考えさせられましたが、私のOECD復帰は既に決断されていました。

カナダの第20・22代首相ピエール・トルドーの懐刀で、エミール・ヴァンレネップ事務総長の下でOECD初の女性のチーフエコノミスト兼経済統計総局長として活躍した後、自国に戻り要職を重ねていたシルヴィア・オストリ（写真1-1）からも間も無く祝い状が届きました。私は1980年から2年間、一般経済局の次長として彼女の指揮下で働いたことがありました。私の四度目のOECD勤務開始のニュースを当時国際通貨基金（IMF）の若手エコノミストであった息子からの電話で知ったということでした。そして私のOECDチーフエコノミスト就任の報道はIMFの中で早くも評判になっているとも書かれていました。

こうして、OECD本部が所在するフランスと大西洋を挟んだ北米側では、米国やカナダの友人達のほか、ワシントン所在のIMFと世界銀行の多くのエコノミスト達、そして海外メディアの目がOECDにおける私の仕事ぶりに向けられていることが分かりました。

OECD経済総局の活動

案の定、OECD復帰後しばらくしたところで、『フィナンシャル・タイムズ』紙の腕利き記者デヴィッド・マーシュが書いた「シンクタンクの運営責任者が刷新を模索」と題する記事（注5）が掲載され、OECDにおける私の改革の取り組みが報じられました。しかも、私の大きな写真入りで。

確かに同紙が報じたように私は刷新と改革を行ない、そして幸い成果を上げることが出来ました。現に、1994年に入ると、嘗てOECD経済総局の活動に極めて批判的だった英国財務省の高官達が同局の仕事ぶりに対して非常に高い評価をするようになったことが、OECD官房長のロンドン出張報告の中に書かれてあり、これを読んで喜んだペイユ事務総長がコピーを私に回してくれました。このメモには、経済政策委員会（EPC）は「劇的な変貌を遂げ」、「非常に満足のいくもの」になった、と書かれていました。また、メモには、第三作業

部会（WP3）については、英国の参加者達が「出席する種々の国際会議の中で最も準備の行き届いたもの」とまで評価していました。

　ところで、EPC については、その名称が示唆するとおり、OECD の目標に沿って加盟各国の経済金融情勢と政策運営を監視・審査し、また主要な非加盟諸国の動向を検討することを任務としていることは外部の人からも容易に推測出来るかもしれません。

　しかし、WP3 は秘密裡に開かれ、その活動の重要性を外部の人が理解することは遥かに難しいでしょう。この部会は、主要国の財務省と中央銀行のトップレベルの代表者を集め、国際収支調整や国際金融に関する政策の動向を監視する機関としてグローバルな影響力を有してきました。その実効性を確保するには、こうした有力者が交流を深め、オフレコで忌憚なく自分の意見を述べる場とする必要があります。

　私が定めた目標の一つは、WP3 参加者の個人的な繋がりを再構築することでした。私の最も親しい旧友の一人であった故アンドルー・クロケット元国際決済銀行（BIS）総支配人は、2011 年に次のように書いています。「結局のところ、自分が関わった 20 年に及ぶ WP3 での活動で思い出されるのは政策問題ではない（政策論議は他の多くの討議の場でも行なわれていた）。そこで思い出されるのは一人ひとりの人間であり、公共政策に携わる政策問題担当エコノミストとして築き上げた仲間意識である」と（注 6）。

　クロケットの言う「仲間意識」を持つ人達による主要国の経済政策運営に関する情報交換と政策論議、それを一つの背景として各国の国内で決定される政策運営、そして時にはより高い政治レヴェルで恣意的に形成されることもあった国際政策協調の合意が長い目で見れば満足のいかない結果を齎すこともありました。そうした例は日本でも見られ、日本にとってだけでなく、そしてひいてはその貿易相手国にとっても、損失が生ずる結果となりました。今後の経済政策運営を誤りなく行なうためには、こうした過去を振り返ってみることは意味のないことではないと考えています。

メモワール執筆を勧めた海外の友人達

　間もなく 21 世紀になろうという頃、7 年あまり続いた四度目の OECD 勤務

に終止符を打ち、日本に戻ってしばらくしてから、欧州中央銀行（ECB）に招かれてフランクフルトの本部で講演をする機会がありました。講演に先立って、旧友で同行において国際部門担当の専務理事をしていた故パドア＝スキオッパ（写真4-2）と歓談した時、「中央銀行と国際機関の両方でスタッフと幹部の双方の立場から永年に亘って金融政策と国際経済の問題に幅広く取り組んだクミの経験について是非メモワールを書くべきだ」と言われました。

　「クミ」とは、親しくしている外国人が私を呼ぶ時に使う愛称で、ファースト・ネームの「久美春」に由来します。パドア＝スキオッパのファースト・ネームはトマゾでしたから、それ以上に短くすることもありません。敬称なしで、クミ、トマゾとお互いに呼び捨てをする仲になったのは1970年代の初め、私が日本銀行からOECDに出向し、経済統計総局の金融調査課で勤務を始めた時でした。当時、パドア＝スキオッパはイタリア銀行調査局の俊英若手エコノミストで、同行のアントニオ・ファツィオ調査局長（後に総裁）の補佐役としてOECD金融政策高級専門家会合に参加していました。

　金融調査課のエコノミスト、シニア・エコノミスト、課長として都合5年間に亘った一度目のOECD勤務を終えて日本銀行に復帰する時、パドア＝スキオッパは私の後任のOECD金融課長の候補になりました。この話はまとまりませんでしたが、やがて彼はイタリア銀行から欧州委員会に転出し、経済金融総局長に就任しました。こうして、1980年、私がOECD一般経済局の次長としてOECDにおける二度目の勤務を始めると、WP3に欧州委員会からオブザーバーとして出席するトマゾと再会しました。

　私が1992年にOECD経済総局長に就任し、四度目のパリ勤務を始めた頃には、トマゾはイタリア銀行副総裁としてWP3に参加していました。そしてECB設立の際、国際関係担当の専務理事としてローマからフランクフルトに移ったのです。学者肌で、しかも誰からも好かれる人柄で、イタリアの国内政情の変化の中で財務大臣としてローマに戻って活躍した後、自由人となり、言論活動を盛んに行なっていたのですが、2010年の暮れに突然他界し、私は同年輩の親友の一人として大変なショックを受けました。

　欧米の友人で私に回顧録の執筆を強く勧めたもう一人の人物は、前出のマーヴィン・キングです。彼との付き合いが始まったのは、学界からイングランド銀行の調査担当理事に就任した直後で、私が日本銀行金融研究所長であっ

た1991年にロンドンのホテルで二人だけで昼食を共にした時のことですから、トマゾとの場合のように40年を超える長い付き合いではありません。しかしながら、2003年3月末、イングランド副総裁からエドワード（通称エディ）・ジョージ総裁の後任として昇格する直前に来日した際、公式行事の前に彼の呼びかけで英国大使館の応接室で私と内々の会談をした時に、彼が持ち出した話題の一つは私の回顧録執筆のことでした。彼は、2003年3月の日本銀行総裁選任を巡って、私が小泉純一郎内閣当時の「隠された日銀総裁候補」であったことを承知しており、結局福井俊彦氏が選任された状況の下で私が自由人として回顧録を執筆することを強く期待しました。

　もっとも、実際には、2008年と2013年の日本銀行総裁選任の際も、私を候補に擁立する動きがありました。こうした中で、自慢話を書いた、猟官運動のための宣伝目当てに書いた、などと思われたくない、という考慮もあって、これら海外の友人達の助言に従うことがないまま、時が流れて行きました。

　ところが、2017年パリで会ったドナルド（通称ドン）・ジョンストン前OECD事務総長（元カナダ法務大臣、写真6-3）から、闘病の身でありながら、自らの回顧録を執筆中であることを聞きました。そして、彼から「あなたの記憶が忘れられることのないようにして下さい」（"Kumi, ... keep the memories flowing"）という助言がありました。

　この後、2018年初め、私がOECD経済総局長であった当時、国別審査局長であった英国人スティーヴン・ポッターから今後における私の文筆活動に関して次のとおり忠告がありました。

Dear Kumi,

　There is obviously a very good case for you to write your memoirs: you have had rich experiences, you have an excellent memory（and apparently very good personal archives）, and you have been encouraged to do so by eminent persons. You would be best advised to devote your material and energies to your memoirs.

Stephen Potter

　これを受けて同年2月に黒田東彦日本銀行総裁と会う機会を得、私の回顧録執筆について話をしたところ、その趣旨に賛意を示されたため、ようやく踏ん

切りがつき、その作業に取り組むことを本格的に考えるようになりました。

　英語で書くか日本語で書くか、何を書くか

　回顧録を書けと薦めた海外の友人からは、英語で書くか、日本語で書くか、という問題についてコメントはありませんでした。私が英語で書くことは、彼らにとっては言わずもがなです。

　しかしながら、私が回顧録を書き始める意図を日本の知人達に知らせると、海外の友人達とは違った視点に立ったコメントが寄せられました。そのうち、特に注目されたコメントを二、三ここに紹介しましょう。

　まずは、日本銀行の現役で国内畑、国際畑の両方で要職を経て現在は局長として活躍中の人物からのものです。

　「是非、ご紹介いただきたいトピックが三つあります。

　一つ目は、類まれなる語学能力をどうつけられたかです。国際機関で活躍するためには、英語が（そして OECD ではフランス語も）堪能でなければなりません。私が IMF に出向した時に、上司のジャック・ボーマン局長（注 7）が『後ろでネイティブが話していると思ったら、シゲハラだった。彼の英語はそれほどまでに完璧だ』と賞賛されていました。また、ネイティブの書いた英語を完璧に編集出来るというのは、そう出来ることではありません。こうした語学力をどうやってつけられたのか、単に天賦の才能ということでなければ、そのご努力の一端を若い世代に示していただければ幸いです。

　二つ目は、経済学の専門化についてどう思われるかです。国際機関で要職につくためには、経済学のアカデミックな業績が重視されます。これは例えば、有名ジャーナルに何本論文が掲載されたかといった尺度を使うことになるのですが、ときに私のようなたたき上げのエコノミストにとってみると、経済学の狭い領域に特化して論文を稼ぐことよりも重要な仕事があり、そうした面もしっかりと評価されなければならないのではないかとも思います。ただ、そういったアカデミックな洗礼を受けていないと、十分に質の高いリサーチが出来ないという問題もあります。どの程度のウェ

イト配分で行くか、国際決済銀行（BIS）でも（そしてある意味、日本銀行でも）よく問題になっていました。この話は、現在のトランプ大統領のように学者を連邦準備制度理事会（Federal Reserve Board：FRB）議長職から排除しようしていることの是非論にも繋がるかもしれません。

　最後、三つ目は、日本人を国際機関の枢要なポジションに就けることの意義です。日本銀行内の国内派からは、何故優秀な職員を出向させるのか、そんなことをするくらいなら国内で使いたいという圧力をよく受けます。そういう方々からすると、日本人が要職についても、『国際貢献』以上のリワードはないということなのでしょう。私はそうした要職に就かれた方の情報や知見を国内にフィードバックしていただけるのは、大変貴重なことだと思っています。こうしたことに繋がる実例を是非回顧録の中で書いていただければありがたいと思う次第です。」

　次は、日本銀行で要職を歴任した後、現在は外資系の金融機関のチーフエコノミトとして活躍している人物からのコメントです。

「（英語か、日本語か）
　私は日本語での出版を優先させるべきだと考えます。その理由は、やはり、本書の主たる読者は、日本人であるべきではないか、と考えるからです。

　日本の国際化については、昨今、特に中国との相対感という意味で、著しく後退していると思っております。国際感覚は弱まり、平和ボケは甚だしく、競争心も失われつつあるように思います。

　日本人として国際経済機関のトップに君臨された経験から、今の日本に何が欠けているとお考えか、経済政策運営のみならず、国際対応全般（外交）について厳しくご指摘頂き、啓蒙の書にして頂きたいと考えます。その意味で、本書は、歴史の証人としての意味合いに止まらず、教育の書にすべきではないでしょうか。海外の人々を主たる対象にした回顧録として英語で出版し、それを日本語にする、というのではあまりにも勿体ない気が致します。

（何を書くか）

　そうした観点から、ご自身のご経歴、ご経験を細かく書かれても良いのではないか、と思います。いろいろなエピソードも鏤め、いかに国際経済人のトップとして素晴らしい仕事をしてきたか、ご紹介されたら如何でしょうか。自慢話になってしまうことを気にされる必要はあまりないかと思います。事実を淡々と述べれば良いのであり、それを自慢話と受け取る読者もいるかもしれませんが、そういう読者はそもそも国際人ではないでしょうから、懸念するには及ばないのではないかと思います。素晴らしいご経歴をまずは本の中でどんと披露されては如何でしょうか。

　その上で、政策提言、あるいは、政策運営のあり方、について、ご意見を述べられては如何でしょうか。まずは、政府や日本銀行に対して過去にどのような注文、進言、提言、提案を行なって来られたのか、をご披露されては如何でしょうか。更に、国際経済社会秩序へのご提言も紹介されたら良いか、と思います。その上で、国際経済社会における日本のポジションを再評価し、何が欠けているのか、あるいは、ご自身が何を最も憂慮されておられるのか、を述べられ、更には、どうしたら良いのか、ご教示頂きたいと思います。」

　三番目は、日本銀行の調査部門で活躍し、若い頃に OECD 金融調査課のトレーニーだったこともある人物のコメントです。

「長きに亘って各国間の経済政策の対立と協調の現場におられた重原さんの臨場感あふれる記述を期待します。

　各国間の政策調整に当たって、OECD 第三作業部会（WP3）ないしシンクタンクとしての OECD が果たしてきた役割、果たしえなかった役割、その限界といったことが浮かび上がるような記述が欲しいです。

　ハイライトは重原さんが経済総局長を務められた時期と思いますが、なぜそれ以前に WP3 の影響力が低下してしまった（リーダーの資質の問題か、経済構造、外部環境の影響によるものか）、そして重原さんの改革の成果といった点は詳しく知りたいです。

　私が OECD トレーニーだった 1970 年代の初め、WP3 は世界的に注目さ

れ、日本のマスコミも大きく取り上げていましたが、昨今は殆ど話題になりません。OECD そのものも影響力を失っているように思います。そうだとすれば、それはなぜなのか。変動相場制への移行、経済のグローバル化、サミット、G20、ダボス会議などの影響力の増大などが関係しているのかもしれません。そうした中で今後 OECD が果たす役割についてどのようにお考えでしょうか。

　この期間を通じて活躍したいわゆる通貨マフィアの人となり、思想、重原さんとの交流などのエピソードは大変興味があり、ぜひ書いていただきたいところです。」

また、ある日本人の経済学者からは別の視点から以下の指摘がありました。

「政治経済学の分野で事後検証をする場合、過去の時点における意思決定の本当の姿が追えないことが多々あります。重原さんのご経験や見識を後世の若者に言葉にして残していただけると大変貴重な資産になると思います。」

　こうした折、日本銀行金融研究所の白塚重典所長から早稲田大学の矢後和彦教授を紹介されました。矢後教授は、BIS の歴史などに関する研究に加えて、最近では OECD、その経済政策委員会第三作業部会の活動などを研究テーマの一つとされておられ、早速と私にインタビューの申し入れを頂きました。インタビューは 2018 年 3 月 15 日、16 日の両日、東京・世田谷の拙宅で、矢後教授が予め用意された質問事項に沿って行なわれました。

　本書の根幹部分は、このインタビューの記録を基礎資料として、更には多くの方々から頂いた多岐に亘るご要望を参考しながら書き上げたものです。

　本書の構成については、素案の段階で、白塚所長から「全体的な感想として、時系列的な記述とテーマ別の記述を組み合わせることで、ご経験からの教訓等を重層的に浮かび上がらせることが出来るのではないかと思います」と賛同するコメントを頂きました。

　こうした本書の構成はともかくとして、矢後教授のご質問と皆さんからのご要望に十分応えられるか、分かりませんが、戦後日本の高度成長期から 20 世紀末まで日本銀行と OECD で公人として仕事をし、その後は私人の立場で日

はしがき　21

本人エコノミストとして内外で行なった言動の記録を、自らの記憶と手元にある客観的な資料をもとに取りまとめ、書物の形で現役と後世代の人々に残すことに私なりに努力した積もりです。

　矢後教授には、本書作成の基盤となったインタビューのほか、「解題」（本書の末尾に収録）執筆の労もお取りくださいました。この場を借りて厚くお礼を申しあげます。

断り書き

　本書では、IMF を舞台とした政策対話に関する記述はあまり多くありません。嘗て筆者が OECD 金融調査課長であった時に課員の一人であったエコノミストで、後年 IMF のヒストリアンとして活躍したジェームズ・バウトンの書いた大部の歴史書（注 8）があるのが一つの理由です。また、ヴァンレネップの回顧録（注 9）にあるように、国際収支危機に陥った開発途上国や新進工業国に対する資金援助などに大きな役割を果たしてきた IMF よりも OECD の EPC と WP3 の活動に焦点をあてることが意義深いと思われ、本書で取り上げられる国際機関の活動は OECD を舞台とした政策対話に重点が置かれています。

　その上で、国際金融システムの運営を巡る OECD の活動に関し、1961 年〜80 年の期間については、矢後教授の優れた論文（注 10）が既に発表されていることもあり、本書では私が OECD 経済統計総局・一般経済局次長に就任した 1980 年以降最近までの期間に焦点があてられています。

　　2019 年 4 月

　　　　　　　　　　　　　　　　　　　　　　重原久美春

注
1. 前川春雄（1911 年〜1989 年）氏は、1935 年に東京帝国大学法学部を卒業し、日本銀行に入行。第二次世界大戦中にはイタリア駐在、ドイツ駐在を経験し、戦後は国際金融のスペシャリストとして歩み、ニューヨーク駐在参事、外国局長を経て国際金融担当の理事に就任。一度、日本輸出入銀行に副総裁として転出の後、1974 年、副総裁として日本銀行に

復帰。1979 年に森永貞一郎の後を受けて、第 24 代日本銀行総裁に就任。1985 年、中曽根康弘内閣が設置した私的諮問機関である経済構造調整研究会の座長に就き、「内需拡大と市場開放」を謳った報告書（前川リポート）を取りまとめた。

2. 浪川攻『前川春雄「奴雁」の哲学』（東洋経済新報社、2008 年）143-144 頁。

3. Financial Times, "Japan's Turn", 22 January 1992.

4. 三重野康（1924 年～2012 年）氏は第 26 代日本銀行総裁。1947 年に東京大学法学部を卒業し、日本銀行に入行。総務部長、営業局長、理事、副総裁を経て、1989 年 12 月に総裁に就任。1994 年 12 月に同職を退任。

5. David Marsh, "Think-tank operator seeks a refill of ideas", Financial Times, 5 March 1993.

6. Andrew Crockett, "WP3: High-level policy making in a stimulating forum",The OECD at 50, OECD, 2011. この小論は、私の斡旋で書かれた。クロケットは、ブンデスバンク副総裁であったハンス・ティートマイヤーの同行総裁就任で空席となった第三作業部会議長のポストに就任することを内々希望していた。彼は、私が OECD チーフエコノミストとして舞台裏で彼の希望の実現を画策したことを多としていた。なお、Kumiharu Shigehara（2011 年）, "The Way forward: Streamlining policy discussion for more effective multilateral surveillance"（上掲書に掲載）も参照されたい。

7. Jack Boorman は IMF の政策企画審査局長（Director of the Policy Development and Review Department）を永年に亘って務めた。

8. James Boughton, "Silent Revolution: International Monetary Fund, 1979-1989", International Monetary Fund, 2001.

9. Emile van Lennep, "Working for the World Economy", Nederlands Instituut voor het Bank-en Effectenbedrijf, Amsterdam, 1998 年、pp.213.

10. 矢後和彦「1960 年代の国際通貨体制と OECD — 経済政策委員会第三作業部会の創設と初期の活動」、『経済学論究』（関西学院大学）68（1）111-137　2014 年。Kazuhiko Yago, "A Crisis Manager for the International Monetary and Financial Systems? The Rise and Fall of the OECD Working Party, 1961-1980", Matthieu Leimgruber and Matthias Schmelzer（eds.）, *The OECD and the International Economy Since 1948*, Palgrave Macmillan, 2017. 同書に収録された Wiiliam Glenn Gray の論文（Peer Pressure in Paris: Country Reviews at the OECD in the 1960s and 1970s）および Samuel Berroud の論文（"Positive Adjustments": Emergence of Supply-Side Economics in the OECD and G7, 1970-1984）も参照。

第一部
日本銀行と OECD における仕事

第1章
中央銀行業務の修得と国際通貨制度の動揺

日本銀行入行

　穂積陳重先生は明治時代の日本で最初に法学博士の学位を取得、東京帝国大学法学部長に就任し、民法、比較法学や法哲学など法律学の幅広い分野で日本の先駆者となりました（注1）。また、その長男であった穂積重遠先生も同じく東京帝国大学法学部長をなされ、「日本家族法の父」として活躍しました（注2）。東京大学法学部には両先生の偉業を記念した奨学財団があり、1960年4月に法学部に進学した私は、この財団によって同一学年の法学部生の中から一人だけの奨学生として選ばれました。

　穂積奨学生には本来は東京大学法学部卒業後に法学界か法曹界で貢献することが期待されていましたが、これは絶対的な義務ではありませんでした。いずれにしても、就職に当たっては、国家公務員がよいと思っていました。しかし、外交官は海外勤務が長く、父が戦死した後、一人の手で私を育ててくれた母には申し訳ないように思われ、外交官試験ではなく一般の上級公務員試験を受ける積もりでおりました。

　当時、民間会社の就職試験は秋口から開始するという申し合わせは有名無実になっていました。夏休みに入る前から、大学4年生による企業訪問が始まり、優秀な学生については、いわゆる「青田刈り」によって公式の就職試験が開始される9月1日を前に内定通知が出されていました。

　公務員試験に失敗した場合のすべり止めとして、まずは大手銀行の企業訪問をしてみることにしました。学生間の噂では、住友銀行が特に成績重視主義で、毛並みはそれほど重視しないということでした。そこで、丸の内の堀端にある住友銀行の東京事務所に出かけました。窓口で来意を伝えると、人事部の部屋に連れて行かれました。既に大勢の学生がおり、早速、申し込み用紙が渡され、記入させられました。案の定、大学の成績を記入する欄があり、書き込

みを終えて提出すると、程なくして、前から来ていた学生達を差し置いて呼び出されました。東京事務所長が面会したいということでした。当時の東京事務所長は後年実業界で名をはせた安藤太郎（注3）氏でした。案内されて、大きな所長室に通されると、私が書いた申し込み用紙を手にした安藤所長は大きなハリのある声で「君はこんな立派な成績だから大蔵省か日本銀行を狙いなさい。でも、もし落ちたら、うちがとってやるから安心しなさい。うちに入ったら、直ぐに海外へ留学させてあげるよ」と言われ、私の申し込み用紙に赤鉛筆で大きな二重丸をつけてくれました。

　この銀行訪問の後間もなく、東京大学の教室で日本銀行の就職説明会が開かれました。日本銀行からは、人事部の部長、次長、課長と一人の課員がやってきました。まず、中尾万寿夫部長が簡単に挨拶した後、渡辺孝友（注4）次長が説明され、日本銀行の給料は大手都市銀行並みであること、その上、仕事は国のための公職であること、を力説されました。この後、中村進（注5）人事課長がやや細かいことを言われ、一人の課員が集まった学生に白い紙切れを配り、各自の専門課程における成績について、「優」と「良」がそれぞれ幾つあるかを記入させられました。紙切れが回収され、散会となったところで、中村課長がツカツカと私の席にやって来て、開口一番、「重原君ですね？」と聞かれました。「そうです」と答えると、「実は、重原君を採らないと、日本銀行は損をすると言われました。是非、一度、人事部に遊びに来て下さい」と言われて立ち去りました。

　暑い夏の日、「遊びに来い」という言葉を真に受けて、白い開襟シャツの軽装で日本銀行に出かけました。閉鎖的な重苦しい印象の玄関から入り、案内係に尋ねて、2階の人事部に行きますと、直ぐに、中村課長、ついで渡辺次長が現れ、いくつか質問されました。法学部での成績は説明会の時に紙に書いて提出してあったので、この時は教養学部での成績を聞かれました。体操の実技以外は全て優であったこと、実技が良であったのは、入学当初X線検査で多少の影があったため、実技を免除されていたことも関係していると思うと伝えました。私が教養学部で学んだ第二語学はフランス語でしたので、日本銀行では役に立たないのではないかと懸念を示したところ、中村課長は、経済協力開発機構（OECD）や欧州経済共同体（EEC）の動きには日本銀行も強い関心を持っており、こうした国際舞台で使われているフランス語は日本銀行の職員に

とっても大切である、と言われました（注6）。中村課長からは、昼休みの時間が終わったらもう一度来てもらいたいと言われ、三越本店の屋上で軽食をとった後、再び出かけると、歴代日本銀行総裁の絵が掲げられた2階の長い廊下の奥にある小会議室に連れて行かれ、背広姿の何人かの試験官による口頭試問が行なわれました。後で、試験官は外山茂（注7）氏などであったことを知らされました。

　文京区西片町の下宿に戻り、夕方になると、中村人事課長から入行が内定したという電話の知らせが入りました。政治家であった母方の叔父（田邊誠）は、役人は偉くなるにつれて政治家との関係で運不運があるが、日本銀行員はそういうリスクはないから、私には適しているという話でした。

　このような次第で、用意していた上級公務員試験は受けずに帰郷し、夏休みに入りました。間もなく、母宛に日本銀行から手紙が届き、中村課長が書かれた見事な筆跡の書状には、私の日本銀行入行に期待していることが認められてありました。母は、早速、戦死した父（本書「余禄」参照）の仏壇に供えて、喜んでくれました。

　後から分かったのですが、中村氏は前川春雄氏が日本銀行の国際部門強化を狙って優秀な人材を集めた時に選ばれた俊才の一人でした。その中村氏が、多分私が穂積奨学生であったことから行なったと思われる日本銀行就職の勧誘は、やがて私が前川氏に仕える線に繋がっていったわけで、振り返ってみると不思議な巡り合わせであった気がします。

　1962年（昭和37年）は、日本経済の国際化と自由化が始まっていた時期でした。それは、東京大学から法学部の優秀な学生が集中して日本銀行に入行した異例な年でもありました。このうち東京都内の高校の卒業者は、日比谷高校から村上稱美君、新宿高校から吉澤利夫君、麻布高校から前田尚志君、富士高校から永島旭君（公務員法律職試験トップ、写真3-1）が入行しました。加えて、地方からは前橋高校卒業の樺川満君と私でした。これら計6名の法学部卒業者に加えて、東京大学経済学部からは東京教育大学付属高校出身者1名（篠塚豊君、小宮隆太郎ゼミから日本銀行が初めて採用した秀才）、一橋大学経済学部、京都大学経済学部、慶應大学経済学部から各2名、その他、東北大学、早稲田大学、神戸大学、東京外国語大学、同志社大学などから各1名の、総勢21名が入行しました（写真7-3）。

本店出納局勤務（1962 年 4 月〜 11 月）

日本銀行における最初の仕事は、本店の出納局（注 8）という中央銀行業務の現場の見習いでした。市中から回収された日本銀行券を精査し、汚れたり毀損された札を新札に取り替えて再び市中で流通出来る状態にするという、地味な、しかし中央銀行にとっては不可欠で重要な仕事です。こうして千円券や一万円券などの円札の大束を毎日手にしたほか、地下の金庫室に保管された金塊を触ったことがありました。

中央銀行の基本業務全般に関する基礎知識は、専門分野が各部に分かれた本店よりも地方支店で学ぶほうが手っ取り早いものです。こうして、同期 21 名は入行直後の数カ月を本店で過ごした後、1962 年 11 月、北は北海道の小樽から南は九州の鹿児島まで点在していた支店に一斉に転勤しました。

広島支店勤務（1962 年 11 月〜 1965 年 8 月）

私は広島支店に配属となりました（写真 3-1）。日本銀行券の取り扱いに関する実務の一端は既に本店勤務中に学んでいましたので、支店では国庫金の取り扱いや管内にある地方銀行や都市銀行支店の資金繰りに関する事務や地方経済の調査を担当しました。

広島支店で最初に仕えた支店長の山崎文治氏は古武士のような威厳のある方でした。後任の坂上靜広（注 9）支店長は大柄で明朗な人柄で私を魅了しました。坂上氏からは、次のことを教えられました。

それは、日本銀行では上司に「私はこういう意見です」とは言うな、ということでした。それは、戦争中に海軍少尉として大将の副官をしていた時に習ったことで、上官に対してもし意見がある場合は、「こういう意見も聞きました」と言えと教えられたそうです。もっとも、この教えは、後で述べますように、従えない場面がやがて出てきました。

石川健一次長からは、経済学者であり第 13 代日本銀行総裁でもあった深井英五が書いた『通貨調節論』（日本評論社、1928 年）を読むよう勧められました。後任の鈴木昭徳次長は石川氏と同じく調査局で調査役をしてから広島支店に来

られましたが、営業局勤務が長く、その経験を教えて下さいました。

　フルブライト基金による米国留学の準備

　支店勤務が始まると、フルブライト基金で米国に留学して大学院で経済学を
勉強するための準備を進めました。その手始めとして、ポール・サミュエルソ
ンのマクロ経済に関する標準的な教科書やジョージ・スティグラーの価格理論
などの原書を丸善の広島支店で入手して、勉強しました。本店で勤務した間に
はケインズの「貨幣論」の原書を買って勉強しましたが、これは神田の本屋街
で見つけた古本でした。東京大学の教養学部では、木村健康先生に経済原論を
教えて頂いた上、法学部に進学後は経済学部に出かけて金融論と国際金融論を
学んでいたことが、金融経済学を自習する際に素地となりました（「余禄」参
照）。

　広島支店に転勤する前の短い本店勤務中、フルブライト基金による米国留学
を終えて帰国直後の南原晃（注10）氏が新入行員達の寄宿していた日本銀行
の独身寮に来られて、土産話をされ、刺激を受けていました。南原氏は私の4
年先輩でしたが、1年先輩の田村達也（注11）氏も南原氏と同じく金沢支店か
らフルブライト基金で米国に留学しました。南原、田村両氏と同様に大学で
は法律を専攻した者として、私もフルブライト留学によって米国の大学院で経
済学を勉強したいと志していました。そして、田村氏が使われたフルブライト
留学の参考書は、私の1年後輩で金沢支店に転勤していた佐々木信行（注12）
氏が広島支店の私に送ってくれました。

　やがて、本店の人事部から各支店に配属された若手職員のうちある程度の修
業期間を終えた者を対象に、フルブライト留学の受験志望者を募る通知が回っ
てきました。早速、広島支店の上司に申し出ましたが、受験を少し見合わせる
ように言われました。その理由は明らかにされないままでした。支店生活も2
年を過ぎた1964年、同じ時期に人事部から同様の通知が回付されてきたので、
再び受験志望を出しましたが、これも許可されませんでした。

　こうした事態になる前から、私には内心で大いに悩むところがありました。
それというのも、私の日本銀行入行が内定した頃に城山三郎が週刊誌「朝日
ジャーナル」に連載を始めた「小説日本銀行」を読むと、日本銀行では毛並み

が良くないと将来性がないというようなことが書かれてあり、私のように母子家庭で育った身ではうだつがあがるまい、大蔵省へ行った方がよかったかな、などと思うようになっていたのです。

　更に、日本銀行入行当初、中央銀行員としての職責よりも一市民としての義務を果たすことの方が重要な場合もあろうと、生意気なことを人事部の人に言い放ったことがありました。大学時代には、同級生の西部邁（注13）氏が安保闘争中の樺美智子さんの死後、東京大学教養学部（目黒区駒場）構内で立てこもり運動をした時、私は寮生集会で西部氏のアジ演説に反対し、「暴力沙汰をやるべきではない。我々は法廷闘争をやろう」と発言したように、暴力的な学生運動には反対でしたが、日本銀行の職員であるよりも市民として行動しなければならない時があるならば、中央銀行員の則を越えることはあると、日本銀行の中で言っていました。こういう立場でしたから、まだ本店にいた時、我々同期一同が山中湖畔の山荘に籠って新入行員としての研修を受ける日が総選挙の日と重なった時、中央銀行員として勉強することは大切だが、市民として投票が出来ないのは困ると言い出して、日本銀行人事部から投票日に公用で不在となる証明書を発行してもらい、日本銀行の独身寮がある中野区の選挙管理委員会に寮に同宿する同期全員の委任状を取りまとめて一緒に持ち込んで不在投票が出来るように手筈をとったこともありました。

　同期の中にはフルブライト試験受験を許可された者がいるのに、私が許されない理由はこのように生意気な私の言動にあるのかと疑い、「小説日本銀行」に書かれたような旧弊に閉ざされた感じの日本銀行では私には芽がないのかなと、思い悩みました。

　そうした私に、英語に加えてフランス語をマスターする機会を得て将来は国際的に活躍出来る人材になるよう、フランスに派遣する方向で検討しているという話が伝わってきました。この話には、広島における思いがけない出来事も関係したようでした。それは、当時の日本銀行総裁であった山際正道（注14）氏に英語会話を教えていた米国人ワーナー氏の広島訪問でした。その時、私は坂上支店長の命令でワーナー氏の広島市内と宮島の見物に随行し、終日英語で話す機会がありました（写真3-2）。ワーナー氏が帰京後に山際総裁に語った土産話の中で、広島支店の若手職員に大変な英語使いがいるという報告があったことが、支店長会議で上京した坂上支店長に総裁から伝えられました。本店

人事部は私が高校卒業前に行なわれたグルー基金による米国大学留学生選抜試験でトップの成績であったこと（本書「余禄」参照）は既に承知していましたが、こうしたワーナー氏の話もあって、私の英語力に関する日本銀行内部の評価が高まったと聞きました。

　こうして米国に留学する道は高校時代を終了する間際の頓挫についで再び閉ざされ、フランスに派遣されることになりました。米国の大学院への留学を志望したのは経済学を学ぶのが主目的であり、英語をマスターするのが狙いではなかったので、自分にとっては納得がいかない話でした。しかし、だからといって、日本銀行を辞めてまで米国留学を目指す道は選びませんでした。

　東京大学在学中、日本銀行の人事課長であった中村進氏から直接に私に入行の勧誘があった時に、第二外国語としてドイツ語ではなくフランス語を選んだ私が日本銀行で役立つのかと質問したところ、OECD の活動や EEC の発展などで国際的な公用語としてのフランス語の重要性が高まっており、国際化を目指す日本銀行にとっては、英語だけでなくフランス語も使える人材を確保することが大切なのだという返事が中村氏からあったことが思い起こされました。

　主要国中央銀行間で国際協力の機運が高まる中、日本銀行はフランス銀行との間で外国業務の研修制度を新たに立ち上げたところでした。本店外国局の職員で 5 年先輩の前田豊（注 15）氏が、この制度によって 1 年間のフランス滞在を既に始めていました。当初の話では、私がその直ぐ後となるとのことでしたが、結局はそれでは若すぎるということで、前田氏と同期で外国局勤務の久保治彦（注 16）氏が二番目の研修生となりました。こうして、私は三番目として広島支店から本店に転勤して待機させられました。

結婚

　フランス行きの話が進んでいた 1964 年の夏、坂上支店長の取りもちで、吉澤曄子との結婚話が持ち上がりました。彼女は、父親の洸（注 17）氏が日本銀行ロンドン駐在参事をしていた間、英国のカレッジで学んだ後、父親の外国局長就任による帰国に伴って東京に戻り、上智大学の大学院で学生生活を送っていました。

　お互い初めての見合いで、すぐに話がまとまり、結婚式は広島から東京へ転

32

勤する直前の翌65年4月に東京で行なわれました。仲人役は岳父の直接の上司で国際金融担当理事であった前川春雄（写真2-1）氏にお願いしてあったのですが、急に欧州出張が入ったため、同期の澤田悌（注18）氏に果たしてもらいました。

結婚披露宴の主賓は日本銀行一筋に歩まれ当時副総裁であった佐々木直（注19）氏でした。宴席での佐々木氏のスピーチは今でも忘れられません。「日本銀行職員の生活は大きな波乱のない平凡なもので、家庭の守り役の新婦にとっては何の心配の種もない」といった趣旨のメッセージでした。

今振り返ってみますと、日本銀行勤務に加え、OECDパリ本部で4回、都合17年間も勤務する展開となり、東京とパリの間の引っ越しの繰り返し、幼い子供二人の海外における養育などに加え、国際機関における欧米人の上司や同僚との夫婦単位での付き合いなどもあって、妻の負担は大変重いものとなってしまいました。佐々木氏が新郎新婦への餞のスピーチをされた当時、将来がこんな展開となる若手職員が日本銀行にいるとは思われなかったのも無理はありません。私も妻も、当時はこんな展開を夢想したこともありませんでした。

調査局欧米調査課欧州係フランス経済担当（1965年8月〜1970年1月）

結婚から4カ月経ったところで、広島支店から本店に戻りました。義父が局長をする職場に配属されるのは好ましくないということで、フランス銀行外国業務研修の前任者二人とは異なり外国局ではなく調査局に勤務することになりました（注20）。こうして、しばらくの間、欧米調査課の欧州係でフランス経済調査を担当しました。

当時の日本銀行における各局のパワーバランスについてですが、その頃は現業重視主義で、いちばん重視されていたのは国内金融政策の実践部門である営業局と国際金融を扱う外国局でした。国内金融政策の企画は総務部の企画課で行なわれていました。総務部は総務課と企画課からなる小世帯で、総務課は銀行内部のいろいろな規程などを審査するいわば法務部門で、企画課には調査機能がなく、調査機能を持つ部門は調査局として別に存在していました。また、日本銀行短期経済観測調査（短観）は統計局が担当していました。当時、総務部と調査局とが二階にあり、一階にあった営業局と外国局の人から、調査局の

仕事のことは「二階から目薬」などと揶揄されることもありました。

調査局が重用されるようになったのは、三菱銀行頭取から宇佐美洵（注 21）氏が日本銀行総裁になってからのことでした。宇佐美氏の人となりについては、総裁の通訳に選ばれて合計 11 回も海外出張に随行された緒方四十郎氏（注 22）が日本銀行の旧友会報「日の友」2000 年 1 月号に掲載されたインタビュー記事に印象を語られています。それによると、三菱銀行時代に調査部長をしたことがある宇佐美氏は大変な勉強家で、海外へ行く前の予習が周到であったとのことです。その上、出張中は、面会や会議の直前の予習、直後に復習をされ、また出張中の総まとめを緒方氏が帰国前に書き上げると、飛行機が羽田空港に帰着する前に赤線を引いて読む、といった具合であったそうです。

調査局の局長は学者タイプで俳人でもあった外山茂氏、吉野俊彦（注 23）氏が次長でした。吉野氏は下村治開発銀行理事（注 24）と論争をしていましたから、外部での講演が多く、席におられないことが多かったのですが、宇佐美総裁は外山氏の理事昇格に伴い吉野氏を調査局長にして重用し、外部講演を控えるよう言われたようです。後任の次長には呉文二氏が就任しました。

調査局欧米調査課長は岡昭氏（注 25）、そして後任は東山紀之氏（注 26）でした。当時、調査局内の人事は内国調査課長ではなく欧米調査課長が担当していました。岡氏は大変な秀才で、第一高等学校では飛び級で進学し、普通よりも若くして日本銀行に入られました。岡氏はやがて総務部の企画課長に回り、国内政策畑で活躍されたのですが、その頃に「OECD 勤務を考えてみないか」と私に最初に言い出された方でした。

岡氏の後任の欧米調査課長になった東山氏は営業畑、国内畑で活躍され、森永貞一郎総裁の秘書役時代には私は再び直接お仕えするようになり、やがて理事になられ、第 25 章で述べるように、人事担当理事として私の人事にも携わられました。東山氏が欧米調査課長の時代に、私が前川理事の命令で OECD 勤務のため試験を受けることになった時、「OECD の試験に落ちたら、営業局の資金係の実戦部隊で働いてもらう」と言われました。現に、東山氏は欧米調査課長の後営業局の総務課長になり、営業局内の人事も担当しました。

また、内国調査課の産業貿易係長であった青木昭（注 27）は東京大学経済学部を卒業した秀才で、当時から大変な実力者でした。青木氏は総務部企画課長などを経て営業局長、バブル期の政策担当理事でした。青木氏は私を国内政

策畑で使おうとしましたが、第25章で述べるような経緯で実現しませんでした。

　いずれにせよ、これらの諸先輩とは後までご指導頂く機縁が調査局勤務中に出来ました。そういう点で、岳父が局長をしていたが故に外国局ではなく、調査局に所属する巡り合わせとなったことは幸せでした。外国局でずっとキャリアを積まれて大成された緒方四十郎氏や太田赳氏（注28）などとは違って、調査畑を経験したことは、私のOECD勤務にとっても日本銀行勤務にとっても非常に役立ったと思っています。

フランス銀行外国業務研修（1966年1月〜1967年1月）

　1年間に亘るフランス銀行の外国業務研修のプログラムは、二つに分かれていました。前半はフランスの商業銀行における国際業務の勉強で、そのため、ソシエテ・ジェネラル銀行に行きました。そして、まず輸出入金融などの業務を勉強するために、マルセイユ支店で約2カ月間過ごし、その後は、パリのオペラ座に近接した本店の外国部で外国為替売買取引などについて学びました。

　研修の後半の半年間は、フランス銀行での勉強でした。日本銀行の調査局に所属していたものですから、外国局の業務と共に、フランス銀行の国内金融政策についての内部資料を見る貴重な機会も与えられました。フランス銀行が日本銀行から研修生として受け入れた先輩二人はいずれも外国局に所属していましたが、私は先輩二人とは違う勉強も出来たわけです。当時は、英米に対する対抗意識が強かったドゴール大統領の下で、パリをロンドン、ニューヨークと並ぶような国際金融資本市場に育成する狙いで、いろいろな改革が行なわれる過程にありました。こうした中でフランス銀行によるパリ金融市場の運営に関する調査物をパリ滞在中に書きあげました。帰国後、岡課長の指示によって「パリ金融市場とフランス銀行の介入操作」（日本銀行調査局、1967年2月）と題した印刷物が作成され日本銀行内部の関係先に配布されました。この調査物の内容について、当時総務部におられた福井俊彦氏（後に理事、副総裁、総裁）から電話で質問を受けたことがありました。

　フランスの長い夏季休暇のため、7月〜8月の2カ月間は銀行業務の研修は行なわれないことになっていました。先輩二人の方はこの期間は旅行などで見

聞を深めたと聞きましたが、中村人事課長からは、私は今後たびたび海外に行くことになるだろうから、今回のフランスの滞在中は遊ばないようにという注意が手紙でありました。そこで、この期間にフランスの大学で研修講座を受けたいと考えました。

当時の日本銀行のパリ事務所長であった遠藤達男（注29）氏は日本銀行の職員としては初めて ASTEF（l'Association pour l'organisation des stages en France）でフランス留学をされた方でした。遠藤氏からは、首都パリ市から南西に約240キロメートル離れたトゥール市にあるポワティエ大学の分校に行くように勧められました。トゥール市内を流れるロワール河の周辺地帯は「フランスの庭」（jardin de France）という異名がつけられ、ルネサンス期のフランス国王フランソワ1世をはじめ王侯貴族達の住んだシャトー（城館）が立ち並び、過去の輝かしい伝統が残っていて、最も美しいフランス語が今でも話されていると言われています。

この学校には日本の外務省からも上級外交官試験を通った幹部候補が通学していましたが、フランス学ディプローム（diplôme des études françaises）の試験に合格した日本人は私一人でした。

別途、外務省の留学試験を受けて私に合流した妻も一緒に、この分校に通学しました。当時の日本銀行には、海外留学に奥さんを連れて行くのはよろしくないという雰囲気があったのですが、妻が外務省の留学試験に受かって合流するのであれば文句をつけられる謂れはあるまいと強行しました。こうして妻が留学生として私と一緒にフランス生活の体験を持ったことは、最初の OECD 勤務でフランスに戻った時、2歳の長男と生後3カ月の長女を連れて私に合流して家庭を仕切る上で大変役立ちました。

調査局欧米調査課英国経済担当（1967年2月～1969年5月）

まさか欧米調査課の英国経済担当になるとは思わないで帰国しました。どういうことで私が英国経済担当を命じられたのか分かりませんが、結果的には幸運でした。それというのも、激動する英国経済を分析した私の論文はやがて OECD 採用試験の際にエコノミストとしての実績を示すものとなったからです。

英国の所得政策

英国経済担当として最初に仕上げた作品は、「英国の銀行体質改善策」（日本銀行調査局、1967年7月）でした。ついで、英国における所得政策に関する研究論文の作成に取り組みました。

当時、欧米におけるインフレーションに関して、東京大学の館龍一郎教授（注30）など日本の学者の間で、主としてコストプッシュとディマンドプルの二つの要因に分けるアプローチで論議が行なわれていました。OECDでは、その前身であるOEEC（欧州経済協力機構）の時代からインフレーションの研究が行なわれたことは私も知っていましたが、内部作業のことは承知していませんでした。そうした状況の下で、私が担当することになった英国において物価の安定を狙った所得政策がどのように行なわれているのか、一体この政策はどの程度有効性があるかといった問題について、独自の研究として試みてみようと思い立ちました。

こうして、関連した統計数字をいろいろ操作しているうちに、面白いアイディアが出てきて、単なる図表による分析でなく、回帰分析をしてみたらどうだろうかと考えるようになりました。何を被説明変数とし、説明変数としてどういう統計データをどういう形で用いるか、説明変数のラグ構造をどうするか、などいろいろ試しているうちに統計的に有意で、理論的に興味深い結果が得られました。

論文の結論は、英国のインフレーションの主な原因がコストプッシュ要因にあるとして所得政策を中心にコントロールしようとする英国政府の方策には無理があり、これだけでは、英国のインフレーションは収まらない、やはり需要管理政策と労働市場の流動化策を適切に組み合わせて行なうことが大切である、というものでした。

岡欧米調査課長はこの作品にも興味を持たれ、日本銀行の調査月報に「英国における所得政策の展開とその効果」という題名の大論文として掲載しようという話になりました（注31）。私がOECDの採用試験を受ける時には、この英文によるレジュメが、後で述べる英ポンド切下げに関する私の論文と共に、エコノミストとしての能力を示す資料として提出されました。

日本の物価安定目標と為替相場制度

　この頃の日本では、物価安定の目標に関する下村・吉野論争が続いていました。日本の物価安定の目標を下村治氏が主張したように卸売物価（WPI）の安定として捉えるべきか、あるいは吉野俊彦氏が主張したように消費者物価（CPI）の安定として捉えるべきかについては、実は両論の中間ぐらいかもしれないと私は思っていました。

　日本銀行の行内広報誌『にちぎん』の編集室は、私が欧米調査課で英国経済担当であった時、政策関連部局から数人の若手職員を選んで、「物価問題の焦点を探る」というテーマで議論をする座談会を企画しました。その議論は『にちぎん』1969 年 5 月号に掲載されました。この時、統計局の灘山龍輔氏はCPI の上昇率で 3% 程度の上昇に止まるならやむを得ない面が多いのではないかと言っています（15 頁）。

　この座談会で、日本銀行が目指すべき物価の安定と為替相場制度とのかねあいについて、私は以下のように発言しました（14 頁）。

　　「現在の国際通貨制度が固定為替相場制度であるということを考えると、世界貿易に占めるシェアの大きな日本の卸売物価、ひいては輸出物価がかなりの幅で下落するという現象は、世界経済を攪乱する要因になるから好ましくない。」

　　「卸売物価を下げて消費者物価を安定させるという政策は、変動為替相場制度のもとでないと問題が多い。」

　この座談会における私の発言は、他の参加者には不意打ちのようでした。金融政策の企画を担当する総務部や外国局からも若手職員が参加していましたが、物価の安定という国内均衡の問題を、国際収支の均衡と為替制度ないし為替相場政策との関係で捉える視点を提供したのは私だけでした。

　また、当時の調査局でこの問題を正面から取り上げて議論されることもありませんでした。調査局の欧米調査課で私が英国経済担当であった時、同期で京

都大学経済学部を卒業した高田紘一君(後に日本銀行監事、滋賀銀行頭取、故人)が西ドイツ経済担当でしたが、彼は後年当時を振り返って、「重原は議論の中でしょっちゅう為替相場と言っていたが、俺はなぜ為替相場が出てこなければいけないのか分からなかった」と言いました。当時多くの人は経済問題を閉鎖経済、固定平価制度の枠組みの中で考えていたように思われました。

私は1年間のフランス滞在中に、フランス・フラン平価切下げの繰り返しの歴史やジャック・リュエフやロバート・トリフィンの国際通貨制度に絡んだ見解なども勉強していました。そして国際的な視点から日本の物価問題についても考えていました(本書第2章「考察:固定平価制度における日本の物価安定」参照)。

英国経済の弱体化と英ポンド平価切下げ

日本銀行ロンドン事務所はイングランド銀行とは密接な関係にあり、私が調査局で英国担当であった当時は国際決済銀行(BIS)を通じる対英資金援助によって英ポンドを支援することに注力していました。その頃、少なくとも事務所からの来電については為替市況の報告などの中に英ポンド切下げが近いという判断を示すようなものはありませんでした。

一方私は、英国の国際収支の構造と主要な貿易相手国と英国の物価の相対関係を様々な物価指数や単位労働コストなどの指標で調べ、更に所得政策の限界なども考慮すると、英ポンド平価の切下げなしに国際収支の持続的な改善が見込めないと考えていました。

因みに、英国の卸売物価の動向について1953年を起点とする15年間で見ると、累積で39.6%(年平均で2.3%)の上昇と、米国の17.3%(同1.1%)、更にはこの期間に平価の切上げを実施した西ドイツの15.6%、日本の7.5%(同0.5%)を大きく上回っていました。また、財政政策は、1950年代初めから国内景気の調整のために積極的に用いられていたものの、財政赤字の対国内総生産(GDP)比率が毎年2~3%の範囲に収まっていたのですが、1967年には4%近くにまで拡大しました。

勿論、為替市場における英ポンドの需給関係は経常収支の動向だけでなく金利裁定取引やリーズ・アンド・ラッグスなどによる短期資金の流出入によって

大きく変わることがある訳ですが、長い目で見ると平価の調整は不可避と思われ、後はタイミングの問題であると、私は内々考えていました。

当時の英国は、ハロルド・ウィルソン労働党政権の下にありました。この政権が国際収支の赤字を是正するために、深刻な失業問題をひき起こすような総需要引締め政策に踏み込むことがなかなか出来ないだろうと多くの為替市場関係は読んでいたと思われました。また、所得政策によって英国の賃金と物価の上昇率を主要貿易相手国のそれより低く抑え、価格競争力を回復して国際収支を改善することは非常に難しいように私には思われました。このため、調査局の上司には話していませんでしたが、いざ英ポンドの切下げが発表されれば、日本銀行内に配布するブリーフィング資料は直ぐに作れる準備を内々していました。

1967 年 6 月には中東危機が勃発し、また 9 月には英国で港湾ストライキが発生して、為替市場では英ポンドに対する売り圧力が強まりました。これに対してイングランド銀行は 10 月中旬、公定歩合を 5.5% から 6.0% に引き上げたのですが、英ポンドに対する攻撃は収まらず、英ポンド相場は 11 月に入ると 1952 年 9 月以来の安値になり、イングランド銀行は公定歩合を 6.0% から 6.5% に再度引き上げざるを得なくなりました。公定歩合の引上げがある毎に、その経緯と取り敢えずの評価に関して記述した役員回覧を作り、私が英国経済担当者として押印の上、係長、課長と局長の印を貰ってから役員室に届ける作業をしました。

当時の官庁、金融機関や一般の事業会社では土曜日は「半ドン」（注32）といわれ、午前中だけで業務は終了することになっていましたが、調査局の若手職員は上司が帰宅した午後も自主的に居残りで仕事をする者も多くいました。11 月 18 日（土）も、午後遅くまで残業した後、夕方になって杉並区和田本町にある日本銀行の家族寮に戻りました。妻と夕食をとっていたところに、突然電話が入りました。欧州係長の高橋邦和（注33）氏からで、英国が英ポンド平価の切下げを断行するとの極秘情報が入り、調査局として総裁宛に資料を作ることになったので、英国経済担当として私に直ちに仕事をして欲しいという呼び出しでした。

1 ポンド＝ 2 ドル 80 セントから 2 ドル 40 セントへ 14.6% の切下げを行なう公式の発表は英国の現地時間で 18 日の夜、東京時間では翌 19 日（日）の朝と

いうことでした。そして、日曜日の午前中に吉野調査局長から宇佐美洵総裁の自宅へ説明資料を届けることになりました。既にお話ししたように、英ポンド平価切下げ決定の背景と経緯、更にその評価などについて論じるための基本的な資料は週末には自宅に持ち帰り、私の手元にありましたから、それを基に、総裁に提出する説明資料を私が徹夜で執筆し、日曜日の早朝には吉野局長に提出しました。

ついで、「調査月報」の12月号の巻頭論文として英ポンド平価切下げを主要テーマとした巻頭論文（注34）を急遽取りまとめる作業が必要になりました。最重要な準備通貨としての米ドルに及ぼす影響などに関するコメントを五十畑一彦米国係長が書き加えられて論文は完成しました。

英ポンド切下げ直後の11月26日（日）には、米英西独など金プール参加7カ国中央銀行総裁会議がフランクフルトで開かれ、米ドル価値維持と為替相場の安定に関して声明を発表しました。しかしながら、その効果も束の間のもので、12月中旬には、ロンドンやパリの金市場で金ラッシュが再燃したのです。

年が明けて1968年1月1日、米国のリンドン・ジョンソン大統領は米ドル防衛の強化に関する特別声明を発表し、企業の対外直接投資と銀行の対外融資の規制や政府の海外支出の削減などを打ち出しました。それにもかかわらず、2月下旬にはロンドンやパリの金市場で第三次金ラッシュが生じ、3月10日にはスイスのバーゼルにおける中央銀行総裁会議が金の現行価格の維持に関する声明を発表しました。しかしながら、米国における法定金準備撤廃（25%の金準備の撤廃）に関する法律の成立を受けて、3月14日にはロンドン金市場は閉鎖に追い込まれ、同月17日には金プール参加7カ国中央銀行総裁会議がワシントンで開かれ、金プール制を廃止し、金の二重価格制を採用することが決められたのです。ついで、米国の公定歩合は3月22日に4.5%から5%へ、また4月19日には5%から5.5%へそれぞれ小幅ながら引き上げられました。

日本銀行ロンドン事務所との見解の相違

この間、英国の政策のあり方についてはロンドン事務所の比較的英国当局に好意的な報告と「調査月報」に発表された英国経済担当者としての私の批判的な見解との間でかなりの食い違いが生ずるようになりました。前述したよう

に、英国では、英ポンド切下げを迫られた 1967 年には財政赤字の対 GDP 比率が 4% 近くまで拡大していました。経常収支を改善するためには、いわゆるエクスペンディチャー・スイッチング（"expenditure switching"）、すなわち、「内需の外需への転換」を促す需要管理政策として、外需を増やす効果を狙った英ポンド切下げと内需を切り詰めるための財政緊縮措置の強化が必要であるというのが私の見解でした。

こうした折、欧米調査課長であった岡昭氏に呼び出され、ロンドン事務所との見解の相違に関しての私の考えを質されたことがありました。自分の見解を述べると、君がそう思うなら、その線で仕事を続けなさいと言われました。

1968 年の春、英国ハロルド・ウィルソン政権は、ジェームズ・キャラハンに代わったロイ・ジェンキンズ蔵相の指揮の下で財政政策を一段と引き締める方針を打ち出しました。その一方で、英ポンド防衛のために 67 年 11 月 18 日に 8% の危機的高水準に引き上げられた公定歩合を小幅ながら引き下げる（3月 21 日に 8% から 7.5% へ）というポリシー・ミックスが実施されました。こうした英国の政策動向については、英国経済担当として 68 年 2 月の「調査月報」に「英国の財政支出削減強化と今後の政策課題」と題した小論文を発表し、削減の規模と内容の両面で不十分であると指摘しました。次いで同年 4 月の「調査月報」に「英国の 68 年度予算案と物価・所得政策の強化措置について」という題で小論文を発表しました。

この論文の発表と前後して、ドゴール政権下のフランスでは 5 月 20 日、いわゆる五月革命が勃発し、学生の街頭占拠と 1 千万人が参加したといわれる大規模なストライキが発生した中で外国為替市場が閉鎖されました。ドゴール政権は同月 31 日にフランス・フラン防衛のため全面的な為替管理の実施を余儀なくされました。為替市場は漸く 6 月 7 日に再開されたましたが、フランを巡る不安な状態に対処するため、7 月にはフランス銀行が BIS と主要国中央銀行とスワップ取決めを締結することになりました。

こうして英ポンド切下げ直後のフランス・フラン切下げは回避され、1949年 9 月の英ポンド切下げ（1 ポンド＝ 4 ドル 03 セントから 2 ドル 80 セントへ30.5% 切下げ）の時のように多くの英ポンド圏諸国が追随切下げすることがなかったことが幸いして、英国の国際価格競争力がかなり回復し、財政緊縮策による内需の抑制もあって、経常収支は 69 年に黒字に転換したのです。

OECD 事務局は 1967 年 12 月に発表した OECD エコノミック・アウトルック（「経済展望」"Economic Outlook"）の「サマリー」（2 頁）において、英ポンド切下げ時に打ち出された引締め措置だけでは不十分で、新年度の予算発表の際に大幅な引締めが必要である、と述べています。とはいえ、当時 OECD の WP3 議長でやがて事務総長になるヴァンレネップは、その回顧録（注 35）において当時を振り返り、「英国では、平価の変更で不均衡は是正されると、いとも簡単に考えられていた。国内の消費を削減することには政治的な支持は事実上全くなかった」と書いています（本書第 4 章「考察：準備通貨国の節度〜英国と米国」参照）。

内国調査課勤務（1969 年 5 月〜 1970 年 1 月）

1969 年 5 月に OECD エコノミストに採用されることが決まり、パリに赴任する前に内国調査をやらせた方が良かろうという、上司達の温かい配慮で、非常に短期間で産業貿易と金融財政の両方の係を経験しました。言ってみれば、本当の意味で実のある仕事をしなかったということです。何か大きなテーマを一つ与えられて、じっくり腰を落ち着けて大論文を書け、という類の指示はありませんでした。

産業貿易係の時の係長が青木昭氏で、その下で毎旬の商況報告をしました。本当に短期の商況の動向を追うもので、石油業界などの調査に出かけるということもしていました。主要な商品の価格の動きなど取引市場の動向は、日本銀行にとって非常に重要な情報です。卸売物価指数の動向より早く先行する動きを把握するために調べていたのです。商況を調べ、毎旬報告というかたちで作り、それを調査局長が役員会に報告していました。

国際収支黒字下での公定歩合引上げと自説への固執

その後、産業貿易係から金融財政係へ移ってまもなく、OECD が公表する予定の 1969 年対日年次審査報告書の中で、日本の国際収支黒字が基調として定着したとして、貿易などの自由化を迫ると共に、国内物価の安定のために金融引締めをすべきではないと勧告しているという情報が入りました。報告書の原

文ではどういう論理の展開で具体的にどのような提言をしているのか確かめることは出来なかったのですが、OECD の考えは、日本が 1 米ドル = 360 円の固定平価の維持を望むのであれば、金融引締めをせずに調整インフレを甘受する、もしインフレの進行を望まないのであれば円の切上げないしクローリングペッグか変動為替相場への移行を実施する道しかない、というもののように私には推察されました。これは、前にお話しした「物価問題の焦点を探る」と題した座談会で私が述べた意見と根底で同じように思われました。

ところが、金融政策に関するこうした提言を含む OECD の 1969 年対日年次審査報告書の公表が予定された 9 月 1 日、日本銀行は公定歩合の引上げ（年利建てに移行し 6.25% とする、変更前の日歩建て利率を年利換算すると、商業手形割引率は 5.84%）を実施することにしました。9 月 1 日は月曜日で、この日の朝、宇佐美総裁は上野駅から墓参のために汽車で地方へ出かける予定でした。そこで、総裁が駅頭で記者会見をして、OECD の 1969 年対日年次審査報告書の中で盛り込まれた金融引締め反対論に対して反駁することになり、そのための資料を調査局が用意することになったのです。

この時、金融財政係長であった相馬克美氏から OECD の提言に対する反論を用意するように命ぜられました。何故命令が私に来たのか分かりませんでしたが、近く OECD に出向することが念頭にあったのかもしれません。しかし、私は OECD の見解が正しく、日本銀行の金融引締めは間違っていると考えていましたので、この命令に従うことは出来ないと係長に伝えました。結局、私の先輩の職員が反論のための資料を書くことになりました。どんな内容の反論書であったのか、係長の命令を拒んだ私は見る機会がありませんでした。

OECD の見解が正しいと思うと述べた私の OECD 出向が近くなった時、相馬係長から、日本銀行の中でこれまで順調に仕事をしてきたが、あまり自己主張が強いと先行きが難しくなるのではないかと心配している、と静かな口調で諭されました。私は、部下の将来を思う相馬氏の温かい心遣いを大変有り難く受け止めました。

因みに、調査月報 1969 年 11 月号に掲載された大論文「最近における物価上昇をめぐる諸問題」の最終章では、「物価対策として金融政策とその限界」について論じられています。そしてその要点は、論文の冒頭にある「要旨」の最後の部分に次のように書かれています。

「本行は、9 月初め、最近における物価の急騰、企業マインドの強気化、マネー・サプライの急増などに対処して金融引締めを実施したが、金融引締めのみで物価の安定を図ることには、おのずから限界があることもまた明らかである。その意味で、まず金融政策と並んで重要な総需要対策である財政政策が景気警戒的な態度で慎重に運営されること、低生産性部門の近代化、労働力の流動化等の構造対策が総合的に実施されること、競争条件の整備とくに輸入自由化を積極的に推進することなどが緊要な課題といえよう。」

このように、円切上げによる国内物価の安定は論じられませんでした（本書第 2 章および第 3 章参照）。

なお、前述した OECD の 1969 年対日年次審査報告書の原文を読み、日本における趨勢的な物価上昇の主な原因は需要超過以外の要因にあると断じていたことを私が確認したのは、しばらく時が経過してからでした。この報告書の中で OECD が、日本における物価の上昇を抑制するため、低生産性部門における生産性の向上と労働市場の流動化、そして残存する輸入規制の撤廃などの構造対策が重要であると指摘した点は、日本銀行の調査月報論文における主張と軌を一にしていました。しかしながら、（1）物価上昇に対処する総需要抑制政策によって経済成長が最適路線を逸脱する結果にならないようにすること、（2）国際収支の基調的な黒字国になった日本が、国際流動性（international liquidity）を過度に圧迫しないように配慮すること、が重要であるという指摘が、OECD 特有の婉曲な表現ながら、行なわれた点で、日本銀行の調査月報論文とは大きく異なっていました（注 36）。

注
1. 穂積陳重（1855 年〜1926 年）氏は、明治初年にロンドン大学、ついでベルリン大学に留学した。父重樹は国学者であった。夫人は渋沢栄一の長女。
2. 穂積重遠（1883 年〜1951 年）氏は、東京帝国大学の法学部長を 3 回務めた。最高裁判所判事、東宮大夫兼東宮侍従長を歴任。

3. 安藤太郎（1910 年～2010 年）氏は、東京帝国大学を卒業し、住友銀行に入行、銀座・日本橋の各支店長を経て 1959 年 6 月には東京事務所長、同年 11 月取締役に就任、常務、専務、副頭取を歴任した後、住友不動産へ転じて社長、会長、相談役を歴任。

4. 渡辺孝友（1916 年～1986 年）氏は、1939 年に東京帝国大学法学部を卒業して、日本銀行に入行、営業局長を経て理事に昇進した後、日本開発銀行総裁。

5. 中村進（1919 年～2005 年）氏は、1942 年に東京帝国大学を卒業し、日本銀行に入行、理事に昇進した後、日本輸出入銀行副総裁、日本興業銀行顧問、日本共同証券財団理事長。

6. 後述するように、日本銀行入行の後、フランス中央銀行業務研修に派遣された時、中村課長から研修の心得に関する手紙を頂いた。

7. 外山茂（1911 年～1997 年）氏は、1925 年に東京帝国大学経済学部を卒業し、日本銀行に入行、調査局長、理事を歴任。

8. 出納局は、やがて日本銀行券の発行に関する事務を担当していた発券局に吸収合併された。

9. 坂上静弘（1916 年～2005 年）氏は、1941 年に京都帝国大学経済学部を卒業し、日本銀行に入行、福島支店長、広島支店長、発券局長などを歴任。

10. 南原晃（1933 年～2016 年）氏は、1958 年に東京大学法学部を卒業し、日本銀行に入行、1962 年、米国イェール大学大学院博士課程 1 年（フルブライト）修了。ニューヨーク駐在参事、調査統計局長、名古屋支店長を経て理事。日本銀行退職後、日本輸出入銀行副総裁などを歴任。

11. 田村達也（1938 年～）氏は、1961 年に東京大学法学部を卒業し、日本銀行に入行、1965 年、米国ペンシルヴァニア大学大学院修士課程終了。欧州代表、調査統計局長、企画局長、営業局長を経て理事。日本銀行退職後、グローバル経営研究所代表など。

12. 佐々木信行（1941 年～）氏は、1963 年に一橋大学経済学部を卒業し、日本銀行に入行、英国ハル大学留学。パリ事務所長、那覇支店長、京都支店長、情報サービス局長。セコム専務取締役などを経てセコム科学技術振興財団理事長。

13. 西部邁（1939 年～2018 年）氏は、東京大学教養学部の自治会委員長、1960 年安保闘争に参加したが、翌 1961 年に左翼過激派と訣別、やがて保守派の論客に転身した。後に東京大学教養学部教授。

14. 山際正道（1901 年～1975 年）氏は、1925 年に東京帝国大学経済学部を卒業し、大蔵省入省、1945 年に大蔵次官に就任。日本の敗戦で公職から追放されたが、その後、日本輸出入銀行総裁として公職に復帰し、1956 年に第 20 代日本銀行総裁に就任した。当時の大蔵大臣は大蔵省同期の池田勇人（後に首相）であった。

15. 前田豊（1931 年～2014 年）氏は、1957 年に東京大学教養学部国際関係論科を卒業し、日本銀行に入行、京都支店長、発券局長、監事など歴任。

16. 久保治彦（1934 年～2011 年）氏は、1957 年に学習院大学経済学部を卒業し、日本銀行に入行、要職を経て、民間に転じ、学習院常務理事。

17. 吉澤洸（1912 年～1997 年）氏は、1936 年に東京帝国大学法学部を卒業し、日本銀行に入行、外国局次長、大分支店長、京都支店長、ロンドン駐在参事、外国局長を経て理事に就任。日本銀行退任後、東京銀行顧問を経て NTN 東洋ベアリング監査役、会長、社長、会長、相談役を歴任。

18. 澤田悌（やすし）（1913 年～2003 年）氏は、1936 年に東京帝国大学法学部を卒業し、日本銀行に入行、総務部長、営業局長を経て理事に就任。日本銀行退職後は公正取引委員会委員長などを歴任。

19. 佐々木直（ただし）（1907 年～1988 年）氏は、1927 年に東京帝国大学経済学部経済学科を卒業し、日本銀行に入行、第二次世界大戦前ロンドン駐在などの後、戦時中は総力戦研究所に転出。戦後は総務部企画課長、人事部長、総務部長、営業局長を経て理事に昇格。1962 年に副総裁、1969 年に第 22 代日本銀行総裁に就任。1974 年末の総裁退任後、翌 1975 年に経済同友会代表幹事に就任。

20. フランス銀行外国業務研修の後任者であった斎藤精一郎氏（後に立教大学教授）も外国局に所属していた。
21. 宇佐美洵（1901 年～1983 年）氏は、1924 年に慶應義塾大学経済学部を卒業し、三菱銀行に入行、1961 年に頭取就任。1964 年に第 21 代日本銀行総裁に就任し、民間出身として日本銀行に新風を吹き込んだ。1969 年に任期満了で同職を退任、その後金融制度調査会長などを務めた。
22. 緒方四十郎（1927 年～2014 年）氏は、1950 年に東京大学法学部を卒業し、日本銀行に入行、外国局長、理事（国際関係統括）、日本開発銀行副総裁などを歴任した。著書に『円と日銀　セントラル・バンカーの回想』（中公新書 1331、1996 年）がある。
23. 吉野俊彦（1915 年～2005 年）氏は、1938 年に東京帝国大学法学部を卒業後、日本銀行入行、調査局に永年勤め、内国調査課長、局次長、局長を経て理事に就任。日本銀行退職後、山一証券経済研究所理事長、会長、特別顧問を歴任。
24. 下村治（1910 年～1989 年）氏は、1934 年に東京帝国大学経済学部を卒業し、大蔵省に入省、経済安定本部物価政策課長などを歴任して退官後、国民金融公庫理事、日本開発銀行理事、日本経済研究所会長を務めた。
25. 岡昭（1927 年～2014 年）氏は、1948 年に東京大学経済学部を卒業し、日本銀行に入行、理事を経て、元日本開発銀行〔現日本政策投資銀行〕副総裁、元東京湾横断道路社長。
26. 東山紀之（1925 年～2005 年）氏は、1949 年に東京大学法学部を卒業し、日本銀行に入行、欧米調査課長、営業局総務課長、松山支店長、森永総裁の秘書役、営業局長、理事を歴任後、万有製薬社長。
27. 青木昭（1931 年～）氏は、1953 年に東京大学経済学部を卒業し、日本銀行に入行、総務局長、営業局長、理事（金融政策担当）、日本開発銀行副総裁、日本証券金融社長などを歴任。
28. 太田赳（1929 年～2004 年）氏は、1952 年に東京大学法学部を卒業し、日本銀行に入行、ロンドン駐在参事、外国局長、理事（国際関係統括）、大和銀行副会長などを歴任。著書に『国際金融現場からの証言』（中公新書 1050、1991 年）がある。
29. 遠藤達男（1923 年～）氏は、1948 年に東京大学経済学部を卒業し、日本銀行に入行、パリ事務所長、福島支店長、考査役などを歴任。日本銀行退職後はソシエテ・ジェネラル銀行顧問などを歴任。
30. 館龍一郎（1921 年～ 2012 年）氏は、東京大学経済学部教授、大蔵省財政金融研究所所長、日本銀行金融研究所特別顧問、金融制度調査会会長などを歴任。
31. 重原久美春「英国における所得政策の展開とその効果」、日本銀行調査月報、1967 年 9 月号。
32. 「半」は半分、「ドン」は「ドンタク」の略。オランダ語で日曜日、休日を意味する「ドンタク」（Zontag）に由来する。
33. 高橋邦和（1931 年～2017 年）氏は、1954 年に東京大学法学部を卒業し、日本銀行に入行、外国局、調査局などで要職を歴任。日本銀行退職後、作新学院大学教授。
34. 重原久美春「英ポンドの平価切下げとその影響」、日本銀行調査月報、1967 年 12 月号。
35. Emile van Lennep, "Working for the World Economy – A Personal History", Nederlands Instituut voor het Bank-en Effectenbedrijf, Amsterdam, 1998, p.159.
36. OECD Economic Surveys; Japan, August 1969. の序論（p.5）および結論（p.42）を参照。

第2章
考察：固定平価制度における日本の物価安定

　日本は 1964 年（昭和 39 年）4 月、国際通貨基金（IMF）8 条国への移行と経済協力開発機構（OECD）への加盟によって開放体制へ入った。同年 7 月に発表された「昭和 39 年度経済白書」は、「開放体制下の日本経済」と題されている。同書では、「開放体制とは、外国との商品やサービスの取引や資本の移動を自由、無差別に行うことを原則とする経済体制である」と説明されている（注 1）。

　それから 5 年を経過した 1969 年の夏、日本の国民総生産（GNP）が前年に 50 兆円の大台を超して自由世界第 2 位となったことが経済企画庁から発表された。こうして日本は国際的に見た経済力に自信を深めていった。しかも、単に経済の規模が大きくなっただけではなかった（注 2）。同時に、日本の国際収支に基調的な変化が生じたことも認められた。

　それまでの日本経済は、内需の拡大が強まり物価上昇が高まる局面では輸入が急増する一方で輸出ドライブが弱まり、貿易収支と経常収支が悪化するというパターンが繰り返されていた。ところが、景気が爛熟した局面でも経常収支が黒字を維持する動きが看取されるようになったのである。

　1969 年 7 月に発表された経済企画庁「昭和 44 年度経済白書」の第 2 部「繁栄を支えた新しい要因」の第 1 章は「高まった国際収支の天井」という題がつけられ、その中で「昭和 40 年代の国際収支は黒字基調となった」（113 頁）とはっきり書かれている。また、OECD も 1969 年の対日経済審査報告の中で、「日本は、史上初めて国際収支黒字国の問題を経験しつつある」と指摘している（注 3）。

　こうした中、日本の経済政策運営にとって国際的な観点が益々重要になってきたことが認識されるようになった。例えば、前記の「経済白書」の刊行に先立って発表された通商白書には「日本経済の課題」の最終節「今後におけるわが国経済政策の基調」において、「国際収支の黒字傾向が定着するに従い、国際経済社会における黒字国としての節度が要求される事態が起こることが予想

48

される」（80 頁）と記述されている。

　このような日本経済の目覚しい発展と国際収支の基調的な変化の中で、日本が目指すべき物価の安定とは何か、また、固定平価制度の下で物価安定の目標をどう位置づけるべきか、といった問題について検討することも重要になっていった。

　物価の安定については、日本国内では下村治氏と吉野俊彦氏との間で長い論争が続いていた。1960 年代前半に池田勇人内閣の国民所得倍増計画の立案にあたって重要な役割を果たした下村治氏は、当時は経済成長を最優先の課題とし、消費者物価（CPI）のある程度の上昇はやむを得ない、という立場であった。一方、日本銀行の代表的なエコノミストであった吉野俊彦氏の主張は、卸売物価（WPI）ではなく消費者物価の安定を何よりも重視しなければならない、というものであった。

　こうした論争の背景には、高度成長期における卸売物価と消費者物価の動向に乖離があるという問題があった。製造業部門では労働生産性の伸びが著しかったため、労働者一人当たり賃金の大幅な上昇があっても製品一単位当たりの労働コストに大きな上昇圧力がかからなかった。したがって、この部門における単位労働コストの動向によって強い影響を受ける卸売物価も、景気の循環をならしてみれば、かなり安定的に推移していた。一方、消費者物価には、農水産物や民間部門や公共部門が提供するサービス財などの価格などが大きな割合を占めるが、これらの部門では大企業を中心とした製造業などのような高い労働生産性の伸びが見られなかった。労働需給が全般的に逼迫する中で、こうした部門では生産性を上回る賃金上昇が生じ、これが消費者物価に対して根強い上昇圧力となった（注4）。

　私は大学では法律学を専攻したが、経済学部の授業も聴講し、米国帰りの館龍一郎教授から欧米における当時としては最新の金融理論を教えて頂いたほか、日本でただ一つの外国為替専門銀行であった東京銀行の会長をされていた堀江薫雄（注5）氏から国際金融論の講義で、為替相場理論としてアフタリオン（注6）の「為替心理説」やカッセル（注7）の「購買力平価説」などを教えて頂いた。もっとも、日本円の購買力平価をどう捉えるかといった実践的な問題に立ち入ることはなかった。しかしながら、日本銀行に入行し、フランスで1年間に亘る中央銀行の外国業務研修を受けて帰国後、調査局の欧米調査課

で英国経済担当をしていた時に英ポンドの切下げ（1967年11月実施）を経験し、ついで内国調査課の担当者に転じた1969年当時の私には、日本を含む主要国の物価と国際収支の動向を購買力平価の観点から見る目が備わり始めていた。

　まず、日本の物価上昇幅を消費者物価で捉えると、1953年から1968年までの15年間で78.6%（年平均で4.0%）の上昇で、米国の30.0%（同1.8%）、西ドイツの36.4%（同2.1%）を大きく上回っていただけではない。この期間に平価の切下げがあった英国の60.9%（同3.2%）を上回り、同じく平価の切下げを経験したフランスの77.3%（同3.9%）並みの上昇幅であった。したがって、この限りでは1米ドル＝360円で固定された平価では日本円は過大評価の方向に変化したということになる。

　一方、物価を卸売物価で捉えると、同じ15年間で7.5%（年平均で0.5%）の上昇と、この期間に平価の切下げを行なった英国の39.6%（同2.3%）やフランスの49.6%（同2.7%）だけでなく、米国の17.3%（同1.1%）、更にはこの期間に平価の切上げを実施した西ドイツの15.6%（同1.0%）より小幅な上昇にとどまった。特に工業製品については、この期間にマイナス1.9%の下落であった。従って、卸売物価や輸出物価で捉えると、この期間を通じて1米ドル＝360円の固定平価を維持した日本は、主要な貿易相手国に対する国際価格競争力を強化したことになる。このような傾向が続くとすれば、円平価の切上げがない限り、日本の国際価格競争力は更に強くなるばかりで、貿易収支と経常収支は構造的に黒字が累積しやすい構造になってきたと当時の私には見てとれたのである。

　日本銀行の行内広報誌『にちぎん』の編集室は、政策関連部局から数人の若手職員を選んで、「物価問題の焦点を探る」というテーマで議論する座談会を催した。その席上で私は、日本銀行が目指すべき物価の安定と為替相場制度とのかねあいについて発言し、日本の主要な貿易相手国における物価の上昇傾向が続いている状況で日本銀行が卸売物価を下げて消費者物価を安定させる政策は、変動為替相場制度の下でないと問題が多いという趣旨の見解を述べた（発言の詳細については本書第1章の「日本の物価安定目標と為替相場制度」の項参照）。

　まもなく事態が急変した。1969年9月1日（月）にOECDが公表する予定

の 1969 年対日年次審査報告書の中で、前記のように日本の国際収支黒字が定着したという指摘をした上で、貿易などの自由化を迫ると共に、国内物価の安定を目指すための引締め政策を急ぐべきではないと勧告しているという情報が入った。その時点では、どういう論理の展開で具体的にどのような提言をしているのか、原文で確かめることは出来なかった。しかしながら、OECD 提言の根底には、日本に以下の二者のどちらかを選択しなければならないという考えがあるのではないかと私は推察した。

（1）もし日本が 1 米ドル＝ 360 円の固定平価の維持を望むのであれば、金融引締めをせずにインフレーションを甘受し、これによって日本の国際価格競争力の行き過ぎた強化を是正し、国際収支黒字を調整する。

（2）もし日本がインフレーションの進行を望まないのであれば、円の切上げないし為替相場制度を変更（クローリング・ペッグ制度の採用（注 8）、変動為替相場制度への移行など）を実施することによって、国際収支の均衡と国内物価の安定の同時達成を図る。

もし、OECD 提言の根底にこういう考えがあるとすれば、前述した「物価問題の焦点を探る」と題した座談会で私が述べた意見と軌を一にするもののように思われた。

1969 年 9 月 1 日に日本の公定歩合が引き上げられた後、日本銀行「調査月報」の同年 11 月号に「最近における物価上昇をめぐる諸問題」と題した論文が発表された。その論文では、この金融引締め措置が「最近における物価の急騰、企業マインドの強気化、マネーサプライの急増などに対処して」実施されたものであったと説明した後、「金融引き締めのみで物価の安定を図ることには、おのずと限界がある」として、財政政策の慎重な運用、低生産性部門の近代化、労働力の流動化、競争条件の整備、とくに輸入自由化の推進を緊要な課題として列挙した。この論文では、当時の卸売物価急騰の要因として、国内の需給が主因としながらも、卸売物価に含まれる輸入品の価格上昇と輸出好調による国内需給の更なる引締まりという海外要因もあることも指摘されていた。しかしながら、こうした海外要因が国内物価へ波及する経路を遮断する効果をもった円切上げという政策オプションについては一切言及されなかった。

その後、翌 1970 年 6 月に発表された第 2 回通商白書では、第 3 節「69 年の日本経済」において「黒字化の金融引き締め」と題した項目が設けられ、「設

備投資は、需要要因であると同時に供給要因ともなるものであるので、資本自由化、労働力不足、物価の安定などの課題に当面している今日、一律な引き締めが生産性の向上を遅らせ近い将来の安定的拡大を阻害することのないよう政策の運営には慎重な配慮が望まれる」という日本銀行に対する政策注文で締めくくられた。

一方、「日本経済の新しい次元」という副題を付けて1970年7月に発表された経済企画庁「昭和45年度経済白書」では、前年9月1日の日本銀行公定歩合引上げに言及した箇所の直後に「国内均衡と対外均衡」と題する節（62-64頁）が設けられた。ここでは、「国際収支黒字下における景気調整のあり方について検討する必要を進めることが必要であろう」と指摘され、その上で、「一つの方向として財政面での景気抑制機能を強化することである」と論じられた。

この主張については、経済企画庁経済研究所の短期マスター・モデルのシミュレーションによって補強されている。それによれば、金融政策と財政政策の代替関係を見ると、公定歩合の0.1%引上げと同程度の総需要抑制効果が、政府投資270億円削減、あるいは法人税の0.53%ポイント引上げ、個人所得税681億円増税によって齎されることが示されている。こうして、「財政面からも抑制が行なわれれば金融引き締めは相対的に軽くなり、外資依存の高まりによる資本収支面での国際収支要因あるいは外貨準備の増加要因は少なくなる」と論じられた。しかしながら、金融政策の引締めと同程度の総需要抑制効果を持つ財政政策の引締めが国際収支の黒字拡大効果の点でどの程度の違いを齎すのかについては検討されなかった。

それはともかく、この「経済白書」の「国内均衡と対外均衡」と題する節において、前記の日本銀行「調査月報」同年11月号の論文と同様、総需要抑制にあたっての金融政策と財政政策の代替関係は論じられたものの、日本において円切上げ措置の活用を検討することについては言及されなかったことが注目される。

ここで、この節の参考資料として付された第59表「国内均衡と対外均衡が異なる動きをした例」において、国際収支が黒字で国内経済が需要超過の状況で景気を抑制するため、西ドイツでマルク切上げや国境税調整措置が実施されたことが示されていることに留意しよう。これと平仄を合わせ、この節の本文で国際収支の黒字拡大を抑制すると共に、国内流動性の増大によるインフレー

ションの加速を未然に防ぎ、また海外からの輸入インフレーションを遮断する効果のある円切上げも検討されてしかるべきであったと私には思われる。

更に、ニクソン・ショックの直前である 1971 年 7 月 30 日に発表された経済企画庁「昭和 46 年度経済白書」の副題は「内外均衡への道」とされ、その第 1 部「景気の現局面と今後の課題」の第 2 節「国際収支黒字下の政策課題」（79-81 頁）では、「基本的な課題は、内外均衡をめざし、国際収支黒字を積極的に小幅化していくことである」と論じられてはいるが、その対応策としては「経済体質の転換」が唱えられただけで、そのための具体策は示されなかった。また、第 2 部第 2 章の第 3 節「これからの国際経済政策」においても、「輸出振興策は戦後 25 年の経済政策に大きな貢献を果たしてきた。しかし、過去において必要とされた制度であっても、内外均衡のための経済構造の大きな変革のなかでそのあり方が根本的に見直されなければならない。更に対外経済政策の一環として、資本、為替取引面についても、攪乱的資金移動を防ぎつつ自由化をいっそう促進していくべきである」と論じられ、更に、「世界のインフレ基調が根強く残っている現状に照らし、国際収支黒字が国内通貨供給を通じて物価高を促進することのないよう、その歯止めを検討していく必要がある」と論じられたが、内外均衡のための円切上げ策については言及されなかった（注9）。

平価の変更といった政策オプションは高度の政治判断を要するものであり、通貨当局の内部で議論するにしても慎重な扱いが必要である。ましてや、その是非を日本銀行「調査月報」や日本政府の刊行物などで論じることは内外の為替市場に不測の混乱を招く惧れもあるから、慎まなければならかったともいえよう。現に、後で触れる 1971 年 8 月のニクソン・ショックによって生じた東京為替市場の混乱は、日本で当時実施されていた「世界に冠たる為替管理」（注 10）をもってしても避けられなかったことに鑑みても、通貨当局による国際通貨制度や為替相場政策などに関する対外発言には慎重な配慮が必要なことがわかる。

それはそれとして、次章で述べるように、物価安定の守護神として政府から独立性を確保した中央銀行が存在した西ドイツが、海外からの輸入インフレーションを抑制するために平価の切上げを行なったことと比べ、西ドイツと同様に国際収支が黒字基調に転じた中で、国内物価の安定のために平価切上げ措

置を使うことなく金融引締めに走った日本の対応は禍根を残すこととなった。日本は、やがてニクソン・ショックを契機として一挙に大幅な通貨調整を迫られ、更には円相場の切上げによる輸出の減少とデフレーションの懸念に対して行なわれた金融緩和が行き過ぎ、国内流動性の過剰からインフレーションが加速するという苦い経験をする結果となったのである（注11）。

注
1. 経済企画庁「昭和39年度経済白書」、第1部「総説」、38頁。
2. もっとも、1969年7月に発表された経済企画庁「昭和44年度経済白書」には「豊かさへの挑戦」という副題が付けられ、その第2部「新段階の日本経済」第1章「日本経済の実力」第2節「"2位" と "21位" の意味」の冒頭で、「経済規模において自由世界第2位になった日本経済も、一人当りの国民所得で見ると昭和43年（1968年）には1,110ドル（約40万円）でなお20位前後である」（100-101頁）と指摘し、「日本経済にとって考えるべき次の課題は、経済全体の生産性をたかめ、更に経済的社会的なアンバランスを解消すること、いいかえれば、物的な豊かさをもたらした成長経済の中身の問題である」（111頁）と結語している。
3. OECD Economic Surveys, Japan, 1969, p.5.
4. 因みに、昭和40年度（1965年度）経済白書「安定成長の課題」の第3章「国民生活の課題」第1節「消費者物価の安定」では、「日本では、これまで、消費者物価は大幅に上昇したが、卸売物価は安定していた。これは、工業において労働生産性の上昇率が高かったので、賃金上昇を物価にはねかえさないですんだためだ。（中略）消費者物価上昇にはいろいろな要因があり、強い対策がうたれなければ、価格の安定をはかることはむづかしい。とくに、農業、中小企業、サービス業の生産性の向上をはかること、流通組織を合理化すること、賃金その他の所得の引き上げにあたって、国民経済の生産性の向上とのバランスを考慮し、コストの上昇が価格の全般的な上昇をよびおこすことのないようにすることが重要である」と論じられている（116-117頁）。また、同書の参考資料「昭和39年度日本経済」の10. 物価の項では、「消費者物価抑制のためには、農業、中小企業、サービス業等における生産性の向上による安定的供給拡大および流通機構の合理化近代化等長期構造的な対策が最も重要な課題である」（241頁）とされている。このように、消費者物価の安定は構造政策によって実現すべきものとされ、金融政策の目的としては位置づけられていない。同様の認識は、1969年（昭和44年）版の通商白書の第1章第3節「日本経済の課題」における「物価問題」の項（77頁）でも示されている。
5. 堀江薫雄（1903年〜2000年）氏は、横浜正金銀行に入り、その後身である東京銀行の頭取、会長を歴任。
6. アルベール・アフタリオン（Albert Aftalion, 1874-1956）には、『貨幣、物価、為替論』（Monnaie, Prix et Change, 1927）などの著作物がある。
7. カール・グスタフ・カッセル（Karl Gustav Cassel, 1866-1945）はスウェーデンの経済学者、国際金融問題の専門家で、『世界の貨幣問題』（日本評論社、1928年）などの著作物がある。
8. 為替相場を固定するのではなく、貿易相手国と自国とのインフレ率格差などを考慮して予め定めた変化率で小刻みに（例えば月毎に）名目為替相場を一定方向に変化させる制度。
9. 「昭和46年度経済白書」の参考資料では、「国際経済情勢と日本経済」と題した節（13-16頁）に、1971年5月に行なわれた「西ドイツの変動相場制度移行を中心とした国際通貨不安を契機に、一部に現行固定為替相場制を若干手直しすべきではないかとの声が聞かれ

たが、その後の国際通貨情勢は小康状態にあり、西ドイツの今回の措置がどのような形で収束されるか注目される」と、どちらかと言えば傍観者の立場でなされた記述がある。

10. この造語は、当時日本銀行ロンドン駐在参事であった速水優氏（後に総裁）によるものであった。速水優『海図なき航海 – 変動相場制10年』（東洋経済新報社、1982年）、10頁。

11. 三菱銀行調査部は、1969年10月のレポートで、「マルクが切り上げられたことから、最近ではマルクの次は円の切り上げだという言葉が、新聞、雑誌の論説や国際会議のロビーでささやかれるようになっていると伝えられる。現行の1米ドル＝360円という対米ドル平価はほぼ適正と判断される。円の平価が問題になるということ自体が日本人にとっては大きな驚きであり、経済の土台が根底から揺り動かされているように感じる」と論じた。一方、野村総合研究所証券調査部が遅れて1970年2月に発表した「円切り上げとその影響」と題するレポートでは、「インフレの抑制、社会資本の充実という1971年代の政策課題の解決に円切り上げは有効な手掛かりを与えてくれる。長期的には、経済成長のポテンシャルを高め、将来の国際競争力を強くすることが予想される」と主張した。また、日本興業銀行調査部の同年5月のレポートでは、「現実的判断からすると、数年内には切り上げを不可避とする条件が成立する公算が大きい」とし、円切上げは「結果としては、内外におけるわが国製品の競争力を再評価し、わが国の生産構造を低生産性部門から高生産性部門へシフトさせる促進要因の一つとなり得よう」と主張した。しかしながら、これらの円切上げ肯定論も、早めのタイミングでの実施を主張するものではなかった。

第3章
考察：平価切上げ〜西ドイツと日本の比較

　ドイツ連邦銀行（ブンデスバンク）の副総裁オトマール・エミンガー（後に1977年から1979年まで総裁）は、時宜を得た固定平価の調整が経済の安定成長にいかに重要であるかについて、1970年に発刊された初代OECD事務総長ソーキル・クリステンセン退任記念論文集の中で以下のように論じている（注1）。

　「平価調整が遅れると、投機が助長されて危機が生じ、時宜を得た平価調整の場合に比べて、より大幅な調整を余儀なくされ、その結果はより甚大となる。それは、平価調整が遅れている間に、経済構造の歪みがますます大きくなってしまっているからである。ドイツの場合は（平価の切上げが遅れたため）過度に輸出依存型の経済構造になってしまった。一方、英国の場合は（平価の切下げが遅れたため）過度に国内市場依存型の経済構造になってしまった。それだけではない。ドイツの場合、マルクが過小評価の状態に放置され、インフレーションの海外からの輸入によって国内均衡が著しく崩れてしまった。

　　こうした状況の下では平価の調整が行なわれても、対外均衡と国内均衡を回復するまでには長い時間が必要になるであろう。内外均衡の回復の遅れは通貨調整策の『失敗』のためである、と批判されることがこの先しばしばあるだろう。しかしながら、均衡回復のもたつきは、本当は適切な施策の実施に至るまでの躊躇の行き過ぎの結果なのである。」

　この寄稿論文は、主要国の国際収支調整に関する協議の場として重要な役割を果たしていたOECD第三作業部会（WP3）の議長の立場から書かれたものであった。

　戦後、ドイツの東西分断の中で自由主義陣営側の一員として成立した西ドイツでは、キリスト教民主同盟（CDU）のコンラート・アデナウアー首相の下

で副首相兼経済相となったルートヴィヒ・エアハルト（後に首相）の主導で社会福祉と自由競争を融和させた「社会的市場経済」の概念を掲げ、経済復興が図られた。こうして西ドイツは欧州における第二次世界大戦の戦勝国であった英国やフランスを上回る経済力を復活し、国際収支黒字国となった。

西ドイツでは、1961年3月に平価の切上げを行なっているが、5%の小幅なものであった。クリステンセンの後任としてOECDの二代目の事務総長となったエミール・ヴァンレネップ（WP3の初代議長）の回顧録によれば、当時、西ドイツの産業界と農業団体はマルク切上げに反対する一方、エアハルトがマルク切上げに賛成、連邦銀行では総裁のカルル・ブレッシングが反対、理事であったエミンガーは賛成であったという。国際通貨基金（IMF）を含む専門家の大方の見解では10〜15%の切上げが望ましいとされていたが、こうした西ドイツ国内での意見の対立のため、切上げ幅は5%の小幅にとどめられた、とされている（注2）。

西ドイツでは、その後1969年9月に一時フロート制に移行し、翌10月に9.3%の平価切上げが行なわれた。

更に、上掲のエミンガー論文が書かれた後、1オンス＝35ドルの固定平価による米ドルと金の兌換を一時停止する措置（いわゆる「ニクソン・ショック」、米国時間で1971年8月15日発表）、これに続く主要国通貨のフロート制への一時的移行を経て同年12月18日に米国ワシントン市スミソニアン博物館において、先進10カ国グループ（Group of Ten: G10）参加国が米ドルに対する他通貨の切上げと為替変動幅の拡大（為替平価の上下1%→2.25%）を伴う固定平価制度への復帰の合意（いわゆる「スミソニアン協定」）がなされた。

第二次世界大戦終了前の1944年7月、米国ニューハンプシャー州ホワイト山系のブレトンウッズにある、19世紀からの歴史を誇る豪華なリゾートホテルに、米国、英国、フランスなどの連合国44カ国と中立国アルゼンチンの代表が集まった。正式には「国際連合通貨金融会議」（United Nations Monetary and Finance Conference）と呼ばれたこの会議で、戦後の国際通貨体制に関する重要な合意が成立した。これが、いわゆる「ブレトンウッズ体制」であった。

金への固定平価による兌換が唯一可能な基軸通貨としての米ドルが君臨したブレトンウッズ体制には、アシメトリー（非対称性）があったと言われる。その一つは、国際収支面での赤字国と黒字国とのアシメトリーで、赤字国、そし

て特に赤字のファイナンスが困難な国、については、その借り入れに際して経済政策運営について国際的なサーベイランス（監視）が行なわれ、政策のあり方について時には厳しい注文がつけられていたが、黒字国に関しては赤字国に対するほどの実効性のあるサーベイランスが実施されなかったということである。このため、黒字国の自らの判断による平価切上げは遅れがちとなったというものである。

黒字国が小国であれば、その平価切上げの遅れによって基軸通貨国である米国の国際価格競争力が大きく削がれるリスクは小さかったであろう。しかしながら、黒字国が米国にとって重要な直接の貿易相手国であるか、あるいは第三国の市場において重要な貿易競争の相手である場合には、黒字国の平価切上げの遅れは米国の価格競争力を弱め、その貿易収支の悪化に繋がるリスクが大きかった。固定平価制度の下では、その結果として米ドルに対する市場の信認が低下すれば、民間米ドル資金の対外流失が資金流入国における輸入インフレーションを助長する大きなリスクが内在していた。

後で詳述するように、黒字国に関しては赤字国に対するほどの実効性のある国際的なサーベイランスが実施されなかったことは事実であった。しかしながら、海外要因によって国内物価の安定が損なわれることを避けたいという傾向の強い国では、自らの判断で平価の調整を行なうことはあったのである。

ポール・ヴォルカーは、行天豊雄氏との共著『富の興亡』（注3）において、「ブンデスバンクは、ドイツ国内のマネーサプライのコントロールがドルの流入で効果が下がり、米国から恐らく持ち込まれてくるインフレにドイツもさらされる惧れがあると感じ始めていた。この懸念がドイツを、国際通貨改革、とくにもっとも弾力性のある為替相場への改革に前向きな国々の陣頭に立たせることになったのである」と指摘している。

西ドイツが、1969年9月に一時フロート制に移行した後、翌10月に9.3%の平価切上げを行なったのに対して、日本は第1章で書いたように69年9月1日に公定歩合の引上げを行なった。当時、消費者物価の安定の重要性を説いていた日本銀行調査局長の吉野俊彦（注4）氏は、この措置について筆者を含む若手の局員に対して感想を述べられ、日本もついにドイツ並みに国際収支黒字の下で金融引締めをするまでになったと、感慨深そうに語ったことがあった。日本銀行金融研究所がまとめた「日本金融年表（明治元年〜平成4年）」

を見ると、1969年9月1日の公定歩合の引上げの項には「国際収支黒字下での物価安定のための引き締め」という注釈がついているから、それがエポック・メーキングな措置であったと認識されていることが明らかである。

いずれにせよ、国内の物価上昇圧力の吸収と経常収支黒字の調整のために平価の調整を行なうという政策オプションの是非を、ドイツ連邦銀行の国際派の最有力者であったエミンガーの上記論文で示された平価調整の遅れが齎す問題点を考慮しながら組織的に検討する作業は、当時の日本銀行調査局では行なわれていなかった。OECDの1969年対日年次審査報告書（本書第1章注36参照）の中で盛り込まれた金融引締め反対論に対して宇佐美洵日本銀行総裁が反駁するための資料をまとめただけであった。

OECDの報告書では、日本の国際収支は景気循環に伴う変動を除去したトレンドで見ると、1964年あたりから黒字基調に転じ、経常収支黒字が趨勢的に増加しているという分析結果が示されている。当時の日本では厳重な為替管理が敷かれていたから、国内の金融引締めを行なった時に、米ドルから円に巨額の資金シフトが生ずることを強く懸念する必要はないと日本の当局は判断していた（注5）。とはいえ、金融引締めが国内需要の減退による輸入の低下と輸出ドライブの強まりから貿易収支および経常収支の黒字増加を齎す方向に働くことは確かであった。西ドイツと共に日本も国際収支黒字の拡大を防止することが大切であり、こうした国際的な要請と国内物価の安定という国内目的を同時に達成するためには、金融引締めよりは平価の切上げ（ないしは両者のミックス）を行なうほうが望ましいというのが、特にブレトンウッズ体制の擁護を重視する立場に立てば、正論であろう。第1章で述べたように、当時筆者が日本銀行調査局の上司に述べた個人的な意見はOECDの見解を支持するものであった。

因みに、1969年当時に大蔵省（現在の財務省）で財務官であった柏木雄介（注6）氏の後日談によれば、同省の調査部次長であった林大造氏（後に国際金融局次長）が中心となって「アルファー作業」と名付けられた通貨対策を極秘に検討し、「円相場を切り上げるのが適当ではないか」という提案がなされたという。この提案について柏木氏は、大蔵次官、国際金融局長と共に林氏と議論をしたが、柏木氏も、次官も、また国際金融局も局長を含めて反対したと証言している。反対の理由はまず、経済成長重視の観点から、「経済成長の

ネックである国際収支の壁を完全に克服するまで輸出を伸ばし輸入を抑えるのが当然」と考えていたことにあったという。また、もう一つの理由は、「輸入自由化やその他の規制緩和のほうが先の課題で、いきなり円レートの調整を考えるのは順序が違う」と判断したという（注7）。

　1967年には日本の貿易収支が内需の拡大と海外景気の低迷から大幅に悪化し、金融引締めが実施されると共に、IMFとの間で借入れ取決めの交渉に入った経緯があった。この交渉は68年に入って輸出の増加と外資の流入による外貨準備繰りの好転から打ち切られたが、日本の通貨当局としては69年に入っても国際収支の天井を高くしたいという意識が強かったことと窺われる。現に、日本の外貨準備高を69年3月時点で見ると31億ドルと、西ドイツの76億ドルの半分にも達していなかったことも看過出来ない（注8）。

　因みに、ニクソン・ショック前の71年5月にバーゼルの国際決済銀行（BIS）で開かれた中央銀行総裁に出席した佐々木直日本銀行総裁に、当時ロンドン駐在参事であった速水優氏（注9）は「早く日本の外貨準備が100億ドルになったらいいですね」と話したという。この時の意味は、「100億ドルぐらいになれば、円が各国および市場から注目されるようになるし、日本の国際社会での発言は強化されよう、との単純な発想からのものである」とされている（注10）。当時、日本の外貨準備は60億ドルと、前記の69年3月時点の水準に比べて2倍になっていた。

　緒方四十郎氏の著書『円と日銀』によれば、政府部内における「アルファー作業」とは別に、日本銀行の内部でも、70年、佐々木総裁の下に代表的若手行員を集め、切上げ、フロート等の可能性、得失について議論したことがあったと記されている（注11）。筆者は同年1月にOECD事務局勤務に転じていたから、この会合で具体的にどのような議論が行なわれ、どのような結論となったのかは明らかでないが、71年春には、木川田一隆経済同友会幹事が「切り上げを主体的に判断する必要性が現実となりつつある」と発表したことも緒方氏の著書に紹介されている。その上で、緒方氏は次のように締めくくっている。

　　「これらの議論や試みも、360円堅持という輸出産業重視の世論と政府の
　　方針に圧倒されて、日の目を見ることがなかった。」

結局、割安な円相場が日本の国際収支黒字の拡大の一因であったことを政府が「経済白書」で初めて明確に認めたのは、71年12月のスミソニアン会議における主要国通貨の多角的調整の一環として1米ドル＝308円への切上げが行なわれた後の「昭和47年度経済白書」（1972年8月1日発表）においてであった。同書には、以下のような記述がある。

　「アメリカが自国の国際収支赤字を軽視しがちであった一方、わが国では国際収支黒字不均衡への備えが十分でなかった。これには、アメリカに基軸通貨国の地位への甘えがあり、わが国では国際収支赤字が成長の制約であった時代の制度の改正が遅れ、黒字不均衡のもたらす国際的摩擦や景気後退による黒字増幅作用についての対応がゆきわたらなかったことも影響している。今回の通貨調整は、いずれの国も対外均衡維持の責任を相互に分かち持たなければならないことを教えた。」（注12）

　「40年代に入りわが国は、割安な為替レートのもとで輸出をのばしつつ、高成長を続けてきたが、世界経済との調和なくして日本の発展は考えられないことは、今回の通貨調整によっても十分に示された。」（注13）

　「為替政策については、流動的な国際経済情勢に対処しつつ今後の国際通貨制度改革の方向にそってその活用をはからなければならない。」（注14）

　また、この「経済白書」は為替政策を「物価の安定にも有力な手段」として、次のように論じた。

　「物価の安定については、供給体制整備や流通機構改善、輸入拡大、競争条件の整備など構造対策による生活物資、サービスの価格安定が中心であるが、国内の物価上昇により、国際収支を均衡させるような方針は許されず、世界インフレの進行阻止のための国際協力に努めるとともに、必要な場合には為替政策の活用も検討されるべきものといえよう。」（注15）

71 年末の円切上げを含む通貨の多角的調整にもかかわらず、主要国の国際収支の不均衡は目立って是正されず、国際通貨不安が続き、スミソニアン合意は 1 年 2 カ月で崩壊した。72 年 6 月には英ポンドが変動相場に移行し、73 年 1 月下旬のイタリアの二重為替相場制度への移行、スイスの変動相場制度への移行を契機に 2 月には大規模な通貨投機が発生し、主要国は為替市場を閉鎖した。そして 3 月にかけて、日本の変動相場制への移行、EC6 カ国（西ドイツ、フランス、オランダ、ベルギー、ルクセンブルク、デンマーク）通貨の共同フロート（域内通貨間の変動幅を 2.25% に収めると同時に域外国通貨に対してはフロート）、マルクの対特別引出権（Special Drawing Rights: SDR）切上げが行なわれた。

　こうした国際通貨体制の激変と国内経済の急速な景気拡大と激しい物価騰貴の中で発表された「昭和 48 年度経済白書」（1973 年 8 月 10 日発表）においては、「政府は現在物価安定を最優先の課題とすることを再確認しているが、物価上昇の生じやすい現代社会にあって、物価安定は今後とも一貫して優先政策目標でなければならない」という指摘の直後に、「ふりかえってみると変動相場制移行は、国内均衡のためにも必要であったといえよう」（注 16）と書かれている。

　この文言を前年の 72 年 8 月に発表された「昭和 47 年度経済白書」における物価安定策としての為替政策の活用論の筆致と比べると、変動相場制度への移行が日本の積極的な意向で進められたという感じが窺われない。そして、当時の為替相場政策や国際通貨制度に関する国際協議において日本が主導的な姿勢をとることは現実にもなかった。

　筆者は 1970 年初めから OECD 経済総局の金融調査課のエコノミストとなり、エミンガー議長の下で主要国の国際収支調整に関する協議を行なう場である WP3 に提出する討議資料の作成に当たり、また WP3 の会議では、各国代表による討議を事務局側から傍聴する立場にあった。この間、一連の会合で日本代表の発言が国際収支や国際通貨制度のあり方に関する討議をリードする場面を見たことはなかった。

　因みに、柏木雄介氏の証言によれば、1972 年の暮れに大蔵省と日本銀行の幹部で、日本としての対応を協議した際に、「スミソニアンでの円の対ドル切り上げ幅は不十分であったとみられるので、円の再切り上げを提案すべきでは

ないか」という意見が出たが、景気へのマイナス効果に対する懸念とようやく落ち着いた円高反対の国内世論を刺激することに関するためらいもあって、結局この意見は生かされなかったという（注17）。

注
1. Otmar Emminger, "Practical difficulties of balance of payments adjustment" in "Essays in honour of Thorkil Kristensen", OECD, 1970, p.5.
2. Emile van Lennep, "Working for the World Economy", Nederlands Instituut voor het Bank-en Effectenbedrijf, Amsterdam, 1998, p.90.
3. Paul A. Volker and Toyoo Gyoten, "Changing Fortunes: The World's Money and the Threat to American Leadership", Times Books, 1992, p.43. 日本語訳では江澤雄一監訳『富の興亡』（東洋経済新報社、1992 年）、68 頁。
4. 吉野俊彦氏は、ドイツ連邦銀行総裁であったヴィルヘルム・フォッケの名著『健全通貨』（至誠堂、1958 年）の共訳者。本書第 1 章、注 23 も参照。
5. 速水優、『海図なき航海 – 変動相場制 10 年』（東洋経済新報社、1982 年）、10 頁。
6. 柏木雄介（1917 年～ 2004 年）氏は、1941 年に東京帝国大学法学部を卒業し、大蔵省に入省。国際金融局長を経て 1968 年に財務官に就任。1971 年に退官後、大蔵省顧問などを経て東京銀行頭取、会長などを歴任。
7. 柏木雄介述、本田敬吉・秦忠夫編、『柏木雄介の証言：戦後日本の国際金融史』（有斐閣、1998 年）、48 頁。
8. OECD Economic Outlook, July 1969, Table 26, p.54.
9. 速水優（1925 年～ 2009 年）氏は、1947 年に東京商科大学を卒業し、日本銀行に入行、ロンドン駐在参事、外事審議役、外国局長、名古屋支店長、理事を歴任。その後、日商岩井の専務取締役、副社長、社長、会長、経済同友会代表幹事を経て、第 28 代日本銀行総裁に就任。
10. 速水優、『海図なき航海 – 変動相場制 10 年』（東洋経済新報社、1982 年）、5 頁。
11. 緒方四十郎、『円と日銀　セントラル・バンカーの回想』（中公新書 1331、1996 年）、12 頁。
12. 昭和 47 年度経済白書、第 2 章「円切上げの影響」、65-66 頁。
13. 昭和 47 年度経済白書、第 3 章「変動する世界経済と日本」、135 頁。
14. 昭和 47 年度経済白書、第 3 章「変動する世界経済と日本」、136 頁。
15. 昭和 47 年度経済白書、第 5 章「新しい発展への出発」、217 頁。
16. 昭和 48 年度経済白書、第 1 章「昭和 47 年度経済の動向」、56 頁。
17. 上掲『柏木雄介の証言：戦後日本の国際金融史』、69 頁。

第4章
考察：準備通貨国の節度〜英国と米国

英国

　既に述べたように、日本の国際収支が黒字基調に転じていた1969年に行なわれたOECD対日経済審査におけるOECDの政策提言と日本の対応は、ブレトンウッズ体制の下で、黒字国に関しては赤字国に対するほどの実効性のあるサーベイランスが実施されなかったことを示す一例である。また、国際収支黒字に面して、日本と異なり、1961年と1969年に平価切上げを実施した西ドイツで、前章で紹介したエミンガー論文で指摘されたように、切上げが比較的小幅であったり、切上げのタイミングが遅れたりした問題があったことも看過出来ない。そして、西ドイツの平価切上げは、米ドルを基軸通貨に据えた国際通貨制度の維持という国際協力の観点から積極的に行なわれたというより、自国内における物価の安定を優先課題にして、米国からのインフレーションの輸入を防ぐために防衛的に実施されたと見るべきであろう。

　しかしながら、ブレトンウッズ体制の下での国際収支黒字国における平価切上げの遅れと逡巡は、ブレトンウッズ体制の崩壊を助長した要因の一つとはいえ、最重要な要因ではない。やはり、準備通貨国の責任が問われなければならない。

　ここで、ブレトンウッズ体制の下では、非準備通貨国は国際収支の赤字を外貨準備によって決済しなければならないが、準備通貨国は自国通貨建ての対外負債によって国際収支の決済が出来る、というアシメトリーがある、という側面について見てみよう。まず、ブレトンウッズ体制の下で米ドルに次ぐ第二の準備通貨であった英ポンドの場合を振り返ってみたい。

　英国は、1932年のオタワ協定によって関税特恵体制で結びつけられた貿易圏（関税ブロック）を構築すると共に、それを補完するため、ブロック構成国が対外準備としてロンドンで英ポンド建て資産を保有する通貨圏（スターリン

64

グ圏）を組成していた。しかし、英国は米国など非スターリング圏諸国との間の国際収支赤字から生ずる制約を免れることは出来なかった。

英国は、1940 年に設定した 1 ポンド＝ 4.03 米ドルの固定平価をブレトンウッズ体制発足後も維持していたが、第二次世界大戦終了後の経済危機の中で 49 年に 30.5% の大幅な英ポンド切下げ（1 ポンド＝ 2.80 米ドルへ）を強いられた。もっとも、この時は アイルランド、オーストラリア、ニュージーランド、インド、南アフリカ、デンマーク、ノルウェー、エジプト、イスラエルが追随切下げをしたので、英国の国際価格競争力はこれらの国との関係では強化されなかった。つまり、当時の英国は準備通貨国の一翼を担っていたことがかえって重荷になった面があったのである。

こうした平価切下げにもかかわらず、英国の国際収支は目立った改善を示さず、英国の英ポンド建て対外債務は高水準にとどまった。世界全体が保有していた外貨準備に占める英ポンド建ての資産（英国の英ポンド建て対外債務）の割合は第二次世界大戦が終了した直後である 1947 年当時の 87% の高水準から 50 年代初めには 60% 近くまで下がったが、それでも米ドルのシェアの約 2 倍であった。その後、世界全体の保有外貨準備に占める英ポンド建ての比率は 60 年代初めには 30% 程度にまで低下する一方、米ドル建ての比率は 70% 近くに上昇した。しかしながら、外国が英ポンド建てで保有している準備資産（英国の対外負債）と比べて英国が保有していた対外支払い準備（金と米ドル資産）は手薄であった。そして、一旦英ポンド不安が生じると、英国の対外支払い準備繰りが窮迫した。

1964 年 10 月の英国総選挙の直前に開かれた OECD の第三作業部会（WP3）は、論客で知られたオランダ銀行理事のスアード・ポスチューマ教授にとって退任前の最後の会合であった。議長であったヴァンレネップの回想録によれば、この席上、ポスチューマは英国の国際収支状況は極めて深刻であり、英ポンドが過大評価となっている（overvalued）ことを示唆し、多くの参加者がこの意見に賛成したという（注 1）。

もっとも、ブレトンウッズ体制の下では、平価の調整は、国際収支調整のために平価調整以外の手段を全て試してみても効果がないような「基礎的不均衡（fundamental disequilibrium）」の状態にある場合にのみ、最後の手段としてIMF の承認を得て行ないうるものとされていた。しかも、「基礎的不均衡」を

第 4 章　考察：準備通貨国の節度〜英国と米国　*65*

どのように捉えるかははっきりしていなかった。

英ポンドは 1949 年のほか、第二次世界大戦前の 1931 年にも平価の切下げに見舞われたが、いずれも労働党政権の時であった。こうしたこともあって、1964 年 10 月の総選挙で保守党に代わって労働党が政権の座に復帰すると、再び平価切下げがあるのではないかという風評がたった。

ハロルド・ウィルソン政権は、嘗ての労働党政府の汚名を拭うためにも、英ポンドの対外価値の維持に努めた。この政権にとって不幸なことは、選挙前に保守党政権が選挙で勝利をおさめたいばかりに国民の人気とりのため拡張的な財政運営を行なった結果、政権発足直後の 1964 年には国内需要の拡大の中で経常収支が大幅に悪化したことであった。これに対してイングランド銀行は同年 2 月に公定歩合を 0.5% 引き上げ 5% とした後、11 月には公定歩合を 7% の危機的水準にまで引き上げ、また英国政府は輸入課徴金を導入した。英国金融当局は更に、IMF が一般借り入れ協定を初めて発動して日本を含む 8 カ国から得た 4 億 5 千万ドルの資金を借り入れる決定を行ない、ついで先進 11 カ国中央銀行、国際決済銀行（BIS）、米国輸出入銀行と 30 億ドルの緊急借款を締結した。ウィルソン労働党政権は、こうした国際的な支援によって最初の大規模な英ポンド危機を乗り越えることに成功し、翌 65 年 6 月には公定歩合を 7% の危機的水準から 6% にまで引き下げることが出来た。

しかしながら、それから約 1 年後、海運ストライキの発生に見舞われ、1966 年 5 月 23 日に非常事態宣言が発せられる中で再び大規模な英ポンド危機が発生した。これに対して、7 月にはイングランド銀行は公定歩合を再び 7% の危機的水準に戻して英ポンドの防衛に当たり、更に英国政府は 10 月に入って賃金と物価の 6 カ月凍結に関する行政権限を発動する事態となった。こうした緊急措置の後、英国の国際収支は総合収支のベースで 1965 年第 4 四半期に黒字に転じ、イングランド銀行は 1967 年 1 月と 3 月の 2 回、公定歩合をそれぞれ 0.5% 引き下げて 6% の水準に戻すことが出来た。

ところが、1967 年の夏以降、英国は内外両面から再び大きな危機に見舞われた。まず、6 月には第三次中東戦争が勃発し、ついで 9 月には港湾ストライキが発生したのである。これに伴う為替市場における英ポンド売り圧力に対してイングランド銀行は 10 月中旬、公定歩合を 5.5% から 6.0% に引き上げたが、英ポンドに対する攻撃は収まらず、11 月に入るとイングランド銀行は公定歩

合を 6.0% から 6.5% に再度引き上げざるを得なくなった。二度に亘る公定歩合の引上げに続いて 11 月 14 日（火）には、BIS を通じる主要国中央銀行の新たな対英借款の成立が公表された。しかしながら、事態はそれでも収まらず、ついに英国政府は英ポンド平価の 14.6% 切下げ（1 ポンド = 2 ドル 80 セントから 2 ドル 40 セントへ）の断行を決定した。

労働党が勝利を収めた 1964 年 10 月の英国総選挙の直前に開かれた OECD の WP3 会合で、オランダ銀行理事のポスチューマ教授が英ポンドの過大評価を示唆したことは前述したが、「英ポンド最優先」のクローマー総裁をはじめ、イングランド銀行は切下げに反対であった。そして、経済学者の中では、ケインジアンで高名なロイ・ハロッドやジョーン・ロビンソンが以前から切下げ反対論を唱えていた。この二人はいわゆる「弾力性悲観論者」（"elasticity pessimists"）で、英ポンド切下げによって英国輸出品の米ドル建て価格が下落しても、その下落幅を上回って輸出数量が大きく伸びて米ドル建て輸出総額が増える結果になることにはあまり期待出来ないと主張した（注 2）。

このうち、ハロッドは、1966 年 8 月の『タイムズ』紙への寄稿論文の中で、英ポンド切下げによる輸入物価の上昇が賃金と物価のスパイラル上昇を招き、これが英国の競争力を弱めると主張した。こうした英ポンド平価切下げに関する懐疑論は、政治的な立場の違いを超えて英国の経済学者の多くに指示されていた。例えば、ジョン・ヒックス、ライオネル・ロビンス、ラルフ・ホートレイもこうした意見の持ち主であった。

一方、英国の大蔵省は平価切下げの効果についてハロッドなどの「弾力性悲観論者」ほどには悲観的でなかった。総選挙が行なわれた 1964 年 10 月 15 日付けの内部資料によると、当時の大蔵省では英国の輸出に関する価格弾性値が 2 を下回る可能性は少ないと計測していた。ただ、英ポンド切下げで仮に米ドル建て輸出価格が 10% 低下するとして計算された貿易収支改善効果の約半分は、平価切下げに伴う輸入物価の上昇などのコストプッシュ要因と輸出増加に伴う国内需給の引締まりによる賃金上昇などから英ポンド建て輸出価格が上昇することによって失われるという判断であった（注 3）。

英ポンド防衛に失敗し 1967 年 11 月 30 日に辞任したジェームズ・キャラハン財務相の後任のロイ・ジェンキンズは、当初は増税や歳出削減に躊躇していたが、結局、68 年 4 月に始まる新財政年度の予算案で更なる緊縮措置を打

ち出さざるを得なかった。こうした緊縮政策もあって、英国の国内総需要の成長率は 68 年には 2.5% と前年の 3.2% からやや低下したものの、平価切下げ後の J カーブ効果もあって、経常収支の赤字幅は同年中が 8 億ドルと前年の 10 億ドルをわずかに下回っただけであった。経常収支の黒字化は、内需の伸びがゼロ近くまで低下した 1969 年に漸く実現した（約 10 億ドル）。この年の実質 GDP 成長率は内需の停滞にもかかわらず純輸出の増加から約 2% となった。こうして、英国は漸く「内需の外需への転換」（expenditure switching）による国際収支の調整を実現した。

　そこに至る過程を振り返ると、米国に次ぐ第二の準備通貨国であった英国が労働党政権の威信にかけて英ポンドの防衛に当たり、海外からの巨額の金融支援を受けたということが注目される。前保守党政権の拡張的な経済政策によって実現した高い雇用水準の維持に政策の重点を置くばかりに、インフレーションが加速する中でも、海外からの金融支援に頼り、英国労働党政権がギリギリまで抜本的な財政削減政策の実施をせずに済まそうとした事実には、準備通貨国であったが故の「甘え」があったという見方もあり得よう。しかも、英国は英ポンド切下げ後から 1 年後の 1968 年 11 月、国際収支上の困難に対処するため、原燃料、船舶、食料等を除く輸入品に対し高率（50%）の輸入担保金を 6 カ月預託させる輸入預託金制度を貿易相手国に事前通告もなしに導入した。これも英ポンドの過去の栄光を背景とした英国の「甘え」と見られないではない。

　準備通貨国であった英国における経済政策運営のもたつきと比べると、非準備通貨国のフランスが 1958 年に成立したシャルル・ドゴール政権下でピネー蔵相が平価の大幅切下げと国内通貨改革、緊縮財政、貿易・為替の自由化を含む経済再建総合政策によって国内経済の体質強化と国際収支の立て直しに短期間のうちに成功した事例は注目に値する。

　フランスは 1944 年以来 6 回フランス・フラン切下げを行ない、かねて「欧州の病人」と言われていた。これらの切下げは過去の放漫財政と通貨価値の下落を後追いした形であった。これに対して、エコノミストで財務総監督官となったジャック・リュエフを主宰者とする有識者グループによる経済改革勧告は、（1）14.93% の大幅なフラン切下げ、（2）通貨単位の変更（従来のフラン通貨の 100 分の 1 を新フラン通貨の一単位とするデノミネーションの変更）に

よる新通貨の価値維持の決意の表明、(3) 緊縮財政、(4) 1958年のフランの外貨との交換性回復以来1年間の急テンポでの貿易・為替の自由化、を主な柱としていた（注4）。このような抜本策は、OECDのWP3を主軸とした多角的サーベイランスの下で国際収支調整策が遂行された英国（注5）と違って、フランス独自のイニシアチブで打ち出されたものであった。

　こうした自国のイニシアチブで抜本的な経済と通貨制度の改革を断行したのはドゴール大統領であった。なお、ドゴール大統領は、本章の冒頭で触れた準備通貨国が国際収支の赤字を自国通貨で決済出来るアシメトリーに関連して、準備通貨国の「法外な特権」（"exorbitant privilege"）と批判した人であるとも巷間で言われている。しかしながら、実際には、ドゴール大統領の下、1962年にミシェル・ドブレ内閣の改造人事により経済財政相となったヴァレリー・ジスカールデスタン（後に大統領）が用いた言葉であったことを追記しておこう（注6）。

　翻って、英国の平価切下げは、経常収支の悪化を背景とした英ポンド売り投機による短期資本の流出に面して英国の米ドル準備繰りが著しく圧迫されたことが直接の引き金であったが、英国の国際収支の抜本的な改善のためには、平価の切下げによる国際価格競争力の回復と共に、金融引締めと財政削減を行ない、国内資源を内需から外需の充足に振り向けることによって経常収支を改善する必要があったのである（注7）。

米国

　英ポンド平価切下げ後の米ドルの成り行きに関して、日本銀行「調査月報」1967年12月号巻頭論文「英ポンドの平価切り下げとその影響」の「要旨」の中では、次のように論じられている（注8）。

　　「米ドルは事実上唯一の準備通貨として負担が一層増大することになろう。このため、米国国際収支の改善が急がれるとともに、国際通貨体制の安定強化のために、先進諸国の国際協力が従来よりいっそう強く要請されることになろう。」

米国では、リンドン・ジョンソン大統領みずからの要請もあって、ファウラー財務長官が大規模な対英借款によって英ポンド切下げを回避させようと最後まで画策していた。しかしながら、英国の労働党政府としては、借款を受ける代償として極端なデフレーションによって平価の維持を図る道は選択出来なかった。

米国は、英ポンド切下げが行なわれた週末を終えた、1967 年 11 月 20 日（月）には公定歩合引上げ（4.0% から 4.5% へ）を発表し、米ドル防衛の姿勢を示した。しかしながら、22 日（水）には懸念されていた金ラッシュがロンドンやパリなどの金市場で発生した。米国、英国、西ドイツ、フランス、イタリアなど 8 カ国の中央銀行は 1961 年に金プールを組成し、ロンドン金市場における金価格が 1 オンス 35 米ドルの水準から大きく乖離することのないようにする介入操作を行なっていた（注 9）。このうち、フランス銀行は 67 年 7 月に金プールを離脱したため、残りの 7 カ国中央銀行総裁は 11 月 26 日（日）にフランクフルトで会議を開き、米ドル価値維持と為替相場の安定に関して声明を発表した。もっとも、その効果は束の間のものだった。12 月中旬には、ロンドンやパリの金市場で金ラッシュが再燃した。こうして、金プールにおける負担率 が 50% であった米国は、英ポンド切下げ時から 67 年末までに約 10 億ドルに相当する金を売却するはめとなり、同年末の金保有高は 1937 年以来初めて 120 億ドルを下回った。

年が明けて 1968 年 1 月 1 日、米国のジョンソン大統領は米ドル防衛の強化に関する特別声明を発表し、企業の対外直接投資と銀行の対外融資の規制や政府の海外支出の削減などを打ち出した。それにもかかわらず、2 月下旬にはロンドンやパリの金市場では再び金ラッシュが生じた。3 月 10 日にはスイスのバーゼルにおける中央銀行総裁会議が金の現行価格の維持に関する声明を発表したが、目立った効果はなかった。結局、同月 14 日には米国が法定金準備撤廃（25% の金準備の撤廃）に関する法律を成立させ、翌 15 日には米国の要請でロンドン金市場を閉鎖することになった。この後、同月 17 日には金プール参加 7 カ国の中央銀行総裁がワシントンに参集し、金の二重価格制を採用することを決めた。こうして、金市場を民間が自由な価格で取り引きする市場は通貨当局間で 1 オンス 35 米ドルの公定価格で取り引きする市場と分断されることになった。これは米ドルの金との交換性の部分的な停止を意味した。

金の二重価格制の採用に先立って 1968 年 3 月 14 日、米国連邦準備制度理事会（FRB）の公開市場委員会（Federal Open Market Committee: FOMC）が開かれ、日本を含む主要国の中央銀行と BIS との間で結んでいたスワップ網の拡充に関するニューヨーク連邦準備銀行チャールズ・クームズ総裁の提案を審議した。その後公開された議事録によると、ジョージ・ミッチェル理事は「世界は基礎的な不均衡に向かっている」とし、「金の非貨幣化（demonetarization）が図らずも始まった状況下、もはや 1960 年代のルールは通用しない」という判断を示した。その上で、彼は、米国の状況は英国とは違う面はあるが、英ポンド防衛のために多くの犠牲を払った英国の二の舞を演じてはならないと主張した（注 10）。

　金の二重価格制が導入されて間もない 1968 年 7 月、マネタリストの一人であった米国セントルイス連邦銀行ダリル・フランシス総裁は、自由市場における金価格が 1 オンス 35 米ドルの公定価格から大きく乖離するようになれば金の二重価格制は機能しなくなると警告を発した。それと共に、新しい金鉱脈の発見など偶然的要素などによって供給量が不測の変動を示しかねない金は非貨幣化し、1967 年の IMF 総務会で創設が決議された特別引出権（SDR）を米ドルと共に国際通貨制度の軸に据えるべきだと主張した。そして、もし欧州の通貨当局などが米ドルを準備通貨として保有するのを好まないのであれば、欧州通貨当局が保有する米ドルを SDR で吸収すればよいと提案した。

　フランシス総裁は更に、米ドル防衛のためにジョンソン大統領が 1968 年 1 月 1 日に発表した資本流失規制を批判し、米ドルへの信認を取り戻すには財政金融政策の引締めによってインフレーションを抑制し、貿易収支の改善を図ることが本筋であると主張した。国内需要管理政策による経済安定を重視したフランシス総裁は、この講演を行なう前年である 1967 年の 5 月の FOMC 会合で金融引締めに転じるべきであると主張した。米国の節度ある政策運営を重視した彼の見解が退けられてしまっていたことを看過してはなるまい。

　FRB は結局、金の二重価格制を採用後の 1968 年 3 月 22 日に公定歩合 4.5% から 5% へ、また 4 月 19 日には 5% から 5.5% へそれぞれ小幅ながら引き上げた。しかしながら、こうした金融引締め措置は国際的な配慮から国内経済運営面で犠牲を払ってとられたという性格のものではなかった。それというのも、財政政策が 1968 年前半まで拡張的な方向で運用されたこともあって、金融引

締め措置が内需全体の膨張を抑え、物価上昇圧力を鎮めるほどの効果がなかったからであった。1967年初めから始まったマネーサプライの加速的な拡大は1968年中には7%と、それまでの10年間平均の年率2.6%を大幅に上回った。物価の動向を見ると、卸売物価が1968年の後半は年率2%の上昇であったが、翌69年第1四半期には年率7.1%の急騰となった。また消費者物価も1968年の後半の年率4.7%の上昇から、翌69年第1四半期には年率6.3%の大幅な上昇となってしまった。

　当時のFRB議長はトルーマン大統領時代の1951年に選任されたウィリアム・マチェスニー・マーティンであった。彼は、アイゼンハワー、ケネディ、ジョンソンの大統領時代を経てニクソンが大統領（注11）に就任直後の1970年1月末まで長い間議長職にあった。1965年12月の公定歩合引上げ直後、ジョンソン大統領は自分の牧場にマーティンを呼び出し、低金利の維持を要求したが、話し合いは平行線で終わったといわれている（注12）。ジョンソン大統領が任期中は金利を常に低位にとどめて欲しいという要求をしたところ、それならば別の人物をFRB議長にすべきだと大統領に答えたというエピソード（注13）も伝えられている。マーティンはまた、1955年10月19日に行なった演説の中で「パーティーが盛り上がっている時に、パンチボールを片付けるのがFRBの仕事である」（注14）と言ったことでも知られている。

　こうした高い見識を持った議長の下にありながら、何故FRBは物価上昇の加速を防ぎきれなかったのだろうか。

　歴代のFRB議長で私が謦咳に接したのは、マーティンの後任となったアーサー・バーンズからで、マーティンの人となりについて直接知りうる機会は持たなかった。マーティンがFRB議長であった時代にエコノミストとしてFRBに入り、ヴォルカーに至る歴代のFRB議長に仕え、特にヴォルカー時代にその右腕として金融政策の企画に辣腕を振るったスティーヴン・アキシルロッド（注15）は、その著書 "Inside the Fed" において、マーティンのことを次のようにコメントしている。

　　「マーティンは人柄が良く、管理の才がかなりあるが、政策の背景としての経済理論について深い理解は持ち合わせていない人物、というのが私の当初の印象であった。やがて、私は、マーティンは政策に関する芸術家

72

（artist）、直観力豊かな人、そして仲間にとって基本的に公正であると感じられる風格の人であると思うようになった。これらの特質はいずれもマーティンを政策決定プロセスにおいて実行力ある統率者とするのに役立った。」（注16）

　因みに、バーンズがFRB議長を辞任した直後の1978年4月に来日し、時の森永貞一郎日本銀行総裁と一対一で面談した時、自分の意見を述べるにあたって、「自分はエコノミストとして」という表現を再三使っていた。このエピソードは、私が総務部と外国局を兼務する調査役として通訳の役割を果たした直後に作成し、日本銀行の役員に回覧した会見記録に残されている（注17）。アイゼンハワー政権下で大統領経済諮問委員会（CEA）の委員長を務めた後、コロンビア大学で教鞭を執りながら全米経済研究所（National Bureau of Economic Research：NBER）所長を経て、1970年にFRB議長となったバーンズは、自らの分析によって政策判断を行なう自信を持っていたことが窺われた。

　これに対して、アキシルロッドの記述から浮かび上がってくるマーティンの人物像から判断すると、彼のFRB議長時代の最終期における米国の物価上昇加速は、彼個人の主導によるというよりもFRB全体としての政策判断の結果として、金融政策の対応が十分に適切でなかったことによると言えよう。

　セントルイス連邦銀行フランシス総裁が1967年5月の公開市場委員会で金融引締め論を説いたことは既に述べたが、彼はこの委員会では異端者であった。こうした情勢下、ミルトン・フリードマンなどマネタリストの学者達は、マーティン議長の下でFRBが気まぐれな（whimsical）判断で金利操作やマネーサプライの管理を行なったと批判した。

注
1. Emile van Lennep, "Working for the World Economy", Nederlands Instituut voor het Bank-en Effectenbedrijf, Amsterdam, 1998, p.149.
2. A.P. Thirlwall, "Balance of Payments Theory and the United Kingdom Experience"（3rd ed. Basingtoke: Macmillan, 1986）, p.156.
3. TNA: PRO T171/758/2（xlix）, papers on exchange rate policy, 15 Oct. 1964.
4. Michel-Pierre Chélini, "Le plan de stabilisation Pinay-Rueff, 1958", Revue d'Histoire Moderne et

Contemporaine, 2001/4, p.102-123.

5. James Callaghan, "Time and Chance", London, 1987, p.171.

6. 前掲の Michel-Pierre Chélini 論文参照。

7. この見解に関しては、本書第 1 章における日本銀行調査局欧米調査課の英国経済担当時代の記述を参照。

8. この論文の執筆の経緯については、本書第 1 章における日本銀行調査局欧米調査課勤務時代の記述を参照。

9. 金プールに対する米国の供出は 120 トンで全体の 50% であった。欧州諸国のシェアは西ドイツが 11%、英国、フランス、イタリアがそれぞれ 9%、ベルギー、オランダ、スイスがそれぞれ 4% であった。

10. Federal Reserve Open Market Committee, Memorandaun of discussion, 14 March 1968.

11. リチャード・ニクソンは 1969 年 1 月 9 日に第 37 代の米国大統領に就任。

12. The Economist, "William Martin", 6 August 1998.

13. Melody Petersen, "William McChesney Martin, 91, Dies; Defined Fed's Role", New York Times, 29 July 1998.

14. ウィリアム・マーティンの名言は一般に "take away the punch bowl just when the party gets going" とされているが、実際には "The Federal Reserve, as one writer put it, is in the position of the chaperone who has ordered the punch bowl removed just when the party was really warming up" であった。Martin, William McChesney, Jr., "Address before the New York Group of the Investment Bankers Association of America", 19 October 1955 を参照。

15. アキシルロッドと筆者の交流は、1970 年に彼が調査局次長、私が OECD 金融調査課のエコノミストとして、OECD 特別プロジェクト "Monetary Policy Studies" に関わったことから始まった（本書第 6 章参照）。

16. Stephen Axilrod, "Inside the Fed: Monetary Policy and its Management, Martin through Greenspan to Bernanke", the MIT Press, Revised Edition, 2011, p.48.

17. 重原久美春、役員回覧メモ、「森永総裁・Burns 前連邦準備制度議長面談要旨」、1978 年 4 月 10 日、7 頁。

第5章
史料：国際協力の枠組み整備と
OECD 第三作業部会

英ポンド切下げの舞台裏

1967 年 11 月の英ポンド切下げ（14.3%）に追随した OECD 加盟国は、デンマーク（7.9%）、アイルランド（14.3%）、スペイン（14.3%）、アイスランド（24.6%）であった。当時の世界貿易に占める英国のシェアは 9% であり、これに追随した OECD 加盟国の貿易シェアは 4% であった。また、追随切下げをした OECD 非加盟国のシェアも同じく 4% であった（注 1）。

一方、1949 年に行なわれた英ポンド平価の切下げは 30.5% の大幅なものであったが、その発表後 1 週間もしないうちに欧州大陸の主要工業国を含む約 20 カ国が追随して平価切下げを行なった。これらの国が全世界貿易に占めるシェアは約 3 分の 2 の大きさであった。しかも、その後も平価切下げに追随する国が増加し、結局英ポンド切下げを契機とした切下げ国は 30 余カ国に達した。このため、英ポンド切下げによる英国の国際価格競争力の回復は限定的なものとなった。

ここで、1967 年の英ポンド切下げ決定の直前に欧州内部でどのような交渉があったのか、米国はどのような動きをしたのか振り返ってみよう。

当時英国の財務相であったキャラハンは回顧録の中で、1964 年 10 月の就任直後に OECD 第三作業部会議長のヴァンレネップと会談した時に、英ポンド切下げの必要性を説かれたが、他国が英国の平価切下げに追随しないことに合意するかどうかは不確かであるとヴァンレネップに言われた、と書いている。キャラハン自身も当時、そうした合意は出来そうもないと考えていたという（注 2）。

英ポンド切下げ発表に先立つ 2 週間前の 1967 年 11 月 4 日、OECD 第三作業部会（WP3）の英国代表であったサー・デニス・リケット大蔵次官はヴァンレネップに、キャラハン財務相が会いたいと言っていること、案件はヴァンレ

第 5 章　史料：国際協力の枠組み整備と OECD 第三作業部会　*75*

ネップがほぼ3年前にキャラハンと話し合った問題であること、を電話で伝えたという。キャラハンの回顧録には、彼が英ポンド切下げは不可避だという結論に達したのはリケットがヴァンレネップに電話した直前であったと書かれている（注3）。

ヴァンレネップは1967年11月8日にキャラハン財務相とロンドンで会った。キャラハンの最大の関心事は、当時「インナー・シックス」（Inner Six）と呼ばれた欧州経済共同体（European Economic Community: EEC）原加盟6カ国（注4）が英ポンド切下げに追随するか、どうかということであった。これに対して、OECDのWP3議長であると共にEEC通貨委員会（Monetary Committee）の議長でもあったヴァンレネップは、インナー・シックスを代表して述べる立場にはないが、英ポンド切下げがあまりに大幅なものでなければ、追随切下げをしないように出来る限り説得する積もりであると伝えると共に、国際通貨基金（IMF）の計算では15%を超える英ポンド切下げは競争的切下げ（competitive devaluation）として見られるようだと伝えたという（注5）。

ヴァンレネップはパリに戻ると、早速関係国の仲間達と連絡をとった。英ポンドの切下げ幅が15%を超えなければ追随しないという線で、オランダのほか西ドイツ、ベルギー、ルクセンブルクとイタリアはすんなり応じたが、フランスではドゴール大統領の下で首相を務めたことがあるミシェル・ドブレ財務相が英国から直接ではなくヴァンレネップを通じて話が来たことに不快感を持ち、説得は難航した。ヴァンレネップが1967年11月15日にOECDパリ本部で開かれた経済政策委員会（EPC）の舞台裏で交渉中に、欧州委員会副議長のレモン・バール（後にジスカールデスタン大統領の下で首相）が、EEC通貨委員会の議長であるヴァンレネップに相談なしに各国に働きかけ、EECの大規模な対英資金援助を見返りに英ポンド切下げを取りやめさせる動きに出た。これは、英ポンド切下げによるフランスの競争力の低下を防ぐという、重商主義的な動機によるもののようにヴァンレネップの目には映ったという。

結局、英ポンド切下げの発表があった11月18日の土曜日に開かれたEEC通貨委員会の土壇場で、フランスはインナー・シックスの中で協調行動をとること、すなわち英ポンド切下げに追随する単独行動には出ないことに渋々合意した。そして、このことは翌19日にドブレ財務相を議長として開かれたEEC

財務相会議の席上でヴァンレネップ通貨委員会議長から報告された。

一方、米国では、ジョンソン大統領みずからの要請もあって、ファウラー財務長官が大規模な対英借款によって英ポンド切下げを回避させようと最後まで画策していた。しかしながら、英国の労働党政府としては、借款を受ける代償として極端なデフレーションによって平価の維持を図る道は選択出来なかった。

英ポンド切下げの直後、キャラハン財務相は英国議会の下院における説明の中で、ヴァンレネップWP3議長との会談から間もなくして米国財務次官のロバート（通称ボブ）・ローザとの会談があったと述べている。キャラハンの陳述によれば、ローザは英ポンドの切下げに強く反対し、国際通貨の調整は「実行不可能」（"impracticable"）であり、もし英ポンド切下げが行なわれれば、国際通貨制度の安定性に甚大な悪影響を及ぶすことになると述べたという。

キャラハンの回顧録を読んだヴァンレネップは、その後書いた自分自身の回顧録において、1964年10月の英国総選挙の後のWP3会合で、オランダ銀行理事のポスチューマ教授が英ポンドの過大評価を示唆し、ほかの国の代表達が賛同したことは事実であるが、WP3議長としてキャラハンと会談した時にヴァンレネップが英ポンド切下げの必要性を説いたというキャラハンの記述は正確ではないと述べている。

いずれにせよ、ヴァンレネップがキャラハンに英ポンド切下げを主張したという話としてイングランド銀行を通じて主要国の中央銀行首脳に伝えられ、ヴァンレネップは彼らの批判の的となった。

OECD第三作業部会の関与

ここで、OECDの第三作業部会（WP3）が英国の国際収支調整に関して深く関与するに至った経緯について述べておこう。

第二次世界大戦が終了した後、米国のトルーマン大統領が率いた政権の外交面における最大の関心事は、戦争で生産設備に甚大な損害を受けた西欧諸国の復興を図り、冷戦下でソヴィエト連邦（ソ連）諸国と東欧におけるソ連の同盟国に対抗出来る勢力に仕立て上げることであった。しかしながら、西欧諸国の経済復興のために必要な資材の輸入などに必要な米ドル資金が欧州側に不足し

ていた。当時の米国の経常収支は黒字で、欧州側は「米ドル過剰」ではなく「米ドル不足」の状態にあったのである。

こうした中、1947年7月、トルーマン政権の国務長官ジョージ・マーシャルはハーヴァード大学の学位授与式における記念講演の中で、欧州経済復興援助計画（いわゆる「マーシャル・プラン」）を発表した。欧州諸国は米国援助の受け入れ体制を整えるため、翌1948年、18の国ないし地域（注6）が加盟する「欧州経済協力機構（Organisation for European Economic Co-operation: OEEC）」の設立を決議した。初代の事務総長にベルギー首相兼外相のポール＝アンリ・スパークが選出された。OEECはパリに本部を置き、加盟各国の援助計画策定を支援すると共に、米国の承認を受けることを条件として、援助資金を加盟各国に分配する任務を負った。

やがて西欧諸国の内部では、市場経済の拡大と効率化を図るためにも、また諸国間の将来の戦争を回避するためにも、諸国間の経済統合を実現することが必要であるという認識が高まっていった。こうして1957年、ベルギー、フランス、イタリア、ルクセンブルク、オランダ、西ドイツの6カ国はローマ条約に調印し、欧州経済共同体（EEC）を設立した。

ローマ条約では、第104条で「各参加国は高水準の雇用と物価水準の安定を目指すと共に、国際収支の均衡と通貨に対する信認の維持に必要な経済政策を実行する」とし、更に第107条で「各参加国は為替相場にかかわる政策を共通利益に繋がる課題として取り扱う」こととしている。そして、EEC参加国は経済金融政策の運営がまちまちに行なわれる結果として国際収支面で困難が生じないようにするため、政策協調（coordination）を行なう責任を負うこととなった。この目的のために創設されたのが通貨委員会（Monetary Committee）であった。EEC通貨委員会は、OEECの中に作られていた欧州支払い同盟（European Payments Union: EPU）の運営にもあたることになった（注7）。

EEC通貨委員会の議長の選出について、当時オランダ中央銀行総裁であったマリウス・ホルトロップは同行の理事でエコノミストのスアード・ポスチューマ教授（前出）がこの委員会の議長として適任と考え、ヘンク・ホストラ蔵相に推薦していた。その理由は、中央銀行家の方が官僚よりも独立性があり、EEC参加国政府の政策のあり方について議論をする通貨委員会の議長に相応しいというものであった。一方、オランダ以外の参加国の政府筋では、政

府の政策決定に関与している官僚の方が、この委員会の議長に望ましいという考えであった。こうした中で、オランダ副首相であったエルンスト・ヴァン・デア・ビューゲルの後押しを得た財務官僚のヴァンレネップが通貨委員会の初代議長になった（注8）。小国オランダの官僚が議長職を得たことのバランスに配慮して、ドイツ連邦銀行（ブンデスバンク）理事のエミンガーとフランス銀行副総裁のピエール・カルヴェが副議長に就任した。

1959年2月に発表された通貨委員会の第1回の活動報告（注9）によれば、1958年中に6回の会合が開かれている。第1回会合の開催は同年6月であったから、毎月1回の頻繁な会合であったことが分かる。

このようにして、西欧の自由主義諸国における経済政策を中心とする国際協力は、EECと、これに参加しなかった英国などをも加盟国とするOEECの二つの枠組みで行なわれていたが、欧州が経済の復興を成し遂げると、OEECを発展的に解消することになった。こうして、OEEC参加欧州18カ国に米国とカナダが対等なパートナーとして加わり、西欧先進国20カ国を原加盟国として経済協力開発機構（Organisation for Economic Co-operation and Development: OECD）が1961年に設立された。

ここで、特筆しなければならないのは、1961年1月に米国の第35代大統領に就任したばかりのジョン・フィッツジェラルド・ケネディがOECDを積極的に活用しようとしたことである。

OECDにおいて経済政策問題を取り扱う経済政策委員会（Economic Policy Committee: EPC）は、OECDが正式に発足した1961年9月30日より前の同年4月に早くも第1回の会合をパリで開いた。その前日、米国代表団はEEC通貨委員会の議長であったヴァンレネップに内密の会談を求めてきた。その時の米国側の顔ぶれは、大統領諮問委員会の議長のウォルター・ヘラーと財務次官のロバート・ローザで、両名ともケネディ大統領に任命されたばかりのところであった。

彼らはパリに向けてワシントンを飛び立つ前に、ケネディ大統領に呼び出され、EPCの会合で（1）その下部組織として二つの作業部会を作ること、（2）その一つは経済成長の問題を専門に扱う部会で、これを第二作業部会（Working Party No.2: WP2）と称すること、（3）もう一つは国際収支調整の問題を専門に扱う部会で、これを第三作業部会（Working Party No.3: WP3）と称すること、

を骨子とする提案を出すように命じられた（注 10）。そして、WP3 は、扱う事柄の性格からして WP2 のように全加盟国が参加するのではなく、国際金融に重要な役割を担う少数の国において金融・財政・為替相場などの政策問題に現に取り組んでいる財務省と中央銀行の首脳達がそれぞれの国から OECD のパリ本部に集まって意見と情報を交換する場としたい、ということであった。

　この提案は米国側が EEC 通貨委員会の活動状況をつぶさに研究した上で作成されたもので、WP3 の初代議長にはヴァンレネップに就任してもらいたい、というものであった。

　この会談で、ケネディ大統領の最大の関心事が米国の経済成長の促進にあることも明らかにされた。そして、その目的の実現のためには、経済成長に関する研究を OECD 事務局にさせて、これを基に WP2 で検討すると共に、経済成長の推進の過程で生じかねない国際収支の不均衡を調整するために必要な政策問題は機密が守られる WP3 で取り扱うことを米国は狙っていた。その上で、米ドルの基軸通貨としての地位が英ポンド不安によって脅かされることを強く懸念して、WP3 が英国の国際収支の動向に特段の注意を払って監視（サーベイランス）を行なうことを望んだのであった。

　こうした事前に内々ヴァンレネップに対する地ならし作業を終えた後で米国が経済政策委員会の会合で行なった WP3 の設立提案には、参加出来ない国から反対もあったが、結局、欧州支払い同盟（EPU）の運営委員会（Managing Board）の構成国と同じく、米国、カナダ、英国、フランス、西ドイツ、イタリア、ベルギー、ルクセンブルク、オランダ、スイスの 10 カ国とすることで合意が成立した。

　WP3 の最初の会合は、1961 年 5 月 18 日〜 19 日の両日、OECD パリ本部で開かれた。米国の代表は、財務省がローザ財務次官、連邦準備制度理事会（FRB）が「連邦準備制度：目的と機能」の編纂を監督した調査統計局長のラルフ・ヤング、そして大統領経済諮問委員会が後にノーベル経済賞を受賞したジェームズ・トービン委員であった。カナダからはルイス・ラズミンスキー（後にカナダ銀行総裁）が参加した。欧州からも、英国のリケット大蔵次官、ドイツ連邦銀行理事のエミンガーを始め、通貨金融政策に関する実力者が揃った（後述するように、日本は遅れて 1964 年 4 月に OECD に加盟を認められ、直ちに WP3 に参加するようになった）。

80

ポール・ヴォルカーは 1969 年に財務次官に就任してから WP3 の常連の一人になったが、それより以前、つまり財務省に入ってしばらくしてスタッフのレベルで WP3 に時々出席した経験があった。この時、彼は常連の参加者の間に、連帯感と仲間意識がしっかり感じられたという（注 11）。この時の印象として、ヴォルカーは、ヴァンレネップについてオランダがそれまでに国際機関に対して送り込んだ有能な人材の典型的な例であると讃えると共に、このことはオランダの国際機関に対する真摯な姿勢を示すものでもあると述べている（注12）。

OECD と IMF の関係

ヴァンレネップは、当時の OECD と IMF の関係について、次のエピソードを回顧録に書いている。

> 「米国財務省は英国経済運営に関して OECD が IMF よりはるかに大きな影響力を持っていると考えていた。」

また、1963 年から 73 年まで IMF 専務理事を務めたピエール＝ポール・シュヴァイツァーも、ヴァンレネップが WP3 の初代議長を務めた後、69 年 10 月に OECD 事務総長に就任して最初のワシントン公式訪問の際にヴァンレネップ歓迎夕食会を開き、席上、次のように述べたという（注 13）。

> 「OECD は本来であれば IMF がすべき仕事をやってきた。」

こうした事実の重要な背景としては、OECD 諸国間の資本移動の自由化の中で、準備通貨国であった英国などでは単に経常収支の赤字だけでなく資本の流出から大規模な国際収支赤字が発生し、そのファイナンスには、IMF の通常資金だけでは不十分となったことがある。

これに対して、IMF は 1962 年 1 月、従来の資金源の枠外に、米国、英国、西ドイツ、フランス、イタリア、日本、カナダ、オランダ、ベルギー、スウェーデンの主要加盟国 10 カ国グループ（Group of Ten: G10）からいわゆる

「一般借入れ取決め（General Agreement to Borrow: GAB）」によるスタンドバイ形式の資金供給（発足時60億ドル）を受けることになった。同様な取決めはIMFに不参加のスイスとも締結された。

　これらスイスを含めて11カ国のうち、日本を除く全ての国はいずれもWP3の当初からの参加国であった。そして、このグループでは、財務相と中央銀行総裁の代理者レベルで行なう会議（G10代理者会議）がドイツ連邦銀行エミンガー理事を議長として活動することになり、事務局はIMF、OECD、国際決済銀行（BIS）のスタッフで構成された。

　GABによりIMFが得る資金を英国に供与する場合の政策条件は、IMF理事会で承認する前に、英国の経済状況と政策動向を監視していたOECDのWP3がヴァンレネップを議長としてOECDパリ本部の会議で事前に審議する。その直後に同じ参加者がエミンガー議長の下でG10代理者会議を開いてGAB発動の手続面などを審議する。これを受けてワシントンで開かれるシュヴァイツァー専務理事を議長とした理事会で英国へのGAB資金供与が決まる。こういう仕組みとなっていたのであった。

WP3の仕組み

　IMF理事会の理事は、先進諸国のほか開発途上国の出身者もいた上、いずれもIMF本部があるワシントンに常駐し、本国の首都で金融経済政策の立案と執行にあたる責任者ではなかった。これに対して、OECDのWP3に参加する各国代表者は財務次官と中央銀行の副総裁クラスの首脳であり、それぞれの国のIMF理事のボスにあたる立場であった。こうした少数の人達だけで英国の経済政策運営など機微に触れた問題を論議するには、OECDのWP3は格好な場であった。

　常連の代表者は米国（財務省、FRBと大統領諮問委員会からそれぞれ1名）のほかの国は財務省と中央銀行から1名ずつに限られ、OECD事務局側も議論に参加出来るのは、事務総長代理を兼ねた経済統計総局長（チーフエコノミスト）、一般経済局（後に政策調査局と改称）の局長と次長に限られた。そして、IMFとBISからは、オブザーバーの資格でそれぞれ1名が代表者として出席していた。

WP3 会合では、OECD の公用語である英語とフランス語が用いられ、平均すれば年 5 回、通常は 1 回が 1 日半の長さで開かれていた。通常年 2 回のペースで開催されていた経済政策委員会（EPC）と同様に、 WP3 の会合は OECD 事務局の専門家集団が取りまとめた経済予測、金融経済問題の分析研究を土台に国際公務員（彼らは外交特権が与えられていた）としての中立的な立場から作り上げた政策提言ペーパーを利用して議論が行なわれた。そして、こうした OECD 事務局の作成資料は各国当局では極秘資料としてごく少数の関係者以外には配布されない扱いとなっていた。

加盟国の代表者（米国は 3 名、その他の国は 2 名）と OECD 事務局から事務総長、経済統計局の総局長、一般経済局長、一般経済局次長、そして IMF 、BIS および EEC からのオブザーバー各 1 名の総勢で約 30 名が会議場の真ん中に置かれた丸テーブルを囲んで討論を行なう WP3 の本会議（写真 5-1）には、各国とも 3 名程度のスタッフが背後の椅子に座って傍聴することを許されていた。事務局側も、WP3 の討議資料の作成にあたった数人のエコノミスト（筆者も一度目の OECD 勤務中はその一人であった）に限って特別のバッジを与えられ、事務局幹部の背後の席に座って、会議の模様をフォローした。もっとも、恒例として会議の第 1 日に開かれる OECD 事務総長主催の昼食会とその夜に催される WP3 議長主催の夕食会には、本会議場の丸テーブルを囲む常連の代表者達だけが招かれた。従って、そこでの議論についてはスタッフは後で常連の代表者達からブリーフィングを受けない限り分からなかった。

WP3 会議の最後に議長が口頭で議論の取りまとめを行ない、後日、WP3 の運営を仕切る OECD 経済統計総局長（チーフエコノミスト）を通して秘密書簡の形で各国の代表者達に配られた。この書簡が参加国の国内でどのように取り扱われるか、例えば財務相や中央銀行総裁などにまで回覧されるか、については特別のルールはなく、各国の代表者達の判断に任された。なお、会議の内容をメディアに漏らすことは、参加者にも事務局にも固く禁じられていた。

日本の OECD 加盟

日本の OECD 加盟に至る道のりは平坦ではなかった。欧州経済協力機構（OEEC）を発展的に解消して、よりグローバルな自由主義陣営の国際経済協

力の場として経済協力開発機構（OECD）を設立する構想を米国がアイゼンハワー大統領の下で練った時、OEEC加盟国（注14）に加え、米国とカナダに日本も原参加国とするというのが当初の考えであった。日本国内では、冷戦下、左翼政党が日本のOECD加盟は共産圏諸国との関係を疎遠にすることになると反対していたほかに、目立った反対の声は上がっていなかった（注15）。

　しかしながら、アイゼンハワー政権下で米国が欧州諸国側と行なった交渉の中で、欧州側は日本を参加させる米国案に抵抗を示した。当時、英国の財務相であったデリック・ヒースコート・エイモリーは、日本を「欧州の機関」（"European organization"）に入れることは貿易問題を複雑にするもので、「いささか具合が悪い」（"a bit awkward"）と考えていた。また、西ドイツのエアハルト経済相（後に首相）は、日本の貿易問題とOECD加盟問題の取り扱いについて欧州諸国は足並みが揃っていないと語っていた（注16）。こうした中で米国アイゼンハワー政権は1961年のOECD発足当初から日本を参加させる構想を断念してしまった。

　もっとも、日本は開発途上国に対する政府援助を促進する目的で1960年1月に設立された開発援助グループ（Development Assistance Group: DAG）へ参加することにより、OECD加盟への足場の一つを摑んでいた。DAGの設立は、アイゼンハワー政権下で国務次官を務めていたダグラス・ディロンが1959年12月に開かれた米国、英国、フランス、西ドイツの会談で提案したものであった（注17）。DAGの参加国は当初はOEEC加盟国全部ではなく、主要援助国だけに限られており、このグループに日本を参加させる米国提案は欧州側から異義なく受け容れられた。DAGは1961年のOECD発足と共に、開発援助委員会（Development Assistance Committee: DAC）としてOECD内部の一つの委員会になった。

　日本のOECD加盟に関する米国の積極的な動きは、ケネディが米国の大統領に就任すると早速再開された。1961年3月には、OECD条約批准に関する大統領演説が行なわれたが、それに先立って大統領は就任直後の同年1月に日本のOECD加盟に関心を表明した。こうして、ケネディ政権の後押しで、米国は西ドイツ、英国、フランスの各国政府とOECD事務局と一連の協議を1961年から翌62年にかけて進めていった。加盟交渉において最大の問題と

なったのは、欧州諸国との間で激しい競争が行なわれていた海運業と造船業に対する日本の政府助成金の削減問題であった。

一方、日本では、1960年7月に首相に就任した池田勇人が62年11月に欧州主要国を歴訪し、西ドイツのアデナウアー首相やフランスのドゴール大統領らとの会談において、自由主義陣営の緊密な提携により共産主義に対抗することが不可欠であるとの自説を強調すると共に、EECの動きが自由貿易体制と背馳しないように要望し、また日本政府のかねてからの希望であったOECD加盟について各国首脳から支持を得た。こうして日本は1963年にOECD加盟の正式な招聘を受けたが、日本が正式加盟を果たしたのは63年11月にケネディ大統領が暗殺された後の、翌64年4月28日のことであった。

日本のOECD第三作業部会参加

日本の通貨当局は、OECDへの正式加盟が実現する前にWP3に参加する道を模索した経緯があった。日本は西ドイツが1952年2月にIMFに加盟した直後の同年5月にIMF加盟を果たした後、前記のようにIMFが原資不足の場合に追加資金を借り入れて資金補充をするため、G10との間で1962年1月にGABを締結した際に、その一員としてスタンドバイ形式の資金拠出国となった。

日本はこれを契機に、国際金融において重要な役割を演ずるようになったことを強調して、まずOECDでEPCとWP3のメンバーとなり、これを突破口としてOECDの他の委員会と作業部会のメンバーとなる手順を経てOECD正式加盟に至る構想を練った。こうして、日本は米国に働きかけ、1962年11月に開催されたWP3会合（第1回は前年5月に開催）において、WP3に参加していた欧州諸国の態度を打診してもらった。しかしながら、ヴァンレネップWP3議長から、日本をOECD正式加盟前の段階でWP3のメンバーにすると、OECD加盟国ながらWP3に参加出来ないことに不満を持っている欧州小国の取り扱いを巡って難しい問題が生ずることに対する懸念が示された。

その後、日本は欧米主要国の首都でWP3参加に向けて交渉を行なったが、結局は、OECD加盟前にWP3参加を目指すよりも、OECD加盟を通じてWP3参加を実現するほうが筋道であると考えるようになった。こうして日本は、前

記のような経緯を経て OECD 加盟が 1964 年 4 月 28 日に実現した後最初に開かれた同年 6 月の EPC 会議で EPC と共に WP3 のメンバーにもなることが決まった。

　日本が最初に参加した WP3 会合は 1964 年 7 月に開かれ、大蔵省から渡辺誠国際金融局長（財務官ポストは当時は不在）、日本銀行から前川春雄理事が出席した。

注
1. OECD Economic Outlook, No.2, December 1967, p.3.
2. James Callaghan, "Time and Chance", London, 1987, p.171.
3. Emile van Lennep, "Working for the World Economy", Nederlands Instituut voor het Bank-en Effectenbedrijf, Amsterdam, 1998, pp.153-160.
4. ベルギー、フランス、イタリア、ルクセンブルク、オランダ、西ドイツの 6 カ国。これに対して、1959 年に設立された欧州自由貿易連合（European Free Trade Association: EFTA）の当初参加国である英国、デンマーク、ノルウェー、スウェーデン、スイス、オーストリア、ポルトガルの 7 カ国は「アウター・セブン」（Outer Seven）と呼ばれた。
5. ヴァンレネップと同様にオランダ人で IMF 経済顧問であったジャック・ポラックは、彼のスタッフの計算では英ポンドは 15% 程度過大となっていることを 1967 年 9 月の IMF リオデジャネイロ年次総会の際にヴァンレネップに伝えていた。Emile van Lennep 上掲書、p.153。
6. オーストリア、ベルギー、デンマーク、フランス、ギリシャ、アイスランド、アイルランド、イタリア、ルクセンブルク、オランダ、ノルウェー、ポルトガル、スウェーデン、スイス、トルコ、英国および西ドイツ（当初は米国と英国の占領地区）ならびにトリエステ自由区の米英管轄区（後にイタリアへ返還）。
7. この支払い同盟は、マーシャル・プランに基づいて米国から援助資金を受け取る国々がこれらの国の間における資金決済を稀少な米ドル資金でなく自国通貨で多角的に行なうために 1950 年に設立された。
8. Emile van Lennep, 上掲書、p.90。
9. Communauté Economique Européenne, "Premier Rapport d'Activité du Comité Monétaire", Bruxelles, février 1959.
10. 経済成長の問題を専門に扱う第二作業部会に加えて、物価問題を専門に扱う（Working Party 4: WP 4）が後年創設された。更に、1980 年にはこれら二つの作業部会は統合され、「マクロ経済と構造政策に関する作業部会（Working Party 1: WP1）と称されることになった。
11. Paul A. Volker and Toyoo Gyoten; "Changing Fortunes: The World's Money and the Threat to American Leadership", Times Books, 1992, p.30. 江澤雄一監訳『富の興亡』（東洋経済新報社、1992 年）、50 頁。ヴォルカーは、1963 年にジョン・フィッツジェラルド・ケネディ大統領によって通貨担当の財務次官補に任命され、1969 年にリチャード・ニクソン大統領によって通貨担当の財務次官に任命された。
12. 上掲書の p.31、和訳本では 49 頁。ヴォルカーは、この指摘をした時に、オランダが有能な人材を国際機関に提供した他の典型的な事例を明らかにしていないが、金融関係の国際機関の舞台で活躍したオランダ人としては、ヴァンレネップのほかにも数多い。ここでは、オランダ中央銀行総裁で国際通貨制度の改革に建設的な貢献をし、「中央銀行の中央

銀行」とも称される国際決済銀行（BIS）の総裁も務めたマリウス・ホルトロップ、そして短期間オランダの首相職を務めた後のホルトロップの後任としてオランダ中央銀行総裁となり、BIS の総裁も務めたイェレ・ジールストラ、1970 年代に IMF 専務理事を務めたヨハン・ヴィッテヴェーン、更に最近ではオランダ中央銀行総裁から初代の欧州中央銀行総裁となったウィレム・フレデリック・ドイセンベルクなどの名前を挙げておこう。

13. Emile van Lennep, 上掲書、p.213。

14. 本章注 6 参照。

15. Peter Carol and William Hynes, "Japan and the OECD: How the sun rose on a global era", OECD Observer, No. 298, Q1 2014, pp. 8-9.

16. United States Department of State（1959）, "Memorandum of Conversation, Bonn, 11 December 1959", Item 85 in Foreign relations of the United States, 1958〜1960", Western European integration and security, Canada,（1958〜1960）Volume VII. United States Department of State（1959）, "Memorandum of Conversation, 11 January 1960", Item 96 in Foreign relations of the United States, 1958〜1960", Western European integration and security, Canada,（1958〜1960）Volume VII.

17. The Foreign Affairs Oral History Collections for Diplomatic Studies and Training（1987）, "Interview with C. Douglas Dillon".

第6章
OECDの金融調査研究

　私の最初のOECD勤務は、経済統計総局において1970年1月に始まりました。ここで、まず、経済統計総局（Economics and Statistics Department: ESD）について説明しましょう。

　当時のESDは一般経済局（General Economics Branch: 後に政策調査局 — Policy Studies Branch — に改称）と国別審査局（Country Studies Branch）の二つの調査部門で構成され、これら二つの局はそれぞれ幾つかの分野別の課から成り立っていました。また両局とは独立した統計課が経済統計総局長（Head of Department）の直轄の下にありました。

　職員の総数は当時は120人くらいでしたが、その後、統計部門の独立に伴い経済統計総局から経済総局（Economics Department: ECO）に改称されたにもかかわらず、私が総局長に就任した1992年には総勢180人くらいに増えました。

　OECD事務局の他の部門には総局（department）と呼ばれるような規模の大きなものはなく、これらは全て局（directorates）という名称でした。経済総局にある二つの局は、どちらも他の部門の局と同様、局長（director）と次長（deputy director）の指揮の下で各課の課長（head of division）がその配下の課長補佐（principal administrator）と課員（administrator）の仕事を統括する仕組みになっていました。ただし、経済学博士号の取得者、ないし同程度の実力を備えた経済専門家であることが採用の最低条件の一つとなっている経済総局では、課長補佐はシニアエコノミスト、課員はエコノミスト、という肩書きを使っていました。

　1970年代初めにおける総局のトップ3人はいずれも英国人で、OECDのチーフエコノミストである総局長はクリストファー・ダウ（ロンドン・スクール・オブ・エコノミクス卒）、総局次長がジョン・フェイ（ケンブリッジ大学卒）、一般経済局長がスティーヴン・マリス（ケンブリッジ大学卒）でした。ダウは、OECD理事会によって任命される事務総長補（assistant secretary-general）でもありました。他方、フェイ（写真1-1, 2-1）とマリス（写真2-1）のポスト

88

は事務総長が任命権限を持っていました。これら英国人が三つのトップの座を掌握していた当時の経済統計総局では、ケインズ経済学が幅をきかせていました。

　金融調査課（Monetary Division）で私が最初に仕えた課長は、米国連邦準備制度理事会（FRB）の国際金融局次長から出向してきたロバート・サモンズでした。アメリカ英語の綴りで彼が書いた文章は、OECD事務局の公式資料に取り込まれる前に、英国人の上司であるフェイないしマリスの手でイギリス英語に書きかえられていました。因みに、パリを本拠とするOECDの公用語はフランス語と英語ですが、英語はイギリス英語であり、本書の「はしがき」の冒頭で触れたように、経済協力開発機構（OECD）の正式名称は英語では Organisation for Economic Co-operation and Development で、Organization for Economic Cooperation Development ではありません（フランス語では Organisation de coopération et de développement économiques: OCDE）。

　金融調査課には、サモンズ課長の下に、課長補佐でシニアエコノミストとして英国人でOECD生え抜きのピーター・ティル、そしてニューヨーク連邦準備銀行からアイザック・メナシェと日本銀行から私が中央銀行出身のエコノミストとして、その下には若手のトレーニーであるフィンランド人がアシスタント・エコノミストとして、それぞれ個室を構えて働いていました。これらのエコノミスト達を統計専門員3名と英国人の女性秘書2名（うち1名は課長の個人秘書）がサポートする態勢になっていました。

　当時の金融調査課のいちばん重要な仕事は、経済政策委員会（Economic Policy Committee: EPC）とその下部機構の一つである第三作業部会（Working Party No.3: WP3）のための金融政策関連討議資料の作成でした。EPCは、OECD加盟国全部が参加している各国の経済・金融情勢やマクロ経済政策、構造問題について理論的な分析・検討を行ない、加盟国間の調整に貢献することを目的とした委員会です。WP3は、国際収支調整に関する問題を取り扱う作業部会で、先進10カ国における財務省の次官ないし局長クラスと中央銀行の副総裁ないし理事クラスが主たる参加者です。

　仕事の仕方は日本銀行調査局時代と全く変わりました。日本銀行調査局では、最終的には調査月報へ毎月寄稿することを基本とした段取りで仕事をしており、局内の月例報告会で局長に口頭報告を行ない、それを土台に短く文章化

したものを調査月報に載せる、内国調査課であれば国内の実体経済・金融動向といった箇所、欧米調査課であれば米国、西欧州主要国（英国、フランス、西ドイツ、イタリア）といった箇所に寄稿する、ということがルーティンワークでした。日本銀行の「調査月報」には、そのほか大きなテーマで書いた大論文が掲載されましたが、国内調査関係では大抵の場合複数の担当者による共同論文で、著者の名前は明示されませんでした。私が日本銀行欧米調査課時代に書いた英国の所得政策や英ポンド切下げに関する大論文（本書第1章参照）は、若干の編集作業は上司が行なったものの、基本的には一人で書き上げたものでしたが、こういった作品も著者名は明らかにされませんでした。

　他方、OECD経済統計総局では、個々のエコノミストとしての仕事が尊重されていました。課長から書面で命じられたテーマについて調査研究や検討資料を作成し、指示された時限までに報告書にして、自分の名前を入れて自署したカヴァー・ノートと一緒に、秘書を通じて課長に提出するやり方です。統計数字を操作して作図をしたり、作表をする仕事は、課に専属する統計担当者がエコノミストの指示で行なっていました。

　金融調査課では、月に1、2回は課長のところに全員が集まって口頭で意見交換をすることがありましたが、後は直属の課長と同僚達との間で交換するメモランダムの草稿を手書きして（あるいは秘書に口述筆記をさせて）秘書にタイプさせ、出来上がった本書の表紙に自分の名前を入れて自署し、秘書を通じて発出するシステムで仕事が進められました。今は電子メールでやりとりが行なわれる時代ですからもっと効率的な仕事のやり方になっているわけですが、当時はこのような紙ベースで仕事が行なわれていました。金融調査課では、シニアエコノミストとエコノミストとでは給与体系上の職位（grade）の差はありましたが、命令関係はなく、それぞれが課長に直接レポートする仕組みでした。

　私の最初の仕事は、まず春と秋の年2回開催されるEPCと年4、5回程度の頻度で開かれるWP3で使われる主要国の金融情勢と政策動向に関する討議資料を作成することでした。このうち、主要国の金融情勢の分析に当たっては、まだ固定平価制度の時代ですから、長短金利の動向と量的金融指標であるマネーサプライ、そしてその源泉としての銀行組織の対民間信用と対公的部門信用、そして民間非金融部門対外資金収支（balance on non-monetary transactions）

などを注視していました。

　こうして作成した討議資料を各国に送付した上で、EPC と WP3 の会議における オブザーバーとしての事務局側の席に座り、討議の模様をフォローしました。討議のメモ取りはエコノミストの任務ではありませんでした。討議を録音したテープを秘書がタイプ起こしして、担当エコノミストがこれを編集したものが内部資料として保存されることになっていました。このように EPC と WP3 関係の仕事の分担は細分化されていました。

　春と秋の EPC 会議に提出した分析は、アップデートされて、年 2 回、原則として 6 月と 12 月に発行される OECD「経済展望」（"Economic Outlook"：エコノミック・アウトルック）に掲載されました。この OECD の代表的な刊行物の第一号は 1967 年 7 月に発刊されました。IMF の "World Economic Outlook" の第一号が発刊されたのはずっと遅れて 1980 年のことでした。

　OECD の EPC や WP3 に提出される "Recent Monetary Developments" という題の討議資料には、国際収支課が書いた公的決済ベースでの国際収支の動向の分析と、金融調査課において私とアイザック・メナシェが分担して書いた主要国の金融情勢と政策動向の分析が載せられました。通常の場合、私が米国、日本、西ドイツ、英国について記述し、フランスとイタリアはメナシェが担当しました。この間、ピーター・ティルは後述する西ドイツの金融政策に関する特別研究に没頭していました。

　当時、IMF 理事会ではまだ多角的サーベイランスは行なわれていませんでした。国際決済銀行（BIS）の Euro-currency Standing Committee は 1971 年に発足していますが、当時の BIS 事務局における調査部門のスタッフの数は OECD 経済統計総局とは比べものにならない少人数でしたし、中央銀行の代表だけで集まる BIS と政府および中央銀行の代表者が集まる OECD とが競い合うという意識は持ち合わせませんでした。

　そもそも、EPC や WP3 は、OECD 経済統計総局のエコノミスト達が作成した討議資料を参加国に会議前に配布し、各国代表とそのスタッフ達がそれを読んで発言の準備をした上でそれぞれの首都からパリに参集して議論をするシステムですから、ワシントン駐在で自国の国内で政策決定に参加していない各国の理事で構成された IMF 理事会とは議論の仕組みが大きく違っていました。

第 6 章　OECD の金融調査研究　*91*

WP3 の主要参加者と会議の運営

　私が WP3 の会議のための金融政策関連資料作りを担当し始めた 1970 年初めの頃の議長は、ドイツ連邦銀行（ブンデスバンク）副総裁のオトマール・エミンガーでした。米国はポール・ヴォルカー財務次官に、FRB からはデューイ・ダーン理事、国際金融局長のロバート・ソロモン、その後はヘンリー・ウォーリック理事（写真 2-1）が参加しました。英国はイングランド銀行のジェレミー・モース理事でした。モースは、やがてブレトンウッズ体制が崩れた後の国際通貨制度のあり方を検討する特別委員会（ad hoc Committee on Reform of the International Monetary System and Related Issues、いわゆる Committee of Twenty: C20）の議長として活躍した逸材でした。

　フランスからは、国庫局長（日本の財務省事務次官に相当）のルネ・ラールやピエール・ブロスレットでした。イタリアはイタリア銀行のリナルド・オソラ副総裁、財務省からは理論家のルチオ・イツォ教授でした。

　日本の大蔵省からは稲村光一氏、ついで柏木雄介氏、やがては松川道哉氏が参加しました。日本銀行からは、私が OECD 勤務を始める直前に前川春雄理事が日本輸出入銀行の副総裁に転出された後、井上四郎氏が WP3 に参加しました。

　WP3 の機能を高める一つの工夫は、小さな丸テーブルを囲んで、各国の代表者と事務局側の少数の幹部達がお互いに目と目を合わせて議論出来るセッティングになっていることです（写真 5-1）。各国代表（通常 2 名、米国のみ 3 名）の席の前には、参加者の個人名ではなく国名が刻まれたプレートが置かれていて、それをテーブルの上に縦位置に置くことによって議長にシグナルを送り、議長の指名を受けて発言するという方式でした。事務局側のプレートには、事務総長の分はその肩書き、経済統計総局長以下の 2 ないし 3 名の参加者は個人名が刻まれていました。

　余談ですが、私が事務局側から最初に WP3 会議場で討議をフォローした時、ヴォルカーの発言も聞きました。ニューヨーカーの分かりにくい英語でした。速水優氏の著書『海図なき航海 — 変動相場制 10 年』には、ヴォルカーの英語は非常に分かりにくく、聞き間違えたことがあったと書かれていましたが、彼

の英語は OECD 事務局の英国人エコノミストが話す英語と比べて本当に不明瞭な発音に思われました。

ニクソン・ショック

米国が基礎的不均衡（注1）の状態にあると初めて言ったのは、ニクソン・ショック前の 1971 年 5 月の WP3 会合におけるオランダ大蔵省のオルト次官であったと記憶しています。大変重要な発言であったと思うのですが、不思議なことに、このことは、『柏木雄介の証言—戦後日本の国際金融史』（本田敬吉・秦忠夫 編、有斐閣）にもヴァンレネップの回顧録にも触れられていません。柏木氏はこの本の中で、ニクソン・ショック直後のことを次のように証言しています。

　「ヨーロッパでは何人かの人と話すうちにニクソン・ショックの現実的意味合いがよくわかってきた。我々は最初、円の対ドル相場がどうなるかという点に関心を集中したのであるが、問題のスケールはもっと大きく、主要国通貨全部を巻き込んだ多角的通貨調整が課題になっていることがわかった。この点を一番明快に解説してくれたのは OECD のエミール・ヴァンレネップ事務総長であった。……『今度の問題は、主要通貨全部の対ドル相場をどう調整するか、それと同時にマルクとフラン、マルクとポンド、マルクと円といったようにドル以外の通貨間の調整をどうつけるかという話だ。大変な作業だから時間がかかる。話がまとまるのはたぶんクリスマス頃だ』と言う。後で思い起こしてみてもみごとな分析で、結末のタイミングまでぴったり当たっている。」

実効為替相場の計測

　OECD 経済統計総局では、英ポンド切下げ直後から、OECD 主要国の経常収支、資本収支、公的決済ベース収支の持続可能性に関する分析を一層強化してWP3 の討議資料を作成していました。そして、通貨調整によって各国の国際価格競争力がどのように変化し、それが貿易収支と経常収支にどのような影響

を及ぼすか、を分析するため、対米ドル為替相場ではなく、全ての貿易相手国諸通貨のバスケットに対する為替相場の変化率を、貿易量などの比率で指数化した実効為替相場を使うようになりました。こうした指標は、まずは貿易相手国との物価上昇率の格差から生ずる国際価格競争力の変化は考慮しない名目値ベース、いわゆる「名目実効為替相場」の形で、早くも OECD「経済展望（エコノミック・アウトルック）」（Economic Outlook: EO）の 1972 年 7 月号（109頁）に公表しました（注2）。これは英国のフロート制移行（1972 年 3 月）の直後のことです。

　こうした OECD 経済統計総局の作業結果は、ニクソン・ショック以降に多角的通貨調整に関する討議を WP3 と G10 代理者のレベルで行なう際に使われました。

　私が最初の OECD 勤務を終えて日本銀行に復帰してからのことですが、OECD 経済統計総局は、加盟主要国の国際競争力を為替相場の変動に加えて、国内物価や輸出物価などの相対変化、更には製造業における生産物一単位当たりの総費用を「コスト競争力指標」としてその相対変化も考慮した「実質実効為替相場」のデータも開発して、WP3 の専門家会議で検討するなど、意欲的に作業をしました。

　その上で、輸出物価を用いた実質実効為替相場の動向は OECD エコノミック・アウトルックの 1976 年 12 月号（62 頁）に初めて公表され、更に、輸出物価、消費者物価と単位労働コストを用いた実質実効為替相場の動向が翌 77 年 7 月号（71 頁）に公表されました。以来、これらを用いた実質実効為替相場の動向は、名目実効為替相場の推移と共に、OECD における経済政策論議に活用されてきました。因みに、日本銀行がこうした指標の対外公表を開始したのは 1995 年夏の情勢判断資料（平成 7 年夏情勢判断資料）からですから、随分遅いことになります。

　ユーロダラー市場に関する議論

　ユーロ通貨市場は、その発足以来、資金の出し手と取り手の国籍を問わず自由な取引が行なわれる世界的な広がりを持った市場として機能してきまし

た。そして、1973 年秋の第一次石油危機以降は、OPEC（石油輸出国機構）諸国の資金運用の場、そして石油輸入国の赤字ファイナンスの場として多大な機能を果たすようになりました。当時 G10 代理者会議の議長をしていたリナルド・オソラはイタリア銀行副総裁として WP3 にも参加していました。彼は、OPEC 諸国の巨額の余剰資金が、準備預金制度が設けられている OECD 諸国の国内銀行組織の中ではなく、準備預金制度が存在しないユーロ通貨市場に投下されると、通貨と信用が乗数的に拡大し、インフレーションの大きな原因になる、という議論を始めました。この議論に漠然とした疑問を持っていたのがドイツ連邦銀行でした。

　そこで、ドイツ連邦銀行副総裁で WP3 議長であったエミンガーがこの問題について、OECD 事務局に検討ペーパーを作成してもらい、WP3 で議論しようと言い出しました。マリス一般経済局長は、金融調査課長であった私にこの問題に関する見解を検討資料としてまとめるように命じました。当時の私のスタッフにはこの問題を上手く処理出来そうなエコノミストが見当たらなかったので、結局私が一人で書き上げました。この検討資料は 1974 年の春に東京で開かれた WP3 会合（写真 2-1）に提出され、更に EPC 会合にも提出された後、OECD エコノミック・アウトルックの同年 7 月号に "Implications of the Oil Situation for Domestic Monetary Management" というタイトルで掲載されました。

　その主要な論点は、先進国の金融政策によって決定される国内金融・資本市場金利とユーロ通貨市場の間での裁定取引が円滑に行なわれる環境が維持されている場合、先進国、特に米国、の金融政策が適切に運営される限り、OPEC 諸国の余資運用がユーロ通貨市場に集中すること自体によって通貨と信用の野放図な拡大に繋がることはない、というものです。この論文に対して、イタリア銀行代表からは、WP3 でも EPC でも特に反論はありませんでした。一方、エミンガー議長は、この論文をドイツ連邦銀行内でスタッフに広く読ませたと言ってくれました。

　この論文は、第一次石油危機後の物価安定を目指した金融政策運営にあたって、OPEC 諸国の余資運用が先進国の国内金融・資本市場で行なわれる場合とユーロ通貨市場で行なわれる場合とで、本質的な違いが生ずることはない、と論じたものでした。現実には、OPEC 諸国は 1974 年〜 1975 年の 2 年間に約 1 千億ドルの経常収支黒字を計上し、その約 30% をユーロ通貨市場で、また

第 6 章　OECD の金融調査研究　*95*

これとほぼ同額を米国と英国の国内金融・資本市場で、運用しました。一方、OPEC 諸国の余資運用の対象にならない石油輸入国は、外貨の取崩しと借入れによって経常収支赤字のファイナンスをすることを余儀なくされました。そして、この頃始まった国際シンジケート・ローンの借入れなどに依存した非産油途上国などは、やがて過剰債務問題に悩むことになりました。この問題に関する WP3 の関わり合いについては、やがて私が 1980 年から始めた二度目のOECD 勤務に関する第 9 章で説明します。

OECD 特別プロジェクト "Monetary Policy Studies"

WP3 では、国内経済の運営にとっては勿論、国際収支の調整にとっても大切な政策手段である需要管理政策のあり方について議論を深めるため、金融政策研究のプロジェクトを始める前に、まず財政政策に関する基本的な研究プロジェクトに取り組みました。その成果は、私がまだ日本にいた 1968 年に OECD 報告書 "Fiscal Policy for a Balanced Economy" として発表されました。これは米国大統領経済諮問委員会の議長であったミネソタ大学教授ウォルター・ヘラーを委員長として作られた特別な専門家グループに OECD が委嘱して出来上がった報告でした。ヘラーが専門家グループの議長になったのは、G10 の議長をしていたイェレ・ジールストラがオランダの首相（後にオランダ銀行総裁、BIS 総裁）になってしまったためです。このグループの作業にあたって中心的な役割を果たしたのは、北欧最古の大学であるウプサラ大学（スウェーデン）のベント・ハンセン教授でした。日本からは小宮隆太郎教授が参加されました。この報告書を公表前に WP3 そして EPC に提出されたところ、極めて学者的で、財政政策の運営に関する実務上の問題が十分に取り上げられていなかったこともあって、不評だったそうです。

それがゆえに、金融政策研究のプロジェクトについては、WP3 の作業を担当している OECD 事務局のエコノミスト達に報告書を書かせようということになったのです。そのことが議題になった 1969 年秋当時の WP3 における日本の代表は大蔵省財務官の柏木雄介氏と日本銀行理事の前川春雄氏でした。

そもそも、当時、主要国における金融政策の運用について OECD 事務局に比較研究をしてもらいたいという機運が高まったのには、いくつかの事情があ

りました。その第一は、ケインジアンを中心に重視されてきた財政政策に加えて、固定平価制度の下で内外金利差の調整による資本の流出入の統御という狙いだけではなく国内の需要管理政策として金融政策を用いる機運が高まってきたことでした。これと関連して、第二に、国際金融に重要な役割を果たす国々において金融政策が同時的に用いられる状況において、その政策効果を一体として分析することが国際資本移動や為替相場の変動についての対策を検討する際にも役立つと思われたからでした。

OECD 金融調査課がこの研究を始めて間もない 1970 年末に公表された OECD 事務総長報告書「インフレーション ― 現下の問題」("Inflation – The Present Problem") には、「財政政策と金融政策のどちらが重要であるかについては、近年、盛んに議論が行なわれてきたところであるが、経済安定化の問題に関する OECD 自身の実践的な経験からすれば、財政政策と金融政策は共に重要な役割を担っており、両者は密接に協調して運営されるべきであり、いずれか一方に偏重して用いられるべきではない」と書かれています。その上で、「金融政策の面では、国際資金移動の影響が高まる中で、近年の経験に照らして、新たな政策手段を用いる必要があるのではないかという問題が提起されている」とも述べられています（注 3）。

こうした問題提起を受けて進められた OECD 事務局の研究はパイオニアとしての作業になり、難事業でした。主要国の金融政策の手段という側面にしても、当時は、中央銀行の貸出政策、証券売買政策、準備率操作という伝統的な手段に加えて、市中信用の量的規制と市中金利の規制が様々な形で行なわれており、更に国際資本取引の規制も単に対外面での目的ではなく国内流動性のコントロールのために活用されるようになってきていたからです。そういう広い意味での金融政策の手段を各国がどのように使っているのか、そしてそれを使ったがゆえに国内の金融情勢がどのように変わるのか、国内信用総量、マネーサプライ、短期金融市場金利、あるいは銀行貸出金利、長期債金利などがどのように変わり、それらによって実体経済はどう変わってくるのだろうか、そして、その結果、実質 GDP 成長率、それから需給ギャップ、物価にはどのような影響があるのか、当時の固定平価制度の下で、資本移動にどういう影響があるのか、そういう問題を総括的、体系的に研究して、個別国のケース・スタディーズから総体的に集大成した報告（syntheses report）を作る、という壮

第 6 章　OECD の金融調査研究　*97*

大な計画が出来上がりました。そして、私のOECD金融調査課着任には、このプロジェクトへの参加が大きな狙いになっていました。

　その作業が実際に始まるのが1970年初めのことで、私のOECD赴任はその前の年の夏には決まっていたのですが、サモンズ課長が、私の妻が2番目の子供の出産を年末に控えていると聞いて、出産までは妻の傍に留まるように言ってくれました。そのような次第で、OECD赴任内定後に約半年の時間的な余裕が生まれ、日本銀行調査局の内国調査課で産業貿易係と金融財政係の二つの係を経験出来たのです。

　主要国の金融政策に関するパイオニア的な仕事を進めるOECD金融調査課にアドバイスをするため、関係国の金融政策に関する高級専門家が集まって議論をする会議を作ろうということになりました。研究の対象国としては、当時は7大国ではなくカナダが入らない6大国のベースで始めました。最初に英国人ピーター・ティルが西ドイツの研究を始め、ついでギリシャ系米国人でイタリア語が出来る、アイザック・メナシェがイタリアの研究を始めました。彼らがこれら2カ国の研究を行なっている間は、WP3の毎回の会合に提出する最近の金融情勢と金融政策の動向に関する討議資料の作成をすることが私の主たる任務でした。

金融政策に対する関心の高まり

　この頃、学界においても金融政策に関する関心が高まっていました。カナダ生まれの国際経済学、貨幣経済学の専門家で、シカゴ大学のほか、英国でも活躍したハリー・ジョンソンが中心になった研究グループが英国で金融コンファランスを開いて、英国の学者のほかイングランド銀行やOECDにも参加を呼びかけてきました。このコンファランスに私も出席した機会に、マイケル・パーキン、デヴィッド・レイドラーなど英国の若手マネタリストと面識を得るようになりました。また、スイス生まれの極めて個性的なマネタリストであったカルル・ブルンナー（注4）は、スイスと国境を接したドイツ側の町 コンスタンツで毎年金融セミナーを開催し、ドイツやスイスは勿論、北米の学者とドイツ連邦銀行やOECDなどにも参加の呼びかけがあり、私も毎年続けて参加しました。このセミナーには、「影の公開市場委員会」でブルンナーと共に米

国連邦準備制度の金融政策を批判した盟友のアラン・メルツァー（後に、日本銀行金融研究所の海外顧問、写真 4-1）も必ず参加して、ドイツ連邦銀行の金融政策運営をマネタリストの見地から批判していました。当時はまだ若手のリュディガー・ドーンブッシュやマンフレッド・ノイマンはブルンナーとメルツァーの秘蔵っ子でした。また米国でも、ハリー・ジョンソンが、同じくシカゴ大学で教鞭を執っていたロバート・アリバーと共に、シカゴ郊外のラシーヌで、北米の学者のほか FRB のエコノミスト達に加えて欧州からイングランド銀行や OECD などのエコノミストも参加する大きな国際金融コンファランスを開き、私も参加しました。こうした機会を得て、マネタリストの立場に立った欧米の学者達に接したのは幸いなことでした。

　更に、米国マサチューセッツ工科大学（MIT）教授であったフランコ・モディリアニは、弟子でフィンランド人のペンティ・クーリと一緒に働きかけ、マネタリストだけでなく、ケインジアンの学者も含めた大規模な国際金融コンファランス "The Conference on Monetary Mechanism in Open Economies" を企画しました。これは、フィンランド中央銀行がスポンサーとなってヘルシンキ郊外の立派なリゾート・ホテルで 1975 年の夏に開催されました。これには日本人の学者として浜田宏一先生が参加され、日本銀行からはやがて金融研究所長になる江口英一氏が参加したほか、当時 OECD から日本銀行に戻った直後で総務部企画課の主査であった私も、前 OECD 金融調査課長という肩書きで参加しました。欧米からは、学会の大御所としてケインジアンのモディリアニ、マネタリストのハリー・ジョンソンやカルル・ブルンナーのほか、やがて 2006 年にノーベル経済学賞を授与されるエドムンド・フェルプス、当時はまだ若手の学者であったスタンレー・フィッシャー、マイケル・ムッサ、ジェイコブ・フレンケル、ベンジャミン・フリードマン、ロバート・シラー、スタンレー・ブラック、やがて BIS のチーフエコノミストそして総支配人になるアレクサンドル・ランファルシー達が集まりました。当時フィンランド中央銀行総裁の職にあった（後に大統領）であったマウノ・ヘンリク・コイヴィストはその前後に 2 回首相になり、更に長らく大統領を務めた政治家（2017 年他界）でしたが、このコンファランスにおける討議に熱心に参加したのが印象に残っています。

　当時、米国の学者達による金融政策に関する研究は、理論的なものから実践

的なものまで多岐なものになって行きました。そうした研究の中から、金融政策の「目標」という概念を整理してみると、中央銀行が影響を及ぼすことが出来る金融変数のうちいちばん直近のところのものを「操作目標」といい、それが達成したいと思う実質経済成長率とかある種の物価指数の変化率といったものを「最終目標」といい、その中間にあるマネーサプライや銀行貸出総量などの金融集計量や様々な金融資本市場における資金の運用・調達利回りなどを金融政策の「中間目標」と位置付ける、三段階のアプローチで考える動きなども出てきました。また、金融政策の最適な運営目標（optimal target）としての金融変数は何かという問題については、米国では、学者だけでなくFRBの中でも研究が盛んになって行き、比較的単純な通貨需要関数の計測などだけでなく、FRBのエコノミスト達がケインジアンの枠組みで金融変数を含んだ大型の経済モデルや金融部門モデルを構築する作業も始まりました。また、FRBのシニアエコノミストであったウィリアム・プール（後にセントルイス連邦準備銀行総裁）などが金融政策の最適運営目標について先駆的な研究を進めました。

　もっとも、これらの作業の結果はFRB全体ないし政策責任者に広く共有されていたわけではなく、ましてOECD金融政策研究の対象となったその他の国々、つまり欧州主要国と日本では、こうした金融政策運営の枠組みに関する研究はまだ進んでいませんでした。更に、金融政策手段の操作がどういう波及経路を通じて金融部門そして国内実体経済や国際収支に影響を及ぼすか、という問題について体系的な実証分析を行なった研究成果は殆どありませんでした。こうした状況でOECD金融調査課が研究を始めるに当たり、研究対象の主要6カ国の中央銀行の金融専門家を集めたグループの助言を得ることにし、また報告書の草稿が仕上がったところで、このグループの会合を開いてコメントを求めることにしました。米国FRBからはアキシルロッド調査局次長（後に金融政策局長）、日本銀行からは調査局参事であった石田定夫氏（後に明治大学教授）が首席代表になりました。

金融政策に関する国別研究

　最初に始めた西ドイツとイタリアに関する研究は大変に難航し、西ドイツに

100

ついては書き直された報告書の草稿が3回も主要国の代表を集めた金融専門家会議に提出されましたが、これらは芳しい評価を得られませんでした。問題の一つはドイツ連邦銀行自身にもありました。報告書で取り上げられた問題に関してドイツ連邦銀行に定見がなく、会議における同行の代表の口頭説明自体も他国の金融専門家やOECD事務局を納得させ得なかったのです。同じような問題はイタリアの研究にも生じました。

　三番目となった日本の金融政策に関するプロジェクトを私が担当するに当たって幸いなことは、当時、日本銀行のパリ事務所に、営業局でずっと仕事をしてきた白井慎一郎氏（後に山根短資会長）がおられたことでした。白井氏から得た日本銀行の金融政策運営に関する実践的な知見をエコノミストの立場から私なりに解釈し、日本銀行当局が意識しているかいないか、正式な見解や説明として表明しているかは兎も角として、金融政策の運営に関する三段階のアプローチといった枠組みで説明すると何が言えるかを考えてみました。

　1960年代の日本銀行は固定平価制度の下で、国内景気の過熱と国際収支の悪化に面して金融引締めが必要になると、大手銀行であった都市銀行と長期信用銀行に対していわゆる「窓口指導」によって対民間与信の量的規制を行なっていましたが、それ以外の金融機関に対してはこうした量的信用規制を行なっていませんでした。この事実を踏まえて、短期金融市場における金利と資金のアヴェイラビリティー（availability）に関する日本銀行の操作が窓口指導非対象銀行の与信態度に影響を及ぼすメカニズムを実証分析によって説明する試みを行ないました。更に、民間銀行信用総量が抑制される中で、マネーサプライが海外からの資本流入によって膨張することを防止するため、厳格な為替管理が敷かれていたことも重要な事実として指摘し、その概要の説明も加えました。

　一方、実体経済に関する金融政策の影響については、民間部門の在庫投資、設備投資、住宅建設と個人消費、それぞれが市中金利などの金融変数にどの程度、そしてどのくらいのタイムラグで感応するか、実証分析を行ない、経済安定化策（economic stabilisation policy）としての日本の金融政策の有効性を示す、私の目からすると、かなり説得的な結果を得ることが出来ました。これらの実証分析に必要であった実際の細かい計測作業は、当時電力研究所から経済統計総局の計量経済班のリーダーとして出向されていた矢島昭氏にお願いしま

した。

　初稿が仕上がった時には、金融調査課長はサモンズからコペンハーゲン大学教授であったニールス・ティーゲセンに代わっており、早速彼と日本に出張して、日本銀行で関係者と協議を行ないました。金融政策が民間金融部門全体に影響を及ぼすメカニズムに関する私の記述と実証分析の箇所については、営業局で東山紀之氏の後任の総務課長であった玉置孝氏（後に日本銀行理事、千葉銀行頭取）から特段違和感はないというコメントがありました。

　一方、日本の金融政策が実体経済面に及ぼす効果に関する箇所については、調査局の次長をされていた呉文二氏から、調査局の見解ではその効果は弱まる傾向にあるという指摘がありました。日本における金融政策の効果については、やがて金融の自由化が行なわれ、日本経済がますます国際化していくにつれて、金融引締め時に窓口指導や資本流入規制などに依存した金融政策では難しくなることは、欧州各国の経験からしても十分に想定出来ることでしたが、当時の日本銀行調査局の見解では、これらの諸要因のほか、日本の実体経済の基調的な変化も金融政策の効果を弱める方向に作用していると考えていたのです。

　戦後の日本における景気循環の大きな国内実体経済面での要因としては、在庫投資の循環、それに加えて民間設備投資の循環、があったのですが、当時の日本銀行調査局は、名目 GNP に対する在庫投資の比率が趨勢的に低下してきていることを捉えて、今後は金融政策の景気調整策として即効性が弱まると見ていたのです。しかし、私が在庫投資の GNP に対する比率を名目値ではなく実質値で捉えたところ、趨勢的な低下傾向は窺えませんでした。それは GNP デフレーターの趨勢的な上昇率に比べて在庫投資デフレーターの趨勢的な上昇率が低かったからです。こういうわけで、1970 年代における日本金融政策の効果が 60 年代に比べて日本銀行調査局が心配するほど大きく減殺されることにはならないのではないか、と私は考えていました。

　結局、日本の金融政策に関する報告書は、日本出張によって初稿の内容を大きく変更しないままで、金融専門家会議に提出され、米国 FRB のアキシルロッドをはじめ各国代表から幸い高く評価されました。そして、この報告書は、OECD 金融政策研究シリーズの最初の成果として、1972 年 5 月の WP3 会合に提出されました（注5）。

この報告書はついで EPC に提出され、その同意を得て 1972 年 12 月、OECD 金融政策研究シリーズの第 1 巻（注 6）として発刊されることになりました。しかし、この時、ヴァンレネップ事務総長は報告書の執筆者として私の個人名を明記すべきだという、ダウ経済統計総局長をはじめとする幹部達の意見にどうしても同意しませんでした。結局、この報告書の「はしがき」には、本書は OECD 総長の全責任の下で出版されるものであると記述されました。

　これについては後日譚があります。少し横道にそれますが、人間の温情がいかに大切かという意味で紹介しますと、この報告書が出版されると、英国では "The Economist" 誌が 2 ページ全面を使って紹介記事を掲載したのです。これを読んだダウ経済統計総局長が、「公刊された報告書にあなたの名前を明記することが出来なかったことは大変残念でしたが、"The Economist" があなたの研究をこれほどまで詳しく丁寧に紹介してくれたことを私は大変嬉しく思っています。あなたの研究がこうして認められていることが、あなたの精励に対するいくばくかの報いとなることを望んでいます」と書いた私宛の書簡（注 7）を秘書にタイプ打ちさせ、自署して送ってくました。

　やがて、1992 年の初め、ダウは私の OECD チーフエコノミスト就任を報じた『フィナンシャル・タイムズ』紙を読んで、日本銀行金融研究所宛にお祝いの手書きの書簡を送ってきました。その返礼に、彼からもらった慰めの書簡を今でも大切に保管していると書いて、コピーを同封したところ、彼から再び手紙が来て、「そんなことはすっかり忘れていたけれども、大切に保管してくれていたとは……実は、私の家内もあなたの奥さんのことを今でもよく覚えている。今度ロンドンに来たら、夫婦で一緒にディナーをしたい」と伝えてきました。やがて、OECD チーフエコノミストとしてロンドンを訪問し、イングランド銀行でキング調査担当理事に面会をしたところ、同行で彼の前任者であったダウが、マーヴィンの手配で同席してくれ、約 30 年ぶりに再会をする機会を得ました。人の輪の大切さを感じた次第です。

金融調査課長に昇進

　日本の金融政策に関する報告書が EPC に提出された 1972 年の夏、ダウ総局長が BIS 月例会議に参加していた日本銀行ロンドン駐在参事の速水優氏を通

じて、私を金融調査課長に昇進させ、当初3年間とされた私のOECD勤務期間を74年初めまで1年延長すること交渉をしていることを速水氏から知らされました。当初の契約通り73年初めに日本銀行に復帰しても、年次からしてOECD金融調査課長のような重要な仕事が与えられるわけではないから、この人事話に従ったほうが良いと速水氏から言われました。

　こうして、72年9月に金融調査課長に昇進しました。エコノミストとして1年半ばかり、シニアエコノミストとして1年間務めた後、33歳での課長就任で、実力重視の人事政策が行なわれているOECDでも異例の早さの昇進でした。そして、日本の金融政策に関する研究より早く始まった西ドイツとイタリアの金融政策に関する報告書を完成させることが重要な任務となりました。

　西ドイツに関する報告が難航した理由についてやや具体的に説明しますと、当時のドイツ連邦銀行では、調査局長であったヘルムート・シュレジンガー（後に副総裁、総裁）の考えにそって、銀行流動性の水準とその銀行預金に対する比率を金融政策の操作目標（operating target）として位置付けていました。しかし、それらが適切な操作目標であるかという問題に関して、OECD金融専門家会議に参加していたドイツ連邦銀行金融調査課長ホルスト・ボッケルマン（後にドイツ連邦銀行調査局長、やがてBISチーフエコノミストに転出）の説明は説得的でなかったことが大きく影響していたと私は今でも思っています。

　西ドイツに関する報告書の作成を担当していたピーター・ティルが辞任した後、金融調査課長の私は、国別審査局で西ドイツ経済を担当していたヘルマン・ドゥッドラーに作業の継続を依頼しました。彼はIMFからOECDに転入したドイツ人エコノミストで、やがて私の後任としてOECD金融調査課長になり、その後ボッケルマンの後任としてドイツ連邦銀行の金融調査課長、そして調査局長になった人物です。彼と私が一緒になって、ドイツ連邦銀行が定義した「銀行流動性」は操作目標としては適切ではないという見解を曲げませんでした（注8）。結局、ドイツ連邦銀行は1カ月単位でしか計数を入手出来ない「銀行流動性」の操作よりも常時情報が入手出来るインターバンク金融市場金利のほうが政策運営上より重要な操作目標であることを認めるようになり、私達が書いた内容の報告書の発表に同意するようになりました。

　一方、イタリアの研究における問題の一つは、イタリア銀行のアントニオ・ファツィオ調査局長（後に総裁）がOECDの金融専門会議の代表として出て

104

きて、マネタリーベースが同行の金融政策の操作目標であると主張して譲らなかったことにありました。ところが、マネタリーベースを取り込んだイタリア銀行のモデルが年次モデルで、ラグの構造を入念に取り込んで因果関係を明確にしたものではありませんでした。また、イタリアにおけるマネタリーベースの概念は特異なもので、郵便貯金なども構成要素になっていました（注9）。こういうことで、結局、OECD の報告書には、マネタリーベースは「金融政策の運営方針を比較的長期の経済政策課題と結びつけることに役立っているが、それはそれとして、より短期的な操作目標として何か別個の金融変数が用いられたことがないかという疑問が残ろう」という指摘を入れてイタリア銀行の同意を得て、漸く公表にこぎつけました。

　OECD の国別金融研究シリーズは主として、固定平価制度の下にあった 1960 年代に金融政策がどのように運営されてきたか、その金融面と実体経済面に及ぼした影響はどのようなものであったかについて分析したもので、変動為替相場制度の下での金融政策のあり方について提言めいたことは述べていません。ただし、1960 年代は、日本だけでなく、英国も、フランスも、イタリアも量的信用規制をしていました。この時代は、金融システムがまだ硬直的で、弾力的な金利操作によって国内の金融情勢全体、そして総需要を調節するという枠組みが出来ていませんでした。金利政策は短期資本の国際移動に重要な影響を及ぼす内外金利差の調整、そしてそれを通じて固定平価を守っていくことに重点が置かれた面が大きかったのです。やがて変動為替相場制度への移行に伴い、OECD 金融政策研究シリーズのテーマもこれに即して変わっていったのですが、それは私が OECD 金融調査課長を辞して日本銀行に戻ってからのことでした。

　それからもう少し付け加えますと、イタリアの研究報告の後、米国とフランスに関する報告書が作られました。金融調査課のスタッフが WP3 や EPC 関係の会議資料の準備などで忙殺されるようになり、研究対象国の中では既にかなりの量の公表された文献が存在する米国の報告書の執筆は、英国人の金融学者をコンサルタントに雇って書いてもらうことにしました。しかし、彼は手際よく簡潔な報告書を書く技量のある人物には程遠く、結局、彼が書いた報告書の草案は金融専門家会議で評価されずに終わりました。ついで、IMF 調査局で金融調査課長を務めた後学者に転じたオーストラリア人をコンサルタントに雇

第 6 章　OECD の金融調査研究　*105*

い、書き直しをしてもらいましたが、これも失敗作に終わってしまいました。そのため、私の前任のOECD金融調査課長であったティーゲセンにデンマーク大学教授としての本職の合間に手直しの作業をしてもらい、更に私がWP3やEPC関係の仕事の合間に最終稿に仕上げるための追加作業をして漸く完成させました。

　一方、フランスについては、以前に私がフランス銀行で業務研修中にフランスの金融政策に関する報告書（本書第1章参照）を作成したこともあり、また信用の量的規制などの面で日本と似たところもありましたので、日本の金融政策に関して私が作成した報告書を参考にしながら、国別審査局でフランス経済を担当していたジャン＝クロード・シュラキ（後にドゥッドラーの後任として金調査課長に昇進）を専担にして、英語ではなく、フランス語で報告書を起草させました。その上で、草案をフランス銀行に送り、私達二人で同行に出かけてコメントを得て最終報告書に仕上げました。

　英国の金融政策運営は1971年秋から約3年間に亘って「競争と信用調節」（competition and credit control）（注10）によって大きく変わる時期にあり、個別国研究の対象になることには同意しなかったのですが、主要6カ国の取りまとめた報告の中に取り込むことには反対しませんでした。この報告書は、金融調査課長としての私の前任者でデンマーク大学の教授職に戻っていたティーゲセンと私が分担して書き上げ、両者の草稿を私がまとめて報告書として完成させて、WP3に提出しました。この報告書を公刊するにあたって、ヴァンレネップ事務総長は初めて、本の「はしがき」（注11）に著者が私とティーゲセンであることを明記することに同意してくれました。

　この報告書の完成をもって私が日本銀行に復帰する直前の1974年10月下旬、イタリア銀行総裁グイド・カルリが自ら率先してウンブリアの古都ペルージアにあるイタリア銀行の立派な研修会館で金融セミナーを開催しました。丁度完了したOECD金融政策研究シリーズの概要を取りまとめた私とティーゲセンとの共同論文（注12）が提出され、翌75年イタリア銀行が刊行した本に収録されました。この本の編集者として、前述したファツィオとパドア＝スキオッパ（本書「はしがき」参照）などが名を連ねました。

金融調査課長の後任探し

金融調査課長の後任探しは簡単ではありませんでした。外部候補としてはイタリア銀行からパドア＝スキオッパが名乗り出ており、私は適任と思いましたが、局長のマリスは興味を示しませんでした。内部には、金融調査課のスタッフのほか、国際収支課にオーストラリア準備銀行から出向していたアイアン・マックファーレン（後に、同行の副総裁、総裁、本書第14章の最終項「日本銀行調査統計局の情勢判断」参照）などもいました。しかしながら、金融調査課長ポストはしばらく空席となり、公認候補探しが続きました。

やがて、結局、西ドイツの金融政策研究を担当したドゥッドラーが内部昇格で就任しました。金融調査課の若手エコノミストであった米国人のジェームズ・バウトンはIMFに移り、その後はヒストリアンとして活躍しました。

離任パーティーの際に、私の個人秘書であった英国人女性のポーラ・シモニンが自ら作った英詩を枠に入れ、その周りに、経済統計総局の上司、同僚、部下達が送別の言葉を書いて署名したカードが私にプレゼントとして贈られました。金融調査課長としての私の仕事ぶりを彼女がどのように評価していたかが、韻をきちんと踏んだ英詩に書き込まれていました。OECD経済統計総局では先例がない、英詩の送別プレゼントという個人秘書の心遣いに感動しました。

KUMI

An Appreciation by his Secretary

There was a young man, known as Shige-ha-ra,
Who decided that life was a bit ra-pla-pla.
So he sat down and wrote an 'étude' on Japan,
With the rest of his time, the Division he ran.

But this work on the yen,
Well, it didn't take ages,

It was only a book of some hundred odd pages.

So he thought he would tackle the land of the dollar,

Even though such a feat would daunt many a scholar.

Like the other, this study upon the U.S.

Was published and proved to be quite a success.

For a while then our Kumi just sat and reflected,

Was his time really filled by the work he directed,

This ridiculous thought was quite promptly rejected.

"What I wrote on those two other countries was fun,

But this time I must do something more than just one."

So he started to write, not just one, but on SIX,

And he wrote and he wrote till he ran out of Bics.

At the end his employers said, "Kumi can go",

"We are sure he has told us all there is to know"

"And we're sending him back to the Bank, Tokyo."

So all that is left now is to say "Cheerio".

Paula Simonin

　ポーラとフランス人の夫君ジェラールとは、今でも夫婦付き合いが続いています。

注

1. IMF 協定第 4 条では、「自国経済の基礎的不均衡を是正するため必要な場合」には平価の変更を行ない得ることとされていた。

2. 当時、IMF World Economic Outlook は存在しなかった。

3. OECD, Report by the Secretary General, "Inflation – The Present Problem", December 1970, p.11 と p.36 を参照。

4. スイス国民銀行は 2016 年、カルル・ブルンナー生誕百周年を記念して「カルル・ブルンナー記念講演シリーズ」を始めた。

5. OECD, "Secretariat Study of Monetary Policy in Japan", 31 May, 1972, CPE/WP3（72）12.

6. OECD Monetary Policy Studies Series, "Monetary Policy in Japan", December 1972.

7. J.C.R. Dow, "Japanese Monetary Policy", a note to K. Shigehara（cc: J. Fay, S. Marris, and E. Merigo）, 9 February 1973.

8. 重原久美春、ニールス・ティーゲセン共著『金融政策と景気調整　主要 6 カ国の国際比較』（金融財政事情研究会、1976 年）、76-81 頁を参照。

9. 上掲書、75-76 頁を参照。

10. 英国の金融政策運営は「競争と信用調節」によって、市中銀行貸出の直接規制に代えて公開市場操作によって間接的にマネーサプライをコントロールする実験をしたが、結局1973 年末には市中銀行貸出の直接規制に逆戻りした。

11. OECD Monetary Policy Studies Series, "The Role of Monetary Policy in Demand Management: The Experience of Six Major Countries", 1975, Foreword, p.6.

12. Kumiharu Shigehara and Niels Thygesen, "The Effects and the Design of Monetary Policy" in "Economic Research in European Central Banks" edited by F. Masera, A. Fazio and T. Padoa-Schioppa（Banca d'Italia, Rome, 1975）.

第7章
日本銀行の金融調節と民間銀行外貨業務の指導

　私は 1974 年（昭和 49 年）10 月に最初の OECD 勤務を終えて日本銀行に復帰し、総務部（現在の企画局）企画課の主査に任命されました。総務部は、日本銀行のいわば法務部門である総務課と金融政策の企画立案に携わる企画課の二つの課で構成されていました。広報課はまだ存在していませんでした。

　当時は、三重野康総務部長の下に、青木昭企画課長、その下に深井道雄筆頭調査役（後に理事、日本輸出入銀行副総裁）、その隣に同じく調査役で福井俊彦氏、そして私が主査、それに課員が若干名という布陣でした。政策担当理事は、私が日本銀行入行時に人事部次長であった渡辺孝友氏でした。

日本銀行の金融調節とマネーサプライの位置付け

　総務部企画課の主査としての私の仕事は、一つには、金融調節の見通しに関するものでした。日本銀行券と政府貨幣を合わせた現金に関する日本銀行と市中との間の収支見通しを営業局に作ってもらい、国庫局には中央政府の対民間収支の見通しを提出してもらい、これらをベースに日本銀行の金融市場調節の見通しを作って役員会に提出する仕事です。当時は、金融政策の運営に関する役員会の情勢判断資料の作成は、現在のように調査統計局の担当ではなく企画課でかなり簡単なものを作成しており、初稿作りも担当させられました。また、金融政策の変更に関する対外説明資料、総裁が国会に参考人として呼ばれた時の想定問答や記者会見用の想定問答の作成といった企画課の仕事にも主査の立場で参加しました。また、企画課では、時折、政策課題に関して、いわゆる「考え方ペーパー」という短い検討資料を政策担当理事、あるいは役員会に提出することもありました。

　こうした作業の一環で、青木課長からは、マネーサプライの位置付けに関する考え方について、想定問答の形式で短いペーパーを作るよう命令がありました。企画課の主査は、OECD 経済統計総局における職階でみればシニアエコノ

110

ミストのようなものかと思われますが、OECD 勤務当時のように、自分が書いたメモが秘書によってタイプに打たれ、正式なペーパーの冒頭に私が筆者であり仕出し人として自署し、課長宛で、写しの送付先を関係する他の課長やエコノミスト達として提出する、という仕組みではありませんでした。私の初稿は手書きのまま先ず深井調査役に提出され、深井調査役も手書きで改訂版を作り、これが青木課長の段階で再び手書きで大幅な修正が加えられ、最終的には女性の課員が手書きで清書した検討資料として三重野総務部長に提出される仕組みでした。

　こういうプロセスで仕上がった企画課としての検討資料では、日本の場合はマネーサプライに数値を与えて金融政策の目標にすべきではない、ということが結論でした。当時マネーサプライに数値目標を設定していた欧米諸国に比べても日本の通貨需要関数が安定しているように見えるものの、これから金利の自由化などで金融環境が大きく変化していくと、通貨需要関数の安定性の今後については予断が出来ないと判断されたことが一つの理由でした。また、こうした目標値の短期的なコントロールの可能性という点でも実務上の問題があり、日本では、数値目標を与えると、それが一人歩きをして、マネーサプライ動向に関する実績値が発表されるたびに市場が不安定な動きをしかねない、といった心配もありました。

　次章における「1970 年代の金融政策運営の総括論文の発表」の項で述べますように、日本銀行はその後、広義マネーサプライの予測値を発表するようになるのですが、数値を与えた目標を設定したことはありませんでした。日本銀行はマネーサプライを重要な金融変数としてとらえる、当時私が使っていた言葉でいえば、情報変数（information valuable）として重視する、そしてもう一つ重要な量的金融信用総量（monetary and credit aggregates）として銀行貸出の動きを市中金利の動きと共に注視していく態勢をとることにしたわけです（注1）。

　ここで、政策問題に関する日本銀行内部での意見交換のプロセスについてもう少しコメントしますと、OECD 事務局で働いて日本銀行に戻ってみて、大きな違いに気がつきました。前述のように、OECD では重要な問題に関する意見の交換は書面で行なわれていたのですが、日本銀行では基本的には口頭で行なわれ、意見調整に関する詳しい記録が書面では殆ど残らないシステムでした。

企画課が作成したマネーサプライの取り扱いに関する検討資料の場合も、また、金融政策の立案の基礎となる情勢判断資料の場合も、役員連絡会における討議の議事録が作られ、関係部署に配布されることはありませんでした。OECD では、例えば WP3 会合の場合は、その討議内容の概要を経済総局のスタッフがまとめて総局長から事務総長に書面で提出され、ついで全ての発言者の発言内容の要点を討議の順序通りに記述した詳細に亘る記録が極秘資料として WP3 担当のエコノミストによって作られ、総局長と担当局内の一部の関係者に限って配布されます。更に討議の全てを録音したテープのタイプ起こしが秘書達の手で行なわれ、文書庫に保存されます。また、WP3 のような公式会合以外でも、例えば経済総局長室で開かれる幹部会議などについては、同席する総局長の補佐官がメモをとり、討議の主な結論をまとめて後日書面で記録を関係者に配布していました。

　これらと比べると、日本銀行では、情勢判断に関する役員連絡会における出席者の発言内容について、企画課の内部では、出席した企画課長から口頭でブリーフィングが行なわれてはいましたが、討議の記録が役員連絡会の出席者の間で共有されることがないことを、やがて自分が金融研究所の所長として役員連絡会に参加し発言をする立場になって知りました（注2）。

銀行の社会的責任論

　企画課では、日本銀行総裁の国会答弁の資料作りにも主査の立場で参加しましたが、その面で特に印象に残っているのは銀行の社会的責任論に関するものです。

　もともと銀行の社会的責任論は、ニクソン・ショック後の金融緩和期に田中角栄首相が唱えた列島改造論にも煽られて生じた商品・土地・株式などの投機を銀行融資が助長したことに対する批判などから登場したものでしたが、その後、第一次石油危機後の不況の深刻化の中で新たな形で論じられるようになりました。

　私が日本銀行に復帰して間もない 1975 年 2 月に完全失業者が 100 万人を突破した後、田中内閣についで誕生した三木武夫首相の率いた政府が相次いで経済対策閣僚会議を開いて 3 回も不況対策を打ち出す一方、日本銀行は 73 年 12

月に 9.0% の危機的水準に引き上げた公定歩合を 75 年 4 月から 4 回引き下げて 10 月には 6.5% の水準に戻しました。当時は銀行預金や郵便貯金などの金利は全て公定歩合と結びついた規制金利の時代でした。消費者物価の上昇率が「狂乱物価」と言われた 74 年の 23% 強ほどではないにしてもまだ 10% を上回る勢いにあった中での公定歩合の引下げはそれ自体としては一般庶民の預貯金の実質金利のマイナス幅を広げるもの、いわゆる預貯金目減りとなるもの、と見られ、銀行の社会的責任の問題の一環として問題視されるようになったのです。

私が日本銀行に復帰する前の 74 年 3 月には大阪の全繊同盟組合員達が国を相手どって預貯金目減り損害賠償訴訟を大阪地裁に起こしていましたが、公定歩合の矢継ぎ早の引下げは預貯金目減り論議に拍車をかけるものでした。この時、規制金利の硬直した制度の枠組みの中で、実体経済や物価に影響を及ぼすまでに時間がかかる政策手段である金融政策を運営する中央銀行が、直近の物価上昇率が高い段階でも将来の動向を正しく予見し、国民の理解を得ながら、機動的に政策を変更することの難しさを実感しました。

民間銀行外貨業務の指導

私は総務部企画課の主査として 1 年間勤務した後、1975 年 11 月に外国局為替課の資金係長に任命されました。

為替課資金係の主な任務は、主要邦銀と在日外銀の外貨業務の実態を常時把握し、その健全性維持のため必要に応じて指導を行なうことでした。そのため、東京銀行や富士、三菱、住友、三和、三井といった都市銀行と長期信用銀行については一行一行優秀な係員を専担として配置し、それぞれの銀行の外貨資金繰りの状況を毎日電話で聴取して、異状がないかチェックしていました。資金係長はこうした実戦部隊の隊長という立場でした。

当時、第一次石油危機の余波で大幅な経常収支赤字国になった日本の外貨資金繰りが国際社会から不安視され、ユーロダラー市場などにおける邦銀の外貨取り入れは非常に難しくなり、いわゆる「ジャパンプレミアム」が付いていました。つまり、欧米の銀行よりも高いレートでないと、邦銀は外貨の調達が出来なかったのです。中には、邦銀の外貨調達のための邦銀同士の競争で調達コ

ストが法外に上がってしまうケースもあったのです。

　ロンドンのユーロダラー市場で邦銀のこうした動向が見られるようになった当初、邦銀の秩序あるユーロ取引の維持のためにイングランド銀行との間の折衝に現地で辣腕をふるったのが、日本銀行ロンドン駐在参事であった島本禮一氏（注3）です。このことは速水優氏の著書『海図なき航海 ― 変動相場制10年』にも触れられています（136頁）。この頃、本店サイドでは、外国局為替課資金係の担当者がロンドン市場だけでなくニューヨークなど他の海外市場における主要な外貨取り入れ取引について一本一本の金額、期間、取り入れレートなどを担当行から毎日聴取するモニタリングを実施していました。

　資金係では、こうした外貨調達面での状況把握に加え、外貨運用の健全性を維持するため、邦銀の外貨による短期の現地貸しについては各行別に枠を配布していました。ですから、ちょうど営業局が金融引締め時に邦銀主要行の国内円貸出について窓口指導を行なっていたのと似たところがありました。更に中長期の現地貸しについては、中長期での外貨調達との比率規制を行ない、短期の外貨調達により中長期の外貨運用が行き過ぎて資金ポジションが不安定にならないよう、いわゆる満期転換（maturity transformation）に関する指導をしていました。

　為替課資金係によるこうした各行別指導がある程度恣意的であったことは事実です。ただし、当時、東京銀行と主要な都市銀行、そして特に富士銀行と住友銀行との間で俗に「FS戦争」と言われた激しい競争があり、日本銀行に行司役として邦銀間の競争の行き過ぎにブレーキをかける役を期待する気持ちが民間銀行側にある程度あったのもこれまた事実でした。

　資金係長時代のもう一つのエピソードは、1975年秋に発覚した安宅産業の破綻に関するものです。当時10大総合商社の一角を占めていた安宅産業の米国法人がカナダで進めていた石油精製プロジェクトの失敗で経営危機に陥り、メインバンクの住友銀行と協和銀行にも累が及び、金融不安が生じ、日本の国際信用が失墜する懸念が出る事態となったのです。当面の事態は日本銀行の指導により、東京銀行、三井銀行、三菱銀行などを加えた主力5行が安宅産業米国法人を支援する態勢を作って処理したのですが、やがて伊藤忠商事との合併、取引銀行の不良債権の処理が難航しながらも終了することで結末を見たわけです。

この間、日本銀行では住友銀行の特別考査を行なうことになり、同行の国際部門の考査は資金係長であった私が行なうように、当時外国局長であった速水優氏に命じられました。特別考査のトップは考査局次長であった飯塚明氏（後に中部銀行頭取）でした。考査の始めに住友銀行の本店に出かけ、伊部恭之助頭取、磯田一郎副頭取、以下の役員一同との面談がありました。その席上、後のバブル時代に「向こう傷を恐れるな」という言でも有名になった磯田氏が日本銀行には引き続き窓口指導をお願いしたいと意外な発言をして、私を驚かせました。

　国際業務の考査は、東京丸の内の東京事務所ビルに入っていた国際企画・審査・事業の三部門の幹部からのヒアリングを中心に行ないました。私が大学4年の夏休み中、日本銀行に入ることが内定する前に、企業訪問で住友銀行の東京事務所を訪れたところ、取締役・東京事務所長であった安藤太郎氏から、大蔵省か日本銀行を狙いなさい、もし落ちたら住友銀行が採用するから安心しなさい、と言われたエピソード（本書第1章参照）があり、妙な巡り合わせになりました。公私混同は無論許されませんが、こうした経緯もあって、そこはかとない親近感を持ちながら、住友銀行の東京事務所を毎日訪れ、国際部門の多くの幹部と面談しました。この時、世上「堀田イズム」と称された合理主義的経営を徹底し、「住銀の法皇」と称された堀田庄三氏の子息で、当時国際企画部の次長の職にあった堀田健介氏が私の考査の世話役として応対してくれました。

　考査に当たっては国際審査部の機能に一番の関心がありましたが、より広く国際部門の人材育成がどのように行なわれているかについても調べました。この機会に、住友銀行のような日本を代表する民間銀行でも、急速な国際業務の拡大に人材の育成が追いついていない実態を把握出来ました。

　やがて私はOECDで二度目の勤務中に、第二次石油危機後におけるOPEC諸国からの資金還流（リサイクリング）における民間銀行の役割についてもWP3で議論をするために討議資料を作る作業にも携わりました。その際、日本銀行外国局の資金係長として邦銀の実態を身近に見たことによって国際金融の内実に接近する機会を得たことが、国際金融を理論として勉強しただけのエコノミストとは違った強みになったように思っています。

日本円安批判の高まり

　私が資金係長のポストにあったのは、先進6カ国首脳会議、いわゆるサミットの第1回会合がパリ郊外のランブイエで開催された1975年11月からの丁度1年間で、翌76年6月にはプエルトリコ・サンファンで、今度はカナダを含む先進7カ国によるサミット第2回会合が開かれるなど、首脳レベルでの国際経済外交が活発になり始めた時でもありました。

　当時、欧州では英ポンド、フランス・フランとイタリア・リラの対米ドル相場が急落する一方で、ドイツ・マルクとスイス・フランは対米ドル相場そして実効為替相場が大きく上昇していきました。こうした状況の中で、日本円の対米ドル為替相場は比較的に安定していました。

　日本銀行外国局為替課では、資金係の隣に為替係のディーリングルームがあり、為替課長の本屋貞一氏は終始そこで市場の動向を把握し、大蔵省国際金融局短期資金課長の藤田恒郎氏と電話連絡をとっていました。東京為替市場が目立った介入操作なしに概ね平穏に推移しており、ディーリングルームが緊張している雰囲気が隣の資金係に伝わってくることはありませんでした。

　ドイツ・マルクとスイス・フランの対米ドル相場が1975年の春には67年末の水準に比べ共に70%以上も上昇し、その後一時は反落したものの76年に入って再び上昇に向かったのに比べ、日本円は対米ドル為替相場が比較的に安定的で、名目実効相場もドイツ・マルクとスイス・フランのような大幅な上昇はありませんでした。このため、OECDが計測した実質実効為替相場をベースに日本の製造業の国際価格競争力をとらえると、75年から76年にかけて急速に強化されました。こうした実質実効為替相場で見た日本円の推移がやがて国際経済に問題を齎すかもしれないという私の懸念を本屋課長に伝えましたが、当時の日本銀行外国局為替課では実質実効為替相場という概念はピンとこないものでした。

　OECD事務局が作成した経済見通しでは、産油国の工業製品の輸入テンポの鈍化から経常収支の黒字幅が再び拡大する一方、OECD諸国の赤字は大幅な拡大は免れないと見込まれました。こうした中で、日本の経常収支が赤字から黒字に転換し、1976年には黒字幅が37.5億ドルとOECD諸国の中で最大になる

と見られたことが、同年7月に開かれたWP3会合では注目されました。出席した島本禮一外事審議役からは、年前半の輸出急増には海外在庫の積み上がりなど一時的な要因が大きい、という説明があったのですが、OECD事務局からは、年後半の輸出を低めに、輸入は極めて高く予想することによって年間の黒字を目一杯低くした見通しである、という反論がありました。

財務省の資料（注4）によると、円安を批判していた米国財務次官のエドウィン・ヨウは、このWP3会合の前日である76年7月18日、松川道哉財務官に会談を申し入れ、更に8月には訪日して、大平正芳蔵相、福田赳夫副総理・経済企画庁長官、森永貞一郎日本銀行総裁、日本経済団体連合会の首脳などと会い、黒字国としての日本の責任を力説し、為替相場の調整を促したことが日本経済新聞（76年8月14日）に報じられました。また、大蔵省では、日本の貿易黒字、為替政策に対する欧米の批判が強まりだしたことを重視し、松川財務官を8月31日から10日間、欧米諸国に派遣し、各国通貨当局首脳と円問題を協議させることにしたことを日本経済新聞（76年8月25日）が報じました。ヨウ財務次官は松川財務官と9月2日に話し合った後、「赤字諸国については、国内的安定と為替市場の操作から齎される為替相場の動きが結びついて、安定した国際収支を生み出すようにすべきである。黒字国は、構造的赤字国側の適切な調整政策を補完するため、過渡的な融資を供与する用意をすべきであり、かつ、黒字国はインフレ政策をとる訳にはいかない以上、為替レートを通じた調整を行うことを受け入れるべきである」という点で日米双方の意見が一致したとしている、という声明を発表しました（日本経済新聞、76年9月3日）。

一方、大蔵省国際金融局長であった藤岡真左夫氏（後にアジア開発銀行総裁）は、『ファイナンス』1976年9月号において、「我が国の外貨準備は昭和51年（1976年）8月末現在で163億ドル」であるが、「経済規模が同じ西ドイツの半分に過ぎない」と指摘しました。因みに、マルクがフロートした1971年5月、ロンドン駐在参事であった速水氏が佐々木直日本銀行総裁に「早く、日本の外貨準備が100億ドルになったらいいですね」と話したことが、著書『海図なき航海 ― 変動相場制10年』（15頁）に書かれています。

『ファイナンス』に藤岡真左夫氏の記事が出た頃、日本経済新聞（76年9月4日号）は、大蔵省は円切上げには反対であったが、米側の「黒字国は為替相

場の見直しを行なうべきである」という議論には原則として同意せざるを得ない情勢となっており、黒字は構造的なものではなく、一時的であるという説明で、大蔵省は矛先をかわすのに精一杯であった、と報じました。その後、同年9月10日に欧米4カ国訪問から帰国した松川財務官は、記者会見において、「円レート問題が貿易問題（対米輸出急増）と結びつけられるとやっかいなことになるので、通貨問題を貿易問題とは切り離して解決する必要がある」と述べたと報じられました（日本経済新聞、76年9月11日）。また、同紙は、大蔵省は当時、対日批判を一身に受け止めてきたので、通商産業省や外務省よりも対米輸出の急増を深刻に受け止めていた、とも報じました（「円安批判から通商批判へ」、日本経済新聞、76年9月12日）。そして大蔵省による積極的な対外PRの効果もあり、円安批判は76年10月初めのIMF・世界銀行マニラ総会の頃には、ひとまず姿を消したとされています（注5）。

注
1. 重原久美春、『経済の安定成長と金融政策』（東洋経済新報社、1991年）、90頁。本書第9章「米国高金利と日本円安～OECD第三作業部会の検討」の「マネーサプライ重視政策に関する論議」も参照。
2. 第14章「日本銀行チーフエコノミストとしての活動」の最終項「日本銀行調査統計局の情勢判断」参照。
3. 島本禮一（1927年～1993年）氏は、1950年に東京大学経済学部を卒業し、日本銀行に入行、調査局長、総務部長、理事を経て、日本輸出入銀行副総裁、日本総合研究所理事長などを歴任。
4. 財務省資料、「昭和財政史—昭和49～63年度」第7巻「国際金融・対外関係事項・関税行政」、第1部「国際金融・対外関係事項」第1章「1970年代後半の調整過程—昭和49～54年度」、第3節「国際収支・為替相場の動向と対外経済政策」46頁。
5. 上掲書、47頁。

第8章
内外金融政策の企画部門の兼務

　日本銀行の総務部（現在の企画局）企画課と外国局総務課とを兼務する調査役としての勤務は 1976 年 11 月から 80 年 8 月までの長い期間になりました。このポストにいた時にどれだけ上司が代わったのか、記憶しているところは次のとおりです（敬称略）。

　　総裁：森永貞一郎、前川春雄
　　金融政策担当理事：中川幸次、三重野康
　　国際金融担当理事：藤本厳三、速水優
　　総務部長：蔵原千秋、東山紀之、島本禮一
　　企画課長：深井道雄、福井俊彦、田村達也
　　外国局長：速水優、新井永吉、緒方四十郎
　　外事審議役：島本禮一、緒方四十郎、太田赳、菊井維正
　　外国局次長：菊井維正、戸田善明、菅野明
　　外国局総務課長：若月三喜雄、丸磐根、増永嶺

　また、外国局調査役としての私の仕事を支えてくれた外国局総務課調査係長は、塚越孝三、安居和男、可児滋、額賀信の各氏でした。なお、調査係の担当者には堀井昭成氏、塩崎泰久氏などが若手の精鋭として活躍していました。
　私が関係した仕事回りでこれだけ目まぐるしい人事異動があった中、総裁の外人面談の時の通訳、国際金融担当理事と外事審議役の補佐の任務も含めて、ずっとこのポストにありました。この間、国際決済銀行（BIS）銀行規制監督委員会における日本銀行外国局からの代表として、考査局の代表と共に、バーゼルへ出張することも任務の一つでしたが、こういうプルーデンス問題に絡んだ話は後にして、まず、マクロ経済政策問題に焦点を合わせてお話しします。

　このポストに就いた直後の 1977 年 1 月、米国では民主党のジミー・カー

ターを大統領とする新しい政権が誕生しました。当時は、第一次石油危機後の世界経済全体としての回復のテンポが鈍い中で、経済成長率、輸出や国際収支などを総合してみると状態が比較的良い米国、日本、西ドイツの3カ国と、英国、フランス、イタリアなどのあまりよくない二つのグループの間の格差が拡大していました。これを眺めて、カーター大統領は政権発足早々、世界不況を克服するため、米国と共に日本と西ドイツが世界経済回復のためのけん引車（locomotives）となるべきだという、いわゆる「機関車論」を展開し、早速、モンデール副大統領を訪日させて、1977年度の日本政府経済見通しの成長率6.7%の達成を要請しました。

　こうした要請を受けた福田赳夫首相は、1977年3月に開かれた日米首脳会議で機関車の役割を負うことに賛成しました。その上で、5月にロンドンの首相官邸で開催された第3回先進国首脳会議（サミット）において、福田首相は日本が77年度に6.7%の経済成長率を達成することを国際的に約束しました。もっとも、コミュニケの中に経済成長率の具体的な数字が盛り込まれることはありませんでした。西ドイツは、急激な景気刺激策によるインフレの再発を懸念して、機関車論には同意しなかったのです。

　この間、外国為替市場では、米国ペンシルヴァニア大学のローレンス・クライン教授が日本と西ドイツの10%の切上げ提言をしたことがきっかけとなり、円相場に再び上昇圧力がかかるようになりました。6月には、フレッド・バーグステン財務次官補が日本の経常収支が黒字であるにもかかわらず円相場の上昇が鈍いとして、日本の当局は為替市場への介入を控え、円相場を市場の実勢に任せるべきだ、と日米財界人会議で発言しました。

　更に、6月24日には、OECD閣僚会理事会に出席したマイケル・ブルメンソール米国財務長官がOECD諸国の成長戦略について行なった演説の中で、「OECD事務局見通しによると、西ドイツと日本は、現在政策のままでは、発表された成長目標を実現出来ないと見られ、特に日本の生産増加のうち輸出に振り向けられている部分が多すぎることに懸念を抱いている。しかし、成長目標の達成と経常収支の黒字削減のため、必要とあらば、更なる措置をとるというシュミット首相（西ドイツ）と福田総理の約束に信を置いている」と述べたことが報じられました（注1）。また、OECD閣僚会理事会の直後に行なわれたOECD対日経済審査においては、「日本の産業競争力にまで影響を与えるよ

うな通貨調整が必要ではないか」との円大幅切上げ論も出た、と報道されました（日本経済新聞、1977年6月28日）。

1977年7月に開かれたWP3会合では、日本の経常収支黒字の増加傾向について、OECD事務局から、「見方によっては、調整の行き過ぎとも言いうるほどの変化（the change, arguably the over-adjustment）」である、という指摘がなされました。事務局の見通しでは、日本の経常収支は76年に37億ドルの黒字に転換した後、77年には前年を上回る60億ドルの黒字となると見込まれていました。そして、黒字拡大の要因として、輸出志向型の産業構造などに加え、輸出物価（国内通貨建て、工業製品）で見た円の実質実効買為替相場が74〜76年の間に5.5%低下し、日本の国際価格競争力が強化されたことが指摘されました。これに対して、日本銀行の島本禮一外事審議役からは、73年の円相場は著しく円高の水準にあり、これを基準年として日本の国際価格競争力を測ることには問題がある、などの反論があり、米国（アンソニー・ソロモン財務次官が出席）などから目立って攻撃的な発言はなかったものの、このWP3会合を締めくくるに当たって、エミンガー議長は「日本の問題はOECD域内の調整過程のうちでのhard core problemであるとする見方がこの席上のコンセンサスであるように見受けられ、今後のright directionでの解決が見出されることを期待する」という要約的なコメントがありました。

この時期に森永貞一郎総裁の海外出張の際に随行する役割を担った私にいちばん強い印象与えたのは、77年9月にIMF・世界銀行年次総会がワシントンで開かれた時のことです。日本からの出席者は、大蔵省からは坊秀男大蔵大臣、松川道哉財務官など、日本銀行側は森永総裁、藤本巖三理事、島本禮一外事審議役（注2）、総務部と外国局を兼務する調査役としての私という布陣でした。この時、ニューヨーク駐在参事には島本氏の同期の緒方四十郎氏、奥様の緒方貞子氏が日本の公使でおられました。

ここで坊大臣が日本の総務として日本語で行なった総会演説の英訳版は、世界銀行から公表されたIMF・世界銀行年次総会議事録で全文読むことが出来ます。その演説で、坊大臣は日本の国際協力について「自利利他」という最澄伝教大師の言葉を使って日本語で説明したのです。ところが、これが不評で、欧米のメディアに"inscrutable Japanese"と非難されてしまいました。後日譚ですが、私がOECD経済総局長になってまもなく、英国『フィナンシャル・タイ

ムズ』紙の腕利き記者であったデヴィッド・マーシュが書いた私の人物紹介記事（注3）の中で、イングランド銀行幹部で学者でもあったチャールズ・グッドハートが私のことを "highly approachable and personable, a scrutable Japanese" と評したと報じたのを読んだ時、坊大臣に対する批判に使われた "inscrutable Japanese" という表現のことを思い出したものです。

日本政府は1977年9月3日に、公共事業の増強を中心とした総額2兆円の「総合経済対策」を発表し、同日、日本銀行も公定歩合を5.0%から4.25%へ引き下げて、内需の拡大に努力している姿勢を示した積もりでしたが、十分な評価が得られませんでした。IMF・世界銀行年次総会に合わせてワシントンで開かれたWP3では、坊大臣の演説に対するよりも更に激しい批判が日本に向けられました。特に、OECD事務総長経済顧問であったマリスは、会合での発言の中で、「日本という機関車は後退している（moving backwards）」という表現を使って批判をしました。

会合に先立って現地で配布されたOECD事務局の討議資料には、日本は公共投資ではなく個人所得税の引下げによって輸入の増大を図るべきであるという提言が盛り込まれていました。この点については、日本の場合は公共投資でも個人消費でも当時は輸入誘発係数に大きな違いがないというのが私の記憶でしたので、東京の執務時間に合わせてワシントン時間で深夜に日本銀行外国局の安居和男調査係長に電話を入れ、統計局から産業連関表から得られた輸入誘発係数の具体的な数字を知らせてもらい、これを使った反論の発言案を夜中に英語で手書きして、翌朝早く島本外事審議役に手渡しました。

ここで島本氏は辣腕を発揮しました。島本氏と松川財務官は共にお互いの力量を認めあう関係でしたので、松川氏と相談し、当時はWP3会合の日本銀行出席者が1名であったところを2名に増やして、私の席を確保してくれました。もっとも、大蔵省側の条件は私をノートテイカーとして参加させるというものでした。OECD金融調査課長をしていた者がこんな立場でWP3会合に参加するところをOECD事務局側から出席した嘗ての同僚から見られ、揶揄されましたが、島本氏の命令でしたので従うよりしようがありませんでした。それはともかく、島本氏が私の作った英語の発言案を使ってOECD事務局の提案に反論するのを現場で見ることが出来ました。OECD側は輸入誘発係数の数字などを承知していなかったので、島本氏の反論に啞然とし、やがて日本政府

OECD 代表部を通じて資料の照会がありました。

　坊大臣はワシントンの一連の会合が全て終わる前に帰国し、東京での記者会見では日本が名指しで批判されたことには触れませんでした。そこで、ワシントンに残った森永総裁が締めくくりの記者会見をする際に、日本の国民に実情を知ってもらうような発言をお願いしようということで島本氏と私の意見が一致しました。あれだけ日本が叩かれ、坊大臣が "inscrutable Japanese" と批判されたのに、日本国民に事実を知らせないのはいいことではないと思ったのです。こうした考えに立った総裁の記者会見用の冒頭ステートメントと想定問答は、総裁、藤本理事、東山紀之秘書役が昼食に出かけている間にホテルに残った二人でサンドイッチを食べながら手書きで作り上げ、総裁はそれを持って記者会見を行ないました。森永総裁は信頼する部下の作ったものを上手く使う包容力のある人でした。また、森永氏は部下にきめ細かい心遣いをする人でもありました。余談ですが、ワシントンから帰国の途上、藤本理事、東山秘書役と私の四人でハワイに一泊したのですが、私のハワイ訪問が初めてだと知って、総裁車で運転手に案内させてハワイ市内を一人で見物するよう言われ、それは総裁命令であると付け加えられ、大変感激した覚えがあります。

　一方、島本氏は日本銀行の内部では人使いが厳しいという評判で、英ポンド切下げ時にロンドン事務所の次長であった時、調査局で英国経済担当であった私のことを「調査局には重原という馬鹿者がいる」と言ったという噂を聞いたこともありましたが、自分自身にも厳しい人で、先ほど述べたワシントンでの森永総裁の記者会見のための冒頭ステートメントは自ら筆をとって私と一緒に作りました。私の義父は嘗て島本氏を部下にしていましたが、島本氏の力量を高く評価していました。森永総裁の下で副総裁をしていた前川春雄氏は、島本氏を外国局の分野だけでなく調査局長や総務部長などにも任用され、将来の総裁候補の一人として育てる気持ちでいたのではないかと私は思っていました。大成される前に他界され、残念に思っています。

1978 年 4 月の IMF 暫定委員会メキシコ会合

　円相場は 1978 年に入って上昇し始め、年初の 1 米ドル＝ 240 円台から 4 月央には 218 円の水準に達していました。こうした状況の下、78 年 4 月にウィー

ンで開かれたアジア開発銀行の年次総会（写真 2-2, 3）は、為替相場問題を議論する場ではなく、平穏のうちに終わり、舞台は直後にメキシコで開かれた IMF 暫定委員会（Interim Committee）に移りました。

　森永総裁のこの長丁場の海外出張には、2 月に国際金融担当理事であった藤本氏の退任に伴い後任となった速水優氏が初めて理事として総裁に随行し、秘書役も東山氏から箕浦宗吉（注 4）氏に代わり、私達四人はウィーンからフランクフルト、ニューヨーク経由でメキシコ入りし、村山達雄大蔵大臣以下の大蔵省の人達と合流しました。

　森永総裁はこの海外出張に先立って、アーサー・バーンズがまだ連邦準備制度理事会（FRB）議長であった 1 月中旬、東京を訪れたスイス国民銀行総裁のフリッツ・ロイトヴィーラーと懇談しました。話題の中心は米ドル問題でした。ロイトヴィーラーからは、米国が為替市場で米ドルを買い支える介入操作に必要な資金の調達のために外貨建て財務省証券の発行などを考えており、これについてはマイケル・ブルメンソール財務長官と合意が出来ている、という内話をバーンズがロイトヴィーラーに 1 月の BIS 総裁会議の直後に伝えてきたことが知らされました。この席には、通訳としての私のほか、前川副総裁、藤本理事、島本外事審議役が同席しました。前川副総裁はロイトヴィーラーの説明を聞くと、すかさず、「米国当局の介入通貨はドイツ・マルクに限定されるべきではない。仮に円が取り残されれば、投機が円に集中し、円に対する投機はやがて他通貨にも波及することになろう。この点を心配している」と発言しました（注 5）。

　こうした経緯の後、メキシコで行なわれた森永総裁とジョージ・ミラー FRB 議長の面談は不満足な結果に終わりました。この直前、FRB はドイツ連邦銀行（ブンデスバンク）との間では協調介入の取決めを結んでいたのですが、「ドイツ・マルクによるドルの買い支えは円を含む他通貨にも月光程度の効果（"moonlight effect"）はある筈である」というだけで、円を直接使った米ドルの買い支え介入に乗り気ではありませんでした。ミラーは民間企業出身（テキストロン社長）で、バーンズとは肌合いが随分違う感じを私は受けました。

　この会談の後に開かれた IMF 暫定委員会メキシコ会合では、OECD 閣僚理事会と比べると、各国の代表による議論が活発ではなく、コミュニケ作りに当たっても、事前に入念な準備作業が関係国の事務レベルで行なわれた後、公式

会議の閣僚レベルで審議されるという、手間がかかったものではありませんでした。とはいえ、IMF暫定委員会メキシコ会合に提出されるIMFスタッフの資料を巡って事前に先進国専門家の会合で重要な議論が行なわれました。

その背景には、1978年に発効した改正協定によって、IMF各加盟国は為替制度の独自な選択が可能となった代わりに、IMFによる監視（サーベイランス）を受けることになり、IMFの加盟国に対するコンサルテーション機能も強化されることになったことがあったのです。

話が前後しますが、OECDでは、1976年6月の閣僚理事会に至るまでの1年間に亘って、経済政策委員会（EPC）の下部機構の一つである第二作業部会（Working Party No.2: WP2）において、80年までの中期におけるOECD諸国の経済成長シナリオが検討されました。この作業部会は、経済成長と資源配分に関する問題に関するOECD加盟各国の専門家で構成されたもので、そこでの議論を踏まえて最終稿とされた資料は、「1980年への成長シナリオ（"A Growth Scenario to 1980"）」という題で76年7月のOECDエコノミック・アウトルック（pp.126-152）に発表されました。その基本シナリオによれば、日本の実質経済成長率は75年から80年の間の年平均で7%、米国は5.75%とされ、その他の諸国についても想定された経済成長率などを前提として、対外余剰の対GDP比率を75年価格で算定すると、日本は1.5%の黒字（75年は0.1%の赤字）、米国も1%の黒字（75年も1.3%の黒字）と見込まれていたのです（表1参照）。ところが、77年7月に開かれたロンドンでの第3回先進国首脳会議（サミット）で福田赳夫首相が国際的な公約にした日本の77年度経済成長率6.7%達成は結局実現出来ず、実績は5.3%にとどまりました。

表1：OECD中期経済成長シナリオ

実質GNP成長率（%）

	1975/1974	1980/1975 （年平均）		1975/1974	1980/1975 （年平均）
日本	2.2	7.0	フランス	-2.4	6.0
米国	-2.0	5.75	イタリア	-3.7	4.5
西ドイツ	-3.4	5.0	英国	-1.6	3.5

（出典）OECDエコノミック・アウトルック1976年7月号（p.133）

1977年末に公表されたOECDエコノミック・アウトルックによれば、日本

の実質 GNP 成長率は 76 年 6.3％の後、77 年 6％、78 年 5％にとどまり、経常収支黒字額は 76 年 37 億ドルの後、77 年 100 億ドル、78 年 100 億ドルと見込まれました。77 年 11 月に開かれた WP3 会合では、日本の輸入の伸びが鈍い一方で国際価格競争力の回復に伴う輸出の増加が続いている状況が問題視された中で、マリス OECD 事務総長経済顧問は、円相場の上昇と共に国内総需要の年率 8 〜 9％の成長が望まれると主張していたのです。

　そういう中で、IMF 調査局も中期シナリオの作業に動き出し、その作成した検討資料を主要国の専門家に審議してもらうための会合を IMF 欧州事務所で開きました。日本銀行からは、IMF に出向した経験のある統計局統計課長の古谷九八郎氏と総務部企画課と外国局総務課とを兼務する調査役として私の二人が参加しました。

　IMF はこの作業において、世界貿易モデルと実質実効為替相場に関するモデルを使いました。後者は、OECD 経済統計総局が使っていた方法と同じものでした。

　ところで、IMF 調査局が使っていた日本の輸出関数では、需給ギャップが有意な説明変数になっていました。つまり日本では、製造業の稼働率が下がると、輸出採算に妙味がなくても輸出ドライブをかけるという、非価格的な要因が働いているということです。そこで IMF 調査局は、日本の輸出にブレーキをかけるには、円高にすると共に、内需を中心に潜在成長率を上回る高い成長により需給ギャップを縮小することが必要であると論じました。その上で、当時の日本の潜在成長率を 5％と置き、これを上回る年率 7％の成長率を中期的に維持すべきであるという主張をしたのです。

　この会議には、嘗て OECD 経済統計総局で西ドイツ担当デスクの課長補佐をしていたハインリヒ・マテスがドイツ連邦銀行代表として出席しました。彼と私は、目先の国益ではなく、専門家の技術的な立場で見ても、需給ギャップや潜在成長率の計測などにはいろいろと問題があり、IMF 調査局の計測結果は一つのシナリオではあるけれども、この資料を IMF 暫定委員会に討議資料として提出することは適当でないという意見を述べました。会議に参加した IMF 調査局の幹部はこれを受け入れ、メキシコの暫定委員会における討議資料にはしないことを約束しました。

　ヨハン・ヴィッテヴェーンにとっては、78 年 4 月のメキシコ会合が IMF 専

務理事の任期が来る直前で、最後の IMF 暫定委員会でした。そして会議が終わった後の記者会見の時に、IMF のこの内部資料を記者に配布したのです。これは IMF 欧州事務所で開かれた専門家会議での合意を無視するもので、私達は本当に驚きました。IMF 調査局の幹部達は、これはボスがやってしまったことだと弁明しました。日本では、まず朝日新聞がこの IMF 資料の内容を報道しました。

第 4 回先進 7 カ国首脳会議（サミット）、ボン、1978 年 7 月 16 日〜 17 日

メキシコでの IMF 暫定委員会の後、1978 年 7 月中旬にボンで開かれた第 4 回サミットで、日本は 78 年度ベースで 7% の経済成長率の実現を国際公約としました。

ここで、この 7% という数字は、前述した OECD エコノミック・アウトルックの 76 年 7 月号に発表された中期経済成長シナリオにおいて 75 年から 80 年にかけての年平均で年率 7% と同じです。OECD はシナリオとして提示したもので、この数字を日本の経済成長率の目標値とすべきだと主張した訳ではありませんでした。ところが、ボン・サミットで日本は 78 年度ベースで 7% の経済成長率の実現を国際公約とし、この年度も公共事業を拡大させる景気浮揚優先の大型予算を編成しました（注 6）。

しかし現実には、78 年度の経済成長率の実績も 5.2% に止まり、前年度と同様、目標は達成されませんでした。

米ドル防衛策の強化

1978 年は米ドルにとって多難の年でした。当時ニューヨーク連邦準備銀行の総裁であったポール・ヴォルカーは、同年 11 月 9 日に英国のウォーリック大学で開催されたフレッド・ヒルシュ追悼記念講演会で行なった「ドルの政治経済学的考察（“The Political Economy of the Dollar”）」と題する講演の中で、スミソニアン合意を経てフロート制にまで至る過程での苦悩についてこう語っています。

「米国が他の国の国際収支を最終的に調整する国際通貨体制上の、いわば『N番目の』国（"nth" country）の役割を担うことは、政治的にも経済的にも最早無理との判断があった。より具体的に言えば、米国としては米ドルの金交換性義務を果たすに足るだけ十分に強い国際収支ポジションを維持する見通しなしには、米ドルの交換性を回復することは受け入れがたいことであった。このことは、新しい経済力のバランスを反映した、通貨制度の全面的な見通しが必要であることを示唆するものであった。」

　ブレトンウッズ体制が崩壊する過程で、財務次官としてWP3にも出席して、欧州と日本の通貨当局者と折衝をしてきた人物が、やがて事業家上がりで国際金融には疎いミラーに代わって連邦準備制度理事会（FRB）の議長となる直前に語ったものです。

　米国は78年3月に西ドイツとの間ではスワップ取決め枠の増枠などによる米ドル防衛策を発表したのですが、前述したように、5月にメキシコで行なわれた森永総裁とミラーFRB議長の会談では、米国が円を使って米ドルを買い支える話に乗り気ではありませんでした。しかし、この年の秋口に入って米ドルは全面安の様相を強めました。10月31日の米ドル相場は77年9月末の水準に比べて、対スイス・フランでは59％、対日本円では51％、対ドイツ・マルクでは34％、対フランス・フランで22％、対英ポンドで19％の大幅な下落となりました。

　こうした状況に面して、翌11月1日、カーター大統領が「米ドル相場の引き続く低落は基本的な経済情勢に照らしてみれば、明らかに不当なものである。今や、インフレ対策の一つの重要な対策として、最近の米ドル相場の過大な減価を是正することが必要になった」旨の声明を発表しました。これを受けて、ブルメンソール財務長官とミラーFRB議長が共同声明を発表し、米国が日本、西ドイツ、スイスの各中央銀行とのスワップ枠の拡大等による米ドル買い支え協調介入と共に、金融引締めを強化するなどの本格的な米ドル防衛策を打ち出しました。

　このことは、速水理事、緒方外事審議役と私の鼎談「国際経済の流れをみつめて」（日本銀行の行内誌『にちぎん』1978年12月号、写真2-4）で論じられました。米国として初めて本腰を入れて米ドルを守っていくことになったきっ

かけは、国内における物価の上昇に対して不満が大きくなったためで、カーター政権としても自国通貨の全面安を無視出来なくなったのです。米ドル防衛策の一つの柱は為替市場対策ですが、米国の金融引締めが漸くここから始まりました。公定歩合の引上げと同時に、準備率の引上げがあり、鼎談の中で私は、この準備率引上げを米ドル防衛の決意表明の強いメッセージとして高く評価しました。これは金融政策の形をとった課税措置であり、金融引締めに本腰を入れる米国の意志の現れなのではないかと受け止めたのです。

日本の国際収支黒字削減

OECD が「1980 年への成長シナリオ（"A Growth Scenario to 1980"）」という題で 76 年 7 月の OECD エコノミック・アウトルックに発表した経済成長シナリオの中で、日本の実質経済成長率が 75 年から 80 年の間の年平均で 7% とされたことは前述しましたが、このシナリオは経済成長と資源配分に関する問題に関する WP2 が OECD 諸国の中期的な経済成長を展望するために作成したもので、米国、日本、西ドイツの 3 国を機関車国と見立て、それらの国にだけ焦点を当てた訳ではありませんでした。

もっとも、WP3 におけるマリスの発言を見ると、彼は個別国の政策を取り上げ、その中で特に日本について国内総需要の伸び率を年率 8 ～ 9% にまで高めるべきだと、相当はっきりした口頭注文をつけています。

ヴァンレネップ OECD 事務総長は 78 年 5 月 23 日、日本銀行で森永総裁と会談しました。会談は約 1 時間に亘って行なわれましたが、私が通訳をしたので、正味は約 30 分で、日本銀行側は速水理事、島本調査局長と私が同席しました。この時のヴァンレネップ発言の主要点は次のようなものでした。

一番目に、最近の対日予備審査のため来日した OECD の専門家の報告では、現行政策だけでは、この先日本経済は年（78 年）の上期には再び息切れの見込みとのことであり、現行政策だけではやはり不十分ではないか。

二番目に、為替市場の小康状態が経済の先行き見通しを明るくしている面があるが、為替市場の混乱が再び生じないと誰も言い切れない。

三番目に、経済成長、為替相場の両面で、ある時期には上昇し、次の時期に

は下降するという波状状態が生ずるのは好ましいことではなく、これを回避するためには、79年を展望して前広な政策運営を行なう必要がある。

そして四番目に、（森永総裁から「IMFの中期シナリオで望ましいとされている、日本の79年から80年の平均成長率7.5%、それからOECDの『共同行動計画』、〈"concerted action program"〉にある79年上期の成長率7.5%はやや高過ぎ、我々としては中期的には6%プラスα程度が適当と考える」と発言したことに対して、）自分が最初に提唱した"各国のconcerted action"については、その後他の国際機関によって打ち出された構想と同じものであるかのような誤解があるので、これを解いておきたいとして、日本についてOECDが「明年（79年）上期の成長率について現行政策維持を前提とした場合の4.5%から7.5%へ3%ポイント高めるべきである」としているのは、日本のみならず他の国の協調行動の"end result"を言っているのであって、日本が単独で行なうべき努力は3%ポイントの半分弱の成長率引上げを行なうことだけである。残余の成長率の上昇は、他国の協調的な成長率引上げ努力の結果として、巡り巡って生ずるものである（注7）。

78年12月、ボン・サミットで78年度7%の経済成長率の実現を国際公約とした福田赳夫首相に代わって大平正芳氏が首班に指名された頃、OPEC総会で原油価格を79年中に段階的に引き上げることが決定され、第二次石油危機が始まっていました。これを機に、日本からの資本の流出が激化し、円相場は米ドル防衛策発表直前の78年10月末ピークから下落傾向を続け、日本銀行による円を買い支える介入操作で日本の外貨準備が急速に減少しました。

こうした状況の下で、79年3月、ワシントンで開かれたIMF暫定委員会に出席した機会を捉えて、森永総裁はヴィッテヴェーンの後任としてIMF専務理事になったジャック・ドラロジエールと初めて面談し、私の通訳を介して実に2時間20分に亘って本当に真剣に議論をされました。IMF側はドラロジエール、副専務理事のウィリアム・デイルとアジア局次長のジョン・ウッドレイ、日本銀行側は速水理事と私が同席しました。

IMF専務理事室で行なわれたこの会合で、森永総裁と速水理事から日本の国内経済と国際収支黒字削減の状況について詳しい説明をしたのを受けて、ドラロジエールは日本当局の79年度の経済成長率6%ないし6.3%という見通

表２：OECD 経済見通し（３大国）

	1976	1977	1978	（78/ 上）	（78/ 下）	（79/ 上）
GNP（実質、年率　%）						
米国	6	5	3.75	2.5	4.5	3
日本	6	5	5.5	6.5	5.5	4.5
西ドイツ	5.75	2.5	2.5	2.25	3.5	2.75
国内最終需要（同上）						
米国	5	5.25	3.75	3.25	3.5	2.75
日本	4	3.75	5.75	6.25	6.25	5.25
西ドイツ	3.75	2.5	2.75	2.25	4.25	3.5
経常収支（億ドル）						
米国	-14	-202	-250			
日本	37	110	175			
西ドイツ	38	38	50			
消費者物価（前年比　%）						
米国	5.25	5.5	7			
日本	8.5	7.5	5			
西ドイツ	4.5	4	3			

（出典）OECD エコノミック・アウトルック 1978 年 7 月号（pp. VI-VII）

しは、現行政策を前提とする限り、達成は無理であり、約 5% というのが IMF
スタッフの見解であると述べると共に、予算の前倒し執行と補正予算編成の必
要性を説きました（表 2 参照）。また、森永総裁が IMF 暫定委員会で「IMF の
中期シナリオには同意出来ない」と発言した真意が必ずしも十分に理解出来
なかったと述べ、80 年〜 81 年の年平均成長率として IMF が日本に提示した
7% はインフレーションを再燃させることなしに実現可能なものであり、決し
て高すぎる数字ではないと主張し、総裁がこの数字が適当でないと言うのであ
れば、どんな数字が良いのか、と質問しました。更に、日本の財政赤字に関す
る諸計数はユニークであるが、日本の置かれた状況もユニークだ、とドラロジ
エールは付け加えました。

　これに対して森永総裁は、79 年〜 85 年の 7 年間に関する中期経済計画の策
定に当たり、当初は 8% 超とする意見もあったが、いろいろな角度から検討し
た上で 6% 弱となった、日本の潜在成長率は高度成長期とは諸条件が変わった

ため一般に思われているほど高くはなくなっている、と反論しました。また、製造業の実稼働率などからすると、需給ギャップは約15%になるが、需要構造の変化から利用可能な資本設備とは見做し得ないものがあることを部門別に詳しく説明し、総需要をこれ以上のスピードで増やすと、ボトルネックが生じて経済のバランスを失うことを懸念していると述べました。また、財政問題については、森永氏が大蔵省に入省した当時を振り返り、高橋是清蔵相の下で進められた積極財政の後のインフレーションの体験について熱弁をもって語り、両者は譲らず、再会を約束して散会しました。午後4時から延々と2時間20分に及んだ会談の通訳とメモ取り（注8）で、私はぐったりしましたが、森永総裁は言うべきことは全部言ったと、さっぱりした表情でホテルに戻りました。

　余談ですが、ドラロジエール・森永総裁会談に同席したウッドレイ次長は対日審査で森永総裁との面談のため日本銀行本店を訪れた時に、迎えに出た私に「日本銀行で、まずガバナー重原の話を聞くんだよ」と言ってニヤリと笑ったものです。私の大先輩の緒方四十郎氏が宇佐美洵総裁の通訳をされた頃、総裁が言われたことを倍くらいの長さの英語で話されたという逸話を聞いたことがありますが、職業的な通訳でない私も森永総裁が言われなかった統計数字を時には加えたり、勿論総裁の言われたことを脚色はしませんが、幾分か補強した英語の表現にしたり、自分の判断で通訳した次第です。ウッドレイはそれが分かっていました。実は森永総裁も分かっておられました。更に余談ですが、森永総裁が東京の外国人記者クラブで講演した時に、質疑応答の際に森永総裁の再任話に関する大変微妙な質問が出たことがありました。これに対する総裁の日本語での答えを英語に通訳する際に、私なりに工夫したところ、帰りのエレベーターの中で、「重原君が言った英語をもって正文とするということだ」と言われました。私の通訳はこういうやり方でしたが、森永総裁の任期中一貫して通訳の役割を続けました（本書第25章「日本銀行とOECDの職員としての処遇」に記述されたエピソード参照）。

　緊迫した79年3月のワシントン面談の後、5月にはドラロジエール専務理事が来日し、森永総裁との二度目の会談が行なわれました。森永総裁からは、

卸売物価の上昇と円安の行き過ぎ、国債の消化状況に関する懸念の表明があり、4月の公定歩合引上げ（+0.75%）は内外金利差による資本流出に対処した面があると説明しました。これに対してドラロジエールは、公定歩合の引上げに一応の理解を示しながらも、日本経済はなお若干の需給ギャップを残しており、国際商品市況の高騰と円安が大きく影響した卸売物価の上昇に過剰に反応しないように要望しました。また、円相場の十分に高い水準（sufficiently strong level）での安定こそが、日本と共に他国の利益にもなると述べ、その上で、円安の行き過ぎがその後80年代に入って日本の経常収支の黒字急増に繋がることのないようにする必要があるとして、円買い支えのための日本銀行の為替市場介入を支持すると共に、短資流入規制の更なる緩和を要望しました。また、一般消費税の導入のタイミングについては、果たして適切かどうか、疑問を持っていると指摘しました。これに対して森永総裁は、個人的には一般消費税の導入のタイミングについては慎重に検討すべきものと考えているとした上で、全体として財政の健全化を図ることは是非とも必要であると答えました（注9）。この二度目の会談は約45分で終了し、この間、ドラロジエール専務理事から、初会合の時のように「自分はスタッフの意見に信を置いている」といった居丈高な発言はありませんでした。

IMF・世界銀行年次総会、ベオグラード、1979年9月

1979年6月末のOPEC総会における原油価格の更なる引上げ決定の後、米国の公定歩合は7月下旬から段階的な引上げ過程に入りました。8月には、ポール・ヴォルカーが連邦準備制度理事会（FRB）の議長になる一方、ミラーは財務長官に就任し、米国はこの新しい布陣でベオグラードのIMF・世界銀行合同年次総会に臨みました。ところが、9月27日にはニューヨーク市場の金相場が1オンス40ドルまで上がってしまい、総会の途中でヴォルカーはウォーリック理事をベオグラードに残して金融政策局長のアキシルロッドと一緒に急遽ワシントンに帰ってしまいました。そうして10月6日、FRBはマネーサプライ重視の新金融調節方式による引締め措置を発表しました。具体的には、FRBの金融政策の操作目標を、それまでのフェデラルファンド金利から非借り入れ準備（non-borrowed reserves）、つまり銀行準備から連銀借り入れ

第8章　内外金融政策の企画部門の兼務　*133*

を差し引いた量的指標、に切り替えて、厳格なマネーサプライ管理に転じたのです。マネタリストの一大実験とも言われたこの金融調節方式の下で、米国の短期市場金利は高水準で乱高下し、また安定する筈であったマネーサプライは変動が大きくなり、結局、82年10月にはこの方式から離脱するのですが、いずれにせよ、国際金融界の関心はベオグラード会合における討議ではなく、米国の新金融調節方式移行後の金融為替市場の動向に集まりました。後で詳しく述べるように、米国の新金融調節方式については当然のことながらWP3で論議され、私がOECDで二度目の勤務中にOECD経済総局は大掛かりな作業に取り組みました。

さて、ベオグラード会合では、日本からは内需が1978年度中実質ベースで8.1%の高い伸びとなったこと、同年中の円高の効果と内需の増加を背景に経常収支の黒字解消という目的も達成されたという説明を行ないました。

ベオグラードでの最大の事件は、現地における森永総裁の最後の記者会見の時に起きました。

森永氏は同じく大蔵省出身で78年12月に首相に就任した大平正芳氏の信認が厚く、79年12月までの任期の後、再任されるという観測が流れていました。ところが、森永総裁はこの記者会見の最後のところで、自分の再任はありませんと発言したのです。5年の総裁任期中の一応最後の海外出張ということで、ベオグラード会合の後には夫人と共にチェコスロヴァキアとハンガリーを非公式に訪問する予定が組まれていて、予定通りに箕浦宗吉秘書役と私が随行で両国を訪れてから帰国したのですが、日本銀行の記者クラブに所属していた記者達から、総裁の再任否定は東京における記者会見でやってもらいたかったのに、総務部企画課の調査役として振り付けが悪いと私に文句がつけられました。

察するに、森永氏はベオグラードにおける記者会見で再任を希望しないと述べ、さっぱりとした気分になって隆子夫人（大蔵官僚から政治家に転身して首相を二度務めた若槻禮次郎の孫娘）と東欧の旅を楽しまれたかったのだと思います。森永氏が奥様を同伴された海外出張に私が随行したのは、前述したアジア開発銀行ウィーン総会出席（写真2-2）の時についで二度目でしたが、プラハとブダペストの訪問の時は、気さくな人柄の奥様とお話をする機会もより多く、忘れがたい旅の一つとなりました。

こうして 1970 年代の最後の年の IMF・世界銀行合同総会であったベオグラード会合が森永氏にとっては日本銀行総裁としての最後の海外出張となりました（因みに、当時ユーゴスラビア社会主義連邦共和国大統領のヨシップ・ブロズ・チトーにとって、IMF・世界銀行ベオグラード総会における開会演説は1980 年 5 月に他界する前の最後の国際舞台でした）。

森永総裁の通訳としての私の任務は、11 月下旬の IMF アジア局ウッドレイ次長の総裁訪問まで続きました。この時の主要テーマは円安問題でした。総裁からは、円相場の低下の行き過ぎに対する懸念が表明され、これに対してウッドレイからは、円を反転させるためには金利の一層の引上げとか公的対外借入れなどが考えられるが、これらが効果的なのか、自信がないと述べ、特に強い意見の表明はなく会見を終えました（注 10）。

対日審査で団長として来た IMF のウッドレイ・アジア局次長には、総裁との面談以外の場で私と意見交換をした際に、日本の国際収支調整のスピードに関する理解が OECD では WP3 における討議などで深まってきたのに比べると、IMF の認識は遅れていると指摘し、WP3 に参加している IMF 代表の報告を読んでみるよう、注文をつけました。

IMF では、経済顧問の WP3 参加報告は専務理事には提出されていたでしょうが、アジア局などの地域局には回っていないように思われました。この翌日、ウッドレイからは、ワシントン本部に電話をして WP3 の議論の模様を聞き出したという話が私にありました。

1970 年代の金融政策運営の総括論文の発表

OECD における最初の勤務中の 1971 年に私が作成した日本の金融政策に関する OECD 報告書（前章で詳述）はブレトンウッズ体制下にあった 1960 年代を研究の対象期間としたものでした。これに対して、1970 年代の日本における金融政策運営の総括論文に関する寄稿依頼がドイツの権威ある金融学術誌（Kredit und Kapital）から日本銀行に寄せられました。これについては、前川春雄副総裁の名前で寄稿することで応じることになり、私が総務部調査役兼務外国局調査役として英語で論文を代筆しました（注 11）。

この論文では、1970 年代の日本における金融政策運営を次の三つの期間に

分けて論述しました。その第一は、71年から73年秋、固定平価制度から変動為替相場制度への移行に伴う国際金融体制の激変の時期です。第二は、円切上げのショックに対する金融政策の緩和の行き過ぎにつぐ第一次石油危機によって日本経済が狂乱物価に見舞われた73年秋から74年の時期です。そして、第三は、実体経済活動の沈滞とインフレーションの組み合わせの中で日本の国際収支が大きく変動した75年から79年までの時期です。

　この三つの時期のうち、第一と第二の時期はOECDにおける私の最初の勤務時期であり、第三の時期は私が日本銀行に復帰して国内外の金融政策の企画関係の仕事に携わっていた期間でした。

　この総括論文の最後の部分では、海外からの攪乱要因が日本経済に大きな影響を及ぼす中で国内物価の安定を達成する目的で金融政策を運営するための枠組みの一つとして、1978年の7月から広義のマネーサプライの予測値を四半期毎に発表するようになったことを説明しました。そして、海外主要国と違ってマネーサプライの数値目標値は設定しないことにしている理由（本書第7章「日本銀行の金融調節と民間銀行外貨業務の指導」に記述）についても言及しました。

前川総裁の下での円防衛

　1979年12月に前川春雄氏が日本銀行総裁に就任した後は、総裁の通訳としての仕事は、外人記者会見などで慎重を要すると前川総裁が判断し、自ら電話で命令してくる時以外はなくなりました。一方で、総裁が自ら英語で行なう講演の原稿を書く仕事が、これまた直接の電話で入るようになりました。前川総裁の英語での講演や寄稿文の作成は、後で述べるOECDへの二度目の出向を終えて日本銀行金融研究所の研究第一課長として1年足らず勤務した時も続きましたが、総務部と外国局との兼務の調査役の時代に前川総裁のアシスタントとしてした仕事のハイライトは、1980年3月初めの円防衛策に関するものでした。

　円相場は79年末から小康を得ていましたが、年が明けて2月から再び売り圧力が強まりました。当時、欧州には、日本の金利は低すぎであり、これが円安を齎しているので、金利を引き上げるべきではないか、という意見が出てい

136

ました。ただ、規制金利下の当時は、公定歩合の変更は国債の発行利回りなど
に繋がり、予算案に盛り込まれた内容の変更となるという理由で野党から予算
案の組み替え要求があれば、国会における予算案の審議が遅れるという懸念か
ら、公定歩合の引上げは予算案が衆議院を通過するまでは待ってもらいたいと
いう考えが政府側にありました。ところが、総務部企画課の調査役でもあった
私も予想しなかったことに、予算案が審議中の2月18日に公定歩合引上げが
実現しました。当時秘書役であった箕浦宗吉氏の内話では、大平総理の娘婿で
秘書官でもあった森田一氏（後に衆議院議員）の配慮で、世田谷区瀬田の大平
総理の私邸で前川総裁とのトップ会談が隠密裡に行なわれ、総理の了承が得ら
れたということでした。

　前述したように、IMFアジア局ウッドレイ次長は森永総裁訪問の時に、円
安問題について懸念を表明すると同時に、金利の一層の引上げが円の反転にど
れだけ効果的なのか、自信がないと発言したのですが、この2月中旬の公定歩
合引上げ後も円の売り圧力が続きました。この間、米国財務省が円防衛に消極
的だと伝えられていました。ところが、80年3月1日の昼前に大蔵省の加藤
隆司国際金融局長から速水理事に電話が入り、米国財務省筋からの示唆があ
り、同日中に前川総裁からヴォルカー議長に電話を入れ、円の買支えについて
話し合ってもらえるようにして欲しいと要望がありました。外部に漏れないよ
うにするため、私も速水理事と一緒に総裁室に集まり、ヴォルカー議長への電
話の手立てを始めました。

　ヴォルカーは週末にはワシントンから病弱な夫人が住むニューヨークの私宅
に戻る習慣になっているということで、速水理事がウォーリック理事（写真
2-1）からニューヨーク宅の電話番号を聞き出しました。早速、私から電話を
すると夫人が電話口に出て、この週末は例外的にワシントンのアパートに滞在
中という返事でした。そこで、事情を説明したところ、快くワシントンの私宅
の電話番号を私に教えてくれました。前川総裁の席から直ちに私が電話をする
と、ニューヨーカー訛りの英語でヴォルカーがすぐに応答して、まずはホッと
しました。前川総裁に受話器を渡して側で傍受したところ、ヴォルカーは米ド
ル対価での円の買い支え介入に賛同してくれましたが、ドイツ連邦銀行（ブン
デスバンク）とスイス国民銀行にも円買い支えの協調介入する意向を盛り込ん
だプレス用のステートメントを出したいので、その手筈を取って欲しいという

第8章　内外金融政策の企画部門の兼務　*137*

注文がつきました。

　東京と欧州との時差の関係から、日本の夕方、つまり欧州の朝まで待って前川総裁がブンデスバンクのカルル・オットー・ペール総裁とスイス国民銀行のフリッツ・ロイトヴィーラー総裁と電話で話してもらうことになりました。ロイトヴィーラーとは一発で電話が繋がり、直ぐに協力を快諾してくれました。一方、結婚して間もないペールについては、日本銀行フランクフルト事務所から総裁秘書の話としてあまり朝早く電話をしないほうが良いということで、頃合いを計って自宅に電話を入れたところ、既にゴルフに出かけてしまったのでした。結局、日本時間で夜になって電話することになりました。土曜日の夜に総裁室に煌々と電気が灯されているのが窓越しに外部から見えると臆測を呼ぶことになるので、総裁室の窓のシャッターを全て降ろして仕事を続けました。エミンガーの後任として総裁に就任してから間もなかったペールは、ロイトヴィーラーより言い回しは慎重で、円を使った協調介入は理事会としての決定事項なので、自分一人で直ちに約束は出来ないが、協力姿勢についてステートメントに盛り込むことには同意してくれました。これを受けて、私がステートメントの原案を英語で作り、前川総裁が再びヴォルカー議長と電話で話し合い、この文言を基礎としたステートメントを、米国側は英語で、日本側は日本語で、月曜日に東京の為替市場が開く前のタイミングで発表することになりました。

　このような一連の作業を土曜日から日曜日にかけて徹夜で行なったのは、週が明けると、円相場にとって悪材料が二つ発表されることになっていたからでした。その一つは、米ドル建て石油価格の上昇と円安があいまって、2月の卸売物価指数が大幅上昇となったことが火曜日に発表されることになっていたのです。また、電力料金の大幅引上げの発表も週内に予定されていました。こうした状況を踏まえて、米国の通貨当局がニューヨーク外国為替市場において自己勘定で円を買い支える介入（注12）を実施すること、西ドイツとスイスの中央銀行も日米の為替市場における協調行動に協力すること、更に日本への資本流入を促進するため、自由円勘定の弾力化などを行なうこと、について政府と日本銀行が日曜日のうちに発表したのです。

　米国だけでなく西ドイツとスイスの中央銀行も加わった協調介入の枠組みがこれだけ迅速に出来上がったのは、前川総裁が外国局長、国際金融担当理事時

138

代から築き上げたヴォルカーをはじめ、欧米主要国中央銀行のトップ達との強い人脈、そして、日本銀行の国際金融担当理事が藤本厳三氏であった時代にカウンターパートであった FRB のウォーリック理事、ブンデスバンクのグレスケ理事、スイス国民銀行のランギュタン理事との四人組で BIS 月例会議の際に定例的にバーゼルに集まるグループが作られ、速水理事がこれを引き継がれ、良好な関係を維持されていたことが背景にあったのです。

前川総裁・BIS 総裁会議出張の随行

　前川氏の日本銀行総裁としての最初の海外出張は、1980 年 3 月の BIS 月例総裁会議に参加することを主目的としたものでした。この総裁会議では、各国の金融経済情勢に関する情報交換とユーロ市場の規制問題に関する BIS 委員会の短い報告がありました。また、前川総裁は会議に先立って、ヴォルカー議長、ブンデスバンクのペール総裁、スイス国民銀行のロイトヴィーラー総裁とそれぞれ個別に会談し、3 月 2 日に発表した円防衛策に対する協力について感謝の意を表明しました。面談の時の通訳は勿論必要がなくなり、私はノートとりのためだけに同席したのでした。

　ヴォルカーとの会談では、前川総裁からは日本の金融政策運営について、2 月の卸売物価の大幅上昇や電力料金の引上げがインフレ心理に及ぶす影響を断ち切る必要があるので、東京に戻ってから政府側と話し合いに入る積もりであり、個人的には金利面の措置をとる方向に傾いている（I am personally inclined to take interest rate measures）と述べました。これに対して、ヴォルカーからは格別の意見表明はありませんでした。一方、米国の情勢については、米国民のインフレ心理が一段と高まっていること、マネーサプライの大幅上昇もあって、FRB は銀行準備の増加抑制に努めており、市場金利は上昇していること、個人消費が高水準であるが、消費者心理が変われば大きなリセッションになるリスクもあり、現在は危険状態であること、がヴォルカーから伝えられました（注 13）。

　ついで、ペールとの会談では、米国が強い金融引締めを続けていけば、貯蓄金融機関や住宅金融市場の破綻から米国の金融システム全体が崩壊（collapse）する危険がある、という強い懸念が示され、ヴォルカーはインフレ対策として

何をすべきか "confused" している感じがする、という感想がペールから伝えられました（注14）。

　また、ロイトヴィーラーとの会談でも、ヴォルカーが金利についてどうすべきか、確信を持てないでいる印象を受けている、という話がありました。また、日本銀行とのスワップの枠を10億ドル相当額まで増やすことが提案されました（注15）。

　更に、前川総裁はサウジアラビア金融庁（SAMA）のアルクライシ総裁とも個別会談をしました。席上、アルクライシからは、円の動向を注視していること、10日前に日本の大蔵省のさる人物の訪問を受け、円の国債の購入を倍増することで基本的な合意が出来たこと、が伝えられ、加えて日本銀行とのコミュニケーションの強化に関する提案がありました（注16）。

　前川総裁が80年春のIMF暫定委員会ハンブルク会合に参加した時も随行しました。非産油国の国際収支赤字とIMFの資金強化が主な話題でした。暫定委員会では日本が特段話題になることもなく、比較的気楽な出張でした。

　前川総裁は、7月のBIS総裁会議にも出席し、その時の随行が私の二度目のOECD勤務前の日本銀行員としての最後のバーゼル訪問となりました。余談ですが、日本銀行員のバーゼルでの常宿はホテル・オイラーでした。OECDからバーゼルに出張する時は、日本銀行を離れ国際公務員の立場にあることを示す意味もあって、ヒルトン・ホテルを常宿として使いました。

　前川総裁は7月の総裁会議の際も、ヴォルカーと個別会談を持ち、3月の会談のフォローアップをしました。前川総裁からは、3月19日に公定歩合を9%の水準に引き上げたことは、国内企業からは緊急避難の措置と受け止められており、物価情勢が最悪期を脱したという見方から公定歩合の引下げを期待する声が出ているが、もう少し情勢を見極めたいという考えを伝えました。更に、当時1米ドル＝218円程度であった円相場の水準に関する意見交換があり、ヴォルカーは200～220円ならば問題がないと述べ、また同席したニューヨーク連邦準備銀行総裁のソロモン（前財務次官）は215円であれば悪くないという認識を示しました。これに対して前川総裁は、中央銀行の立場からすれば、もう少し円高が望ましいと思っているとコメントしました（注17）。

　なお、7月の月例BIS総裁会議の直前に行なわれたWP3会合に提出されたOECD事務局の検討資料では、日本の経常収支について、81年前半年率約

140

100億ドルの赤字となったと見積もられ、この程度の赤字幅であれば、81年央以降の改善が確実であるので、不適切（inappropriate）とはみられない、とOECD事務局から指摘されていました。この会合に出席した速水理事には、FRBのウォーリック理事から、金利政策、為替相場政策を含めて日本がやっていることに自分としては何も注文はないこと、7月の月例BIS総裁会議にはヴォルカーとソロモンが出席するので、前川総裁にはゆっくり話し合ってもらえれば良いと思っていること、が伝えられていたのでした。

BIS銀行規制監督委員会への参加

BIS銀行規制監督委員会（BIS Committee on Bank Regulation and Supervisory Practices）は、民間銀行の活動に関する規制や監督の現状について情報を交換すると共に今後のあり方について当局間で協力して検討する目的で、1974年12月にBIS総裁会議の決定によって作られたものです。メンバーはBIS総裁会議に出席するG10諸国とスイス、それにルクセンブルクの12カ国の銀行監督部署の局次長クラスとされていました。現在は、バーゼル委員会（Basel Committee on Banking Supervision）と称されています。

74年に外国為替業務の失敗を主因に西ドイツのヘルシュタット銀行や米国のフランクリン・ナショナル銀行が破綻し、各国の銀行監督当局の間で、それぞれの監督下にある金融機関が破綻する以前の段階で健全性に関する前広な情報交換を促す必要性が認識されるようになったことが、この委員会の発足の背景にありました。民間銀行の国際的な業務展開の進展に伴い、海外進出が支店だけでなく現地法人の形態でも行なわれるようになり、母国の銀行監督当局と進出先の銀行監督当局の監督責任に関する分担関係について、民間銀行の進出形態の違いに応じて、どのように考えるべきか、という問題も重要になってきました。

BIS銀行規制監督委員会の初代の議長はイングランド銀行のジョージ・ブランデン理事（後に副総裁に昇格）、二代目もイングランド銀行からピーター・クック考査局長が選ばれました。日本では銀行監督の法律的な権限は銀行法と外国為替管理法に基づいて大蔵省の銀行局と国際金融局にあり、日本銀行の民間銀行に対する指導や考査は日本銀行に当座預金口座を持つ民間銀行との当座

取引契約に関連した約定に基づくものですが、大蔵省は当時は BIS 銀行規制監督委員会への直接参加にはあまり興味がありませんでした。そこで、大蔵省銀行局とは日本銀行考査局が、大蔵省国際金融局とは日本銀行外国局がそれぞれ連絡を取りながら、日本銀行の考査局と外国局の代表二人だけでバーゼル通いをしていました。

そうした中で、民間銀行の国際的な業務展開の進展に伴い、海外進出が支店だけでなく現地法人の形態でも行なわれている状況における、母国の銀行監督当局と現地の銀行監督当局の監督責任に関する分担関係について、どのように考えるべきか、という問題が検討されました。その結果出来上がったガイドラインは「バーゼル・コンコルダット」と呼ばれました。その要点の第一は、銀行の海外拠点における流動性の問題に関するものです。これに関しては現地の金融当局が、進出の形態が支店であるか現地法人であるかを問わず、第一義的な責任を負うことになりました。要点の第二は支払能力（solvency）の問題に関するもので、現地法人については現地の当局が、海外支店については母国の当局が、それぞれ第一義的な責任を負うことになりました。要点の第三は外国為替操作・ポジションに関するもので、銀行経営の健全性の観点からは支払能力に準じた責任の分担、国際収支や市場秩序の観点からは現地の当局の責任、とすることになりました。更に、海外拠点に関する検査や考査の結果に関しては、必要に応じて母国と現地の当局の間で情報を共有することが申し合わされました。

また、銀行破綻等の場合に、その悪影響の国際的な伝播を防ぐための情報交換などにも役立つように、BIS 銀行規制監督委員会のメンバーには、ある程度継続的に会議に出席することが期待され、またメンバーの自宅の住所と電話番号まで記載した名簿が作成されました。

クレディ・スイス銀行キアッソ支店の不祥事件（注 18）を契機に、オフショアセンターの銀行守秘義務が母国当局の銀行監督の障害になっている問題について取るべき対策が検討されるようになりました。更に、銀行監督のためには、経営をコントロールすることが出来る子会社の勘定について、親銀行の勘定と連結した統合勘定で監視をすることが重要であることを指摘した報告書も作成されました。BIS 銀行規制監督委員会メンバー国以外の銀行監督者との協力については、いわゆる拡大委員会が 79 年 8 月にロンドンで開かれました。

国際的な活動をする民間銀行が最低限守るべき自己資本比率に関する合意が発表されたのは 1988 年のことですが、委員会はそれに至る過程にあったのです。

　なお、母国と出先の金融当局の責任分担に関する BIS 銀行監督規制委員会の申し合わせに沿って日本の民間銀行の海外拠点の考査を私が行なった時のエピソードについては、第 12 章で述べます。

　BIS 銀行監督規制委員会は定例会が年 3 回、臨時会が年 1 回程度のペースで開かれていました。この会議に毎回出席するため、総裁の海外出張や国際担当理事のアシスタントとしてのバーゼル行きとは別に出かけて行きました。バーゼルには、銀行規制監督とは別のマクロ的な視点に立った BIS 国際銀行与信統計などの整備に関する専門家会議も時折開催されており、これにも参加しました。

　余談ですが、日本銀行考査局の代表は日本銀行人事の通常のローテーションで交替していったのですが、私は二度目の OECD 勤務が始まるまで BIS 銀行監督規制委員会の会合に参加していたためか、この委員会に最後に出席した機会に、BIS 総支配人であったルネ・ラール氏が BIS のスポーツクラブでクック議長をはじめとする委員会メンバー全員を招いて私の送別夕食会を開いてくれました。ラール氏はフランスの国庫局長（Directeur du Trésor）として WP3 に出席していた当時は、怜悧な官僚というのが私の印象でした。太田赳氏は日本銀行ロンドン事務所の次長の時代に井上四郎理事のお供で WP3 の会合にノートテイカーとして参加し、ラール氏がフランス語でまくしたてるのには閉口したと回顧していますが、多くの人にそういう感じで受け止められたようです。ところが、この夕食会のホスト役を務めた彼は温厚な感じに変わり、驚いたものでした。

注
1. 米国大使館広報文化局、Wireless Bulletin, "Blumenthal discusses growth strategies in OECD countries", Paris, June 24, 1977.
2. 前章注 4 参照。
3. David Marsh, "Think-tank operator seeks a refill of ideas", The Financial Times, March 5 1993.
4. 箕浦宗吉（1927 年〜 2016 年）氏は、1947 年に東京大学法学部を卒業し、日本銀行に入行、名古屋支店長、理事などを歴任。その後、名古屋鉄道社長、会長、名古屋商工会議所会頭

第 8 章　内外金融政策の企画部門の兼務　*143*

などを務めた。

5. 重原久美春、役員回覧メモ、「森永総裁・Leutwiler スイス国民銀行総裁面談要旨」、1978年1月17日、4頁。

6. 当時の大蔵次官であった大倉真隆氏の述懐については、財務省資料、「昭和財政史 — 昭和49〜63年度」第7巻「国際金融・対外関係事項・関税行政」、第1部「国際金融・対外関係事項」第1章 「1970年代後半の調整過程 — 昭和49〜54年度」、第3節『国際収支・為替相場の動向と対外経済政策』、60頁を参照。また、井出英策、「福田財政の研究：財政赤字累増メカニズムの形成と大蔵省・日本銀行の政策判断」、日本銀行金融研究所『金融研究』、2017年7月も参考になる。

7. 重原久美春、役員回覧メモ、「森永総裁・OECD van Lennep 事務総長面談要旨」、1978年5月23日、3-4頁。

8. 重原久美春、役員回覧メモ、「森永総裁・IMF de Larosière 専務理事面談要旨」、1979年3月8日、1-17頁。

9. 重原久美春、役員回覧メモ、「森永総裁・IMF de Larosière 専務理事面談要旨」、1979年5月9日、1-7頁。

10. 重原久美春、役員回覧メモ、「森永総裁・IMF Woodley アジア局次長面談要旨」、1979年11月26日、3頁。

11. Haruo Mayekawa, "Monetary Policy in Japan: A Review of its Conduct During the Past Ten Years", Kredit und Kapital, 12, Jahrgang 1979/Heft 4, pp.441-456.

12. 日本の外国為替会計の委託によるニューヨーク連邦準備銀行のニューヨーク為替市場での円介入については、1977年12月末にニューヨーク連邦準備銀行と大蔵省・日本銀行との合意が出来、翌78年1月には実施されていた。

13. 重原久美春、役員回覧メモ、「前川総裁・Volker FRB 議長面談要旨」、1980年3月10日。

14. 重原久美春、役員回覧メモ、「前川総裁・Pöhl ブンデスバンク総裁面談要旨」、1980年3月10日。

15. 重原久美春、役員回覧メモ、「前川総裁・Leutwiler スイス国民銀行総裁面談要旨」、1980年3月10日。

16. 重原久美春、役員回覧メモ、「前川総裁・AlQuraishi SAMA 総裁面談要旨」、1980年3月10日。

17. 重原久美春、役員回覧メモ、「前川総裁・Volker FRB 議長面談要旨」、1980年7月7日。

18. イタリアとの国境を接するキアッソにあるクレディ・スイス銀行の支店で永年に亘って支店長を務めた人物がオフショアセンターのリヒテンシュタインの金融専門会社を経由して行なったイタリア系企業への貸付に焦げつきが生じた。

第9章
米国高金利と日本円安
〜OECD 第三作業部会の検討

　1980年9月にOECD経済統計総局の一般経済局次長としてパリへ赴任しました。まず、OECDでの二度目の勤務が始まる前の経済統計総局の幹部ですが、総局長が英国人のジョン・フェイからカナダ人のシルヴィア・オストリ（写真1-1）に代わり、フランス人のイーヴ・ウルモが一般経済局長、その下で次長の英国人スティーヴン・ポッター（写真1-2）が第三作業部会（WP3）を担当していました。ポッターは私が一度目の勤務中は国際収支課長をしていた同僚で、2年間に限ってイングランド銀行に出向することになりました。その時にフェイが私を一般経済局次長に迎えるようにオストリ総局長に推薦し、彼女が私の二度目のOECD出向を許可するよう依頼状を前川春雄総裁に寄せたことが発端です。

　OECD経済統計総局長は、私の一度目の勤務中は、初代で10年間在籍したクリストファー・ダウから2代目フレデリック・アトキンソンまででした。そして、私が日本銀行に戻っていた間にフェイが3代目の経済統計総局長に就任した時に、それまで経済統計総局の中ではフェイの部下の立場にいたスティーヴン・マリスがヴァンレネップ事務総長の経済顧問になりました。しかも、マリスは、事務総長や副事務総長などOECD首脳陣の執務室があり、OECD内部では通称「シャトー」（旧ラ・ミュエット宮殿、"Château de la Muette" を略したもの）と言われる本館（写真1-3）に移らず、新館（Nouveau Bâtiment）にある経済統計総局の執務室に留まったのです。その理由は、総長の経済顧問になってからも経済統計総局のスタッフを直接使うのに都合が良かったからです。経済統計総局長は同時にチーフエコノミスト（写真1-1）の肩書きを持っていたのですが、マリスはあたかも自分がOECDのトップ・エコノミストであるような振る舞いをOECDの諸々の会議でしたため、経済統計総局長との関係が微妙になりました。フェイは好人物でしたが、流石に耐えられなくなって、定年の前にこのポストを辞めて、広報関係部門の閑職に移り、カナダの第20・22代首相ピエール・エリオット・トルドー首相の懐刀であった女性エ

コノミストのオストリが経済統計総局長のポストに就いたのです。カナダ経済評議会の議長職をへて OECD チーフエコノミストとなった彼女は、カナダの官界ではその強い性格でも有名であり、フェイのようにマリスの振る舞いに寛容ではありませんでした。両者の緊張した関係と葛藤が経済統計総局のスタッフの士気に好ましいものではなかったことはいうまでもありません。この頃のヴァンレネップ事務総長の内部管理が完全ではなかったと言わざるを得ません。

オストリにとって国際金融問題は得意な分野ではありませんでした。このため、フェイの助言で、私を一般経済局の次長に迎えたいという書簡を前川総裁に送ったのです。着任早々、WP3 の仕事は私に任せられ、局長のウルモは経済成長や雇用問題など構造問題を扱う WP2 と WP4（やがて両者が合併して WP1 になりました）を担当するという分担関係が出来ました。

こういう態勢で、私は WP3 議長であったイングランド銀行副総裁のクリストファー（通称キット）・マクマーンと WP3 会合の討議テーマの選択や会議の運営方法などの打ち合わせのため、単独でしばしばパリからロンドンに飛びました。打ち合わせは副総裁の執務室で行なわれたのですが、もともとオーストラリア出身の気さくな人物で、私が訪問すると、お茶はどうかと訊いて、彼が自身でティーポットから英国製の紅茶を私のカップに入れるもてなしをしてくれました。

私が WP3 へ提出する検討資料を仕切るようになってからの WP3 会合では、当初は、第二次石油危機発生後の OPEC 諸国からの資金還流（リサイクリング）、米国の新金融調節方式導入後の国内金利の高水準での攪乱的な動き、日本、西ドイツ、スイスの金融政策運営と対内資本流入規制の緩和の効果、欧州の国際収支赤字国の状況など、多岐に亘る議論が行なわれました。その中で、1980 年末近くの会合では、米国でインフレーション圧力を抑えるために実施されている金融引締めの結果生じた国内金利の上昇に伴う米ドル高と日本円と西ドイツ・マルクの下落に対する懸念がマリスから表明され、米国の財政引締めと金融緩和、その一方での日本と西ドイツの財政拡張と金融引締め、というポリシー・ミックスの変更が一つの問題解決策ではないか、という見解が口頭で述べられました。OECD 事務局が WP3 に提出した検討資料には盛り込まれていない、マリス独自の見解がこのように WP3 会合での口頭発言として発表

146

されることはオストリ総局長も押しとどめることが出来ず、OECD 事務局が統一的な意見を示し得ない事態となりました。この問題は、後述するように、日本の経常収支黒字の拡大傾向が再び顕著になった 1982 年に日本の政策運営のあり方を議論した時に、より鮮明になりました。

市場至上主義者スプリンケルの登場

1981 年 1 月 20 日に共和党のロナルド・レーガンが大統領に就任し、2 月 18 日に、財政赤字の削減と減税、規制緩和を柱とする経済再建計画も発表しました。レーガン政権の下での新しい財務次官に市場至上主義者のベリル・スプリンケルが選任されました。5 月には、米国連邦準備制度理事会（FRB）は、公定歩合を 13% から 14% に上げ、米ドル高、円安の傾向が強まりました。

スプリンケルが初登場した WP3 会合は 81 年 5 月 13 日〜 14 日に開かれたのですが、その直前の 5 月 11 日には、国際決済銀行（BIS）月例総裁会議がバーゼルでありました。総裁会議では、レーガン政権誕生後に伝えられた米国の為替市場不介入方針がスプリンケルの議会証言で正式に確認されたことから、これについての批判的な意見が続出したのですが、FRB を代表して出席したウォーリック理事は金融政策について従来通りマネーサプライ重視の姿勢を堅持する方針を繰り返すだけでした。しかも、BIS 月例総裁会議の当日に、フランスではヴァレリー・ジスカールデスタンに代わってフランソワ・ミッテランが大統領になり、フランス銀行はフランス・フランの信認崩壊を阻止するため、積極的な為替市場介入と短期金融市場介入金利の引上げの方針を発表したのです。

スプリンケルの初登場となった WP3 会合では、当然のことながら、公的当局の市場介入の問題、為替相場の水準、為替相場と金利の関係などが議論のテーマになりました。ここで、スプリンケルは自分の出自は農家であって生まれつきのマネタリストではない（a born farmer and not a born monetarist）と自己紹介した上で、市場の効率性を力説しました。一方、バーゼルからパリ入りした日本銀行の速水優理事、ドイツ連邦銀行（ブンデスバンク）のグレスケ理事、スイス国民銀行のランギュタン副総裁などが、不安定な市場心理、非合理的な期待、パニック、為替相場の乱高下などのリスクに対する懸念を指摘し

第 9 章　米国高金利と日本円安〜OECD 第三作業部会の検討　147

ました。こうした中で、為替相場に影響を及ぼす、いわゆる「基礎的諸条件」（"fundamentals"）を当局が本当に正確に把握出来るのか、という問題が議論されました。スプリンケルの意見は、当局にそうした能力はないというものでした。これに対して、通貨が過大に評価されているか、過小評価されているかを当局が判断出来るという反論がありました。グレスケは、マルクの下落は行き過ぎている、と発言しました。また、フランス国庫局長のミシェル・カムドシュ（後にフランス銀行総裁、IMF 専務理事）も、ミッテラン政権発足直後 2 日間のフランス・フランに対する売り圧力は「基礎的諸条件」にそぐわないものであり、だからこそ当局として市場に介入したと述べました。

　マネタリストのスプリンケルにとっては、ケインズ経済学に基づくマンデル＝フレミングのモデル分析を暗黙の前提としたようなポリシー・ミックス論が受け入れられないこともやがて判明しました。後述するように、1982 年に日本の財政政策と金融政策の組み合わせを経常収支黒字との関係において WP3 が議論した時に、彼は当時の日本の財政政策と金融政策の組み合わせを擁護したのでした。

米国高金利に対する批判の高まり

　1981 年 5 月中旬の WP3 会合に続いて翌 6 月初めに開かれた OECD 経済政策委員会（EPC）には、米国大統領経済諮問委員会（CEA）前委員長のジョージ・シュルツに代わって新 CEA 委員長のマレー・ワイデンバウムが EPC の新議長に選ばれました。この会合の冒頭、イングランド銀行副総裁のマクマーン WP3 議長から WP3 会合での議論が報告された後、アキシルロッド FRB 金融政策局長とコープ米国財務省国際金融局長の説明を皮切りに議論が始まったのですが、その中で米国の高金利問題を中心に激しい討論が巻き起こり、ワイデンバウムが議長席から CEA 委員長の立場で反論に立つなど、議論が白熱化しました。

　欧州諸国からの批判は、米国の高金利が欧州通貨の下落、輸入物価の上昇、自国における金融引締めの継続ないし強化、失業の増加を齎しているという認識に基づいていました。そして、レーガン政権による減税と歳出削減を内容とする財政政策は議会を通らない限り始動しないため、金融政策に負担がかかり

過ぎ、そうした不適切なポリシー・ミックスが問題であるという指摘が各国から行なわれました。

この EPC 会合では、日本の輸出攻勢や円安誘導といった批判はなされず、欧州における失業の高まりなどから、保護主義の台頭のリスクに対する一般的な懸念が表明されただけでした。しかしながら、1 年後には、米国の高金利の持続、日本における外需依存による経済成長の加速の見通し、通商面での対日批判高まりの中で、日本の経済政策を巡る議論は一変しました。

マネーサプライ重視政策に関する論議

1979 年 10 月に FRB が導入したマネーサプライ重視の新金融調節方式によって安定するはずであったマネーサプライは変動が大きくなり、米国の短期市場金利は乱高下を繰り返しながら基調的には高水準を維持し、為替市場では米ドル安傾向が続く問題については、先進国間では BIS の場、そして OECD では EPC でも取り上げられていました。しかしながら、中央銀行当局が財務当局の国際金融問題の責任者と一緒になって小グループの秘密会で意見交換をする場である OECD の WP3 は最適のフォーラムでした。80 年 12 月の WP3 会合一日目に開かれた議長主催夕食会の際に、マネーサプライ重視の金融調節方式の問題点について WP3 で徹底的に討議をする機会を持とうという話がまとまりました。そこで、翌 81 年 2 月中旬、WP3 で討議すべきであると思われる問題点を列挙した「金融調節、金利変動と為替相場圧力」（"Monetary Control, Interest Rate Variability and Exchange Rate Pressures", KS/LM/12.2.81）と題する覚書を私が書き下ろしして、マクマーン WP3 議長に送りました。彼は早速、マネーサプライ目標値を設定していた米国 FRB、カナダ銀行、ドイツ連邦銀行、スイス国民銀行の WP3 代表に私の覚書のコピーを送り、そこに列挙された問題に関する回答を書面で提出するように依頼しました。

私の覚書には、第一に、1980 年以降の各国における長短金利の変動要因として自国の金融政策方針の変更、通貨需要の変動、国内実体経済の不測の変動、内外金利差の変動などのうち何が、そしてどの程度、重要であったと考えるか、第二に、内外金利差の変動が為替相場に及ぼす影響やマネーサプライ目標からの乖離が為替相場の期待に及ぼす影響などをどう評価しているか、第三

に、マネーサプライ目標を重視した金融政策の枠組みの中で、市場金利や為替相場の短期的な攪乱を少なくするため、マネーサプライ目標の一時的な乖離をどの程度容認するか、第四に、こうした乖離が国民のインフレーション期待に及ぼす影響をどう評価するか、といった問題を中心に、六つのパラグラフに亘って細かい論点が列挙されていました。

マクマーン議長が副総裁をしていたイングランド銀行もマネーサプライ目標値を設定していた中央銀行の一つとして書面で回答することになっていましたが、マネーサプライ目標値を正式に設定していない日本銀行などからの回答も歓迎する意向であることが後日のマクマーン議長書簡（81 年 2 月 25 日付け）で WP3 参加国の全てに通知され、大掛かりなプロジェクトになりました。

こうして、マネーサプライ目標値を設定していた中央銀行である米国 FRB、カナダ銀行、ブンデスバンク、スイス国民銀行とイングランド銀行が回答を寄せたほか、マネーサプライ目標値を設定していない日本銀行とフランス銀行が金融政策の運営にあたってのマネーサプライの取り扱いについて説明した覚書を OECD 事務局に送ってきました。更に、米国財務省は金融政策に関するスプリンケル次官の議会説明書を提出しました。

OECD 事務局は、マネーサプライ重視政策を巡る論点を整理した検討資料（注 1）と、これら各国当局の回答を取りまとめた参考資料（注 2）を作成しました。遅れて、イタリア銀行は会議の直前になってマネタリーベースの取り扱いに関する論文を送ってきました。

こうした OECD 事務局と各国当局の共同による準備作業を土台にした WP3 の議論は 81 年 9 月 9 日の丸一日をかけて行なわれました。米国の代表団は、財務省がスプリンケル次官、FRB がウォーリック理事とトルーマン国際金融局長、大統領経済諮問委員会は 1960 年代の後半から 70 年代にセントルイス連邦準備銀行でマネタリストとして名を馳せたジェリー・ジョーダン委員、という強力な布陣で臨みました。更に、6 月初めの EPC 会合に出席した FRB のアキシルロッド金融政策局長が書いた新金融調節方式に関する論文（注 3）が事前に OECD 事務局から各国代表に配布されていました。この会議には、事務局からは、マリス事務総長顧問、オストリ経済統計総局長と私の 3 人がメインテーブルに座って議論に参加しました。

議論は当然のことながら、まず米国の新金融調節方式を巡って行なわれ

ました。スプリンケル次官によれば、マネーサプライと金利との関係の乱れはマネーサプライ伸び率および物価上昇率それぞれの低下に向かう移行（"transition"）の過程で生じているものである、新金融調節方式を貫徹しようという当局の意志について金融市場がまだ疑いを持っていることに問題がある、ということでした。また、期待のメカニズムが、米国内においても海外においても、非常に強く作用していて、これが米国の国内金利、内外金利差、そして米ドル相場に大きな影響を及ぼしている、とも述べました。その上で、米国代表団は、このような状態が海外諸国にとって大きな問題であることは十分に認識しているが、現状を新金融調節方式の最終結果（"ultimate outcome"）と混同しないで欲しい、と訴えました。新金融調節方式の国内面での短期的なコストとして最も深刻なものは、長期債市場に及ぼした打撃であり、この市場の回復は、新方式に関する市場の信認が確立するまでは覚束ない、という判断が示されました。

　こうした米国代表団の説明を受けた後の議論では、金利や為替相場のごく短期的な変動はそれほど大きな問題ではないが、より長めの期間に亘る上下動が大変深刻な問題となっている、という指摘が多くの参加者からありました。同時に、後者の問題が米国の新金融調節方式によって生じたという見解は殆どありませんでした。ウォーリック理事は、1980年と81年に生じた金利の上下動は、FRBが仮に従来の金融調節方式を採っていたとしても生じたであろう、と述べました。

　他国の代表者達からは、物価安定化を目指した米国当局の政策が物価上昇期待の沈静化に効果に及ぼし、これを通じて市場金利が低下するのにあまり長い時間を要しないことを期待する声が聞かれました。

　また、ジョーダン委員から、米国議会や住宅産業など民間企業界からFRBに金融緩和を迫る圧力が強くかけられているという説明がありました。これを受けて、ウォーリック理事は、現時点で金融緩和に転じれば、物価上昇期待が更に強まり、市場金利が一段と上昇するであろうという見解を示しました。

　米国以外でマネーサプライ目標値を設定していた国として、英国と西ドイツについても、かなり突っ込んだ議論がありました。両国の代表、特に英国のケネス・カズンズ国際金融担当次官（second permanent secretary）は、期待に影響を及ぼす経常収支、購買力平価、など「基礎的」な要因（"fundamental" factors）は、内外金利差などより大きな影響を為替相場に与える、という見解を示しました。同時に、国内における金利の変動は、住宅部門以外の実体経済には大きな影響を及ぼすものではない、と述べました。また、西ドイツでは、内外金利差の変動はポートフォリオに関する行動とマネーサプライに影響を及ぼすが、マネーサプライ目標からの短期的な乖離は大きな問題ではない、という説明がありました。また、為替相場の変動が物価に及ぼすラチェット効果（ratchet effect）も重視するには当らない、ということでした。その上で、英国と西ドイツの両国代表は、金利にせよ為替相場にせよ、その安定に偏重すると、他の分野における不安定を齎す結果となる、という見地から、マネーサプライ目標政策は弾力的に運営すべきものであると主張しました。

OECD 事務局は、検討資料の中で、内外金利差の変動が為替相場に対して大きな影響を及ぼす実証分析結果を得られなかったという報告をしたのですが、これに関連して BIS 経済顧問であったアレクサンドル・ランファルシーは、経常収支や購買力平価などの動向に左右された期待の要素のほうが内外金利差よりも為替相場に大きな影響を及ぼし、場合によっては為替相場のオーバーシューティングを生ずる、と述べました。ランファルシーは、こうした場合には、当局が政策行動によって市場にシグナルを送るべきだと主張しました。これに対して、一部の国の中央銀行代表は賛意を表明しましたが、当局が「市場の失敗」（"market failure"）を本当に把握出来る能力を持っているか疑わしいという反論も出ました。特に、スプリンケルは、当局の間違った為替市場介入によって、損失を被り、納税者に多大の犠牲を負わせる結果となる危険を強調しました。

円安とポリシー・ミックスのあり方

伊藤正直・小池良司・鎮目雅人 3 氏は「1980 年代における金融政策運営について：アーカイブ資料等からみた日本銀行の認識を中心に」（日本銀行金融研究所『金融研究』第 34 巻第 2 号、2015 年 4 月）の「為替相場を強く意識した金融政策を巡る議論」の項の冒頭（87 頁）において、次のように記述しています。

「日本銀行が短期市場金利の『高め誘導』を開始した 1982 年春頃、海外か
らは、日本の財政引締めと金融緩和という政策の組み合わせが円安の原
因となっているとの批判があった。主要国の金融・財政当局が政策運営に
ついて討議する場である経済協力開発機構（OECD）第 3 作業部会（WP3）
では、欧米各国や国際金融機関の財政・金融関係者から、『円安を引き起
こすような金利引下げは極力回避すべき』であり、『金融緩和と財政再建
下の緊縮財政というわが国の採用しているポリシー・ミックスは貿易摩擦
を増幅させるものである』との批判があった。そして、むしろ『金融を引
締め気味とする一方、財政再建のテンポを緩める逆のポリシー・ミックス
を採用すべきである』という趣旨の主張が表明された。」

　この記述の根拠は『日本銀行百年史』第 6 巻（562-563頁）であると明示さ
れています。

　確かに、1982 年 3 月に WP3 会合が開かれる頃には、前年 12 月に公表され
た OECD 経済見通しに比べて日本の内需回復がはかばかしくないこと、そし
て輸出が目立って増大する傾向にあること、が注目されていました。当時の
日本円対米ドル相場は、78 年末の水準に比べて約 2 割も円安でした。そして、
OECD 経済統計総局の計算によると、米ドルの名目実効為替相場は 78 年末の
水準に比べて 20% 以上も高い一方で、日本円は 5% ほど、そしてドイツ・マ
ルクも若干ながら割安となっていました。なお、英ポンドの実効為替相場は、
米ドルほどではありませんが、78 年末の水準に比べて 10% を上回る高さに
なっていました。米国についで、英国ではサッチャー首相の下でマネタリズム
に従った金融政策が運営されていました。
　この会合で米国 FRB のウォーリック理事は、家計貯蓄率の高い日本で構造
的に生ずる民間部門の過剰貯蓄を政府部門が財政赤字によって吸収しないと、
資本の海外流出圧力が生じて円安となり、経常収支が持続的な黒字状態とな
る、という見解を示しました。80 年 7 月の WP3 会合の際、この会議に出席し
た速水優理事にウォーリックが、金利政策、為替相場政策を含めて日本の政策
運営について自分としては何も注文はないと伝えたことは前述しましたが、経
常収支が赤字であった当時と比べて情勢は大きく変わっていました。

第 9 章　米国高金利と日本円安〜OECD 第三作業部会の検討　*153*

このWP3会合で述べられたウォーリックの見解に、英国大蔵省のケネス・カズンズ国際金融担当次官は、早速、賛意を示した上で、73年以降における日本の経済成長は輸出の増加に依存した面が大きかったと指摘しました。カズンズに加えて、当時BIS副総支配人であったランファルシーも、日本には財政赤字を拡大する余地があるという見解を示し、その論拠として、日本の財政赤字幅をGNPや国内貯蓄の規模との比率として見ると欧米諸国に比べて低いことを指摘しました。また、フランス大蔵省のフィリップ・ジュルゲンセン部長は、82年の財政支出の増加率は56年以来最低であり、内需回復にブレーキをかけることになるのではないかと述べると共に、緩和的な金融政策による低金利が資本の海外流出を促し、円安を招いていると指摘しました。更に、西ドイツ経済省のフランドルファー参事官は、経常収支の調整には為替相場の操作が最も重要であると述べ、そうした観点から、内需回復を妨げない範囲で金利を引き上げられるのではないか、と質問しました。

　こうした一連の意見に対してはっきりと反対し、日本の財政金融政策に問題はないと発言したのはスプリンケルでした。マネタリストの彼からは、金融政策は国内物価の安定を第一の目的とするべきものであり、マネーサプライを増加させ、インフレーション期待を煽るような金融政策の緩和を日本に迫るべきではない、為替相場の操作のために金融政策を使うのは正しくない、という見解が示されました。また、スプリンケルは日本が財政の健全化を図ることも正しいものであり、為替相場は市場の決定に委ねるべきである、と主張しました。スプリンケルの見解によれば、日本に対する政策注文は、マクロ政策ではなく、通商分野で更なる国内市場の開放を求めることにある、というものでした。3月25日にヴァンレネップOECD事務総長がドナルド・リーガン米国財務長官と面談した際に同席したスプリンケルは、こうした考えを再び明らかにしました。米国財務省内部では、国際金融担当次官補のマーク・リーランドなどもスプリンケルと同様な見解でした（注4）。これに対して、カーター政権の下で1980～81年の間、国際金融担当財務長官補（assistant secretary of the Treasury）をしていたフレッド・バーグステンは、マネタリストのスプリンケルとは正反対に、日本のポリシー・ミックスの変更を求める立場でした（注5）。

　82年3月のWP3会合にはOECDの経済見通しの数字は提出されませんでし

154

表 3：OECD 経済見通し（3 大国）

	1981	1982	1983
GNP（実質、前年比 ％）			
米国	2	-1.5	2.25
日本	2.9	2	4
西ドイツ	-0.3	1	3.25
国内総需要（同上）			
米国	2.6	-1	2.5
日本	0.8	2	2.75
西ドイツ	-2.5	-1.5	2.25
経常収支（億ドル）			
米国	65	110	-50
日本	47	60	210
西ドイツ	-76	20	50
個人消費デフレーター（前年比 ％）			
米国	8.3	5.75	5.5
日本	4.5	3.75	4.25
西ドイツ	5.9	4.5	3

（注）OECD エコノミック・アウトルック 1982 年 7 月号に公表された諸々の見通しを重
原がとりまとめたもの。1983 年の日本の実質 GNP 成長率は 4 月の EPC 会合に提出され
た 4.3% から 4% に修正された。為替相場については、1982 年 3 月 30 日に終わる週の平
均（円相場は 1 米ドル＝ 244 円）で不変と前提されている。

たが、やがて 4 月の EPC 会合のために作成された見通しでは、日本の 83 年に
おける実質 GDP 成長率 4.3% のうち 1% ポイントは純輸出の増加によるものと
見込まれました（表 3 参照）。

　この間、5 月中旬に開催される OECD 閣僚理事会に提出する政策提言ペー
パーのあり方に関する事務局内部の議論は WP3 会合の前から始まっていまし
た。マンデル＝フレミング・モデル分析を暗黙の前提としたようなポリシー・
ミックス論が経済顧問のマリスの持論でした。米国には財政赤字の削減と金融
政策の緩和というポリシー・ミックス、日本には財政拡張政策と金融引締め政
策という逆のポリシー・ミックス、の二つを組み合わせるという、既に 1980
年 12 月の WP3 会合でマリスから示された提言を 82 年 6 月の OECD 理事会の
討議資料に盛り込むことをマリスは考えていました。

第 9 章　米国高金利と日本円安〜OECD 第三作業部会の検討　155

経済統計総局では、カナダ人のオストリ総局長には、この問題に関する定見がありませんでした。彼女は、同年3月のWP3会合の席上、日本は第二次石油危機の後に調整が行き過ぎて実質賃金が低すぎるのではないかと指摘したのですが、それであれば、これが日本の国際価格競争力が過度に強化されている一因であり、それを調整するために日本のマクロ経済政策を変更すべきではないかという問題が生じる筋合いですが、この点についてマリスに同意しているわけでもありませんでした。一方、フランス人ウルモの後任として一般経済局長に就任していたオーストラリア大蔵省出身のクリストファー・ヒギンズは、当初はマリスに近い発想をしていました。因みに、彼は、ペンシルヴァニア大学でローレンス・クラインの弟子として計量経済学で博士号を取った経歴を持ち、やがてオーストラリアに戻って大蔵次官にまで昇進した人物で、オーストラリア準備銀行の総裁候補と噂されていましたが、残念なことに大蔵次官当時に突然他界しました。

　一方、私はスプリンケルのような「強いマネタリスト」（strong monetarist）ではありませんでしたが、スプリンケルが82年3月のWP3会合の席上で意見を発表する前から、ポリシー・ミックスのあり方に関してはマリスと意見が対立していました。私は、米ドル高の是正が米国における財政赤字の削減と金融政策の緩和というポリシー・ミックスによって齎される米国の金利低下から生ずることは望ましいものであるが、日本の金融政策の目標を国内物価の安定から円安是正に転換するべきではない、また、あまりにも短期的な需要管理政策の観点に立って日本の財政拡張を求めるべきではない、という見解（注6）でした。現に、私が担当した82年3月WP3会合用の検討資料には日本のポリシー・ミックスのあり方についてマリスの主張するような提言は一切行なわれていなかったのです。

1982年OECD閣僚理事会を巡る論戦

　1982年のOECD閣僚理事会に提出する事務局の検討資料に盛り込む提言に関するヴァンレネップを議長とした幹部会の席上で、マリスと私との意見対立が続きました。OECD閣僚理事会のコミュニケの草案に次の一節を盛り込み、バランスのとれたものにするのが私の示した提案でした。

156

Lower U.S. interest would help to strengthen the yen; higher Japanese interest rates would help to strengthen the yen. The major question with regard to the latter would be the extent of the contraction impact on Japanese domestic demand and imports as well as the consequent diversion of output to exports, tending to negate the effects of yen appreciation. Offsetting significant fiscal expansion in Japan would have undesirable medium-term financial and economic consequences. If U.S. interest rates were to fall and the yen substantially appreciate without general tightening of Japanese monetary conditions, Japan and the U.S. would both benefit. So would their trading partners.

こうした状況の中で、OECD 事務局が加盟国代表部大使に示した「仕分けされた戦略のための政策問題（"Policy Issues for a Differentiated Strategy"）」と題された閣僚会議検討資料の暫定版（82 年 4 月 9 日）には、以下のように、私の案とマリスの案の両論がまぜこぜになった質問の形式で併記されていました。

Ministers will wish discuss to serious negative international consequences of current large interest rate differentials between the United States and Japan and the low level of yen.

— Would Ministers agree that general significant tightening of monetary policy in Japan would help to strengthen the yen, but such policy shift, combined with offsetting substantial fiscal expansion, would have disruptive domestic financial and economic consequences for Japan with the negative impact on the rest of the world as well? Ministers may wish to discuss the possibilities of action to strengthen the yen and thus moderate exports without general tightening of Japanese monetary policy.

— Would a shift to relatively tighter fiscal policy in the United States contribute to a better performance for the United States and the membership as a whole? Would it also help to strengthen the yen and reduce international economic tensions more generally?

第 9 章　米国高金利と日本円安〜OECD 第三作業部会の検討　*157*

OECD 閣僚理事会を控えて 82 年 4 月下旬に開かれた EPC 会合の席上、マリスは、当時の円相場（1 米ドル＝ 240 円内外）ではどこの国の企業も日本の企業とは勝負にならず、その解決には、日本の金利引上げと財政拡張というポリシー・ミックス、輸出税と輸入補助金の導入、日本の輸出に対する規制、の三つの解決策のうち少なくとも一つを採るしかない、と主張しました。また、マクマーン WP3 議長は、3 月の WP3 会合で大多数（a good majority）が日本の現在のポリシー・ミックスの変更に賛成したと報告し、英国代表のダグラス・ワス大蔵事務次官からは、開放経済の小国とっては日本のポリシー・ミックスの変更が望ましいという意見が出ました。

OECD 事務総長の経済顧問で英国人であるマリスの持論は別として、このように EPC の会合において、イングランド銀行副総裁で WP3 議長であるマクマーン、そして英国大蔵次官のワス、更に WP3 会議では英国大蔵省の国際金融担当次官のカズンズ、これら英国金融当局首脳 3 人が日本のマクロ経済政策のあり方について、マネタリストのスプリンケルと異なり、ケインジアン的なマンデル＝フレミング・モデル分析を暗黙の前提としたようなポリシー・ミックス論を異口同音で展開したのは、私には奇妙なことに思われました。更に後述するように、OECD 閣僚理事会では英国大蔵大臣のジェフリー・ハウが同様な見解を述べたのです。

そもそも英国では、79 年に誕生したマーガレット・サッチャー政権の下でサッチャリズム（Thatcherism）と呼ばれた経済政策が実施され、81 年にはマネタリストの経済学者アラン・ウォルターズが首相個人の経済顧問をしていました。そして、80 ～ 81 年度の中期財政金融戦略（Medium-term Financial Strategy）では、財政支出と租税に関する政策はマネーサプライ目標を実現するためのものと位置づけられていました。こうした金融政策と財政政策の組み合わせを国内で実施しながら、日本に対してはケインジアン的な枠組みで政策注文をする英国財務省の幹部エコノミスト達には、スプリンケルと違って、自己矛盾があるように私の目には映ったのです。

EPC 会合で、田中努・経済企画庁調査局長を首席代表とする日本政府代表団からは、こうした英国財務省の幹部エコノミスト達の自己矛盾を正面切って批判するコメントはありませんでした。しかしながら、日本銀行の鈴木淑夫・金融研究局次長から、ファインチューニングのために日本のポリシー・ミック

スを変更することは、経済の供給面に長期的なマイナス効果を及ぼす、政策に対する国民の信認を害する、といった問題があることを指摘しました。また、鈴木氏からは、一般論として近視眼的な政策運営は避けるべきだという意見が米国、西ドイツ、オーストラリアなどの代表からもあったではないか、という反論がありました。また、大蔵省の長岡審議官も、企業投資が回復すれば民間の貯蓄過剰は解消する、財政赤字を今拡大して構造的な民間貯蓄を吸収すべきであるという議論は性急に過ぎる、と反論しました。

実は、EPC会合が4月29日～30日の両日に開かれる直前の同月27日、日刊工業新聞が「日本の金利上げ要求　我が国、EPCで反論」と題する記事の中で、欧州諸国の間ではかねがね日本の金利が「低すぎる」「円安誘導を行なっている」などの批判が起こっており、これに対してEPCに出席する経済企画庁などの専門家は「わが国は物価が安定しているため、実質金利水準は高い。円安は米国の高金利の影響」などと反論する方針、と伝えていたのです。

日本のポリシー・ミックスのあり方についてはEPCの議論がまとまらないままで終わりました。そして、今度は日本経済新聞が5月1日夕刊のトップ記事で、外交筋から得た情報として、河本敏夫経済企画庁長官が「OECD閣僚理事会で、『米国の高金利が西側各国の経済運営を制約し経済活動に対して大きな影響を与えている』と日本政府首脳として初めて公式に名指しで米政府の経済政策を批判、また日本としては財政面のテコ入れに加えて機動的に金利政策を活用する必要があるとして公定歩合の引下げを示唆する方針である」と報じました。

5月10日、11日の両日に開かれたOECD閣僚理事会では、米国の首席代表であったドナルド・リーガン財務長官は自国について、財政赤字が大き過ぎるという問題を認識している、高金利についてはリスクプレミアムが大きい現状がこれから数カ月のうちに解消されて下降傾向がはっきりしてくる、と述べただけで、日本のポリシー・ミックスについての政策注文は付けませんでした。一方、英国大蔵大臣のジェフリー・ハウが、嘗て批判を浴びた「機関車国」の議論に与する者ではないと前置きをした上で、EPCで英国代表が表明したのと同様に、日本の金利引上げにより円安を是正すべきであると主張すると共に、日本の内需拡大に財政政策面からの刺激を要請しました。

このOECD閣僚理事会における山場は、コミュニケの中の「高金利と国際

的緊張」との見出しの箇所に何を書き込むかということにありました。コミュニケの草案を巡って各国首席代表の代理者レベルが舞台裏で折衝をしてほぼ合意されたものが閣僚理事会の本会議にかけられるのが通常ですが、コミュニケのこの見出しの箇所に米国のポリシー・ミックスの変更と共に日本のポリシー・ミックスを米国と逆方向に変更することを要請する文言を盛り込むかどうかについては、代理者の段階の交渉ではまとまりませんでした。このため、本会議における閣僚達の折衝では、英語の細かい文言のあり方を巡って激しい議論となりました。この席上では日本の閣僚からは発言がなく、事務局側の席で私は傍観するだけでしたが、結局、リーガン米国財務長官が、OECDの決定はコンセンサス方式によることになっており、円相場と日本のポリシー・ミックスに関する文案については意見が分かれているので、削除すべきであると述べ、この提案が採用されました。こうしてコミュニケの最終版（注7）では、米国のインフレ対策と財政緊縮、為替相場を通じた調整メカニズムの活用、これによる貿易摩擦の軽減、などの重要性が一般論として指摘されるにとどまりました。閣僚理事会の内幕を知らない外部の人から見れば、コミュニケの何の変哲もない文言に仕上がったわけです。

　OECD閣僚理事会の一日目に行なわれた論議を受けて、翌日にヘルシンキで開催されたIMF暫定委員会とG10蔵相・中央銀行総裁会議では、世界経済展望に関して突っ込んだ討議はありませんでした。いずれのコミュニケも、先進国の経済政策運営に関する箇所は、当然のことですが、OECD閣僚理事会コミュニケと同趣旨のものとなりました。余談ですが、G10蔵相・中央銀行総裁会議のコミュニケの第一パラグラフには、これに参加したOECD、IMFとBISの代表者については個人名を明記することになっており、ヴァンレネップ事務総長の代わりでG10会議のメインテーブルに座った私の名前も盛り込まれました。このコミュニケを読んだ日本銀行の先輩から、日本銀行の総裁になってもG10蔵相・中央銀行総裁会議のコミュニケに名前が書かれないのに私の個人名が載ったのは大したものだ、と妙な褒め方をされた記憶があります。

　82年当時の一連の国際会議における論議を振り返って残念に思うのは、「貯蓄・投資バランス」（saving-investment balance）、略してISバランス（I-S balance）という恒等式を使って、日本の高貯蓄が原因で円安が結果であるとい

う因果関係が成り立っているという印象を与えたウォーリックのような議論の是非が深く議論されずに終わったことです。その後も日本の経常収支黒字が大きくなる局面では、ISバランスを巡る議論が現れました。私がOECD経済総局長に就任する直前、日本銀行金融研究所長であった91年に「日本の『貯蓄』をどう使うか」というテーマで、当時スタンフォード大学教授であったジョン・テイラー教授（後に米国財務次官）と対談した時、このISバランスを巡る議論の中に日本における高齢化の問題という時間的な要素を新たに取り入れた問題提起を私が行なったことは第14章で述べます。

国際銀行与信の増大と中南米諸国の債務問題

IMF暫定委員会ヘルシンキ会合の主要テーマは、第二次石油危機の後における非産油開発途上国の国際収支赤字のファイナンスとIMFの役割でした。一方、WP3では、産油国の余剰資金が還流するOECD諸国の金融組織が非産油開発途上国のファイナンス（リサイクリング）に果たす役割と問題点について度々検討を加えました。

スプリンケルが米国の財務次官として初めて登場した1981年5月のWP3会合では、「還流（Recycling）」と題した事務局検討資料（注8）に基づいて、還流の行き過ぎのリスクが検討されました。この資料で指摘されたのは、国際収支赤字国のファイナンスが容易で、このためインフレーションが助長されるのではないか、という問題よりも、石油価格の高騰から必要になった経済構造の調整を促すような適切な条件でファイナンスが行なわれていないのではないか、という問題でした。そして、国際収支赤字国が国内経済の調整を十分にしないまま、国際民間銀行から安易に借入れを続け、資金の返済能力を損ない、デフォルトを起こす事態となり、国際民間銀行組織の健全性に問題が生ずる懸念が示されたのです。これに関連して、WP3参加国の銀行監督当局が還流の行き過ぎにブレーキをかけるべきではないか、という指摘もありましたが、個別の融資案件に当局が介入することには問題があることも認識されました。また、国際民間銀行組織を通じる産油国資金の還流の健全性維持のためにIMFが果たす役割については、産油国と石油輸入国の間にあって、微妙であることが指摘されました。この間、スプリンケルは、民間銀行の退場が借入れ国の国

内経済調整を促し、それに伴って当初の借入れより条件が厳しくなったとはいえ、資金の還流を復活出来たブラジルの事例も考慮すべきであると主張しました。

翌82年7月に開かれたWP3会合では、民間銀行の与信活動に集団心理行動（lemming-type behaviour）が存在し、これがマクロ経済運営に支障をきたす危険はないのか、という問題を議論しました。こうした中で、民間銀行の国際融資案件の審査担当者にグローバルなマクロ経済の見地に立った与信判断を促すにはどういう手立てが必要なのか、という問題も検討され、国際金融に関する情報センターのようなものを民間銀行間の協力によって立ち上げさせるべきではないか、という意見もありました。しかしながら、こうした情報センターが集団心理行動をかえって助長するのではないか、という反論もありました。また、過剰債務国に民間銀行主導で構造調整を迫ることは不満足な結果しか齎さないとして、1981年5月のWP3会合における議論の時と同様に、国際機関、特にIMFが主導的な役割を果たすべきである、という意見が蒸し返されました。81年5月のWP3会合に米国財務省から参加したスプリンケルに代わって、翌82年7月の会議に出席したリーランド次官補は、国際機関と民間銀行との共同融資（co-financing）については、むしろ民間銀行の方が積極的で、国際機関が及び腰である、と指摘しました。

7月8日と9日午前中に行なわれた、このWP3会合では、同月5日に起こった米国オクラホマを本拠としたペン・スクウェア銀行の破綻は話題となりませんでした。しかしながら、この事件を契機に民間銀行の選別融資の傾向が一層強まりました。こうした中で、格付けの低い債務国は新規借入れに当たって更に高いプレミアムを要求されるようになりました。WP3の7月会合の翌8月、メキシコが対外債務の不履行に追い込まれました。そして、1979年10月の導入以来、国内金利の高水準とその乱高下、そして対外的な諸問題を齎した米国におけるマネーサプライ重視の新金融調節方式の実験は、メキシコ債務危機発生から間もない82年10月には終了することになりました。

日本銀行外国局で為替課資金係長として日本の民間銀行の外貨業務に関する動向の把握と指導を担当したことは第7章で述べましたが、当時、シンジケートローンという、民間銀行が個別銀行としてではなくグループを組成して開発途上国に融資をする動きが盛んになっていました。こういう勢いもあって、

162

BISは国際民間信用与信の統計を整備して、民間銀行が与信活動に当たって参考として利用出来るようにしたのですが、邦銀が知りたかったのは、BIS統計参加国全体の民間銀行の与信総額ではなく、米銀全体の与信総額が特に中南米諸国のそれぞれにどれだけになっているのかということでした。つまり、中南米諸国に対する融資案件を独自で審査をする能力は邦銀には殆どなく、これらの国の返済能力を審査するノウハウがあると思われた米銀の与信行動に追随すれば間違いはなかろうと邦銀は考えていたということです。

WP3 トロント会合

1982年9月、IMF・世界銀行合同年次総会がトロントで開かれた折に合わせて開催されたWP3会合は、私が会議資料の作成を仕切る一般経済局次長として出席した最後の会合でした。その会議を締めくくる時に、WP3議長のマクマーンは私の2年間の仕事に対する謝辞を述べてくれました。外交辞令とは承知していましたが、会議の発言を全て事務局が録音したテープのうち、彼の発言部分を私の個人秘書に別のテープに収録してもらい、記念として大切に日本に持ち帰りました。また、このWP3会合が終わった後、マリス事務総長顧問、オストリ経済統計総局長と3人だけでカフェに出かけて休息をとった折、マリスが「この2年間、クミが担当したWP3会議資料は本当に良い出来であった」と述べてくれた時のことは、マリスとは日本のポリシー・ミックスのあり方を巡って意見が激しく対立する局面もあっただけに、忘れられません（本書第11章に記述されるマリスとのその後の交流に関するエピソード参照）。

私がOECD一般経済局次長であった80年秋から82年秋という時期は、米国で79年10月に導入されたマネーサプライ重視の新金融調節方式の下での金利の高水準とその乱高下、為替相場の激しい変動、第二次石油危機発生後の日本における経常収支赤字から大幅黒字への再転換、産油国の余剰資金の国際民間銀行部門を通じる還流を巡る問題、82年7月夏のメキシコ債務危機の発生、そして同年10月には米国の新金融調節方式からの離脱、などがありました。こうした一連の国際金融問題の発生が、私がOECD一般経済局次長として関わったWP3において、IMFやBISやG10などとは違った角度で政策論議をする意義を高めたように思われます。

第9章　米国高金利と日本円安〜OECD第三作業部会の検討　*163*

振り返ってみますと、76 年から 82 年という期間の前半は、日本銀行の総務部と外国局を兼務する調査役として、BIS 会議や OECD の WP3 会合などに出席する国際金融担当理事と外事審議役を補佐することを一つの重要な任務とする立場にありました。他方、後半の 80 年秋から 82 年秋までは、OECD 事務局の内部で WP3 関係の仕事を任され、イングランド銀行副総裁で中央銀行界では令名であったマクマーン議長と密接に相談して議題を選び、事務局資料の作成の責任者として仕切る立場にありました。

　私が一度目の OECD 勤務を終えて日本銀行に復帰していた期間、OECD 事務局内では、オストリ経済統計総局長の下で一般経済局次長の英国人スティーヴン・ポッターが WP3 関係の仕事を任されていました。彼は、私が一度目の OECD 勤務中に金融調査課長であった時に国際収支課長として WP3 関係の仕事に携わっていました。WP3 会合の検討資料が、同じ英国人のマリス事務総長顧問とポッター次長の組み合わせで作成された時期と、OECD 金融調査課長を務め、日本銀行では国内金融政策と国際金融の実務にも携わった私が事務局資料の作成の責任者として仕切るようになった時期とでは、WP3 の舞台裏で事務局のサポート機能が少なからず変わったことは当然のことでした。

注
1. OECD, "Interest Rate Variability, Exchange Rate Pressures and Monetary Control", Note by the Secretariat, CPE/WP3（81）7, 10 July 1981.
2. OECD, "Interest Rate Variability, Exchange Rate Pressures and Monetary Control", Notes by National Authorities, CPE/WP3（81）8, 13 July 1981.
3. Stephen Axilrod, "New Monetary Control Procedure: Findings and Evaluation from a Federal Reserve Study", Board of Governors of the Federal Reserve System, 2 February 1981.
4. Richard Kirkland, "Are the Japanese Rigging the Yen?"（Fortune, 31 May 1982.）の中の記述を参照。
5. Fred Bergsten, "The Villain is an Overvalued Dollar", Challenge, March-April 1982, pp.30-31.
6. 1992 年に OECD 経済総局長に就任した時、『フィナンシャル・タイムズ』紙が人物紹介した記事の中で「重原は日本銀行の政策があまりにも米国寄りになるべきでないと主張したことで知られている」と報じたが、その背景の一つにはこうしたエピソードがあったと推測される。
7. OECD Council Communiqué, C（82）57（Final）, 11 May 1983, "High Interest Rates and International Tensions", para.13 and para.14.
8. OECD, "Recycling", CPE/WP3（81）5, 29 April 1981.

第10章
日本銀行金融研究所の立ち上げ

　日本銀行金融研究所は日本銀行百周年日に当たる1982年10月10日に正式に発足し、私はその直後に事実上初代の研究第一課長として着任しました。初代の研究所長には永年統計局の緻密なエキスパートとして活躍された江口英一氏（後に一橋大学教授）、副所長には若い頃から調査局でエコノミストとして令名を馳せた鈴木淑夫氏（後に江口氏についで研究所長、理事、日本銀行退任後は野村総合研究所理事長、衆議院議員）がおられました。

　金融研究所の源流を遡ると、特別研究室に行き着きます。戦時立法であった日本銀行法の改正に関する検討、特に日本銀行の独立性を高めるために諸外国の中央銀行法なども研究するといった金融制度に関するものと、金融理論を中心に欧米諸国における経済学の先端的な研究を紹介したり、日本銀行の金融政策の立案に寄与する自前の研究をすることが特別研究室の目的でした。特別研究室はその後、金融研究局に名称を変更しました。そして前川春雄総裁の時、日本銀行百周年を迎えるに当たり何か大きな事業をしたいということで、金融研究局を母体として金融研究所を設置して、日本銀行職員のほか内外の学者も研究員として招いて研究活動を充実することになりました。

　金融研究所における研究の第一の柱は金融政策に関連する理論研究で、それを担当するのが研究第一課です。第二課は金融制度問題を中心とした研究、そして第三課は金融史、貨幣史など歴史研究、を担当しました。日本銀行は古代、中世、近世の貨幣、紙幣、藩札などを所有しており、これを保管し、展示する貨幣博物館の運営も金融研究所の任務の一つでした。第一課は総務課の機能も果し、所内の人事や庶務も担当していました。

金融研究所の英語名

　ところで、金融研究所という日本語の名称は、当然のことながら、その発足前に正式に決められていましたが、その英語名は私が着任した時には未定でし

た。また、金融研究所の研究成果を発表する公刊物の日本語名を『金融研究』とすることは正式に決まっていましたが、英語版の名前はこれまた未定でした。

　私が考えついた「金融研究所」の英語名は、その直訳である "Monetary Studies Institute: MSI" ないし "Institute for Monetary Studies: IMS" ではなく、"Institute for Monetary and Economic Studies: IMES" とすることでした。日本銀行の金融政策運営に誤りなきを期すには、金融部門の研究だけではなく実体経済部門に関する研究、例えば名目賃金の伸縮性といった労働市場の特性、製品市場における価格決定メカニズム、カルテル行為や競争政策など、実体経済の構造に関わる問題の研究も欠かせない、という発想から "Economic" を "Monetary" の後に加えたのです。この英語表現から日本語にすれば「金融経済研究所」となるわけですが、この私の発案に江口所長と鈴木副所長も異存はなく、すんなり決まりました。これで、公刊物『金融研究』の英語名は "Monetary and Economic Studies"（略称は MES）となりました。

　同期で、優秀な国内派の日本銀行エコノミストの一人であると私も高く評価していた細谷貞明君が初代の研究第一課長になるのが自然のように思われました。また、私の方は、二度目の OECD 出向の前に、2 年後に日本銀行に復帰する時は外国局の総務課長になるであろう、と当時の外国局の上司に言われていました。こうした観測と異なって、私が初代の研究第一課長になったのは、金融研究所の発足を記念して、日本銀行としては初めての国際コンファランスを金融研究所が主催することになっていたことが関係したようです。

第 1 回国際コンファランス

　この第 1 回の国際コンファランスは「現代における金融政策の役割」（注 1）と題され、1983 年 6 月 22 日から 3 日間に亘り、金融政策の運営に関する現状評価、果たすべき役割、直面する問題などについて理論と実践の両面から包括的に議論することが狙いでした。私は、そのための実質上の取り仕切りを任され、会議場の選択から始まって、コンファランス提出論文の執筆を依頼する内外の学者の選定と交渉、コンファランスの議事の進行の仕方、各セッションの議長の選定と交渉、などの仕事を、研究第一課の優秀なスタッフと一丸になっ

て進めました。

　内外の一流の金融経済学者 13 名、アジア、オセアニア、欧米 20 カ国の中央銀行、そして国際機関では BIS、IMF と OECD から、幹部エコノミストが招かれました。また、こうした海外からの参加者に同道する配偶者を接遇するための特別プログラムが作られ、私の妻がホステス役を務めました。欧米の中央銀行からは、連邦準備制度理事会（FRB）アキシルロッド金融政策局長、フランス銀行レモン調査総局長を始め、一度目の OECD 勤務で金融調査課長をしていた時からの友人が夫人を連れてやってきました。海外からの参加者全員を招待した晩餐会とは別に、彼らを夫妻で私の家における私的な夕食会にも招き、妻が日本料理とフランス料理でもてなして大変喜ばれました。

　コンファランスでは、前川総裁の歓迎スピーチの後、金融研究所の海外顧問のジェームズ・トービンとミルトン・フリードマンがそれぞれケインジアンとマネタリストの立場から基調講演を行ないました。米国などにおける厳格なマネーサプライ管理の問題が論議されていた折、両者の講演はとりわけ注目されました。フリードマンは、FRB の政策運営は言辞の上では（レトリックとしては）マネタリズムに沿っているとされているが、実際には違っていると、批判しました。一方、トービンはマネーサプライではなく、名目 GNP を中央銀行の金融政策の目標にすべきであると提唱しました。この提案には、ノースウェスタン大学のゴードン教授などケインジアン系の学者は賛成しましたが、アキシルロッドは、名目 GNP を目標とすることは金融政策の運営に政治の介入を招きかねない、と反対しました。

　このコンファランスでは、各セッションの議長の隣の席に私が座り、OECD における会議運営の体験を基に議事進行を補佐して、予定のスケジュールどおり無事に終えることが出来て、ホッと安堵しました。議事の概要は日本語では『金融研究』に収録され、英語での詳しい議事録は英国マクミラン社から発刊されました。

「前川講演」の執筆

　前川総裁の外人面談の通訳を命じられたことはありませんでしたが、英語の講演の原稿作りはさせられました。こういう時に、秘書室を通じるのではな

く、直接に電話で注文するのが前川流でした。経営者団体連盟と全国銀行協会がG30のメンバーの参加を得て83年4月に東京で開催する国際経済フォーラムで基調講演を頼まれたので、適当なテーマで原稿を作って欲しいという命令でした。後は、全て私に任されました。

　私が選んだ演題は「世界経済の成長回帰への道」（"The Way Back to the Growth of the World Economy"）でした。あえて日本銀行総裁が行なう定番のスタイルの講演ではなく、G30のメンバーを聴衆として、前川氏を単なるセントラルバンカーではなく更に識見の広いOECD事務総長のような人物に見立てた上で、私なりに格調を持った内容と考えた講演原稿を作りました。そこでは物価の安定を目指す金融政策、健全な財政政策のほか、一次産品価格などの変動や需要の構造的な変化に柔軟に対応出来る経済構造の構築、労働市場や生産物市場の流動化などによる潜在成長力の増強などの重要性を書き込みました。当時ヴァンレネップOECD事務総長の経済顧問であったマリスと違った視点を前川講演に盛り込むことも狙いました。

　やがて、この前川講演を読んだ世界銀行のオールデン・クローゼン総裁が来日し、前川総裁に面談した際に、講演内容の素晴らしさについて賛辞を寄せたという内話を、同席した緒方四十郎理事から聞きました。その時、前川総裁は私が書いたとは一言も言わずに、ただニヤニヤしていただけだったそうですが、原稿には「古典的失業」（classical unemployment）といった、普通は耳にしない専門用語も使ったので、講演を精読すれば、誰か前川総裁の補佐役が書いたことは明らかでした。因みに、資本コストに比べて労働コストが割高なことなどの理由で生ずる「古典的失業」を、総需要需要の不足による「ケインズ的失業」（Keynesian unemployment）と区別して重視したのは、フランスの経済学者エドモン・マランボー（注2）ですが、当時日本ではあまり知られた学者ではありませんでした。

　この前川講演の初稿は、私が書いて、まず金融研究所の所長と副所長のところに持って行きましたが、そのまま前川総裁に届けろという指示で、結局、誰からも手直しされずに原案通りで前川総裁が講演をしました。やがて、講演のテキストは、私の指示で、英文『金融研究』の創刊号に巻頭論文（注3）として掲載されました。欧米の中央銀行総裁などの講演資料には、直筆でない場合、脚注などで執筆者の名前を付記したり、執筆に協力した部下がいる場合に

は名前を挙げて謝辞を述べる例もありますが、そうしたことは前川講演の刊行に当たっては勿論しませんでした。

金融研究所では、この前川講演を記念したスピーチを「前川記念講演」（"The Mayekawa Lecture"）として 2008 年の国際コンファランスを皮切りに、その後のコンファランスでも続けています（注 4）。初代の講演者は、私も旧知のジョン・テイラーでした。もし前川講演の筆者が実は私であったと彼が知っていたならば、もっと違った調子のスピーチになったのではないかと思いました。

いささか残念なのは、「前川記念講演」シリーズを始めるに当たって、前川講演の草稿を誰が作成したのかを調べ、作成者に知らせる配慮が、コンファランスの企画を担当した金融研究所の後輩達になかったことでした。日本の企業では、社内で技術開発をした研究者に十分な謝意が尽くされないが故に訴訟にまで発展する例も出ていますが、日本銀行でも、個人で仕上げた仕事を、グループ一体で仕上げる仕事とはある程度区別して、大切に記憶するカルチャーが欠けているように思われました。ジョン・テイラーが「前川記念講演」を行なったことを私が知ったのは、それが終わってからずっと後に金融研究所のウェブサイトをたまたま訪れた時のことでした。恐らく、私の知らないところで、私と同じような経験をした日本銀行員がいると思います。

前川総裁の日本語による講演のうち、1983 年 5 月に開かれた金融学会創立 40 周年記念大会における記念講演「日本銀行の使命 ― 第二世紀を迎えて」（注 5）も私が執筆しました。第 8 章で述べたように、1970 年代の日本における金融政策運営の総括論文を前川副総裁の名前でドイツの金融学術誌（Kredit und Kapital）に寄稿した時も、私が総務部調査役兼外国局調査役として英語で論文を代筆したのですが、こうして金融研究所の研究第一課長の時も、ご指導頂いた前川春雄氏にいくばくか恩返しが出来ました。

一方、研究第一課長時代に自分の名前で『金融研究』に掲載した論文は皆無でした。新聞などへの寄稿も、金融研究所の最初の国際コンファランスの模様について日本経済新聞「経済教室」に書いた程度で、目立った著作活動はなく、金融研究所の総務課長としての任務を中心とした 11 カ月の短い一度目の金融研究所勤務が終わりました。

OECD 一般経済局長への勧誘

　私が研究第一課長を務めていた時、OECD のクリストファー（通称クリス）・ヒギンズ一般経済局長が来日し、ヴァンレネップ事務総長の意向を体して日本銀行の金融研究所に私を訪れ、私が彼の後任に就任する案を打診してきました。彼は、当然受けてくれると思って来た感じでしたが、私が即座に断ったので、意外という表情をしました。私はその直後、日本銀行長崎支店の支店長に就任しました。その経緯については本書第 25 章日本銀行と OECD における人事を巡るエピソードの一環として説明します。

注
1. The Bank of Japan Institute for Monetary and Economic Studies, "Monetary Policy in Our Times", Macmillan Press, 1983.
2. Edmond Malinvaud, "Essais sur la théorie du chômage", 1983.
3. Haruo Mayekawa, "The Way Back to the Growth of the World Economy", Monetary and Economic Studies, Institute for Monetary and Economic Studies, Bank of Japan, Vol.1, No.1 / June 1983.
4. John B. Taylor, "The Mayekawa Lecture: The Way Back to the Growth of the World Economy", the Bank of Japan 2008 Conference, May 28-29 2008, Monetary and Economic Studies, Institute for Monetary and Economic Studies, Bank of Japan, Vol.26 / December 2008. 2018 年 5 月 30 日〜31 日に開催された国際コンファランス「変貌する世界における中央銀行の政策・業務の実践」においてラグラム・G・ラジャンが行なった前川講演の邦訳は「銀行規制の行方：議論の現状と当面の課題」として「金融研究」第 37 巻第 4 号（2018 年 10 月 22 日）に掲載されている。原文は、Raghuram G. Rajan, "The Mayekawa Lecture: Whither Bank Regulation: Current Debates and Challenges", the Bank of Japan 2018 Conference, May 30-31 2018, IMES Discussion Paper Series 2018-E-9, August 2018. また、2019 年 5 月 29 日〜 30 日に開催された国際コンファランス「低インフレ・低金利環境のもとでの中央銀行デザイン」では、前欧州中央銀行総裁のジャン＝クロード・トリシェが前川講演を行なった。
5. 前川春雄、「日本銀行の使命 ― 第二世紀を迎えて」、『金融研究』第 2 巻第 2 号（1983 年 7 月発行）

第 11 章
プラザ合意・ルーブル合意前後の地方経済

OECD から日本銀行に復帰して 11 カ月間の本店勤務の後、1983 年 11 月に長崎に支店長として転勤しました。その直前まで、前川春雄総裁が私の処遇について考えていて下さったことは、人事を巡る話題をとりまとめた第 25 章の中で述べることにします。

長崎支店長時代の私（写真 3-3）にとっていちばんいい勉強は、プラザ合意（後述）後の地元経済の実態を把握したことです。長崎県では観光産業は勿論重要ですが、製造業部門は重工業に支えられた経済でした。三菱重工長崎造船所、そして三菱電機長崎も白物の家電製品ではなく、潜水艦などが使う電動タービンなどを作る軍需産業から出発した重電機メーカーでした。それから勿論佐世保にも、佐世保重工など、不況に喘ぐ造船所がありました。こうした大手の造船所のほかにも沢山の中小造船所もありました。

プラザ合意の後、日本円が米ドルに対して大幅に切り上がる一方で、韓国ウォンが米ドルに対して切り下がったため、円のウォンに対するクロス・レートでは更に大幅な円高となり、日本の造船業は価格競争力の面で韓国の造船業に対して大変不利になりました。長崎に赴任して初めて知ったのですが、タンカーの運用に当たってロイズの海上保険に附す審査のため、船主は船の設計書をロイズに提出しなければなりません。ところが、日本の造船所で一番船の引渡しを受けた船主は、その船の設計書を韓国の造船所に持ちこみ、二番船からは割安な韓国で造船する傾向を強めました。

当時の三菱重工長崎造船所の所長は後に本社の社長・会長を歴任し、三菱グループ全体の重鎮となった相川賢太郎氏でした。長崎では地元出身者を「じげもん」と言うのですが、相川氏は長崎出身で東京大学工学部を卒業し、タービン部門で活躍した上で、長崎造船所長に栄進しました。あいにく、プラザ合意の後の長崎造船所長としての最大の任務は、韓国造船業に対抗して海外の船主から注文を確保するためのコストダウンを図ると共に、余剰人員を三菱重工の他の工場に振り向けて、正社員の首切りなしに長崎造船所の生き残りを実現す

ることでした。従って、地場の下請け企業に対するコストダウンの要請も必要になり、「じげもん」の長崎造船所の所長として大変苦労されました。

　日本銀行の支店では、管轄区域の金融経済情勢について報告を毎旬とりまとめて、本店に送ることになっていましたが、そのほか、当時は年2回の頻度で支店長が上京し、正副総裁、政策委員、理事以下の本店幹部が一堂に会する支店長会議において、地方経済の状況を口頭で報告する習わしでした。この会議の前には、支店長は自分で地元の大手企業や中小企業の経営者を訪問して面談し、状況を聴取するのですが、そうした折に相川氏の苦労も伺ったものです。長崎支店から本店に転勤する時、嘗て三菱重工長崎造船所で造られた超弩級の戦艦「武蔵」のレプリカに、私の名前まで刻んだプレートをつけたものを相川氏から記念品として贈呈されました。今でも大切に保存しています。

　プラザ合意後のあまりにも急激で大幅な円高により経済ショックを受けたのは、勿論、三菱重工長崎造船所だけではなく、県外の大型輸出企業からの注文にも依存している地元の下請けや孫請けもあり、そうした企業で働く人達の苦労を知り、私にとっては良い勉強になりました。

　もう一つの思い出は、地元銀行に関するものです。私の支店長在任の時代には、金融商品と金利の自由化が進み、大企業は内外における株式や社債の発行などの形態でも資金調達が自由に行なえるようになり、「銀行離れ」という現象が生じていました。こうした中で、都市銀行は自由金利による大口定期預金などで取り入れた資金を中小企業向け貸出に振り向けることに活路を見出そうとしていました。都市銀行の融資攻勢を受けた地方銀行は相互銀行などの得意先に、そして相互銀行は信用金庫の得意先に、それぞれ融資攻勢をかける、という具合で、日本の金融機関が全体として激しい競争状態に入ってゆきました。

　そもそも、こういう金融機関の競争激化の前から、長崎県では地元の二つの地方銀行の間の融資競争が永年の問題となっていました。長崎県を地元にした地方銀行の一つは長崎市に本店を持つ十八銀行であり、もう一つは佐世保市を本拠にした親和銀行です。十八銀行では、大蔵省出身の人が歴代の頭取でした。九州財務局長をした清島省三氏が頭取をされ、その後の頭取職を継がれたのが大蔵省で審議官をされ、世界銀行の理事をされた国際派で合理主義者の堀太郎氏でした。清島氏が会長でしたが、私の仕事上の接触は堀頭取に限ってい

ました。堀氏は、年齢からすれば私の方がずっと下ですが、立場が日本銀行の
支店長ですので、しかるべきところでは私を立ててくれました。私も支店長会
議の前に、地元銀行の状況を訊く時には、私の方から頭取室に出かけることに
して、堀氏に敬意を表しました。彼は日本銀行の支店長が来てくれたと、それ
を非常に多としました。こういうようにして堀頭取とは良い関係を保つことが
出来ました。

　一方、佐世保市を本店とした親和銀行の頭取は歴代いずれも情の厚い人達で
あると、日本銀行長崎支店長の先輩から聞いていましたが、私が支店長時代の
犬塚時夫頭取も確かにそういうタイプでした。

　こうして幸い、地元両行の頭取と仲良くしているところで、十八銀行の堀頭
取から、都市銀行の融資攻勢が激しくなっている折から、地元両行間の競争の
行き過ぎになんとかブレーキをかけられないか、特に雲仙温泉街における地元
両行の融資競争で生じた旅館の新増設から設備過剰になっている問題をどうに
か処理して不良資産を少なく出来ないであろうか、という相談がありました。
これを受けて、親和銀行の犬塚頭取に、地元両行の融資担当専務が毎月1回話
し合う機会を持ち、その模様について日本銀行長崎支店長に口頭で報告に来る
という仕組みを私から提案しました。犬塚頭取はこの提案を受け入れ、以来、
私が支店長時代は毎月報告を受けていました。このしきたりは私の後任支店長
の寺田晴彦氏（後に監事、金融情報センター理事長）に引き継いでもらいまし
た。

　長崎支店長時代の出色の外人訪問客は、スティーヴン・マリス夫妻でした。
マリスは私が二度目のOECD勤務を終えて帰国した翌83年春の経済政策委員
会（EPC）会合を最後にOECD事務総長顧問の職を辞して、盟友のフレッド・
バーグステンが所長をしているワシントンの国際経済研究所のシニア・フェ
ローとして言論活動をしていました（注1）。本書第9章で述べたように、私
はOECD経済総局・一般経済局次長として勤務した時（1980年〜82年）に、
日本のポリシー・ミックスを巡ってマリスと激しい論争をしたのですが、それ
はエコノミストとしての意見の違いであって、OECD事務局職員間の仲間意識
を大切にする気持ちはお互いにありました。私が長崎支店に転勤したことは彼
には伝えていなかったのですが、どこで聞いたのか、瀬戸内海をクルーズして
から九州に入り、長崎では支店長宅に泊まらせて欲しいという手紙を送ってき

たのです。子供達が東京の学校に通っていた関係で、私は長崎には単身赴任でしたが、マリス夫妻の長崎滞在中は妻に来てもらい、夫婦でもてなしました。松山町の平和公園を一緒に訪れ、北村西望の作った平和祈念像の前で撮った写真（写真 3-4）は私達の友情の思い出の一葉で、大切にしています。

米国経済に関する EPC の議論

　私が長崎に赴任した 1983 年 11 月に開催された OECD 経済政策委員会（EPC）では、財政赤字の短期的な需要効果などから米国経済の成長加速の中で高金利の定着とクラウディング・アウトを通じる中期的な成長制約が懸念されていました。翌 84 年 5 月の EPC 会合は、3 期 15 年に亘った任期終了間際のヴァンレネップ事務総長にとっての最後の出席となりました。

　この頃になりますと、米国経済の急拡大に主導されて OECD 加盟国のほぼ全域に亘り景気回復が定着して来ました。そこで、この EPC 会合では、他国の経済運営を批判したり、これに注文をつけたりする、それ以前の会合の傾向がほぼ影を潜めたと、日本銀行から会議に出席した大島陽一調査局次長から長崎支店にいた私にも連絡が入りました。物価安定下の経常収支大幅黒字という日本経済の当時の状況についても、少なくとも表立った批判はなく、一部には、日本の大幅経常収支黒字には貯蓄不足の国に対する資本の供給という積極面もある、とする是認の空気も見られたということでした。

　更に注目されたのは、84 年 11 月の EPC 会合における米国経済に関する論議です。当時、米国経済は急拡大の後で成長鈍化が目立っていたのですが、米国代表は、景気後退の危険はない、順調な資本の流入は米国内における実物資産の収益率の高さや安全性という強固な基盤の上に立つもので、簡単には減衰しない、従って米ドル相場の急落はなく、巻き戻しがあっても緩やかなものにとどまる、という強気の説明に終始しました。前回までの EPC 会合の議長であったマーティン・フェルドスタインが米国大統領経済諮問委員会（CEA）議長を辞任したため、CEA からはウィリアム・プール委員、財務省からは D. クロック先進国・総括分析局次長、連邦準備制度理事会（FRB）からはヘンリー・ウォーリック理事が出席していました。

174

プラザ合意・ルーブル合意と公定歩合の連続引下げ

　米ドル相場は 1985 年 2 月以降軟調に転じていましたが、同年 9 月に先進 5 カ国の蔵相・中央銀行総裁会議がニューヨークのプラザホテルで開かれ、米ドル問題が取り上げられました。この会議に日本からは竹下登蔵相と澄田智日本銀行総裁が出席しました。この会議の席上で米ドル高是正のための協調行動が合意されたという報道を長崎で知った時は大変驚きました。それというのも、前述の 84 年 11 月の EPC 会合における米国経済に関する論議の模様とプラザ合意の内容は平仄があっていなかったからです。

　米ドル相場はプラザ合意発表の翌日の 9 月 23 日一日だけで 1 米ドル＝ 235 円から約 20 円下落し、1 年後には 150 円台とほぼ半減しました。84 年 11 月の EPC 会合で米国代表は、米国の対外資産負債は 1 兆ドルの規模であるが、安定した内容のものが大宗を占め、多くの対米投資家は米ドル資産を上回る投資物件を見出し得ない、などの理由をあげて、米ドル急落の危険性がないと主張していましたが、それとは正反対の結果となりました。

　プラザ合意に基づく国際的な為替相場調整の過程で、86 年 1 月から 87 年 2 月までの間に日本銀行は 5 回に亘って公定歩合を引き下げました。この間、86 年 7 月には中曽根康弘首相の下で、大蔵大臣が竹下登氏から宮澤喜一氏に代わりました。公定歩合の連続引下げの事情については、日本銀行金融研究所で活躍した後明治大学教授となった黒田晃生氏の労作『日本銀行の金融政策（1984 年〜 89 年）―― プラザ合意と「バブル」の生成』に手際よく記述されていますが、第 1 回から第 4 回引下げ時に日本銀行総務局長であった深井道雄氏から私が頂いた記録の中にも、当時、ヴォルカー FRB 議長が緒方四十郎理事を通じて澄田総裁に何度も協調利下げを求めてきたことが書かれています。

　第 5 次の引下げについては、87 年 1 月 22 日に行なわれた宮澤蔵相とジェームズ・ベイカー財務長官の会談の直後から、「日銀は G5 開催に合わせ公定歩合引下げ」と日本の新聞が報じ始めました。その直後、1 月末に開かれた支店長会議には、私も長崎から上京し出席しましたが、席上、澄田総裁が「為替の動向や G5 如何など内外情勢を見守って決断する」とかなり率直に話されました。結局、87 年 2 月 22 日にパリのルーブル宮殿で、プラザ合意によって始め

られた米ドル安に歯止めをかけるための合意（いわゆる「ルーブル合意」）が
6大国の蔵相・中央銀行総裁会議で成立する直前の2月20日（金）に、日本
銀行は第5次引下げを決定しました。

　このように、日本の公定歩合は、86年1月以来5回の引下げにより、前例
のない低い水準（5.0%から2.5%へ）にまで低下しました。この間、日本銀行
政策委員会では一部の委員から、マネーサプライの動向に注目すべきである、
という意見が出ていました。また、OECDは、日本の公定歩合がまだ3%で
あった86年11月に発表した対日経済審査報告の中で、「金融政策は、85年末
以降大幅に緩和され、公定歩合は過去最低の水準に達しており、マネーサプラ
イの伸び率は名目所得の成長率を大きく上回っている。これ以上の金融緩和
は、マネーサプライの増勢の行き過ぎを招き、先行き物価上昇圧力を強める危
険がある。一方、財政政策は活用の余地が多分若干はある」という見解を示し
ていました。しかし、このOECDの警告は無視され、日本の公定歩合は2.5%
にまで引き下げられたのです。

　こうした中、低金利による金融市場での資金調達や大口定期預金など通じて
得られた膨大な資金を背景に、都市銀行は長崎県内でも融資攻勢をますます強
めてゆきました。

コメント

重原長崎支店長の日本銀行本支店連絡会における報告
　　　　　　　　　　　　　　　　　　若月三喜雄（元日本銀行理事）
　個人的に印象に残っているのは、重原さんの長崎支店長時代、支店長会議報
告で軽妙なユーモアを交えて長崎経済の問題点に言及しながら、日本経済に
とってやがて避けられない構造変化を鋭く示唆したことであり、国際舞台とは
対極的な地方支店のポストにあっても大きな視点を忘れない懐の深さだった。

重原久美春氏の印象
　　　　　　　　　　　　　　森義則（元十八銀行専務取締役）（注2）
　私と重原氏の出合いは昭和58年、氏が日本銀行長崎支店長として赴任され

た時のことであった。当時の印象は容姿端正で、論旨平易を旨とし歯切れの良さで記者会見や長崎銀行協会・商工会議所・ロータリークラブ等で卓話をされていたことである。私は十八銀行の役員として銀行協会の新年会や懇親ゴルフ会（氏のゴルフの腕前は？ながら、在任中、2回の優勝経験）でのお付き合いだったが、公私の区別は明快で、ゴルフ帰りに支店長宅で氏所有の銘酒を酌み交わした思い出がある。また、氏が長崎経済の浮揚、特に造船・観光産業への提言と共に、経済成長のための資金供給に力を注がれたことは忘れがたい。

　長崎を離れられて以来30年以上もの間、年賀状の交換を通じて、OECDと日本銀行における立ち位置などの寸言が寄せられ、私も氏のご活躍を知り続けてきた。氏が日本銀行考査役からOECD一般経済局長に栄転され、パリに赴任される直前には、当行の企画で長崎商工会議所と共催した海外金融情勢に関する氏の講演会は盛況であった。また、お互い第一線を退いた後、私が東京に出向いた折、都心のホテルで昼食会に招かれ、食事後は羽田空港に向かう私を氏愛用のBMW車で品川駅まで送っていただきましたが、こうした交流を大事にされる姿勢を思い浮かべながら、筆を擱く次第です。

スティーヴン・マリス夫妻の来崎に寄せて

塚越孝三（元日本銀行神戸支店長）

　私がOECDの研修生だった1971年当時、マリスは、経済統計総局の一般経済局長として局長の懐刀的存在であった。彼はペーパーの作成などで煮詰まってくると廊下をぐるぐると歩き回る癖があった。そんな彼の誕生祝いに仲間が贈ったのが万歩計。気難しく、近寄りがたい雰囲気のマリスが如何にも嬉しそうに受け取っていたのを思い出す。仕事の上ではライバル関係にあったり、時には激しい意見対立もあるOECDのエコノミスト達も、仕事を離れると、苦楽を共にする仲間であり、家族ぐるみでつきあう雰囲気があった。わざわざ長崎までマリス夫妻が重原夫妻を訪ねてきたというのもOECDファミリーの結束を物語るエピソードと思う。

後日譚

　私が OECD 副事務総長を辞してしばらく経った頃、マリス夫妻をパリのレストランに招待し、メモワールを書くように勧めたが、その実現の前に他界した。

　彼の死は、以下のように、夫人のマーガレットから私宛の電子メールで知らされた。

Dear Kumi,

Thank you for your letter, and news of yourself and family.

You will be sad to hear that Stephen passed away on 28th March last year. Lung cancer. You will remember he smoked a lot. Apart from the last two months he did not suffer too much, and I was able to keep him home until the end. I miss him terribly, but feel I have been lucky in my life to have spent fifty-six years with such a wonderful companion. The children have been an enormous help. I am staying in our house in Meudon, doing much more painting, as well as other activities to keep me busy.

I hope your talk and discussion of your paper go well in Paris. You must be pleased and excited.

I also send you and Akiko my very best wishes for a happy 2011.

Yours sincerely,

Margaret Marris

January 14, 2011

　後日、妻はマーガレットをモンパルナスのカフェに誘い、彼女を慰めた。

異邦人の献身

日本銀行長崎支店長

重原久美春

長崎市から北西に1時間ばかり車で走ると、山が急傾斜面をなして海に落ち込む断層海岸に出る。この付近一帯は外海と呼ばれ、西方に渺々と拡がる海原は五島列島と東シナ海に通じている。海に面しながらも、良港に恵まれない外海の民は漁業だけでは生計を立てられない。その上、急傾斜した山腹に切り拓かれた段々畑は狭く、痩せている。

明治政府が成立した翌年、フランスの北西部ノルマンディから日本にやって来た青年神父マルク・ド・ロは、貴族出身ながら、後半生をこの貧しい土地で送り、母国に戻ることなく長崎で逝った。古くから切支丹の里であった外海の住民から「外海の太陽」として敬愛された神父は、布教に携わっただけでなく、医療や孤児教育、更には建築・土木、農漁業の技術からパンやマカロニそしてソーメンの製造術の指導などにも精力的に当たった。彼の監督の下で築かれたノルマンディ風の石塀は「ド・ロさま塀」と呼ばれ、ピーナッツ油を使ったソーメンは「ド・ロさまソーメン」として今でも住民から親しまれている。

我が国は開国以来、少なくとも力の支配する国際関係とは別のレベルにある異邦人との民際関係において、ド・ロ神父と外海の民との間に限らず、総じて受益者の立場にあった。鎖国によって西欧における物質文明の発展から取り残された日本が永らくこうした立場にあったのはやむを得なかった面もあろう。それでは、我が国が経済大国となった現在、かつて国益や私益を超越して日本社会の片隅で献身した異邦人の恩に対して間接的にせよ報いる努力を私達が十分にしていると言えるだろうか。

外海を訪れ、私人として国を越えた人間の連帯を目指す努力という点でも欠けていることを改めて思い知らされた。

（日本銀行行内誌『にちぎん』1985年7月号「巻頭随想」）

注
1. Stephen Marris, "Managing the World Economy: Will We Ever Learn?", the Frank D. Graham memorial lecture, 3 May 1984, Essays in International Finance, No. 155, Department of Economics, Princeton University, October 1984.
2. 森義則（1930年～）氏は、長崎経済専門学校を1950年に卒業し、直ちに十八銀行に入行、同行の要職を歴任。

第12章
バブル形成期の銀行考査

　日本銀行長崎支店長として地方における民間銀行の融資競争を見てきた後、1986年5月本店に戻って考査役になりました。当時は、支店長を経験し、局次長になる直前の年次の者が四人ばかり参事考査役をしていました。このほか、参事補クラスで考査役をしている人が十数名いました。

　参事考査役の主たる任務は、都市銀行、長期信用銀行、大手の地方銀行、トップクラスの相互銀行、大手の証券会社、都市銀行や長期信用銀行の海外拠点（支店や現地法人）の実地考査をすることが任務でした。それ以外の金融機関の実地考査は、古参調査役や課長クラスの考査役が担当していました。

　実地考査の期間は、地方銀行については原則1週間、都市銀行については2週間、野村證券や山一證券など大手証券会社も2週間です。海外拠点の考査については、米国の東海岸、西海岸とか地域でくくり、いくつかの銀行の海外支店や現地法人をまとめて2週間かけて駆け回って考査を行なっていました。

　私が最初に考査したのは熊本県の肥後銀行です。非常に健全でしっかりした銀行で、県の金庫も兼ねており、融資競争の中でも泰然としていました。私のような者が初めて考査に出かけるには恰好の銀行で、特に大きな問題を指摘することはありませんでした。

　考査に行くと、まず頭取以下役員一同と考査役と数名のスタッフ全員が対面し、頭取から経営方針など一般的な説明を口頭で受け、簡単な質疑応答の後散会し、後は考査チームの各メンバーが専門分野に応じて本店の主要部署やいくつかの支店の実地考査を行ないます。参事考査役の役割は、トップ役員陣や主要な部長などとの個別面談、それから主要店舗に出かけて支店長との面談によって、当方の質問に答えてもらうことが中心で、その間スタッフは銀行の融資内容の査定、事務管理部門のリスク管理、金庫や電算部門の安全管理などの状況を調べます。大蔵省の銀行検査は銀行法を法的根拠としていますが、日本銀行が民間銀行との当座取引契約に基づいて行なう考査は強権的なものではなく、中央銀行の立場から指導するという視点で行なうものでした。

肥後銀行の考査は熊本市への1週間の出張で終わり、次は都銀であるM銀行の考査でした。考査に出かける前には、先方から徴求した分厚い資料と過去の考査関係資料を読み通し、考査チームとして考査の方針などの打ち合わせで入念に準備をするのですが、都銀の場合は資料も膨大で、考査期間も2週間となります。従って、同一都銀の考査はほぼ2年に1回のサイクルでした。

　M銀行は、いうまでもなく、M財閥系の伝統ある銀行で、元々は審査部門が非常に強力で、優秀な人材を集めている銀行という話を聞いていました。しかし、実地考査に出かけ、審査部門の責任者達と面談して判明したのは、さすがの名門財閥銀行と言われたM行も、融資競争の中で劣後しないため、大きく経営方針を切り換えざるを得なくなっている実態でした。過当競争の中で大企業中心の営業部門を優先するため、融資案件の決裁をスピードアップするため、審査を独立した審査部門で慎重に行なうという伝統が崩れていました。例えば一流商社のような大きな取引先については、預金、融資、企業買収の斡旋など全ての取引を一括し、営業本部の中で済ませるように、機構改革が行なわれていました。

　考査の最後に、頭取以下役員が全員集まったところで実地考査の結果について「考査役所見」を口頭で述べるしきたりになっていました。こうした営業優先の機構改革について、他の都市銀行でも実施されていることを承知してはいましたが、それが孕むリスクに対する懸念を所見の中で指摘しました。

　M銀行の考査における参事考査役の仕事は、本店のある東京で済ませることが出来、地方出張はありませんでしたが、ついで、邦銀の海外拠点の考査で、サンフランシスコ、ロスアンジェルスとシアトルに行きました。厳密に言えば、邦銀の海外支店については実地考査、現地の監督当局の監督下にある現地法人についてはヒアリング調査、ということでした。第8章で述べたように、私はBIS銀行規制監督委員会の委員をしていたことがありますので、「バーゼル・コンコルダット」に従って、サンフランシスコの銀行監督局を訪れ、邦銀の現地法人に関する現地当局による検査の結果をヒアリング調査に入ったところで見せてもらうことについて同意を得ました。その上で、ある邦銀の現地法人に出かけて、現地当局の検査結果の書類を見せるように依頼したところ、現地法人の社長から、法律顧問の意見を聞くまで保留して欲しいという回答がありました。私からは「バーゼル・コンコルダット」のことを説

明し、サンフランシスコの銀行監督局の了解も得ていることを説明して、1日待ってようやく検査結果を入手出来ました。それを見たところ、いろいろな問題点が指摘されていました。その中で最大の問題は、不良債権が多く、自己資本が毀損されていて、その補強をしないと営業停止になると書かれていたことです。そこで、日本銀行外国局に国際電話を入れて調べてもらったところ、日本の母体銀行がこの現地法人に対する外貨送金を外国局に申請する時に、送金目的を偽っており、本当の目的を報告していなかったことが判明しました。

　邦銀の海外拠点における融資案件の審査については、私に随行した考査局の専門スタッフが日本人の融資担当者と面談する一方、私は現地人の融資担当者を相手に英語で聴取しました。考査先では、昼食時には外部のレストランへの案内を提案してきましたが、一つの訪問先の考査を1日か2日かでこなす厳しいスケジュールでしたので、昼食時間もサンドイッチを食べながら融資関係の資料を調べました。こうして、邦銀海外拠点のいわゆる現地貸の審査がずさんである実態を把握することが出来ました。

　また、海外拠点の進出形態が支店であろうが現地法人であろうが、そこで働いている現地職員幹部から見た日本人幹部職員に関する印象について忌憚なく英語で話してもらいました。彼らの話では、日本人職員間の日本語での情報連絡が密であるのに比べ、現地職員との英語によるコミュニケーションは不十分で、人事管理面への日本人幹部職員の配慮に関して一様に不満がありました。邦銀の海外進出があまりに急速で、足腰が弱い実態が浮き彫りになりました。当時、中南米向け融資の焦げ付きなどで資産内容が悪化した米銀に比べて、邦銀の母体は、株式の含み益も参入したベースで見た自己資本比率は高く、ユーロ市場などでの資金調達コストも比較的割安で、米国西海岸ではボーイング社などの大手を含む米企業に積極的に融資をしたり、社債発行の債務保証を簿外で行なったりしていました。

　海外拠点の考査の後、再び地方銀行の考査で、七十七銀行の考査のため仙台に出張しました。この銀行は、熊本の肥後銀行と同様、地元にしっかり根をおろした堅実な行風で、考査も比較的楽でした。その後は、国際証券、そして大手の相互銀行2行の考査に出かけました。いずれの相互銀行も大口定期預金の発行などで無理な業容の拡大に走っており、現場の支店長や若手の行員との面談を通じて人材の育成が追いついていない実態を知りました。こうした実情を

182

トップは必ずしも十分に把握してないように思われ、考査の最終日の私の所見の中の指摘事項の一つとしました。

コメント

(1) 長坂健二郎（元日本銀行考査局長）

日本銀行の考査

　日本銀行の使命は二つある。金融の調節と金融秩序の維持である（日本銀行法の第1条目的）。この二つの機能のうち、前者については金利の調節やマネーの量的増減など、経済活動に直接大きな影響を与えるものであるので、国民の強い関心を招いているが、後者については、平常時にはいわば当然の事として受け取られ、特に注目される事はない。然し良く考えてみると、正常な金融秩序が保たれてこそ、金融政策の発動が可能なのであり、その意味でこれこそは中央銀行にとって最も根源的な役割といえる。

　こうした役割を果たすための中心的な手段が日本銀行考査である。決算等の客観的な計数や平素の接触を通じて得た情報等を基に取引先金融機関の経営状態について事前にある程度の予測を行なったうえで、取引先を実際に訪問し、活動の実態に触れて確かめると共に、経営者に面談し、経営方針を確かめる、という活動を定期的に行なっている。

　重原氏も考査役として活動された時期がおありなので、おそらく、金融機関の実態に触れて感ずるところがあったに違いない。一方、考査を受けた金融機関も重原氏の該博な知識と豊かな人間性に接して、考査についての印象を改められた事であろう。

(2) 稲葉延雄（元日本銀行考査局長、理事）

　金融政策運営に関する理論的な回顧録で、実地考査まで言及された例は決して多くない。重原さんが金融政策運営を考える際のスコープには、物価や実体経済のみならず、資産価格や金融システムまで含まれていたことの証左である。

　日本銀行の考査は、金融機関の代表的な資産である貸出の価値等を査定し、金融機関の健全性や機能度を吟味する作業である。貸出資産の価値は他の金融

資産と同様、将来予想収益（将来に亘る元利払い受け取り予想）の割引現在価値であるが、将来の見方次第で結果が異なるので、当事者（金融機関）の自己査定だけでは一方的となる。そこで監督当局や中央銀行が第三者として「目を変えて」査定することで公正性を確保する（フェアバリュー〈公正価値〉に近づける）こととしている。大手金融機関の場合などでは、いまは確率モデルを用いた共通のフォーミュラで価値導出を行ない、相互に照合している。

海外当局との連携に関しては、その黎明期の様子が重原さんの考査のエピソードとして語られている。現在では日米中央銀行の考査局長同士の意思疎通が日常化している。

若いセントラルバンカーにとって、重原さんの回顧録は、金融政策運営の中での実地考査の意義と重要性を再確認出来る貴重な教材である。

（3）長澤道隆（元都市銀行幹部）

バブル形成期の日本銀行の考査は、融資面で見ると限界があったと思われます。バブルははじけた後からわかるもので、形成期の特徴は、融資額の急増、それも不動産、レジャー関連の融資急拡大と金融機関の融資競争の激化、が見られます。

金融機関内では、推進派が強くなり、融資チェックが顕著に劣化してゆきます。しかし、融資は金融機関の自己責任で行われますので、不動産担保も十分カバーしてあれば、将来の不良債権化は指摘出来ません。日本全土がバブルの熱狂に浮かれ、過剰接待問題もあり、考査も難しい面もあったと思われます。

ですから、日本銀行は考査以前の問題として、日ごろから融資の健全性の指導とチェックを怠らないこと、特に不動産関連の融資の過熱感を金融庁と協調して監視する必要があります。融資検査では、大口の取引先ごとに、将来不動産下落の際に不良債権化しないか、特に融資額急増先は厳しく聞き取りして、勧告を出す必要もあります。

また、マンネリ化しない考査手法のレベルアップ（重原氏の画期的な検査方法など）と考査頻度の向上、考査員のレベルアップも大切になります。

第13章
OECD 一般経済局長としての活動
～第三作業部会の立て直し

　日本銀行の考査役を一年間務めている途中で、OECD 一般経済局長として三度目の OECD 勤務の話が起こりました。ヴァンレネップは1984年5月の経済政策委員会（EPC）会合への参加直後に3期15年に亘る任期を終え、ジャン＝クロード・ペイユが後任の事務総長になっていました。私がヴァンレネップ総長の時代にこのポストへの就任を断ったのに、結局これを受けることとなった事情は「はしがき」で触れたことに加えて第25章で述べます。

　このポストを与えられた時に一番気にかけたことは、第三作業部会（WP3）の機能が落ちてきていると聞いたことです。その原因の一つは、ヴァンレネップとマリスのような傑出した人物が事務局の中にいなくなったということのように思われました。OECD を他の国際機関では出来ないような政策論議の場にするにはどうしたら良いかという問題をあれほどまでに詰めて考えていた人物は、彼らが去った後には見かけられなくなったのです。

　ペイユはフランス外務省出身の洗練された能吏でしたが、オランダの大蔵次官で、欧州通貨委員会の議長、そして WP3 議長として活躍し、国際金融面での顔役として欧米で確立した地歩を築いた上で OECD 事務総長に就任したヴァンレネップのような傑物でありませんでした。経済統計総局の首脳陣は、総局長がシルヴィア・オストリの後任に英国人のデヴィッド・ヘンダーソン、一般経済局長が、私がヒギンズの後任として就任することを断ったことから、経済企画庁出身の吉富勝氏、そして一般経済局次長がスティーヴン・ポッター、という陣容でした。エコノミストとしてのマリスの意見に賛成するかどうかという問題は別として、あれほどまで献身的にヴァンレネップ事務総長を補佐した腹心の部下をペイユは自分の周りに見出していませんでした。

　しかし、問題は事務局側だけのものではありませんでした。当時の WP3 議長は、英国の国際担当大蔵次官であったジェフリー・リトラーでした。事務局側で WP3 を担当していたポッター次長の話では、リトラーは為替政策に関する議論は G7 代理者会合で行なうので、WP3 では取り扱わない方針を打ち出し

ていたということでした。

　そこで私はペイユの要請で OECD 一般経済局長のポストを受けるに当たっては、WP3 の改革を任せてもらうことにしました。早速ロンドンに飛び、リトラーと面談し、OECD 経済統計総局が作った検討資料を基に行なわれる WP3 の作業は、事務局を持たない G7 代理者会合と仮に同じテーマを取り扱うにしても価値があるはずであり、事務局の資料については私が仕切るから、テーマに制約をかけないで欲しいと要望しました。リトラーはこれに応じてくれ、WP3 が復権する一つのきっかけが作られたと私は思っています。

　リトラーが WP3 より G7 代理者会合の方で為替相場問題を論議する判断の奥にあったのは何か、本当の理由は私には分かりません。しかし、OECD の場の活用に関するヴァンレネップとマリスの熱心さが行き過ぎたことの反動で、事務局が存在しない G7 の場を活用したいという機運が出たのではないか、というのが私の推測です。

　それに関連したエピソードをここで披露します。EPC の議長をマレー・ワイデンバウム大統領経済諮問委員会（CEA）委員長がしていた頃のことですが、席上でマリスがあまりにも長い発言をしたことがありました。このため、各国代表の発言時間が制約される事態となり、ついにワイデンバウムが、「叡智はパリが独占するものではない」と言ったのです。パリが OECD 事務局、ないしマリスを意味していたことは明らかでした。こうしたマリスの行動を容認していたヴァンレネップにも問題がありました。舞台裏で狂言回しをする事務局の者があまりに前面に出すぎるのも、あまりに引っ込み思案なのも、いずれも問題であり、その間でうまく立ち回ることが肝要であると、ヴァンレネップとマリスを身近にしながら、私は思ったことでした。

　ブラックマンデーの発生

　OECD で三度目の勤務を始めたのは 1987 年 9 月のことです。当時、日本と西ドイツの中央銀行が共に、国内経済の安定という対内目的と為替相場の安定という対外目的のバランスに直面して難しい選択を迫られていました。両行は 87 年の前半、国内の金融緩和が進んでいたにもかかわらず、日本円とドイツ・マルクの強い買い圧力に面して金利の引下げを行ないました。その後、夏

になって米ドル相場が回復した局面では、日本銀行もドイツ連邦銀行（ブンデスバンク）も以前に市場に放出した流動性を吸収する方向に動きました。その頃、日本では、マネーサプライの伸びが年率10%を超えるまでに加速し、内需の回復と共に、様々な資産市場での投機的な動きや一部の部門での価格上昇が見られました。こうした状況の下で、日本銀行は窓口規制によって民間銀行融資にブレーキをかける動きに出ました。西ドイツでは、日本に比べると、経済回復の足取りはしっかりしていない、というのがOECD事務局の判断でしたが、中央銀行通貨（Zentralbankgeltmenge – 現金通貨と市中銀行の対内債務に対する所要準備の和）が2年も続けてブンデスバンクの目標値を大幅に上回る状態が続いており、これが中長期的な物価の安定にとって大きな懸念材料になっていました（注1）。

このため、87年9月に入ってドイツ・マルク高、米ドル安が強まる状況でありながらも、ブンデスバンクは金融の引締め姿勢に転じ、10月の上旬には短期金融市場における操作対象金利を若干引き上げる動きに出ました。こうしたことから、西ドイツが、ルーブル合意で約束した米ドル安（ドイツ・マルク高と円高）の行き過ぎの是正を目指すより、マルク相場が高くなっても構わないという形で国内物価の安定を優先するのではないか、という思惑が生まれ、米国と西ドイツの当局間で政策論争になっているといった新聞報道もありました。そして、10月16日（金曜日）に米国貿易収支の悪化が報じられ、週が明けた19日（月曜日）にニューヨーク証券取引所で株売りが殺到し、ダウ30種平均株価は、前週末より22.6%も下落しました。この下落率は、世界恐慌の引き金となった1929年の暗黒の木曜日（ブラックサーズデー）の下落率12.8%の約倍近い、空前のもので、株価の暴落はあっという間に他国にも波及していきました。

緊急事態に対抗して、OECD事務局として迅速に動く必要があると直感した私は、部下に作業させたのでは時間がかかると考え、早速、株価暴落に見舞われたOECD諸国が取るべき緊急措置についての検討資料を直筆で纏めてペイユ事務総長に提出しました。ブラックマンデーのショックが起こった直後の金融市場への流動性の供給は各国中央銀行の喫緊の課題ですが、より難しいのは、どういうタイミングでどれだけの流動性を市場から吸収するか、という出口政策の問題です。そこで、こうした問題についてOECDの場で検討したい

というメッセージを盛り込んだ秘密書簡に、緊急に検討を要するポイントをとりまとめた資料を付け加えて、ペイユ総長からWP3参加国の蔵相・中央銀行総裁に個別に送付するように進言しました。こうして、ペイユ・レターが発出され、OECD事務局からのメッセージがWP3の金融当局に届けられました。

1987年12月に発表したOECDエコノミック・アウトルックでは、巻頭言の第3パラグラフに私はこう書き込みました。

「国内目的と為替市場目的との相克から既に一部の国で生じていた金融政策の課題は、株式市場の危機によって更に深刻となった。金融当局は、今や、金融不安から生ずる流動性の追加需要の量を計り、これに応じると共に、追加された流動性がやがて物価上昇を生じることがないように配慮しなければならない。長期金利への悪影響を避けるためには、物価上昇期待の再燃防止が是非とも必要である。為替市場の秩序を維持するための国際金融協力は可能であり、推進されなければならない。」(注2)

更に、日本の金融政策のあり方については、次のようにコメントしました。

「日本の金融当局は、国内経済活動がインフレーションを生ずることなく国際収支の調整に資する経路を辿るように注力しなければならない。こうした観点からは、輸入自由化の促進と共に、需要に関する直近の見通しに鑑みて、国内流動性の管理が重要である。」(注3)

巻頭言におけるこうした指摘の後、金融政策に関する項目のところで、日本については、行き過ぎたマネーサプライの伸びを低下させる必要性を考慮し、短期金利が1988年上期から徐々に引き上げられることを想定しました(注4)(表4参照)。

表4：1987年12月、OECD経済見通しの前提：日本の短期金融市場金利

（コールレート、年利 ％）

1987/ 上	3.6	1988/ 上	3.4	1989/ 上	3.7
1987/ 下	3.3	1988/ 下	3.6	1989/ 下	3.8

（出典）OECDエコノミック・アウトルック1987年12月号 (p.12)

188

翻ってヴァンレネップが OECD 事務総長の時代には、彼はしばしば書簡を書いて、各国の閣僚や中央銀行総裁などに送っていました。シャドーライターはマリスでした。ただし、マリスにとって国内金融政策は得意な分野ではありませんでした。私が OECD 金融調査課長から日本銀行に戻って、総務部企画課の主査になった時に、ヴァンレネップが私を自分の補佐官にしたいと思って日本銀行にアプローチしてきました。この話を日本銀行が私に相談なしに断ったことを先輩の緒方四十郎氏から事後的に知らされたのですが、その話を聞いた時、ヴァンレネップは私を金融政策などの分野に関する事務総長補佐官にしたいと思ったのではないかと察したことでした。いずれにせよ、もし、金融政策に精通していないマリスがペイユ事務総長のシャドーライターであったとしたら、あのような内容のペイユ書簡が発出され、あのような内容の巻頭言が OECD エコノミック・アウトルックに書かれることはなかったでしょう。

日本の行き過ぎた金融緩和と資産価格の上昇

日本における広義のマネーサプライの伸びは、1987 年初めの年率 8〜9% から 88 年第 1 四半期には 12% にまで加速しました。株価が大幅な上昇を示すようになり、また東京の地価は 1987 年に倍増した後、88 年に入ってやや落ち着きましたが、地方での地価上昇が目立ってきました。

こうした状況の下、88 年 6 月に発表された OECD エコノミック・アウトルックでは、前年末の見通しに比べ短期金融市場金利の引上げがわずかながら前倒しにされると想定しました（注 5）（表 5 参照）。なお、物価については、GNP デフレーターが 1987 年のマイナス 0.2% から 88 年には 1.75%、89 年には 2.5% のそれぞれ上昇と見込みました（注 6）。

日本の資産価格の上昇について、OECD 対日経済審査のほか WP3 でも議論がありましたが、日本の政策当局、特に大蔵省代表は、資産価格が上昇した背

表 5：1988 年 6 月、OECD 経済見通しの前提：日本の短期金融市場金利

（コールレート、年利　%）

| 1987/ 上 | 3.6 | 1988/ 上 | 3.5 | 1989/ 上 | 3.9 |
| 1987/ 下 | 3.4 | 1988/ 下 | 3.7 | 1989/ 下 | 3.9 |

（出典）OECD エコノミック・アウトルック 1988 年 6 月号　（p.17）

景には日本の期待成長率が高まっていることがあるとして、資産価格上昇がバブルとは言えないという見解を示しました。こうした見方に対して、WP3 の席上で疑念を示したのが、私と当時カナダ銀行副総裁であったウィリアム・ホワイト（写真 5-2）でした。二人して、日本の代表団の説明は説得的ではないと発言していました。

この頃、日本には、「日銀アンカー論」と言われる主張がありました。「日本銀行が金利を低く抑えて、アンカーとなるべきだ」という意見（注 7）ですが、私はこれを OECD 側から見ていて理解が出来ませんでした。

1989 年に入って、日本の論壇に少し変化が現れてきました。『週刊東洋経済』は、3 月 18 日号の「日銀アンカー論は崩れるか」と題した解説記事において、日本は 88 年に卸売物価が G7 諸国の中で唯一、マイナスの数字を記録したように、物価の"超安定"を誇り、公定歩合を据え置き、浮き足立ちしそうな世界経済の"おもり"（アンカー）の役目を果たしてきたが、4 月 1 日には消費税が導入され、春闘や原油価格の上昇もあり、「利上げタブー視の日銀アンカー論も崩れそう」と書き立てました。その後、日本銀行は 5 月になって漸く公定歩合を 2.5% から 3.25% に引き上げました。

翌 6 月に発表された OECD エコノミック・アウトルックでは、巻頭言において「日本の課題は、インフレーションを伴わない範囲での力強い内需の成長を維持することである。これよって、生活水準の向上と国際収支の改善が進むであろう。こうした内外の経済目的の達成のためには、内外の価格競争条件の動きに合わせて、円相場の漸進的な上昇（a gradual appreciation of the yen）が役立つであろう。鍵を握るのは、物価上昇率を低位に止める金融当局の強い意志である」と書き込みました。これは、OECD 一般経済局長であった私が日本銀行に復帰する前に自ら筆をとった最後の文章でした（注 8）。

更に、89 年 10 月の公定歩合 0.5% 引上げ後、翌 11 月に公表された対日経済審査報告では、「円相場の下落は国内物価の安定を脅かすと同時に国際収支の調整を阻害する恐れがあり、更なる円安の進行は回避しなければならない。日本のコスト・インフレーションが貿易相手国の平均値を基調的に下回っている限りにおいては、円相場の実効為替相場が漸進的に上昇することが、物価上昇率を低めに止めると共に対外調整を図るために適当である。財政政策のスタンスは中立的であるべきである。」として、円問題について、対米ドル相場では

190

なく、実効為替相場の概念を使って踏み込んだ政策注文がつけられました。

89 年 11 月末、日本銀行金融研究所は、「資産価格の変動と日本経済」と題した金融研究会を開催しました。この研究会は、館龍一郎・東京大学名誉教授で金融研究所特別顧問が議長、三宅純一金融研究所長がモデレーター、を務め、当時副総裁であった三重野康氏など日本銀行の役員達も参加しました。報告者は、岩田一政・東京大学助教授、植田和男・東京大学助教授と堀江康熙・筑波大学助教授、そしてコメンテーターは堀内昭義・東京大学教授でした。主なテーマは、資産価格上昇のメカニズムと実体経済への影響、そして金融政策の運営に持つ意味合い、でした。

この研究会の報告を読んだ私が最も注目したのは、当時の日本における株価や地価などの資産価格の高騰に関して、金融機関を含めた投資家の側に、資産価格が引き続き上昇するであろうとの前提があるように見受けられ、こうした前提が覆った時には特に金融機関に打撃を与え、金融仲介の非円滑化が実体経済全体に大きなデフレ効果を及ぼす可能性がある、という堀内教授の指摘でした（注 9）。他方、地価を安定させる手段については、税制面などからの対応の必要性が認識されると共に、金融面における対応の手段については、土地関連融資の規制といった選択的な政策手段では抜け穴があり、果たして有効であるか疑問が示され、また、地価安定を金融政策で実現するには大幅に金利を動かさざるを得ない、というのがパネリストの共通認識であった、と報告されています（注 10）。

注
1. OECD Economic Outlook, No.42, December 1987, p.13.
2. OECD Economic Outlook, No.42, December 1987, p.VII.
3. 上掲書、p.X。
4. 上掲書、p.14。
5. OECD Economic Outlook, No.43, June 1988, p.17.
6. 上掲書、p.51。
7. 田中直毅、『日米経済摩擦』（NHK ブックス 573、1989 年 5 月）pp.207-208。内閣府経済社会総合研究所「バブル / デフレ期の日本経済と経済政策」歴史編 3 時代証言集（p.193、p.196、pp.597-639）。
8. OECD Economic Outlook, No.45, June 1989, p.VIII.
9. 日本銀行金融研究所、金融研究会「資産価格の変動と日本経済」、『金融研究』第 9 巻第 1 号（1990 年 5 月）、6 頁。
10. 上掲書、7 頁。

第14章
日本銀行チーフエコノミストとしての活動

　OECD一般経済局長を2年余まり務めた後、1989年12月に日本銀行に復帰し、金融研究所長に任命されました。欧米の中央銀行では本来は調査局長がチーフエコノミストですが、日本銀行ではそういう肩書きが正式に使われたことはありませんでした。ただ、日本銀行の金融研究所長を命じられた時に、三重野康総裁から「君が日本銀行のチーフエコノミストだから、そういうことで海外でもどしどしやって欲しい」と言われました。

海外における言論活動

　そういうことで、OECD高級金融専門家会議などは日本銀行からは本来であれば企画局長が出るところですが、私が米国連邦準備制度理事会（FRB）のドナルド・コーン金融政策局長（スティーヴン・アキシルロッドの後任、後に理事、副議長）などと一緒に参加しました。私がOECD一般経済局長の時はこの会議の議長をしていましたから、私が日本銀行から出席するのは当たり前といえば当たり前でした。

　また、米国の国際通貨研究所のフレッド・バーグステン所長と、国際金融情報センター理事長の大場智満氏が一緒になって、日米の経済問題について東京や米国で議論をする場を作っておられ、大場氏から直接頼まれ、日本銀行からのメンバーとして出席しました。バーグステンはカーター政権時代にOECD第三作業部会（WP3）に参加していた旧知ですが、この会議に出席して、カリフォルニア大学バークレイ校の教授で貿易問題を専門にしていた女性エコノミストのローラ・タイソンなどの面識を得、また米国の議会人とも会って日米貿易摩擦に関する意見交換をする機会もありました。

　OECD一般経済局長時代に引き続いて、米国カンザスシティ地区の連邦準備銀行（以下、連銀）がワイオミング州ジャクソンホールで開催するコンファランスにも、今度は日本銀行のチーフエコノミストとして招待されました。これ

192

には毎年、FRBの議長、副議長や理事、地区連銀の総裁も集まり、海外中央銀行総裁や、場合によっては政治家などを呼んで、主に一流学者が書いた論文を基に自由に議論する場です。また、優れたジャーナリストも呼ばれ、オープンに議論が行なわれます。1991年の夏、「貿易・通貨圏の政策的インプリケーション」をテーマとして開かれたジャクソンホール・コンファランスには、日本人の中からただ一人のパネリストとして招かれました。このコンファランスには、グリーンスパンFRB議長とヴォルカー前議長のほか、フランス銀行のドラロジエール総裁（前IMF専務理事）、カナダのクロウ総裁なども集まり、特に、クルーグマンの「日本締め出し論」を巡って白熱した論戦がありました。

また、米国におけるこのコンファランスの直後の9月初め、ストックホルム経済大学が「世界経済における日本：欧州の視点」("Japan in a Global Economy – A European Perspective")と題されたコンファランスをストックホルムで開催した時には、基調講演とパネルディスカションの両方に参加しました。

この二つのコンファランスに参加した時の状況と私の言動および印象を、同年9月13日の日本銀行役員集会と17日の日本銀行政策委員会で報告をしました（次章）。

このように、海外の大きなコンファランスで「日本締め出し論」など、日本問題が論じられる一方で、EU諸国が域内統合を進め、米国を上回る巨大な規模の市場を形成し、域内貿易は自由化する一方、域外国に対して大きな通商の壁を作り、いわゆる「欧州の要塞」("Fortress Europe")を形成するのではないかという懸念もありました。この問題については、欧州経済協会が1990年の夏にリスボンで開いた欧州の域内統合をテーマとするコンファランスで取り上げられました。その時、私はパドア＝スキオッパ（本書「はしがき」参照）から、日本人の目で見てこの問題を論じて欲しいと頼まれました。私の提出論文は "The External Dimension of Europe 1992" と題され、やがてプリンストン大学のピーター・ケネン教授が主宰していた国際金融エッセイ集 "Essays in International Finance" に収録されました（注1）。

また、オーストラリア準備銀行がアジア・オセアニア地域の中央銀行の国内金融専門家を招いて金融政策をテーマとする国際コンファランスをシドニーで開いた時は、日本における金融自由化と金融政策運営の経験に関する英文の論

文を提出しました（注2）。

　嘗て金融研究所の研究第一課長を1年足らずしていた時は、第1回国際コンファランスの開催やスタッフの研究論文の草稿に関するコメントや庶務などで忙しく、自分で研究論文を書いて『金融研究』に発表する余裕はありませんでしたが、所長は自分の時間がかなりありましたので、単独、あるいはスタッフと共同でいくつか日本語の論文も書いて『金融研究』に発表しました。海外のコンファランスに提出した英語の論文は、OECDで勤務した者としては当然ですが、スタッフの手を借りず、全部自分で書き下ろし、コンファランス主催者の編集した議事録への収録と共に、金融研究所の英文刊行物 "Monetary and Economic Studies"（MES）、更に日本語訳を『金融研究』に収録しました。

　　資産価格の変動とインフレーションについて（金融研究、1990年7月）
　　企業の資本コストを巡る問題について（佐藤節也と共著、金融研究、1990年7月）
　　1992年欧州統合の対外的側面（金融研究、1990年10月）
　　金融自由化の進展と金融政策 ― 日本の経験（金融研究、1990年12月）
　　「新しい成長理論」（New Growth Theory）について（大庭竜子と共著、金融研究、1991年3月）
　　国際貿易・通貨体制の新展開と政策課題（金融研究、1991年12月）

　このうち、「新しい成長理論」に関する論文は独自のものではなく、ポール・ローマーが1986年と1990年の論文で提唱した内生的成長理論を主軸とした海外における経済成長理論の新展開に関する紹介論文にすぎませんが、日本銀行の金融研究所は単に金融問題だけでなく、広く実体経済面の問題を研究対象にすべきである、という持論に基づいて、敢えてスタッフと共同論文に仕立てたものです（注3）。なお、ローマーは2018年にノーベル経済学賞を受賞しました。

　また、外部の雑誌にも金融問題を中心に寄稿しました。

　　金融自由化のパフォーマンス評価基準を提案する（金融財政事情、1990年7月23日）

地域経済統合の進展と金融経済の展望（証券経済時報、1990 年 11 月）

　金融構造の変化と今後の課題（かんぽ資金、1990 年 12 月）

　EC 通貨統合と中央銀行の使命（きんき、vol.7 WINTER、1991 年）

　錯綜する自由化本番時代の金融政策（銀行時評、1991 年 10 月 15 日）

　また、いわゆる OB サミット（正式の名前は InterAction Council）のメンバー
が、元フランス大統領のジスカールデスタンを議長として 1991 年 4 月開いた、
日米独仏の金融政策高級専門家と東欧諸国中央銀行総裁が一堂に会して中央銀
行の独立性に関して議論をする会議にも参加しました。OB サミットは、西ド
イツ首相であったシュミットを議長、日本の首相であった福田赳夫氏を名誉議
長として 1983 年に設立され、毎年 G7 サミットの前に会合を開き、政策提言
を宣言文として発表していました。日本から私が参加することになったのは、
日本銀行の大先輩の緒方四十郎氏の取り持ちによるもので、出発前に福田氏を
表敬のため訪問したところ、当時まだ矍鑠（かくしゃく）とされていて、シュミットが選ん
だ中央銀行の独立性というテーマでの次回会合は本来ならばシュミットが議長
をするべきところであるが、あいにく健康問題で、ジスカールデスタンが代わ
りに議長をすることになったという経緯の説明がありました。

　パリのリュクサンブール宮殿の豪華な会議室に行ってみると、米国 FRB か
らはアキシルロッド前金融政策局長（日興証券米国法人の副会長）、フランス
銀行からはレモン信用総局長など、私が議長をしていた OECD 金融政策専門
家会議の常連が参加しており、旧交を温めました。また、東欧からは、ソ連ゴ
スバンクのヴィクトル・ゲラシチェンコ総裁、チェコ国立銀行のジョゼフ・ト
ソフスキー総裁、ハンガリー銀行のイムレ・タファラス副総裁などが参加しま
した。この会議での議論は中央銀行の独立性に関する OB サミットの提案とし
てまとめられ、公表されました（注 4）。その要点は、東洋経済新報社から出
版した私の本『経済の安定成長と金融政策』に収録されています（注 5）。

日本銀行金融研究所国際コンファランスの企画と開催

　海外のコンファランスなど諸会議への参加は、スタッフを煩わせず単独でこ
なせるという点では気安いものですが、日本銀行金融研究所が主催する国際コ

ンファランスは、金融研究所第一課の課長以下優秀な若手エコノミスト、更には庶務関係の人達の協力によって準備するイベントですから、準備段階から手間暇がかかります。当時、金融研究所は2年に1回のペースで国際コンファランスを開催しており、私が所長になった時には、既に五度目のコンファランスの準備が始まっていました。

当初の計画の狙いは、1980年代の日本経済が欧米諸国より順調に推移した背景を海外の人達に広く知ってもらうことにありました。しかしながら、私からすると、日本の成功談は自慢出来るようなものではなく、その持続可能性に大きな疑問があると思われました。日本銀行の金融研究所までがバブル景気に酔って日本経済の成功物語を海外に向けて謳歌するようなイベントを開催するより、もっと地道なコンファランスにすべきであると考えました。そこで、私が企画したテーマは「1990年代における物価安定：国内・国際両面の政策課題」でした。

国内面での物価の安定に関しては、物価の安定をどのように定義するのか、また物価不安定のコストをどのように捉えるか、といった基本的な問題があります。また、国際面では、各国の通貨関係の安定、つまり為替相場の安定、それと国内物価の安定を目的とした金融政策との関わり合い、内外ジレンマといった問題を、1990年代を俯瞰して論議しようと思ったのです。

日本経済の成功をテーマとする当初案は、既に金融研究所の海外顧問をしていたマネタリストのカーネギー・メロン大学教授のアラン・メルツァーとケインジアンのマサチューセッツ工科大学（MIT）教授のスタンレー・フィッシャーに話をつけてあるとのことでしたが、内外の学者に提出論文の交渉を始める前の段階でしたので、企画の変更を進めました。メルツァーは私がOECD金融調査課長であった時代に参加していたコンスタンツ・セミナーの立役者であり、フィッシャーは、1975年にMIT教授モディリアニがヘルシンキで開催した国際金融コンファランスに一緒に参加して以来の知り合いでしたから、彼らの了解は問題なく得られました（写真4-1）。

このコンファランスでは、「物価の安定」の定義に関して、「物価」をいかなる統計値で捉えるか、また「安定」とは変動がゼロという意味なのか、という根本問題をまず論議しました。この点については、ノースウェスタン大学のゴードン教授が興味深い論文を書いてくれました。物価統計にある計測バイ

アスのことは今ではよく知られていますが、当時はこうしたことは殆ど論議されておらず、この論文一本だけでも、コンファランスのテーマを変えた意義があったと私は考えています。この論文を含めてコンファランスの議事録は英国マクミラン社から出版されました（注6）。

日本の「貯蓄」をどう使うか

　日本の経常収支黒字を家計の過剰貯蓄に結びつける議論は、1982年3月のWP3会合における米国FRBウォーリック理事の発言を紹介した本書第9章で触れましたが、彼に限られたものではなく、主として欧米のケインジアン系の学者やエコノミスト達によって行なわれてきました。

　少し理論的な話になりますが、この議論は、プラザ合意以来大幅な為替相場の変化を通じて国際価格競争力の調整をしたにもかかわらず、日本の貿易黒字の減少がなかなか減らない中で再び盛んになりました。英国では、第4章で触れたように、1967年の英ポンド切下げの前に、英国の輸出入の価格弾性値は低く、英ポンド切下げを行なっても貿易収支は改善しないという、弾力性ペシミズム（elasticity pessimism）論をロイ・ハロッドなどの学者が提唱しましたが、米国でこうした弾力性ペシミズム論が復活したのです。

　為替相場の調整という価格メカニズムを通じた国際収支の調整の限界論は、一方では輸出入の直接的な規制論に結びつき、他方では、「貯蓄・投資バランス」（saving-investment balance）に基づき、日本の財政赤字の拡大によって民間部門の過剰貯蓄を吸収し、経常収支の黒字を削減するという議論となっていたのです。

　そこで、スタンフォード大学教授で前米国大統領経済諮問委員会（CEA）委員のジョン・テイラーが金融研究所の国際コンファランスに参加する機会を捉え、対談形式でこの問題を議論することを企画しました。

　私の議論は、日本の高齢化に伴い、退職人口の生産人口に占める割合が高まるにつれ、家計貯蓄率は低くなるであろう、今の時点で日本の家計貯蓄の一部は海外、特に開発途上国向けにおける開発資金として有効に使われ、その果実が時間差をおいて海外投資収益として日本に還流すれば、生産人口が減少した段階での日本国民の生活水準の維持に役立つ、というものでした。そして、人

口高齢化の問題を考慮に入れた中長期的でグローバルな視点で見ると、現時点の先進諸国間の経常収支の均衡化をゼロサム・ゲームとして捉えるべきではなく、テンポの違いがあるとはいえ、高齢化の過程にある先進諸国は全体として開発途上国に対して経常収支が黒字状態となるのが望ましく、「貯蓄・投資バランス」を先進国全体と開発途上国全体として捉えると、財政の健全化は日本を含む全ての国に共通する課題である、というのが私の主張でした。

この対談の構想は、東洋経済新報社に持ち込みました。英語で行なわれた対談は出版社側で和訳してもらい、私が編集して『週刊東洋経済』の1991年11月23日号に掲載されました（注7）。

日本の家計貯蓄の高さと経常収支黒字の問題を巡る私の持論は、様々な機会を捉えて海外に向けて発信しました。OECD関係者では、ドイツ連邦銀行（ブンデスバンク）副総裁でWP3議長であったハンス・ティートマイヤー、そしてペイユ事務総長に書簡を送り、私の提起したように国際収支調整の問題を先進国の人口高齢化という要素も入れた中長期的な視点からWP3で検討すべきではないか、と意見具申をしました。

日本銀行調査統計局の情勢判断

地価上昇の問題については、私がOECDから日本銀行に復帰して間もない1990年3月下旬の役員集会（いわゆる「マル卓」）で、調査統計局が作成した資料（注8）を基に検討されました。金融研究所長であった私には調査統計局から白川方明氏（後に日本銀行総裁）がやって来て、事前のブリーフィングがあった後、参加しました。この集会では、海外で地価が急騰の後に急落し、金融機関の経営破綻や金融システムの危機に繋がったケースが少なからず存在することが指摘されました。その上で、日本の金融機関では、不動産業向けとノンバンク向けの貸出のほか、不動産担保貸出も大きく増加しており、それだけ地価下落に脆弱な体質になっていることが注目されました。このため、金融面から更に地価の一段の上昇を招かないよう、その動向には配慮する必要があることが確認されたのです。

調査統計局は、「マル卓」における地価問題の検討など不定期の作業とは別に、金融政策の運営に役立つように、四半期に一度、「情勢判断」資料を「マ

ル卓」に提出することになっていました。

日本銀行調査月報の 1991 年 2 月号には「わが国金融経済の分析と展望 —— 情勢判断資料（平成 3 年冬）」と題した資料が掲載されていますが、このような形で公表される前の段階の検討資料が調査統計局から「マル卓」に提出されました。冒頭、調査統計局長から資料の要点について口頭で説明があり、その後、三重野総裁から私の意見を求められました。

この資料では、在庫投資については「昨年 1 〜 3 月を境にして、循環局面が一巡し、再び若返っていることを見て取ることができる」と判断されていました。更に、「同様の現象は昭和 40 年代前半の『いざなぎ景気』時にも見られたが、このことは、4 年余に及ぶ景気拡大にもかかわらず、今次景気拡大がなおかなりの持続力を秘めている可能性を示唆するものである」と書かれていました。そして、「当面、設備投資の伸びが急激に落ち込むリスクは極めて小さいものと見られる」、「技術革新の進展を初めとするわが国実体経済の構造的な堅固さにかんがみれば、仮に景気の減速テンポが予想を上回ることがあっても、現在の内需を中心とした成長の姿自体が大きく変わる可能性は極めて小さい」と結論づけられていました（注 9）。

これに対して、私からは、実質設備投資の対 GNP 比率が 20% にまで上昇していると指摘し、これは 1970 年以降で最も高い比率であり、これまで積み上げられた資本ストックの調整局面に入るのではないか、と調査統計局の楽観的な判断に疑問を投げかけました。

この頃、オーストラリアでは民間部門の過剰債務の調整（いわゆるバランスシート調整）、不動産価格の下落などに起因した景気後退が始まっていました。私の一度目の OECD 勤務中に OECD 経済統計総局の国際収支課に出向した後オーストラリア準備銀行に戻って活躍していたアイアン・マックファーレン（当時は副総裁、1996 年〜 2006 年同行総裁）は、日本銀行調査月報 1991 年 2 月号に情勢判断資料が公表された直後に来日し、金融研究所長室に私を訪れ、日本にも同様な危険があると警告しました。

日本銀行は 91 年 6 月 27 日の「マル卓」に調査統計局から提出された情勢判断資料の検討を経て、7 月 1 日に公定歩合を 6.0% から 5.5% へ引き下げ、金融緩和政策へ転換する決定を行ないました。

この点に関して、伊藤正直・大貫摩里・森田泰子の三氏は「1990 年代の金

融経済情勢ならびに金融政策運営について：アーカイブ資料等からみた日本銀行の認識を中心に」（日本銀行金融研究所『金融研究』2019 年 4 月号、58 頁、注 30）で、以下の指摘を行なっています（注 10）。

> 「この公定歩合引下げに始まる金融緩和政策への転換については、金融緩和のテンポが遅きに失してオーバーキルになったのではないか、あるいは、緩和の幅も小さ過ぎたのではないかという批判がなされている。この点について、日本銀行金融研究所スタッフによる中間総括として、白塚・田口・森［2000］がある。同論文は、「バブル崩壊後の金融緩和は、ストック調整を中心とした通常の景気後退への対応策として考える限り、概ね妥当な判断であった」と評価している。しかしながら、振返って考えるならば、こうしたリアルタイムでの政策判断による緩和の大きさは、通常のストック・サイクルに見合ったものであり、バブル崩壊の弊害を過小評価していたともいいうる（伊藤・小池・鎮目［2015］133 頁）。」

　これに対して、日本銀行金融研究所長であった当時の私は、リアルタイムでの政策判断としても、早めで果敢な金融緩和を主張するものでした。その上で、金融資本市場が予想しない段階で日本銀行が金融緩和に踏み切ると、市場が混乱するリスクがあるので、地ならしが大切であると、当時の「マル卓」や役員連絡会で発言しました。当時の報道論調を見ると、91 年 7 月 1 日の公定歩合引下げが遅きに失したという見方は殆ど見受けられませんでした。

　その後、調査統計局は 91 年 10 月 23 日付けでまとめた「情勢判断（平成 3 年秋）」の中で、在庫循環に関する判断を訂正し、「足元積み上がりが見られる在庫の調整もあり、鉱工業生産はなおしばらく抑制基調で推移するものと見込まれる」として、「景気はゆるやかな減速傾向を持続する可能性が強い」という判断を示しました（注 11）。
　ついで、92 年 1 月 30 日にまとめられた「情勢判断（平成 4 年冬）」では、「最終需要の減速度合いがやや強まっており、その下で在庫調整の動きが広がりを見せるなど、景気は調整局面に入っている」と、景気判断を修正しました（注 12）。これによって、調査統計局がちょうど 1 年前に示した在庫循環局面

に関する判断が完全に覆りました。

　私がOECDチーフエコノミストとしてパリに赴任する直前の92年4月17日にまとめられた「情勢判断（平成4年春）」で調査統計局は、「わが国経済は在庫調整を軸として当面はなおかなりの調整を必要とする局面にある」とし、更に「製造業については、資本ストックの伸びが前年比8%台とかなり高い水準に達しているため、その面からの調整圧力がしばらく重石となって投資は当面減勢をたどる可能性がある」という判断を示しました（注13）。こうして、91年1月下旬の役員連絡会で当時の調査統計局の楽観論に反対して、資本ストックの調整過程入りのシナリオを提示した私の立場に歩み寄るようになりました。もっとも、「電力等非製造業大企業での増加が見込まれるため、全体としては力強い回復は期待し難いものの、さりとて大幅な落込みは考え難い」と書かれています。

　いずれにせよ、その後も日本銀行全体としての情勢判断が私よりも楽観的であったことは、私がOECDチーフエコノミストの立場から日本の政策当局に対して如何なる政策注文を提示したかを主要なテーマの一つとする第16章で明らかにいたします。

注
1. Kumiharu Shigehara, "The External Dimension of Europe 1992", Essays in International Finance, Princeton University, New Jersey, 1991.
2. Kumiharu Shigehara, "Japan's Experience with Use of Monetary Policy and the Process of Financial Liberalization", Reserve Bank of Australia, Sydney, 1990.
3. 日本銀行金融研究所の発足当初、研究第一課としてその立ち上げを担当した時に、金融研究所の英語名を "Institute for Monetary Studies" ではなく、"Institute for Monetary and Economic Studies"（略称はIMES）とすることを発案した理由については、本書第10章「日本銀行金融研究所の立ち上げ」における「金融研究所の英語名」の項を参照。
4. InterAction Council, Ninth Session, 30 May-2 June 1991, Communiqué, Para.15: The InterAction Council fully endorses the report by Mr. Valéry Giscard d'Estaing on the conclusions and recommendations of a High-level Expert Group on The Role of Central Banks in Globalized Financial Markets. In addition to Mr. Giscard d'Estaing, the following members of the InterAction Council participated in the meeting: Maria de Lourdes PINTASILGO（Portugal）, Malcolm FRASER（Australia）, Olusegun OBASANJO（Nigeria）, Manuel ULLOA（Peru）; and the following high-level experts: Stephen AXILROD（USA）, Victor GERASHENKO（USSR）, John HEIMANN（USA）, Michael HEWITT（United Kingdom）, Paul MENTRE（France）, Moeen QUREISHI（Pakistan）, I.G. PATEL（India）, Robert RAYMOND（France）, Donald RIEFLER（USA）, Elcior FERREIRA DE SANTANA（Brazil）, Kumiharu SHIGEHARA（Japan）, Imre

TARAFAS（Hungary）, Josef TOSOVSKY（Czech and Slovak Federative Republic）, Norbert WALTER（Germany）.

5. 重原久美春、『経済の安定成長と金融政策』（東洋経済新報社、1991 年 12 月）、192-207 頁。

6. Kumiharu Shigehara, ed., "Price Stabilisation in the 1990s", Macmillan Press, 1993.

7. ジョン・テイラー、重原久美春、「日本の『貯蓄』をどう使うか」、週刊東洋経済、1991 年 11 月 23 日。

8. 日本銀行調査月報、「わが国における近年の地価上昇の背景と影響について」、1990 年 4 月号。

9. 日本銀行調査月報、「わが国金融経済の分析と展望 ― 情勢判断資料（平成 3 年冬）」1991 年 2 月号。

10. この注で引用されている二つの論文は、伊藤正直・小池良司・鎮目雅人、「1980 年代における金融政策運営について：アーカイブ資料等からみた日本銀行の認識を中心に」（『金融研究』第 34 巻第 2 号、日本銀行金融研究所、2015 年、67-160 頁）および白塚重典・田口博雄・森成城、「日本におけるバブル崩壊後の調整に関する政策対応：中間報告」（『金融研究』第 19 巻第 4 号、日本銀行金融研究所、2000 年、87-143 頁）。

11. 日本銀行調査月報、「わが国金融経済の分析と展望 ― 情勢判断資料（平成 3 年秋）」1991 年 11 月号。

12. 日本銀行調査月報、「わが国金融経済の分析と展望 ― 情勢判断資料（平成 4 年冬）」1992 年 2 月号。

13. 日本銀行調査月報、「わが国金融経済の分析と展望 ― 情勢判断資料（平成 4 年春）」1992 年 5 月号。

第 15 章
史料：日本締め出し論

　　重原久美春日本銀行金融研究所長が、「『世界経済における日本』に関する国
際コンファランスの模様」と題して 1991 年 9 月 13 日の日本銀行役員連絡会お
よび同月 17 日の日本銀行政策委員会で非公式に行なった報告

　　証券・金融不祥事に関する報道が日本のメディアを連日賑わせている中で、
「共産主義の後はいかなる世界秩序になるのか？」と題した『インターナショ
ナル・ヘラルドトリビューン』紙（1991 年 8 月 26 日）など海外一流紙が一斉
に、米国カンザスシティ連邦準備銀行が開催した国際コンファランスにおいて
『日本締め出し論』が取り上げられ、出席者に衝撃を与えた、と大きく報じま
した。そして日本では、翌 27 日の朝日新聞によって、前日の『ニューヨーク
タイムズ』紙の関連記事が紹介されました（注 1）。そこで、本日は、この国
際コンファランス、そしてその直後にストックホルムで開催された「世界経済
における日本」というテーマの国際コンファランスに出席した時のことにつき
ましてご報告します。
　　米国のカンザスシティ連邦準備銀行は、例年 8 月の公開市場委員会（FOMC）
が終わった後、連邦準備制度の議長、副議長、理事、各地区連邦準備銀行の総
裁などのほか、主要国の中央銀行の総裁その他幹部、米国国内の一流の民間研
究所長、著名な学者、そして一部のジャーナリストを集めて大がかりなコン
ファランスを開催しています。
　　今年も FOMC 開催直後の 8 月 24 日〜 25 日、いつものとおり、ワイオミン
グ州のジャクソンホールにあるロッジで開かれました。今年はロジャー・グッ
フィ総裁が 9 月に退職する前の最後のコンファランスということで、一日目は
グリーンスパン議長、二日目はカナダ銀行のジョン・クロウ総裁が議長を務
め、ゲスト・スピーカーもヴォルカー前議長をはじめ、各国から例年にも増
して大物を揃え、「貿易・通貨圏の政策的インプリケーション」というテーマ
で討議が行なわれました（注 2）。主要議題はお手元の第 1 ページの右の方に

掲げてありますが、第一セッション「自由貿易圏の動きの評価」では、マサチューセッツ工科大学教授のポール・クルーグマンが提出したペーパー（注3）を巡って議論が行なわれました。

クルーグマンは、ここ数年いわゆる「新しい貿易理論」（New Trade Theory）というものを打ち出し、アダム・スミス以来の伝統的な自由貿易論に対して、不完全競争と規模の利益の存在といったことを前提にすると、管理貿易の方が経済厚生が高まる場合があることを理論的に唱えて注目されている新進気鋭の学者です（注4）。

こうした理論は理論として、今回彼が提出したペーパーで述べた主要なポイントは以下のとおりです。

(1) 自由貿易体制が最善であるが、GATT体制は崩壊してしまった。
(2) 自由貿易のルールを自らは守らず自由貿易体制にただ乗りしている国がある —— それは日本だ。
(3) 欧米には日本に対する根深い不信感がある（deeply distrust）。
(4) 自分は「日本は根本的に異質だ（fundamentally different）」というのが事実だと信じている（注5）。
(5) しかし、それが事実であるかどうかは問題ではない。日本が異質であると思われている（perceptionがある）、それだけで日本を我々のクラブから追い出すべきである。
(6) 地域貿易圏の大きな特典は日本を除外出来ることである（注6）。その上で欧米の中で通用する地域貿易圏のルールによって貿易をするべきだ。

これに対して、コメンテーター役であった米国の国際経済研究所長のフレッド・バーグステン（カーター政権時代の財務次官補）は、次のように述べました。

(1) 多くの欧米人が日本人に対して根深い不信感を持っているのは事実である（注7）。
(2) ただ、だからと言って、こうした不信感を制度化する（institutionalize）

のは間違いだ。こうした不信感とは戦わなければならない（combat）。そして、日本人もやがては今よりも日本人的でなくなる（less Japanese）であろう。

（3）力をつけつつある国を包摂する（accommodate）するのではなく、これを排除しようとすると、大きな紛争を招くことは世界の歴史が教えてくれるところだ。

また、このセッションでは、フロアにいたフランス銀行総裁のジャック・ドラロジエールが特に発言を求めました。実は、クルーグマンのペーパーには、「誰しもフランス人は好きになれない。しかしながら、フランスに対して他の欧米諸国はどうしようもないような不信感を持っているわけではない（注8）。しかるに日本人となると、全く異質だ」と書いてありました。ドラロジエールはこれを捉えて、次のように発言しました。

> 「不信というのは結局理解不足（ignorance）から生ずる。フランスとドイツの間には長い間憎しみ合い（hatred）の関係があった。こうした関係を根本的に変えたのは、ドゴールとアデナウアーが第二次世界大戦後に打ち出した仏独協調路線であった。国家間の根深い不信を除くには、政治指導者のリーダーシップが何よりも大切である。それなのに、クルーグマンのような一流学者がこうした主張をすることは、政治的にも悪用されやすく、非常に危険だ。」

OECD一般経済局長であった時からジャクソンホール・コンファランスの常連として参加していた私も言いたいことは山ほどあったのですが、フロアにあった一日目には意識して黙って聞き流し、二日目に予定されていたスピーカーとしての自分の出番を待ちました。

第二から第四セッションの内容につきましては、直接日本に関係する問題は殆ど出ませんでしたし、時間の関係もありますので、省略します。ただ、米国側のエコノミストから欧州の通貨統合の経済的意味にかなりの疑問が出たことのみ申し上げます。

そこで、私が出た第五セッション、つまり「貿易・通貨圏の世界経済に対す

るインプリケーション」に関する討論について申し上げますと、カーネギー・メロン大学のアラン・メルツァー教授がペーパーを提出しました。メルツァーは「影の公開市場委員会（The Shadow Open Market Committee: SOMC）」の議長で強いマネタリスト（strong monetarist）です。米国連邦準備制度における私の友人達はメルツァーが初めて人間としてペーパーを書いたと評していましたが、彼が書いたいわばポリティカル・エコノミーに関するペーパーを基に、前ドイツ連邦銀行国際金融担当理事のレオンハルト・グレスケと唯一人の日本人スピーカーとして招かれていた私が議論する仕組みでした。もともと同行総裁のカルル・オットー・ペールが出席する予定であったのですが、1990年10月のドイツ再統一に先立つ同年7月に東独マルクを1：1で西独マルクに交換する政府の意向に反対したペールが予想外の退任となったため、グレスケが急遽ドイツ側のスピーカーになったという事情がありました。

　メルツァーの主張はおよそ次のとおりでした。

　（1）第二次世界大戦後の自由主義経済圏の繁栄は、米国が覇権国として作った、世界政治・軍事・貿易・通貨の体制の下で生まれたものだ。
　（2）その結果として、米国の経済力は相対的に低下した。今や、米国は軍事面では強力であるが、通貨の安定の面では日本、ドイツに劣る。一方、日本とドイツは、世界の平和のための警察の役割、そして自由貿易体制の護持・推進ということになると、それがコストを伴う場合には特に消極的である。
　（3）今後の自由主義経済圏の繁栄維持のためには、米国、日本、ドイツが、国際政治・軍事体制、貿易体制、通貨体制、の三つ面で新しいルールを作り、コストを分担しなければならない。

　もっとも、こうした新しいルールとしてメルツァーはどういうものをイメージしているかは明示しませんでした。

　これを受けて、私のスピーチの番となりましたが、壇上で私の隣に座った議長役のカナダ銀行クロウ総裁からは、予め、「一日目の日本締め出し論もあって今日は貴方がどういうスピーチをするのか、皆が注目している。今日のハイライトだ」と言われておりまして、嬉しくない役回りでありました。

私のスピーチでは、クルーグマンとメルツァーの主張を視点に入れ、日本の国際政治と経済の両面における役割分担と発言権確保の問題、地域統合を巡る問題、更には貿易摩擦問題と関連付けて日本の貯蓄率と経常収支黒字をどう捉えるべきかという問題、などについて論じました（注9）。

　幸い、多くの参加者から好評を得ることが出来ました。特に、セッションが終わった後、フランス銀行ドラロジエール総裁がわざわざ握手を求めに来てくれる場面もありました。また、この会議に出ていた元米国通貨監督官で現在メリルリンチの会長をしているジョン・ハイマンから先般私に手紙が届き、私のスピーチは気品と格調（grace and style）があって良かったと書いてあり、まずはあまり悪くはなかったかと存じました。

　なお、私のスピーチのごく一部ですが、前述の『ヘラルドトリビューン』紙に報じられたほか、先週木曜日（9月12日）の時事通信「金融財政」版に2ページに亘ってこのエッセンスが報じられておりますので、もしかすると皆さんのお目に止まったかと存じます。ただ、時事通信の記事は、私が「黒字有用論」を述べたというような大見出しとなっており、その点はやや不本意で、その後「英文日経」に紹介された「貯蓄有用論」が私の本意であったことを付け加えさせて頂きたいと存じます。

　最後のセッションは、ポール・ヴォルカー、ドラロジエール、そして世界銀行チーフエコノミストのローレンス・サマーズのパネル・ディスカッションでした。

　これに関する質疑の時に、フロアにいた野村総合研究所の鈴木淑夫副理事長が手を挙げて、「東アジアで貿易問題を交渉するグループを作る構想がある。これは、貿易ブロックを作るものではなく、GATT体制を守るための交渉団体のようなものだ。ただ、欧米が保護主義的になれば、東アジアもブロック化へ否が応でも追いやられる」と発言しました。

　これに対して直ちにバーグステンが、

　（1）こうした交渉団体を作る動き自体が危険だ、
　（2）もともと内向きな欧州共同体（EC）をますます内向きにしてしまう、

と批判しました。

一方、サマーズは現実論としては、地域統合はやむを得ざる選択の道であると述べ、意見は対立のままで終わりました。

　いずれにせよ、アジア諸国と日本との付き合い方にも難しい問題があることを痛感しました。

　カンザスシティ連邦準備銀行のコンファランスから帰国して東京で数日過ごした後、9月5日〜6日ストックホルム経済大学が主催した「世界経済における日本」と題する国際コンファランスに出席しました。ストックホルム経済大学はスウェーデンの官界、財界などに多くの指導的立場の人を輩出している名門大学で、現在、欧州における日本との橋渡しとなる日本経済の研究センターを学内に作るべく、スウェーデンと日本で資金集めをしております。こういう運動の一環として企画されたこのコンファランスは、公開討議とアカデミック・セッションとから構成されていました。

　公開討議はノーベル経済学賞の受賞者が授賞式後に記念講演を行なう時に利用される講堂で行なわれました。まず、スウェーデン王室のベルティル皇太子殿下が開会の辞を述べられました。この後、欧州と日本側から基調講演、それからフロアからの質問を受けてそれに基調講演者が答える形で進行しました。

　欧州と日本側からそれぞれ政治指導者も出席することとなっており、日本からは当初宮澤喜一さんが予定されており、これに私がもう一人の日本人基調講演者として参加することになっておりました。しかしながら、宮澤さんは結局来られず、当初アカデミック・セッションのみに参加予定であった小宮隆太郎・東京大学名誉教授と私が日本側の基調講演者となりました。

　最初のスピーカーは、アンドレアス・ファンアクトさんでした。オランダの元総理大臣で、福田赳夫さんなどと共にOBサミットのメンバーです。1980年から2年半ばかりECの駐日大使をされ、現在はECの駐米大使をされている人で、極めてバランスのとれた立派なスピーチをされました（注10）。

　（1）欧州人は、日本人に対して複雑な気持ちを持っている。第二次世界大戦によって灰燼に帰した日本がここまで経済発展を遂げたことに対する尊敬の気持ち、恐怖の気持ち、そして羨望と妬ましさの気持ちもある。

（2）しかし、自分は、日本を排斥するのは間違いと思っている。また、最近における日本の対 EC 貿易黒字の拡大や日本と EC との間の直接投資の一方通行などを巡る、欧州の対日批判は謂れ無いのが多いとは思うが、全てが根拠のないものであるわけでもない。

（3）いずれにせよ、欧州と日本の相互理解、お互いに学び合うことが大切である。

小宮教授は、戦後の日本経済の発展を振り返って、米国の対日バッシングに対して反論すると共に、欧州の対日理解不足をかなり厳しく批判されました（注 11）。

このほか、スウェーデン財界の有力者ベルティル・ハグマン氏（注 12）、スウェーデン大蔵次官エリック・オスブリンク（後に財務大臣、写真 6-2）はかなり日本に対する外交辞令の多いスピーチを行ない、カンザスシティ連邦準備銀行の国際コンフェランスとは雰囲気が大きく違っておりました。

私は「国際貿易・通貨体制の新展開と政策課題」と題して約 30 分のスピーチをしました（注 13）。幸い、ファンアクトさんなど、欧州の方々、参加した日本の学者なども評価してくれ、スピーチの後ファンアクトさんからは直ぐに講演原稿のコピーをくれないかと頼まれました。

なお、小宮先生のスピーチは傍聴していた日本の学者が後から言っておりましたが、ややナショナリズムが強すぎ、パネル・ディスカッションの際、ファンアクトさんが冒頭手を挙げ、「自分のスピーチには相当欧州に対する自己批判を含めた積もりであるが、小宮教授のスピーチを聞いていると、日本には何も改善すべき点はないと主張されているような印象を受けた。本当にそうなのか」と質問され、これに対して小宮教授は再び欧米は日本を理解する努力にかけているという見解を強く、しかもかなりの時間をかけて、述べられました。

アカデミック・セッションでは、日本経済の多様な側面について日本および欧米の学者が参加して議論が行なわれ、日本の学者もこれ程まで幅広くかつ大規模な日本に関する国際コンファランスは初めてだと言っておりましたし、スウェーデン側のもてなしは大変素晴らしいものでした。

9 月 12 日には日本駐在のスウェーデン大使を訪れ、お礼を申し上げると共に、日本経済センター設立に多少なりともお役に立ちたいと申してまいりまし

た。

　カンザスシティ連邦準備銀行コンファランスにおけるドラロジエール・フランス銀行総裁の言ではありませんが、「国家間の不信は無理解から生ずる」という面があり、我々としても自己主張をもっとする必要があると共に、相手方を理解する努力を、アジア、米国、欧州の三極間で更に進めなければならないと、この二つのコンファランス出席を通じて痛感いたしました。

　この点、中央銀行業務をやや超えている面もありますが、私なども中央銀行員というよりも前に、まず日本社会の一員という意味で更に微力を尽くさねばならないと思っております。

　なお、余計なことですが、私が個人的な資格で書いた駄文も OECD 事務総長を始めとする国際機関の友人達や主要国の政府・中央銀行などの首脳陣などに送り、彼らのコメントを得ようと思っており、これを基に私なりに意見交換を進める積もりです。同時に、貿易・通貨の地域統合の問題などを含めての日本政府の要人とも意見交換を進めたいと考えております。

注
1. Lawrence Malkin, "After Communism, What World Order? ", International Herald Tribune, 26 August 1991,「経済ブロック化懸念、『日本締め出し』論も ─FRB セミナー」、朝日新聞、1991 年 8 月 27 日。
2. Federal Reserve Bank of Kansas City, "Policy Implications of Trade and Currency Zones", the proceedings of a symposium held at Jackson Hole, Wyoming, August 22-24, 1991.
3. Paul Krugman, "The Move toward Free Trade Zones", 上掲書、pp.7-41。
4. ポール・クルーグマンは、2008 年度ノーベル経済学賞を受賞した。授賞理由はこの新理論であった。
5. Paul Krugman, 上掲書、p.41、脚注 7。
6. Paul Krugman, 上掲書、p.31。
7. C. Fred Bergsten, "Many Americans and Europeans certainly do "deeply distrust the Japanese", as he (Krugman) asserts", 上掲書、p.52。
8. この部分は公刊された最終版では削除された。
9. Kumiharu Shigehara, "Commentary: Global Implications of Trade and Currency Zones", 上掲書、pp.267-274。この論文の内容の一部は、『インターナショナル・ヘラルドトリビューン』紙（1991 年 8 月 26 日、注 1) のほか、後日、『ニューヨークタイムズ』紙のシルク記者がコラム "Economic Scene" の中で紹介した。Leonard Silk, "A Japanese Shift Away From U.S.", 27 September 1991.
10. Andreas van Agt, "Europe – Japan: Conflict or Cooperation?" in "Japan: A European Perspective", edited by Thomas Andersson, St. Martin's Press, 1993, pp.3-10.
11. Ryutaro Komiya, "Some Thoughts on the Future Development", 上掲書、pp.11-25。
12. Bertil Hagman, "Europe – Japan: Strengthened Relations", 上掲書、pp.27-37。

13. Kumiharu Shigehara, "Evolving International Trade and Monetary Regimes and Related Issues", 上掲書 , pp.39-50。

第16章
OECD チーフエコノミストとしての活動

経済政策委員会と第三作業部会の改革

　OECD 経済政策委員会（EPC）や第三作業部会（WP3）の活動について参加国の政府と中央銀行の幹部達が不満を持っていることを私が OECD チーフエコノミストに就任する前に承知しており、その改善が私に期待されていたことは「はしがき」で触れました。これに関連して、1992 年 5 月に私が OECD に赴任する直前に、当時の米国大統領経済諮問委員会（CEA）委員長で EPC 議長のマイケル・ボスキンから書簡が私に送られてきました。

　まずファックスでコピーが送信され、やがて 4 月 2 日付の正式の書簡が航空便で日本銀行本店の私宛に届きました。そこには、EPC が何を目的に活動すべきか、分からなくなっているという危機感が示されていました。

　当時、EPC の下にある作業部会（working parties: WPs）としては、経済成長問題を扱う WP2 と物価問題を扱う WP4 を合併した上で広く構造問題を扱う WP1 が全加盟国を参加国として機能していました。それから、金融政策、財政政策、為替相場政策や国際収支調整などの問題を取り扱う WP3 が G10 ベースの選ばれた国々における財政金融当局の責任者によって協議をする場として存在していました。こういう枠組みの中で、全加盟国が参加する EPC は何をすべきか、G7 諸国の EPC 首席代表者と OECD 経済総局長に就任する直前の私と一緒にワシントンで話し合いたい、という趣旨でした。また、事務局が EPC に提出する検討資料はポイントを絞って短く読みやすいものにして欲しいという注文も書かれていました。

　事務局の中でスタッフから上がってきた草稿を丹念に手直して、要領を得た簡潔なものに仕上げるのは上司がやる仕事です。そういうことを上司が筆をとってきちんと行なっていなかったことをボスキン書簡は示唆していた訳です。国内で沢山の仕事を抱えながら、国際会議に出席する各国の代表者にとっ

ては、手際よく短くまとめられた検討資料でなければ精読する時間がないのは
当然です。ジョージ・H・W・ブッシュ大統領に仕えたボスキンは歴代の大統
領経済諮問委員会の委員長の中で大統領に抜きん出て重用され、特に多忙と聞
きましたが、それだけに当たり前の注文でした。

　私は5月の連休が明け、前任のデヴィッド・ヘンダーソン（写真1-1）が辞
める日にOECDに着任する積もりでいたのですが、パリに直行する当初の計
画を変えて、まずワシントンに飛びました。日本からは経済企画庁の田中努事
務次官、EPC副議長でドイツ経済省の重鎮のベルンハルト・モリトール、英
国大蔵省のチーフエコノミストであったアラン・バッドなど、G7加盟欧州諸
国のEPC首席代表達も集まったこのワシントン会合は拍子抜けでした。呼び
出しをかけた肝心のEPC議長であるボスキンが急に大統領に呼び出され、会
合は短時間で切り上げられました。

　この会議から得た私へのメッセージは明白でした。第一は、OECD事務局
内で経済総局長がEPCの運営にもっとしっかりグリップをきかせる、第二は、
EPC議長には米国CEAの議長であるからといってほぼ自動的に就任を認めら
れることがないようにする、ということです。これをワシントン会合の自分な
りの結論として、大西洋を渡ってパリに着いたのです。

　もう一つはWP3の問題です。幸い、ドイツ連邦銀行（ブンデスバンク）の
国際金融局長として永年に亘ってWP3の活動に携わってきたヴォルフガンク・
リーケ（写真5-1）は、私がOECDのチーフエコノミストに就任することをド
イツで有力な『フランクフルター・アルゲマイネ』紙で読んで、早速祝い状
を寄せ、これからWP3の仕事で協力出来るのを楽しみにしている、と心強い
メッセージを送ってくれていました。WP3の議長は、私が日本銀行に戻って
いる間にジェフリー・リトラーからブンデスバンク副総裁のハンス・ティート
マイヤー（写真5-1）に代わっていました。そこで、私のOECDチーフエコノ
ミスト就任が決まった直後に開かれたOECD高級金融専門家会議に日本銀行
の代表として出席するためパリに出張した機会にフランクフルトに立ち寄り、
ティートマイヤーと面会しました。そして、WP3の運営にあたっては事務局
側では私が前面に出て指揮をとり、テーマの選択や討議のやり方などについ
て、ティートマイヤー議長と綿密な打ち合わせをする考えを伝えました。その
上で、ティートマイヤーが多忙な時は、リーケが連絡役として助けてくれるこ

とになりました。

　EPC議長には伝統的に米国CEAの委員長が就任していたのですが、前述したように、ボスキンがCEAの委員長であった時は、大統領との関係があまりにも密接であったために、ワシントンに留まらざるを得ず、彼が議長職にあった4年間に春秋の年2回で総計8回開催されたEPC会合のうち半分しか議長役を果たさなかったのです。その穴埋めをしてくれたのは副議長のモリトールでした。

　1993年1月にビル・クリントン政権が誕生し、ローラ・タイソンがボスキンに代わってCEAの委員長に就任しました。私がこの人を初めて知ったのは、国際経済研究所のバーグステン所長と金融情報センターの大場智満理事長が共催されていた日米賢人エコノミスト会議に日本銀行金融研究所長として参加していた時です（本書第15章参照）。彼女のエコノミストとしての力量は分かっていましたが、カリフォルニアで大学の教職にあった人で、ワシントンでの経験が全くなく、突然EPC議長の役割を任せることはEPCにとっても彼女にとっても良いことではない、というのが私の直感でした。

　その時のOECD米国政府代表部大使であったアラン・ラーソンは立派なキャリア外交官でした。彼はボスキンがEPC議長としては問題があったことを承知していましたので、ボスキンの後のEPC議長には1年間に限ってドイツのモリトールになってもらい、その間タイソンには副議長としてEPCの活動に慣れてもらい、1年後にEPC議長に就任する、という私の提案を異議なくワシントンに繋いでくれました。この提案は外交問題でもありましたから、ラーソン大使に交渉する前にはペイユOECD事務総長の了解を得たことは勿論です。クリントン政府は私の提案を受け入れ、外交問題にならずに済みました。モリトールは、ドイツと米国の間でイザコザが起きないことを了解して、EPC議長に就任することに同意し、93年春のEPC会合で問題なく議決されました。

　EPC会議の運営については、各国が順送りで経済情勢の概況報告、いわゆるツールドリゾン（tour d'horison）を行なうしきたりは止めることにしました。その上で、通常は米国、欧州連合（EU）、日本の三つの地域別のセッションに限り、それ以外の加盟国については時に応じて大きな問題を抱えている場合に限って集中討議のセッションを設けることとし、各セッションにおける関係国代表の冒頭説明に厳しい時間制限を設けました。また、あらかじめ他国代表者

の中からディスカッサントを選定しておいて、その質問に対する関係国代表の回答の方にたっぷり時間をとるように工夫しました。更に、会議における私の発言は、各国代表の発言を妨げないように配慮しながら、討議を活発化するために、前任者よりかなり積極的に、しかし簡潔に発言するように努めました。嘗てレーガン大統領の下で最初のCEA委員長であったワイデンバウムがEPC議長を務めた時に、ヴァンレネップOECD事務総長の経済顧問であったマリスの長時間に亘ったEPC発言を批判したことを教訓にした積もりです。

OECD 経済総局の内部改革

OECD経済総局の内部改革にあたっては、一般経済局と国別審査局の仕事の融合を図るため、経済総局長が積極的に関与する態勢にしました。具体的には、一般経済局が討議資料の作成を担当するWP1とWP3は勿論、一般経済局と国別審査局の両局が分担して作成するEPCの討議資料については、毎回の会議資料の準備を両局が始める前に、その時々の作業において焦点を置くべきであると思われる問題を総括したアウトラインを経済総局長が提示することとしました。両局の作業をこのアウトラインに従ってまとめてゆくため、経済予測課（Economic Prospects Division）を総括評価課（General Assessment Division）と改称した上で、両局のスタッフが作成する検討資料にある分析結果や政策提言の整合性に配慮させるようにしました。国別審査局が作成する国別資料に盛り込まれた政策提言については、以前は国別審査局長止まりで最終稿とする習わしでしたが、G7諸国、そして中小国でも大きな問題を抱えている国については、経済総局長をクリアしない限り最終稿にしない仕組みに変えました。

こうした改革については、一部のスタッフから猛烈な反発が起こりました。やがて、『フィナンシャル・タイムズ』紙の腕利き記者のデヴィッド・マーシュが私の改革について、人物紹介も兼ねて、私の大きな写真入りの記事を書きました（注1）。彼は中央銀行関連の取材報告では一目も二目も置かれている記者でした。幸い、改革の結果については、以前の経済総局の仕事に特に強い不満を持っていた英国の大蔵省やイングランド銀行の幹部からも評価されたことは「はしがき」で述べたとおりです。

第16章 OECDチーフエコノミストとしての活動 *215*

フランス語 ── OECD の公用語

　改革というほどのことではありませんが、歴代の OECD チーフエコノミストの中で OECD の公式会合で英語と共にフランス語を使用したのは日本人である私が初めてでした。OECD 設立以来のチーフエコノミストは英国人が 4 名、カナダ人が 1 名と、英国圏の出身者が 5 人続いた後、6 代目が日本人の私ということでしたが（写真 1-1）、英国人はともかく、公用語が OECD と同様に英語とフランス語の両方であるカナダ政府の出身であるオストリが OECD の会合でフランス語を一切使わなかったので、フランス政府代表部大使から抗議の書簡がヴァンレネップ事務総長に送られたことがありました。

　EPC の会合など加盟 24 カ国の全てが参加する会議では、フランス語を公用語とする国は勿論、それ以外からの国の代表者でも英語よりもフランス語を選択して発言する人もいましたから、OECD チーフエコノミストとなった以上はこうした人達に私が質問する場合はフランス語を使うことにしたのです。また、OECD「経済展望」（エコノミック・アウトルック）を発表する記者会見（写真 1-2）などでも、冒頭発言は英語で行ないましたが、フランス語圏の記者の質問にはフランス語で答えました。勿論、OECD の公式会議では、英語とフランス語の同時通訳がありましたが、日本人がフランス語で質問する方が、フランス語圏の人に良い印象を与える効果があるのは当たり前です。以前の OECD 勤務の時も、事務局内部でフランス語圏の職員にはフランス語で話すことにより、彼らが親近感を持ってくれ、仕事を円滑に運ぶことにも役立った経験がありました。

　こういうことで、フランス語圏の新聞の取材やテレビ出演の依頼も増え、これに積極的に受けるようにしました。前述した『フィナンシャル・タイムズ』紙のマーシュ記者の記事など、メディアによって私の言動がしばしば取り上げられたことは、OECD の広報部門（注 2）は勿論、OECD のイメージ・アップのための広報活動が足りないと各国政府代表部大使などから批判されていたペイユ事務総長も評価してくれました。

　なお、蛇足ですが、OECD エコノミック・アウトルックに関する私の記者会見の席上で記者に配布される分厚い公式資料には、英語とフランス語という

二つの OECD 公用語で用意する必要があることや当時の印刷・製本の技術の制約などから、記者会見開催の数日前を最終締切日とした情報や政策提言しか盛り込まれていませんでした。一方、記者会見における口頭による私の冒頭発言は最新の情報を踏まえて行なわれますので、その内容を取材して報道するため、欧米諸国の一流紙はパリ特派員だけでなく、本社から経済担当記者を送り込んできました。日本の新聞は、パリ特派員が私の記者会見に参加する場合もないではなかったのですが、大方は OECD エコノミック・アウトルックを公表前に入手する日本の外務省が東京であらかじめ用意したブリーフィング資料を利用して作った予定原稿を基に報道する態勢でした。このようなことから、日本の新聞の読者が得る情報が欧米諸国の一流紙の読者よりも不十分なことを残念に思ったものです。

人事管理

常にフランス語を使って話し合うペイユ事務総長と私の関係がフランス語を使わない英国人の前任者よりもしっくりいっていたことは、経済総局のスタッフの信認を得る上でも役立ちました。同時に、経済総局の内部における人事管理は、二人の局長（英国人とスペイン人）と二人の局次長（米国人とカナダ人）とで構成された人事管理グループの議長として厳正に行なうように努めました。人事登用に関する OECD 代表部大使達の陳情、温情や国籍などによる依怙贔屓などは一切排除し、約 180 人に上る経済総局のスタッフの年次考課は、手間と時間がかかりますが、丁寧に行ない、二つの局の課長級以上の幹部については、局長ではなく、総局長が年次考課の最終面接を行なうシステムにしました。また、二つの局のいずれにせよ、課長級以上のポストに空席が出来た時は、内部候補と外部候補を情実なしに厳正に比較して、最終選考リストに絞られた候補者達を総局長が面接して登用の決定を行なう仕組みにしました。

後日譚ですが、私の最後の、つまり四度目の OECD 離任レセプションの時、5 年間に亘った私の経済総局長時代の当初は課長、やがて局次長となった米国人が、私の人事は「公正」（"fair"）であった、と妻に語ったそうです。それは、日本人の私がどういう人事管理をするか、彼がじっと様子を見ていたという意味に私は受け取りました。この間、日本人職員から見れば、私が冷たい人と思

われたのかもしれません。いずれにせよ、嘗て日本銀行の考査役として邦銀の海外拠点の実地考査をした時に、米国人の人事担当者から、日本人幹部による現地職員の人事管理がずさんである、という指摘があったことを忘れてはいませんでした。

OECD 経済総局によるサーベイランスの変容

OECD 事務局はペイユ事務総長の下で、特に欧州で深刻な失業問題に関して、社会労働政策局のほか経済総局なども協力してまとめた研究報告書（いわゆる "Jobs Study"）を 1994 年の閣僚理事会を提出しました。その後のフォローアップ作業の一環として、私の発案で「マクロ経済政策と構造改革」と題する国際コンファランスを OECD パリ本部で 1996 年 1 月に開催し、私は冒頭演説で、OECD 加盟国が労働市場だけでなく生産物市場などを含む経済全体の構造改革とマクロ経済政策の運営をバランスよく進めるために OECD が果たす役割の重要性を訴えました（注 3）。

更に、同年 10 月に私が英国バーミンガム大学に招かれて、"Global Finance Lecture" と題した年一度の記念講演を行ない、マクロ経済政策と構造政策の両面に亘る OECD 経済総局のサーベイランス（監視）活動に関する体系的な説明をしました。その上で、英語で行なった時の講演の原本は、フランス語版と合わせて、OECD の出版物として刊行されました（注 4）。

英語版の作成に当たっては、OECD 経済総局長室で、マクロ経済担当の審議官であったロバート・フォード（カナダ人、後に国別審査局次長を経て定年退職）および構造問題担当の審議官であったジョルゲン・エルメスコフ（デンマーク人、後に政策調査局長を経て退職）が支援をしてくれたことが明記された上で、そこに表明された見解は私個人のものであり、「必ずしも OECD の公式見解ではない」という、いわゆる「免責条項」が付されています。とはいえ、この講演は、OECD 経済総局が加盟国のマクロ経済問題と構造問題の両面に関して行なうサーベイランスの特徴と課題について、OECD の責任者として初めて体系的に論じた画期的なものでした。

当時、加盟国の年次経済審査を担当する経済開発検討委員会（EDRC）では、マクロ経済問題の審査を午前に、構造問題の審査を午後に行なうという時間配

分に変更し、構造問題を以前に比して重視する方向に変わりつつありました。また、本来は多角的（マルチラテラル）なサーベイランスの場であった EPC も、10 カ国ベースでの金融経済政策問題の討議に特化した WP3 との重複を避けるため、その審議時間の約 3 分の 1 は構造問題にあてる、という改革が行なわれました。

こうした OECD 経済総局によるサーベイランスに資するため、金融政策関連では、加盟国における各種の金利や量的金融・信用総量のほか、市場金利と実効為替相場（名目値と実質値）との複合指標（composite indicator）なども開発しました。また、財政政策関連では、公的部門の財政赤字幅や債務残高の対 GDP 比率といった財政ポジションを表面計数で見るだけでなく、景気循環の影響を捨象した構造収支尻を推計して見る作業や財政ポジションの中期シナリオを作成してその持続可能性を検討する作業を強化しました。更に、構造政策のサーベイランスのためには、生産物市場と労働市場における流動性の程度を把握するための指標の開発などにも努力をしました。

欧州為替相場メカニズム（ERM）に関する WP3 の議論

次に、私が OECD チーフエコノミストであった 5 年間における WP3 の場で行なわれた論議のうち、特に印象に残っている幾つかのテーマについて述べます。

まずは、欧州単一通貨、つまりユーロの導入に至る前の欧州通貨制度（European Monetary System: EMS）の下での欧州為替相場メカニズム（European Exchange Rate Mechanism: ERM）の動揺の問題です。この問題は、私が OECD チーフエコノミストとして着任する直前、1992 年 4 月 10 日と 11 日の両日に亘って開かれた WP3 の主要テーマの一つでした。討議は、「単一通貨連合（European Monetary Union: EMU）移行における政策問題」と題された事務局資料（注 5）に基づいて行なわれました。そして着任後、スタッフが取りまとめた討議の要旨の草稿を私がチェックして、更に議長の同意を得た最終版を、私がサインした書簡と共に WP3 のメンバーに送付したのが、OECD チーフエコノミストとしての WP3 に関する最初の仕事となりました。

この会合の議論の先頭を切ったフランス国庫局長のジャン＝クロード・トリ

第 16 章　OECD チーフエコノミストとしての活動　*219*

シェ（写真 4-2）からは、(1) ドイツが国内物価の安定化を目指して行なった金利引上げはフランスにとっては不幸なことであったが、それでも ERM があるが故に、フランスとドイツの間の金利差が低めに抑えられている、(2) フランスの金利が、より割高なイタリアやスペインの金利水準に引き寄せられることはない、と述べました。また、マーストリヒト条約によって各国に課される財政規律については、これがユーロ圏に対するデフレ圧力になるであろう、という米国連邦準備制度理事会（FRB）トルーマン国際金融局長などからのコメントは当たらない、とトリシェは反論しました。

　ティートマイヤー議長からは、インフレ率がドイツよりも低い国で金利がドイツよりも高いという現象があるが、こうしたアシメトリーはいずれ解消するかもしれない、という楽観的な見方が示されました。一方、ブンデスバンクのリーケ国際金融局長は、ERM 参加国間の通貨調整がドイツにおける金融政策の活用の余地を拡げたことは事実であるが、それが ERM に対する市場の信認にどういう影響を及ぼすか、という問題の答えは分からない、という微妙なコメントをしました。

　この間、OECD 事務局からは、EMU 移行に向けて為替相場の安定が求められ、更に財政政策の活用が制約される中で、域内の一部で発生したショックを個別国の金融政策の運営によって吸収出来なくなりつつある状況において、労働力移動の流動化が進まず、名目賃金の下方弾力性が乏しいことについて、問題提起がありました（注 6）。

　この間、イングランド銀行のアンドルー・クロケット理事は、ERM への参加が英国にとっても利益ではあるが、短期的には、英国の金利をドイツよりも高水準に保たなければならないことが国内経済運営を難しくしていると述べました。英国の学者の中には、サッチャー首相の経済顧問でマネタリストのアラン・ウォルターズや単純なマネタリズムに批判的であったチャールズ・グッドハートなど立場の違いを超えて英国の ERM 参加に反対の声があったのですが（注 7）、最終的にサッチャー政権の下で英ポンドは 1990 年から ERM に加入していたのです。ウォルターズが主張したマネーサプライの数値目標による金融政策運営は、国内金融と資本移動の自由化などによる通貨需要の変動もあって結局失敗に終わり、英国は ERM 参加によって英ポンドに対する信認の回復を目指したのでした。

220

しかし、英国は ERM 参加によっても国内のコストインフレを抑えられず、苦境が続きました。例えば、製造業の製品単位当たり労働コストの 1991 年の水準を 87 年に比べると、ドイツが 7% 高、フランスが 2% 高にとどまっていたのに対して、英国では 21% 高と、明らかに国際価格競争力が落ちていました（注 8）。しかも、英国の失業率は ERM に参加した 1990 年の 5.9% から 1992 年には 10% 台にまで上昇していたのです。

こうした状況を見ていたジョージ・ソロスなどの投機家は、英ポンドの猛烈な売り浴びせを始めました（注 9）。イングランド銀行は 1992 年 9 月 16 日に公定歩合を 10% から 12% へ引き上げたのですが、英ポンドの売り圧力は止まず、同日更に 15% にまで再度の公定歩合引上げを余儀なくされました。しかし、この利上げも効なく、ジョン・メージャー政権は翌 17 日に英ポンドの ERM 離脱と変動相場制への移行を決めたのです。こうして英ポンドは 10 月初めにはドイツ・マルクに対して 15% の下落となりました。10 月 8 日、英ポンドの ERM 離脱によって国内物価安定のためのアンカーを失っていた英国は、英ポンドに対する市場の信認を回復するため、インフレの数値目標（注 10）を発表しました。

英ポンドの ERM 離脱後、投機の対象はフランス・フランに移りました。こうした状況の下で開かれた 92 年 12 月の WP3 会合における私の冒頭発言の中で、政策オプションとして、ERM 変動幅の拡大とドイツ・マルクの単独フロートに言及したのですが、真正面を切った討論はなく終わりました。

翌 93 年 3 月の会合の準備にあたっては、私は ERM 変動幅の拡大というオプションを中心に掘り下げた議論をしたいと思いました。そこで、会合における私の冒頭発言の直後にフランス代表のトリシェ国庫局長がコメントする手筈を事前に彼と私の間の電話で整えました。微妙な内容ですので、発言資料は事務局のスタッフにも極秘で私が書き下ろし、ペイユ事務総長にだけ会議の直前に手渡しました。事務局が事前に各国に配布する討議資料は、極秘扱いながらリークの危険があるため、その中では一切言及せず、私の意見の発表は口頭で行なわれただけでした。参考資料として発言後にコピーが各国代表に配布されることも差し控えました。また、WP3 における討議の内容に関して後日事務局から各国 WP3 代表者に書面で送付された WP3 議長要旨の中には「様々なオプションが提示された」と記載されただけでした。誰がどのようなオプション

を提示したのか詳細は記載されず、事務局内部でテープ起こしされた議事録の中にだけ全文が収録され、極秘資料として保存されてきました（OECD 法務局の許可を得て本書の次章に収録）。

ERM 変動幅の拡大というオプションの方が、ドイツ・マルクの単独フロートというオプションより良いと私が判断したのは、一つには、OECD 経済総局が計測した国際価格競争力を見ると、当時、フランスの方がドイツより良好な推移となっていたからでした。この点は、既に前年 12 月の WP3 会合で私が指摘したところです。ところが、市場では、こうしたファンダメンタルズが十分に認識されておらず、フランスの長期金利にはドイツと比べて大きなリスクプレミアムがついていましたし、為替市場ではフランス・フランに対する売り圧力が続いていました。こうした状況で、少なくともフランス・フランとドイツ・マルクとの間の中心相場を変更することは必要ない、というのが私の考えでした。因みに、OECD 加盟各国の国際価格競争力の推移については、工業製品の輸出価格と工業製品単位当たり労働コストの二つの指標を基に計測した結果が、1992 年 12 月に発表された OECD エコノミック・アウトルックの中に一章を設けて発表されていました（注 11）。

トリシェは現行の ERM の枠組みを守り抜くということに専念していました。もともとトリシェは、弱い通貨であるフランス・フランのアンカー通貨を健全通貨であるドイツ・マルクとすることで、国内の物価を安定させ、やがて単一通貨の導入によって欧州統合を更に進めようという強い信念の人でしたから、WP3 での発言も原則論でした。

微妙な通貨問題に関する当局者の発言は、その一言一句が為替市場を左右し、通貨投機で儲ける者が出る可能性もあります。いくら WP3 は秘密会といっても、各国代表はノートテイカーを連れてきていますし、発言内容が議場外にすぐリークするリスクがあります。こういうことで、私も、彼の慎重な返答を予想はしていました。トリシェも私も、WP3 の席上ではゲームをしていたわけです。いずれにせよ、国際価格競争力を見ると、当時、フランスの方がドイツより良好である、という私の指摘は彼にとっても有難かったのではないかと思っています。

会議が終わってしばらくすると、フランクフルトからリーケが電話をかけてきました。私の発言をブンデスバンクでは非常に喜んでいるということで

した。勿論、私はブンデスバンクの中でどういう議論があったかは知りませんでした。ただし、ブンデスバンクの中で ERM 変動幅の拡大の是非が議論されていても不思議ではありませんでした。現に、1994 年 4 月に発表されたブンデスバンク 1993 年報には、同行が 93 年の前半に ERM 変動幅の拡大を提唱するようになっていたと記載されています。また、EU 職員でブリュッセルからノートテイカーとして WP3 会議に参加していたバーナード・コノリーは欧州通貨統合に関する内幕を暴いた本（注 12）の中で、「その（ERM 変動幅の拡大）提案は、ブンデスバンクによってなされたとサミュエル・ブリタンが『フィナンシャル・タイムズ』紙の記事に書いているが、実は OECD チーフエコノミストの重原久美春がしばらく前から唱えていたものであった」と書いています。この本が出版された 1995 年に EU 職員として在職中に暴露本を発刊したのは守秘義務違反ということで、結局、彼は辞めさせられましたが、私の発言について彼が書いた内容は正確でした。

　こういう経緯は兎も角、フランス・フランはその後激しい売り投機にさらされ、93 年 8 月 2 日、ERM 変動幅は上下 15% への拡大が決定されました。この決定に至る過程で欧州通貨委員会を舞台に行なわれたドイツとフランスの激しいやりとりの模様はコノリーの本に詳細に亘って書かれています（注 13）。

　フランスの短期市場金利は、ERM 変動幅の拡大前の 93 年 7 月末にかけて強まったフランス・フラン投機に対抗するため 10% を超える水準まで引き上げられていたのですが、ERM 変動幅の拡大を受けて為替市場が落ち着きを取り戻す中で、93 年 11 月半ばには 6.75% 内外に引き下げられ、ドイツの短期市場金利との間の金利差は 0.5% 以下にまで縮小しました。また、長期金利も 6% 近辺と、前年比 2.5% も低下しました。

欧州単一通貨ユーロ導入に関する WP3 の議論

　ERM の為替変動幅の拡大が実施された数カ月後の 1994 年 1 月、欧州通貨統合に向けての第二段階として、欧州通貨機構（European Monetary Institute: EMI）がフランクフルトに設立されました。主な目的は、第三段階である欧州中央銀行制度と欧州中央銀行（European Central Bank: ECB）を準備することで、初代総裁には国際決済銀行（BIS）総支配人であったランファルシー、事務局

長にはフランス銀行信用総局長であったレモンが就任しました。そして、業務は主に欧州各国中央銀行からの出向職員によって支えられました。

　こうした欧州単一通貨ユーロの導入を目指した関係国の活動を眺めながら、米国、日本、英国、カナダなど主要な域外国を構成国に含む WP3 としてユーロ導入に関する議論をする機運が高まりました。この頃、WP3 の議長は、1993 年にティートマイヤーがブンデスバンク総裁になった後に就任したクロケットがイングランド銀行理事から BIS 総支配人になったことから、ローレンス・サマーズ米国財務副長官（前に次官、後に長官）になっていました（写真 5-3）。サマーズは、ユーロ導入問題を WP3 で取り上げることに特に熱心で、その議論は 1995 年 12 月の会合で行なわれました。開催場所は、いつも通りに、OECD パリ本部と WP3 会合の正式の招請状には書かれていたのですが、パリ空港の管制官がストライキをするという報道があったことから、私の提案でバーゼルの BIS 本部の会議室に急遽変更されました。ところが、当日にはストライキは解除され、当時フランス財務省の代表であったジャン・ルミエール国庫局長（後に欧州復興銀行総裁）から私の判断は早トチリだったとチクリとやられました。もっとも、安全を期した場所変えの提案の故に、通常であればサマーズなど各国の政府側代表が入ることの出来ない BIS の建物の中で WP3 会合が行なわれたわけです。この会合では、EMI からはレモン事務局長、域外国の米国からは、サマーズのほか、FRB のアラン・ブラインダー副議長、カナダ銀行からはポール・ジェンキンズ副総裁、英国からはナイジェル・ウィックス大蔵省第二次官などが積極的に発言しました。

　WP3 バーゼル会合の直前の 1995 年 11 月央、EMI は 1999 年 1 月 1 日にユーロを導入するためのスケジュールを発表しましたが、ユーロ導入に必要なマーストリヒト条約の基準を満たすことが難しそうな国々に関して市場の懸念が高まっていました。また、ドイツの政府当局者は、ユーロ導入国にマーストリヒト条約に盛り込まれた以上に厳しい財政規律を課す提案を出していました。この提案によれば、マーストリヒト条約による 3% の財政赤字対 GDP 比率は景気後退期においても超えてはならない上限であって、赤字比率は通常の場合には 1% 以下でなければならない、とされていました。また、国債残高の対 GDP 比率は中期的には 60% 以下に維持することを目指すことも提案されていました。

WP3 バーゼル会合では、主として単一通貨圏内の一部でローカルなショック（いわゆるアシメトリカル・ショック）が起きた場合の問題、財政規範と域内国間の財政支援の仕組み、単一通貨の導入のコストと便益の比較、が議論されました。単一通貨の導入を目指す欧州各国が導入の便益を強調したのは勿論ですが、アシメトリカル・ショックをあまり警戒していない発言が多かったのが印象的でした。これに対して、OECD 事務局の会議資料では、(1) 単一通貨の導入を目指す国々における労働市場の流動性の違いや名目賃金の硬直性などの問題があること、(2) 単一通貨の導入と共通金融政策に伴い、アシメトリカル・ショックに対する金融政策面からの対応力が低下すること、財政政策の自動安定化作用に対する制約があること、などに関する懸念が示されていました。こうした OECD 事務局の見解は主に米国やカナダの代表達によって共有されました。

　この会合からは、単一通貨の導入を目指す国の中で特にドイツが単一通貨圏内におけるアシメトリカル・ショックにどう対処するかという問題よりも、いかにフリーライダーを防ぐかという問題を気にしている印象が強く残りました。私が 2013 年 9 月にパリで主宰したユーロ圏危機に関する国際コンファランスのことは第 22 章で述べますが、それとの関係でも、この WP3 バーゼル会合における議論は忘れられません。

　WP3 の会議資料も議事録も極秘扱いですから、その内容は公表されませんでした。ただ、OECD 事務局の見解は、WP3 バーゼル会合の直後に発表されたエコノミック・アウトルック 1995 年 12 月号の巻頭言の中に 1 パラグラフ設けて書かれた上で、更に詳しくは同号の「中期的な観点からの課題」という題名の章にある「欧州」の箇所で示されています（注 14）。また、翌 96 年 6 月号では「現下のマクロ経済政策の課題」の章で論じられています（注 15）。

　また、1992 年 4 月の WP3 会合に提出された「単一通貨連合（EMU）移行における政策問題」と題された事務局資料は公表されませんでしたが、これに関連して作られた OECD 経済総局の研究資料（注 16）は公表されました。

日本の経済政策運営を巡る WP3 などでの議論

　私が OECD 経済総局長として赴任した 1992 年 5 月、一橋大学教授（当時）

第 16 章　OECD チーフエコノミストとしての活動　*225*

の伊藤隆敏氏が日本経済新聞の「経済教室」に寄稿し、「構造的な経常収支には金融引締め、財政収支の出動によって円高に持って行くことが望まれる」と主張しましたが（注17）、私の意見はこういうポリシー・ミックス論とは根本的に異なるものでした。

　確かに、私が着任前の92年3月に開かれたWP3会合のために作られた事務局の会議資料には、日本の増大しつつある貿易収支黒字が保護主義を高める惧れはないか、もし米国の経済回復が進む一方で日本経済のもたつきが続けば、円ドル相場に好ましくない圧力が生ずることにならないか、その場合に日本の景気浮揚は金融政策よりも財政政策によるテコ入れが必要ではないか、という質問が用意されてはいました。

　しかしながら、積極的な財政拡張による日本の内需拡大論（私が日本銀行に戻っていた1970年代の後半にOECD経済統計総局が、また1982年にOECD一般経済局次長の私と意見が対立したマリス経済顧問が、この議論を主張したことは前述）は、私の着任後はOECDの提言から姿を消しました。

　1992年6月に発表されたOECDエコノミック・アウトルックの作成作業は私の着任直前にほぼ終了していましたが、私が手を入れた「巻頭言」における日本の経済政策運営に関する提言では、「ネットで見た政府債務残高の低水準と一般財政収支の黒字から一見すると、日本は拡張的な財政政策をとる余地があるように思われるが、高齢化に伴い関連財政需要が高まると見込まれること、一時的措置を意図して行なった財政の拡張政策をタイミングよく逆転することが政治的には困難なこと、などを勘案すると、実際には今後における財政政策の活用の余地は限られよう」と指摘したのです（注18）。

　OECDチーフエコノミストとして私が行なった最初の大掛かりな記者会見は、このエコノミック・アウトルックを発表するために開かれました（写真1-2）。約15分程度の私の冒頭ステートメントの後、新聞記者から受けた最初の質問は「物価の安定」を私がどのように定義しているかということでした。物価統計には様々な歪みがあることなどを説明した後、消費者物価（CPI）の安定と捉えれば、各国で多少のばらつきがあるが、およそ年率で2%程度の上昇がそれに当たる、というのがOECDチーフエコノミストとしての私の答えでした。それまでOECDでは「物価の安定」について数値をおいて定義したことはありませんでした。この私の答えは、エコノミック・アウトルックに盛

り込まれた日本経済の見通しからすると、更なる金融緩和によって内需の回復を図る余地が日本には相当あることを示唆するものでした。

92年10月に発表されたOECD対日経済審査報告では、90年初から始まった株価の暴落によって民間銀行保有株式の含み益が大幅に減少し、BIS規制の対象となっている自己資本比率が低下していることに注目し、更なる株価下落が銀行の資産圧縮、貸し渋りを助長し、金融緩和政策の効果を削ぐ危険があることが指摘されました（注19）。

同年12月3日に開かれたWP3会合の冒頭における私の発言で、主要国の政策のあり方についてコメントした部分では、日本について、「経済の弱さは更なる金融緩和の必要性を示唆している。これは為替相場に影響を及ぼす。しかしながら、一層の金融緩和が円安とそれに伴う海外における対日貿易摩擦に関する懸念は、最近の為替市場の動きによって緩和されている。物価の安定を維持する範囲内で内需を支えるために金融政策を用いることは、日本だけではなく、その貿易相手国の利益にもなる。もし、内需の弱さに面して、日本の政策対応が欠ければ、外国の製品とサービスに対する日本の需要が弱まる惧れがある。そして、日本の短期金利が十分に低いかどうかを判断する場合に、中小企業の借入れコストの実態に特に注意を払わなければならない」と述べました（注20）。

その直後の12月17日に開かれたOECDエコノミック・アウトルック発表のための記者会見における私の冒頭ステートメントでは、日本の金融政策のあり方について、「緩和措置を、低いインフレ率を維持するという目的を損なわずに行なう」ことが望まれると述べました。このように、物価安定という金融政策の目的がゼロ・インフレではなく「低いインフレ」（low inflation）ということであることをはっきりさせたのは、92年6月のエコノミック・アウトルック発表のために行なった記者会見において私が記者から受けた最初の質問が前述したように物価安定の定義に関するものだったからでした。この冒頭ステートメント（注21）は、私の記者会見が終了すると同時に、WP3参加国の中央銀行総裁などにファックスで送られました。エコノミック・アウトルック発表記者会見における私の冒頭ステートメントは、その後もWP3参加国の中央銀行総裁などに送付するしきたりにしました。そして、イングランド銀行のエドワード（通称エディ）・ジョージ総裁などが読んでくれていたことを後で彼ら

から知らされました。

　OECD経済総局長であった5年間は、原則として年2回は日本に公式出張を行ない、大蔵省の事務次官や財務官など、通商産業省では前橋高校と東京大学で同級生であった堤富男君（産業政策局長、次官）など、そして外務省の幹部達と面談したほか、古巣の日本銀行では総裁以下の幹部とも懇談しました。92年10月にOECD経済総局長としての最初の日本出張の時に、日本銀行で当時の企画局長から、「重原さんはどうしてそんなに日本経済の先行きについて悲観的なのですか。違和感を覚えます」と言われました。私が金融研究所長として出席した最後の、つまり92年4月の役員連絡会で調査統計局長として「情勢判断」資料を説明したのは彼でした。

　翌93年6月に発表したエコノミック・アウトルックでは、日本経済の回復が遅れていると指摘すると共に、円相場の高騰から企業投資が従来の予想より更に弱まると見られ、また不良資産問題から銀行貸出が今後数年間（for several years to come）抑制される惧れがある、という警告を出しました（注22）。

　この頃、WP3だけでなくEPCの会合においても、日本銀行の代表は、日本においてマネーサプライや銀行貸出が伸びないのは資金需要が弱いからである、という説明をしていました。これに対して、資金需要が弱いことの少なくとも一つの理由は、名目金利の水準が極めて低いとはいえ、足元のインフレ率と期待インフレ率が低いために実質金利の水準が依然として高いためである、というのが私の議論でした。そして、日本の実質金利が割高であることが、円がバブルの崩壊した国の通貨でありながら、高くなっている一因である、とも主張しました。

　内閣府経済社会総合研究所は、「バブル/デフレ期の日本経済と経済政策」（通称：バブル・デフレ研究）の一環として、経済政策の決定に関わった政治家、大蔵官僚、日本銀行関係者、当時の企業経営者、が当時の環境や状況をどのように捉えて、どのように決断し、行動したのかというプロセスを明らかにするため、13人の関係者とインタビューを行ない、13本のオーラル・ヒストリーとしてとりまとめて、「時代証言集」として発刊しました（注23）。日本銀行関係者としては青木昭氏と鈴木淑夫氏、それに私が証言をしました。ただし、私はこの時期に日本銀行内部で政策決定者の立場にあったことはなく、情

勢判断に関する役員集会や連絡会で金融研究所長として三重野康総裁から意見を求められただけでした。従って、オーラル・ヒストリーの対象とされた期間の大半は、OECD チーフエコノミストとして日本の当局に政策提言をする立場にあった者ということを内閣府経済社会総合研究所に了解してもらった上でインタビューに応じました。なお、政策担当理事であった青木昭氏は 1989 年に日本銀行を辞めて、日本輸出入銀行の副総裁に就任しました。内閣府経済社会総合研究所は日本銀行関係者として三重野康氏と福井俊彦氏にもインタビューを申し込んだそうですが、断られたという話でした。

　内需の面では、93 年の終わり頃から少し現れていた回復の兆しは、95 年 1月 17 日に発生した阪神・淡路大震災による供給面のボトルネック、更には円高の加速もあって、頓挫し、企業家の心理が一層冷え込みました。円相場は95 年の 4 月には一時 1 米ドル＝ 79 円 75 銭と、80 円の大台を突破するまで円高が進行しました。

　こうした状況の下、95 年 6 月に発表されたエコノミック・アウトルックの巻頭言では、「日本経済の需給ギャップの状況、内需の見通し、そして進行中の銀行のバランスシート調整の動きを勘案すると、円のオーバーシューティングが市場の自浄作用で是正されない限り、短期金利の引下げの余地が少なくなっているとはいえ、更なる弾力的な利下げが必要である」と、円相場について"オーバーシューティング"という表現を使ってコメントをしました（注24）。

　95 年 7 月の WP3 会合でサマーズ議長は、円高が日本におけるデフレを更に深刻なものにし、これが実質金利を引き上げ、更に実体経済を弱体化するという、悪循環の危険を指摘しました。

　この会合で私は、日本経済の苦境を克服するには包括的で整合性のとれた戦略（a comprehensive, coherent strategy）が必要であり、その枠組みの中で金融面では、為替市場における非不胎化介入（non-sterilised intervention）を伴う金融の一層の緩和、そして金融機関のバランスシート調整の加速、の二つが含まれなければならない、と主張しました。そして、これら二つのうち、経済効果がより長続きすると期待されるのは後者であろうと付言しました。また、財政面での措置も短期的には必要であろうが、その効果にはあまり期待出来ないであろうと主張しました。更に、これまで市場競争から隔離されてきたサービス

業部門（sheltered services sectors）の調整が喫緊の課題であるが、政治のリーダーシップに問題があり、日本経済が難関を抜けだす（muddle through）ことは容易でなく、少なくとも数年（several years）はかかるであろう、という悲観的な見方を提示しました。

　これに対して、加藤隆俊大蔵省財務官と永島旭日本銀行理事は、日本経済には大きな構造変化（substantial structural changes）が起こっていると反論しました。

　95 年 9 月、イタリア政府の招きによりローマで開催された WP3 会合（注25）では、日本の内需拡大のための金融財政政策のあり方が再び議論の大きなテーマとなりました。席上、サマーズ議長から、OECD 事務局の資料を読むと、財政政策の効果について IMF とは違った考え方をしているように思われるが、どうなのか、という問題提起がありました。これに対して、私からは、OECD 事務局は過去 3 年間、つまり私の着任以来、日本の当局が金融緩和を主軸にして内需拡大策をアグレッシブに、より早めに進めるべきであると提言してきたと述べた後、日本政府がこれまで採った財政拡大措置に加えて、更なる措置を採っても、そのつけが将来回ってくるという意識が納税者に高まるにつれ、その効果が削がれるようになっているのではないか、と返答しました。これに対して、IMF チーフエコノミストのマイケル・ムッサは、日本がもっと大胆な金融政策を採るべきであったという点では私に同調しましたが、財政面からの更なる拡張政策も、注意深く策定されれば、なお有効ではないか、と主張しました。他方、カナダ銀行副総裁から BIS チーフエコノミストに転じたウィリアム・ホワイトは、私と同様に、日本がリカードの等価定理が当てはまる状況に近づいているのではないか、と述べました。

　一方、金融政策のあり方については日本銀行の永島旭理事が、マネーサプライの伸びが低くなってきたが、ゼロ・インフレーションの下では年率 3% で十分である、と主張しました。これに対して、私は年率 3% のマネーサプライの伸びに満足するのではなく、もっと高い伸びを実現すべきである、と提言しました。当時、日本の実質潜在成長力は年率 2% 程度と見られていました。

230

為替市場における公的当局の介入と金融政策を巡る論争

　1995 年 9 月の WP3 ローマ会合に提出された OECD 事務局の検討資料の中に
は、「円相場の更なる下落が日本経済の回復に明らかに役立つだろう（would
be clearly helpful to the recovery of the Japanese economy）」と書かれていました。
そして、WP3 ローマ会合から 3 カ月後の同年 12 月に発表された OECD エコノ
ミック・アウトルックには、この見方に関する OECD 経済総局のモデル分析
の結果が掲載されました（表 6 参照）。

表 6：日本円の実効為替相場 10% 下落の効果

	基本見通し（円対ドル相場：1 ドル 103.7 円）		代替見通し（円対ドル相場：1 ドル 115 円）	
	1996 年	1997 年	1996 年	1997 年
実質 GDP 成長率（%）	2.0	2.7	2.8	4.2
実質国内総需要成長率（%）	2.6	2.9	2.9	4.2
名目 GDP 成長率（%）	1.5	3.0	2.6	6.0
経常収支（億ドル）				
日本	930	950	860	960
米国	-1610	-1550	-1600	-1560
OECD 欧州	720	750	720	750
アジア（除く日本・韓国）	-270	-290	-210	-300

（出典）OECD エコノミック・アウトルック 1995 年 12 月号（p.9）

　このアウトルックの説明にあるとおり、円高が是正されると、当初は J カー
ブ効果により米ドル建てで捉えた日本の経常収支黒字が縮小しますが、OECD
のインターリンクモデルによれば、その反面として経常収支が好転する日本の
貿易相手国はアジア諸国であって、米国と OECD 欧州諸国の経常収支は不変
と計測されています。なお、アウトルックの説明では、行き過ぎた円高が是正
されると、アジア諸国に輸入される日本製品の現地通貨建て価格が下落して、
これらの国のインフレーションの低下に寄与することも指摘されました。ま
た、このアウトルックでは、更なる円高のリスクが減少すれば、国際投資家が

安心して米国に資金を還流させるようになって、米国の中長期金利が低下するという効果もあろう、とも指摘されています。しかし、これらの経路を通じる効果が実体経済に及ぼす影響は OECD のモデル分析の対象にはなっていません。

　いずれにせよ、OECD 事務局の WP3 ローマ会合資料の中では、円高の是正が日本の株価を上昇させ、プラスの資産効果と資本コストの低下、そして銀行の保有株式の含み益の復元を通じた自己資本比率の回復と与信意欲の強まりなどの経路を通じて、内需の回復に寄与すると指摘しました。また、エコノミック・アウトルックに掲載された代替見通しのように日本の名目 GDP 成長率が 1997 年に 6% にまで回復すれば、税収の所得弾性値を考慮すると、財政再建がこの面から進展することになります。円高是正が日本の株価など資産価格の上昇を齎せば、キャピタルゲイン課税の面からも財政再建に貢献するわけです。

　こうした分析を基に、円高是正のモメンタムを強めるため、市場に内在する力が足りないのであれば、日本の公的当局は米ドル売り・円買いの介入操作を行なうべきある、という提言が、OECD 事務局の WP3 ローマ会合資料の中で、行なわれたのです。

　これに対して、米国 FRB のトルーマン国際金融局長からは、為替市場における公的当局の介入は効果がない、という反論がありました。そこで、私は再度発言の機会を得て、公的当局の為替市場介入が為替相場の操作にどれだけ有効かについては様々な意見があるが、OECD 事務局の資料（注 26）には、米ドル買い・円売り介入操作が円相場に永続的な効果（lasting effects）を持つためには、日本銀行がこうした介入によって放出した円資金を市場に放置し、民間銀行部門のリザーブ・ポジションを増やす、いわゆる非不胎化された（non-sterilised）ものでなければならない、とはっきり書かれているではないか、と反論しました。また、事務局の資料では、外国為替市場におけるこうした非不胎化介入を通じて短期市場金利を更に押し下げる政策とは別に、円建ての公開市場における日本銀行のこれまで以上にアグレッシブな買いオペレーションによっても円高を是正出来る、というコメントもしている、と指摘しました。この間、議長のサマーズは沈黙を守り、日本を含む他国の代表の発言もありませんでした。トルーマンは私との議論の応酬の際にかなり感情的になりました

が、休憩時間になって私のところに謝罪に現れ、二人の間の関係はすぐに修復されました。

因みに、OECD 経済総局が実質短期市場金利と実質実効為替相場とを組み合わせて作成した金融為替市場状況の指数を見ると、92 年央から 95 年央までに行なわれた円金利の引下げの実体経済に対するプラス効果よりも、この間に生じた円高の持つマイナス効果の方が大きくなっていました（注 27）。

WP3 ローマ会合提出資料では、同時に、円安の行き過ぎについては、それが仮に日本経済の回復の観点からは短期的にプラスであるとしても、回避することが必要であるとも論じました。特に、円安が、日本経済の構造改革や市場開放の努力を損なうようになれば、日本にとってもその貿易相手国にとってもマイナスとなる、と指摘しました。また、円安が、仮に米国の経常収支の悪化と重なると、前者が後者の大きな原因であるかどうかはともかくとして、国際的な摩擦を生ずる危険もある、と警告を発しました（注 28）。

WP3 ローマ会合の後、同年 10 月に日本銀行金融研究所が開いた国際コンファランスに招かれて日本に出張した際に私が記者会見で行なった発言を、日本経済新聞（1995 年 10 月 24 日付け朝刊、5 面）が次のように報じました。

> 「（重原 OECD 経済総局長は）『銀行の貸出金利が（名目ベースで）下がっても、物価が下落している時は実質的な貸出金利は名目金利ほどには下がらない』と述べ、デフレ傾向に照準を合わせた政策の必要性を強調。」
> （カッコ内は原文に補足）

この記者会見の後に開かれた日本銀行金融研究所の国際コンファランスの主題は「より有効な金融政策を目指して」でした（注 29）。日本銀行の役員陣からは、松下康雄総裁と福井俊彦副総裁が参加しました。

このコンファランスで行なわれた政策提言のうち、私がもっとも注目したのは、当時東京大学教授であった植田和男氏の論文（注 30）に対するマーヴィン・グッドフレンドのコメント（注 31）でした。

グッドフレンドは、日本の短期金利がゼロの水準に近い状況では、日本銀行の徹底した公開市場操作によって円建ての株式、債券などの資産の価格を上昇させ、これを通じて米ドル建て資産に対する需要を増やし、米ドルの円に対す

第 16 章　OECD チーフエコノミストとしての活動　*233*

る相場を上昇させる政策が望ましい、と主張しました。円安で割高となる輸入品に対する需要が減少し、割安となる国産品に対する内外の需要が増えて国内生産が活発化する、というのが、この政策の第一の効果とされました。また、円建て債券価格の上昇により長期金利が低下し、実物投資が活発化する、というのが、第二の政策効果とされました。更に、円建て株式の価格の上昇は企業の資本コストを引き下げる効果があり、また、銀行の株式含み益を回復させ、銀行の自己資本を補強する効果もあり、加えて耐久財需要の増加という総需要に対する直接的な効果もある、というのがグッドフレンドの議論でした。

この議論は、WP3 ローマ会合に提出した OECD 事務局の検討資料に盛り込まれた日本に対する政策提言とほぼ合致するものでした。グッドフレンドはリッチモンド連邦準備銀行の調査局長でしたから、この資料を読んでいたとしても不思議ではありません。

なお、植田論文では、1980 年末にかけての日本銀行の政策運営は、1970 年代初め、佐藤栄作政権の後に誕生した田中角栄政権の時代に佐々木直総裁の下で日本銀行がインフレを発生させた失敗につぐ、「第二の金融政策の失敗」（a second monetary policy mistake）とされました。この点についてグッドフレンドは、1994 年の OECD 対日経済審査報告を活用しながら、「1985 年〜 86 年の景気後退の後 87 年から 91 年の景気回復・拡張の期間には実質 GDP 成長率が年平均 4% に達し、この間、実質 GDP ギャップが OECD の計測によれば、マイナス 4% からプラス 4% になった（注 32）」と指摘した上で、以下のようにコメントしました。

　「実質短期金利は、OECD の 1994 年日本経済審査報告によれば、1986 年央の 2.5% から 1989 年初には 1% にまで低下した。当時、強い実質 GDP 成長で実質 GDP ギャップが急速に縮小していたのである。ところが、日本銀行が実質短期金利の引上げを始めたのは 1989 年の後半、それは実質 GDP ギャップが消え去った後のことであった（注 33）。

　　金融引締めの遅れから、低インフレに対する日本銀行のコミットメントに関して疑いが持たれるようになった。消費者物価は 1989 年初めに 1% を下回っていたものが、その後は上昇に転じ、1990 年央には 4% 近くまで上昇した。もっと顕著であったのは製造業単位当たり労働コストの動

きであり、1989 年の 2% から 92 年には 7% 超にまで上昇した。長期金利
は 1989 年前半の 4% 内外から 90 年央には 9% にまで上昇したが、これは、
多分、インフレ懸念が長期金利に反映したためと思われる。この間、日
経平均株価は、1988 年初の 20000 円を少し上回る水準から 1990 年初めに
は 40000 円近くにまで上昇した後、急激に下落し 1990 年末には 25000 円、
1992 年には 20000 円を下回るようになった。」

　OECD の報告書は、特に巻頭言などは、婉曲な表現を多く用いた独特なスタ
イルで書かれていますが、グッドフレンドが書いたコメント論文には米国人ら
しく直截な表現が用いられていました。グッドフレンドの言う日本銀行の「第
二の政策失敗」のうち「ゴー」の部分には、プラザ合意とルーブル合意の下
で、当時独立性が確立していなかった日本銀行が政治に振り回された面があっ
たのですが、グッドフレンドはこのことには言及していません。
　この点に関連して、日本銀行金融研究所の海外顧問の一人であったアラン・
メルツァー（写真 4-1）は、1980 年代後半の趨勢的な円高局面において、為替
相場に関する国際政策協調への配慮があったことが、マネーサプライ重視の政
策運営を困難にした原因の一つではないかと述べました（注 34）。後で触れま
すが、私が OECD 副事務総長の時代に日本と米国の金融政策のパフォーマン
スを比較した論文を欧州経済協会の 97 年次総会に提出した時には、この側面、
つまり政府から独立していなかった日本銀行が政治に振り回された面、につい
ても指摘しています。
　日本円の実質実効為替相場は 96 年第 1 四半期には 91 年の水準と比べて
24.5% も上昇していました。この間、米ドルの実質実効為替相場は 7.8% の下
落でした。こうした中、内需拡大に軸足を置いた金融政策の重要性を訴えた論
文を『週刊東洋経済』（1996 年 8 月 3 日）に発表しました。
　日本の財政政策については、96 年 6 月に発表された OECD エコノミック・
アウトルックの巻頭言の中で、それまで採られた財政面からの景気浮揚策が
内需の回復に寄与したことを認めた上で、財政赤字幅の大きさと政府債務残高
の高さという両面で持続可能ではなく、それらの是正が中期的に望まれるとし
て、内需の力強さが確認出来る範囲で早急に赤字の削減に向かうべきである、
という提言を行ないました（注 35）。

96年11月に発表されたOECD対日経済審査報告では、内需の基調が許す限り中期的には財政再建を強める必要があり、その計画が実行される過程で生ずる内需面へのマイナス効果に対しては、金融政策の更なる緩和で対処すべきである、という提言が行なわれました。そして、金融緩和は、企業活動を活発化させ、民間銀行のバランスシートの改善にも役立ち、これが経済成長の下支えに貢献するであろう、という見解が示されました（注36）。

銀行の不良債権と公的資金の導入に関するWP3などでの議論と重原提言

1992月10月発表のOECD対日経済審査報告では、90年初から始まった株価の暴落による民間銀行の含み益の大幅減少から、BIS規制の対象となっている自己資本比率が低下しており、更なる株価下落が銀行の資産圧縮、貸し渋りを助長し、金融緩和政策の効果を削ぐ危険が指摘されていました。

バブル崩壊後における金融機関の不良債権の処理を早く終了し、民間金融機関が正常なリスクテーキングを伴う与信活動を行なって日本経済の回復を支えるようにするには、恐らく公的資金を注入しなければならないと、私は92年〜93年頃から考えていましたが、OECDの立場に立って記者会見で行なう発言と日本に出張して日本銀行総裁などに面会して述べる、より率直な意見と、実は両刀使いをしていました。

例えば、92年10月に、つまりOECD経済総局長になって最初の日本出張における記者会見で行なった私の発言のうち、この問題に触れた箇所は、『日本経済新聞』（92年10月14日付け朝刊）では、「銀行の資産改善遅れる」というタイトルをつけて次のように報じられています。

（重原OECD経済総局長は）「日本の現状は米国のようなクレジットクランチ（金融逼迫）はないし、銀行システム全体の問題というわけではない。ただ、日本特有の問題として、株価下落が銀行の自己資本比率低下に連動するという側面には注目する必要がある」。それから次に金融機関対策としての公的資金については、「絶対出すなとは言えない。（金融システムを守るために）結果的に、コストが小さくて済む場合もあるからだ。しかし、他人頼みの風が広がる恐れもある。介入は極力少ない方が望まし

い」と発言。

　私の意見は 92 年 10 月時点では外向きにはこのようになっていたわけですが、OECD 事務局の内部ではもう少しはっきり物事を言っておりました。特に日本での記者会見でも言及した BIS 自己資本比率規制の景気循環増幅効果（プロシクリカリティ）を問題視する立場から発言していました。その後、日本で個別の問題銀行や住宅専門金融機関などの取り扱いが非常に難航しているのをパリから見ていて、これは極めて複雑なモラル・ハザードの問題が絡む事態と受け止めました。言ってみれば、こうした問題先の首脳陣の首が飛べば済むというだけの話ではないわけで、日本の民間銀行で働いている私の学校時代の同級生なども苦労しているだろう、大変なことだと思っていました。

　そこで、93 年 6 月に発表したエコノミック・アウトルックでは、また不良資産問題から銀行貸出が今後数年間（for several years to come）抑制される懼れがある、という警告を出したわけです（注 37）。

　また、前述したように、95 年 7 月の WP3 会合における私の口頭発言では、金融機関のバランスシート調整の加速の重要性を訴えました。その上で、95 年 9 月の WP3 ローマ会合のために OECD 経済総局が用意した検討資料の中では、多額の不良資産を抱えた日本の金融機関が正常な貸出行動を復元出来るようにするため、日本銀行の資金ではなく財政資金の注入をすることの得失を吟味すべきである、という問題提起も行ないました（注 38）。同時に、公的資金導入に伴うモラル・ハザードの問題も指摘することを忘れませんでした。

　ローマ会合には、前述したように、日本から大蔵省財務官の加藤隆俊氏と日本銀行理事の永島旭氏が出席しました。問題金融機関に関する取り扱いの原則については、永島理事から以下のような説明がありました。

(1) 目的は預金者の不安を除去することであり、当局の行動は金融組織全体としてリスクがある場合に限られること。
(2) 当局によって救済される問題金融機関は清算されなければならず、ほかの金融機関には協力が要請されること。
(3) モラル・ハザードを避けるため、全ての関係者が責任を問われなければならないこと。

95 年 9 月の WP3 ローマ会合の後、11 月に公表された OECD 対日審査報告では、「更なる金融緩和は資産価格の上昇によって民間銀行のバランスシート調整を支援する効果もあろう。但し、それだけでは金融システムの安定を取り戻せないであろう」と指摘されました。その上で、報告書は三つの政策オプションを提示しました。第一は、当時行なわれていた猶予政策（policy of forbearance）です。第二は、問題金融機関と他の金融機関を合併させるために支援策を講ずるやり方です。そして第三は、公的資金の注入です。そして、対日審査報告は、第三のオプションが必要だと提言しました（注 39）。

95 年 12 月発表の OECD エコノミック・アウトルックでは、「最近における弱小金融機関の蹉跌、巨額に上っている不良債権、といった金融部門における困難な事態は早急に解決しなければならない。そのためには、政府資金の注入が必要になろうが、その際はモラル・ハザードを生じないように配慮する必要がある」と指摘しました（注 40）。

翌 96 年 7 月には、住宅専門金融機関の不良債権の処理によって生じる二次損失の穴埋めのための金融安定化拠出基金へ民間金融機関が拠出する基本合意が出来ました。そして、同年 11 月には、経営難に陥っていた阪和銀行に、戦後初めての業務停止命令が出されました。

これを受けて 11 月に公表された OECD96 年対日審査報告では、住宅専門金融機関の不良債権の処理については、民間金融機関が被る負担額が不明確である問題が指摘されました。それと同時に、不良債権の処理が果たして効率的に行なわれるのか、問題提起がなされました。また、預金保険制度の運用のあり方や早期是正措置の発動に関する銀行監督者の独立した判断の重要性も論じられました（注 41）。

伝えられるところでは、預金者の保護と金融システム全体の保全と個別銀行の救済の問題がまぜこぜになって、日本国内の世論が混乱しているようで、WP3 での議論やエコノミック・アウトルックの記者会見などにおける OECD チーフエコノミストとしての英語による私の意見開陳とは別に、いかなるタイミングで OECD の提言を日本語で発表するか、ということが私にとっての課題の一つとなりました。そして、後述するように、OECD 副事務総長に就任した後の日本出張の時に行動することに決断しました。

238

米国の財政赤字と経常収支改善を巡る論争

　米国の財政赤字と経常収支の改善を巡る議論は勿論 WP3 で盛んに行なわれ、特にサマーズ対ドイツ代表達という構図で論争が展開されたのですが、その問題に入る前に、まず経済成長政策のあり方に関してサマーズと私との間で意見の違いが米国で話題となったエピソードについて述べます。

　サマーズはクリントン大統領の下で財務次官に就任する前は世界銀行のチーフエコノミストでした。私が OECD チーフエコノミストに就任した際、それまでは面識のなかったサマーズからも祝いの書簡が寄せられ、その中に OECD と世界銀行の協力関係を緊密にしたいという趣旨の意向が述べられていました。もっとも、世界銀行のチーフエコノミストは IMF のチーフエコノミストとは違って WP3 には参加しておらず、原則として発言の機会が与えられることがないオブザーバーの形で EPC に参加していただけでした。しかしながら、私が OECD チーフエコノミストに就任した直後の夏休みの時期に米国カンザスシティ連邦準備銀行がワイオミング州ジャクソンホールで開催した恒例のコンファランスで私達二人が揃って論文を提出する機会が生じました。私が依頼を受けたのは、OECD 諸国における経済成長の鈍化に関する論文（注 42）の提出でした。その論点の結論部分では、経済成長力の底上げには中長期的な観点に立った企業活動を促進するための安定的な経済環境が重要であることを指摘しました。

　このコンファランスの別のセッションで、サマーズが特に経済成長に対する機械設備投資を重視し、その促進のための恒久的な減税など政府の積極的な政策措置を提案しました。こうしたことから、それと対比する形で私の見解が『インターナショナル・ヘラルドトリビューン』紙によって直ちに報じられました（注 43）。この記事では、私が日本銀行から最近 OECD チーフエコノミストに就任したことが紹介されました。更にしばらくして、月刊誌『フォーチュン』がサマーズと私の大きな顔写真を並べ立てて、経済成長促進のための政策のあり方について OECD のチーフエコノミストと世界銀行のチーフエコノミストとの間で意見の相違があったと報じ、その上で私の見解にやや好意的なトーンで記事を締めくくったことがありました（注 44）。

第 16 章　OECD チーフエコノミストとしての活動　*239*

さて、米国の財政赤字と経常収支を巡るサマーズとドイツ代表達との対立ですが、彼らの言い合いは WP3 会合で毎回のように行なわれ、時にはエモーショナルな議論になりました。サマーズの議論は、基本的にはマンデル＝フレミング・モデルの立場に基づくもので、米国が財政赤字を減らし、国債の発行量が減少すれば、資本市場における金利の上昇圧力を減殺する形になるので、金利裁定のメカニズムを通じれば、米ドル安になる。そして貿易に関して価格弾性値がそれなりにあるとすれば、当然米ドル安で輸出が伸び、輸入が減る。したがって、この価格メカニズムを通じて米国の貿易収支と経常収支の赤字が減る、と考えていました。

　他方、ドイツ財務省の代表達は、米国の財政赤字削減は米ドルに対する信認のためにも重要であると主張し続けました。これに対して、サマーズは、米ドル高の下で、米国の経常収支が改善するメカニズムはどういうものなのか、米ドル安にしないで米国の経常収支をどうやって改善させるのか、と質問するわけですが、ドイツ代表達から明確な答えはありませんでした。こういう米国とドイツの代表のやりとりが何度も続きました。この頃のドイツ財務省の代表は、ユルゲン・シュタルク次官（後にブンデスバンク副総裁、欧州中央銀行専務理事）とクラウス・レグリンク国際局長（後に欧州金融安定基金理事長）でした。

　ドイツ財務省の代表達はどういうメカニズムを考えていたのかは明確にしませんでしたが、財政再建に乗り出す国が大幅な対外債務超過国である場合、金利低下を通じた対外債務利払い負担の軽減により経常収支が改善する結果、自国通貨高になる可能性はあります。マンデル＝フレミング・モデルの通常のロジックに従えば、金利低下を通じて自国通貨安となるということで、それとは正反対です。そうして、米ドル高になっても、為替相場の変動に関する米国の輸出と輸入の弾性値が小さくて、マーシャル＝ラーナー条件が満たされないとすれば、ドイツ代表達が主張したシナリオの蓋然性が高まるとも言えましょう。

　それはそれとして、財政再建が米国だけでなく多くの OECD 加盟国に共通する課題でありながら、それが現実にはなかなか進まない理由の一つは、一時的には経済活動にマイナスに作用するという懸念があって、政治面からの抵抗と重なりやすいという事情がありました。こうした中で、1996 月 6 月発表の

240

エコノミック・アウトルックには、OECD 加盟国における過去 20 年間に亘る
財政再建の経験を振り返り、どのような教訓が得られるか、検討した結果が発
表されました（注 45）。この作業によれば、財政再建が進んだ期間に、家計部
門の貯蓄率が低下して、これが国民貯蓄率を引き下げる方向となった事例は調
査対象となった 15 の事例のうち 13 にも上りました。一方、企業部門の貯蓄
率については、はっきりした影響は見受けられませんでした。これを総じて、財
政再建の動きとの関連で国民貯蓄率の推移を見ると、データが揃っている 12
の事例のうち 8 のケースで国民貯蓄率の上昇が認められました。その上で、財
政再建の動きと経常収支の対 GDP 比率の推移を関連付けてみると、調査対象
となった 15 の事例のうち経常収支の対 GDP 比率が改善したケースは 12 に上
りました。

金融政策運営の枠組みに関する議論

　OECD のチーフエコノミストに中央銀行出身者が就任したのは私が最初でし
た。カナダ銀行の副総裁であったウィリアム・ホワイトもこのポストに興味を
持っていましたが、彼はやがて BIS のチーフエコノミストになりました。私
が OECD チーフエコノミストを 5 年間務めた後の後任になったのは、イタリ
ア銀行の調査局長であったイニャツィオ・ヴィスコで、彼も私と同様に 5 年間
このポストにあった後、イタリア銀行に戻り、今は総裁をしています。

　私が中央銀行出身の最初の OECD チーフエコノミストであったからかもし
れませんが、パリ本部に赴任直後の 1992 年 6 月の記者会見における最初の質
問は物価安定の定義に関するものでした。これに対して、物価統計に存在す
る計測バイアスなどを考慮すると、消費者物価の場合、国によって違いはあろ
うが、達観すれば年率 2% くらいまでの上昇が物価の安定といえる、というの
が私の回答であったことは既に述べましたが、92 年当時、物価統計に存在す
る計測バイアスを計測した研究としては、米国に関してはロバート・ゴードン
の 1.5%、デヴィッド・ルボウ等の 1.0% などがありました。その後 OECD 経
済総局では、ゼロ・インフレの得失と最適インフレ率の検討を行なって、エコ
ノミック・アウトルックの 1994 年 6 月号に発表しました（注 46）。当時、最
も低いインフレ数値目標圏を採用していたのはニュージーランド中央銀行の 0

〜 2% というものでした。フィンランドが 2%、スウェーデンが 1995 年について 1 〜 3%、カナダが 1998 年まで 1 〜 3%、そして英国が当面 1 〜 4%（1997 年までに 0.5 〜 2%）とされている実情を紹介し、これらは「実践的物価安定」（"practical price stability"）を目指すものであるとコメントしました。

　金融政策運営の枠組みをテーマとした国際会議としては、96 年 10 月に日本銀行金融研究所が開いた「より有効な金融政策を目指して」と題した国際コンファランスの丁度半年前の同年 4 月、ドイツ連邦銀行（ブンデスバンク）が「欧州における金融政策戦略」（Monetary Policy Strategies in Europe）を議論するシンポジウムを開催しました。これは、ブンデスバンクのチーフエコノミストであったオトマール・イッシング理事が 60 歳の誕生日を迎えた祝賀行事として行なわれたもので、基調講演を私が行なった後、イングランド銀行のマーヴィン・キング調査担当理事（後に副総裁、総裁）がインフレ目標について、オランダ銀行のナウト・ウェリンク調査担当理事（後に総裁）が金融政策における為替相場の役割について、講演しました（注 47）。私の講演では、OECD 主要国における 1960 年代以降の金融政策運営を概観した後、特にマネーサプライ目標、インフレ数値目標、アンカー通貨に対する為替相場ペッグ、名目 GDP 目標、などのオプションについて検討した上、こうしたルールに従った（rule-based）金融政策運営のいずれも、金融面と実体経済面の双方における不測の事態に対して物価安定という金融政策の最終目標を達成するために万全な枠組みとは言えない、如何なるルールを採用するにしてもある程度の恣意（a certain degree of discretion）を持って中長期的な観点に立って運営すべきであり、その際には、金融当局の独立した政策決定（independent decision-making）に関する国民の支持を得るために不可欠である透明性の確保と説明責任の貫徹が重要である、と主張しました（注 48）。

　なお、ブンデスバンクが、このコンファランスの基調講演者として、BIS のチーフエコノミスト（カナダ人）、IMF のチーフエコノミスト（米国人）ではなく、OECD チーフエコノミストであった私を選んだことは、私個人だけでなく OECD にとっても良いことでした。

　ブンデスバンクのコンファランスにおける私の基調講演で「独立した政策決定」と述べた時、それは「金融政策の運用を中央銀行に任せる」という意味でした。このコンファランスでイングランド銀行理事のキングはインフレ目標に

242

ついて講演したのですが、英国のインフレ数値目標は大蔵大臣が設定したもの
であり、また、その目標を目指した金融政策の業務運営上の独立性（operational
independence）も当時はイングランド銀行に与えられていませんでした。この
点について、私は、金融政策の基本的な目的については、国民によって民主的
な選挙で選ばれた政府が中長期的な観点から設定すべきものであり、他方、選
挙の洗礼を受けていない専門家で構成された中央銀行の政策決定機関は、金融
政策の運用手段の選択とその活用に関して、目先の人気・不人気に影響されや
すい政府とは独立した判断で決定するべきである、と考えていました。

　このコンファランスよりも前のことですが、1995 年版の OECD 英国経済審
査報告書に盛り込む金融政策に関する提言を事務局案として作成するに当たっ
て、イングランド銀行に金融政策の運営上の独立性を付与することが望まし
いという文章を書き込むよう、私から国別審査局の英国担当に指示しました。
国別審査局が作成した審査報告の草案は、経済開発検討委員会（Economic and
Development Review Committee: EDRC）で討議され、その承認を得て、委員会
の名で公表されるもので、OECD エコノミック・アウトルックのように経済
総局長が最終的な編集権限を持って刊行するものとは性格が異なっています。
EDRC で議論された後、公表される前の段階で、審査対象国からその内容や
文章の表現に関して注文が入り、事務局との調整作業が行なわれ、最終稿は
EDRC の承認を得た上で公表されます。

　この英国審査報告については、公表版を作成する過程で、イングランド銀行
に独立性を付与する事務局の提案を削除する要請が英国政府側から出され、国
別審査局のレベルでは調整がつかないという報告が上がってきました。その
ため、結局、経済総局長の立場にある私が英国の EPC 首席代表であったアラ
ン・バッドに直接電話を入れて交渉することになりました。二人の間では妥協
の合意が出来たのですが、バッドから少し時間が欲しいという要望がありまし
た。政治が絡む内容ですから、もしかすると、大蔵大臣まで案件を上げて、了
解を得る必要があったのかもしれません。結局、バッドから最終的に合意出
来るとの確認の電話があり、イングランド銀行が政策運営上の責任を負うこと
が法律によって確保されることが望ましいという私の提言の根幹部分を公表版
の OECD 英国経済審査報告書に以下の文章で盛り込むことが出来ました（注
49）。

第 16 章　OECD チーフエコノミストとしての活動　*243*

"Credibility might be further enhanced by giving the Bank responsibility (possibly with legal backing) for determining the size and timing of interest rate changes".

　この報告書が公表されたのは 1995 年 7 月のことです。やがて 97 年 5 月、時の大蔵大臣ゴードン・ブラウンは、46 年以来国有化された状態が続いたイングランド銀行に金融政策運営上の独立性を与えることを発表しました。伝えられたところでは、時のイングランド銀行総裁エディ・ジョージは直前までブラウンのこの決定を知らなかったそうです。翌 98 年には新しいイングランド銀行法が制定されました。これにより、イングランド銀行は大蔵大臣によって決定されるインフレーションに関する数値目標を維持することが第一義的な責務とされ、政策運営については政府からの独立性を得たのです。ただし、イングランド銀行は政府の経済政策から切り離された存在ではなく、物価の安定が確保される限りにおいて政府の経済政策を支援することを要請されることが明記されています。

　それから 20 年後の 2017 年 9 月、イングランド銀行は「イングランド銀行の独立：この 20 年」と題したコンファランスを開き、マーク・カーニー総裁の基調講演（注 50）に始まり、中央銀行の独立性の意義について真摯な検討を行ないました。

注
1. David Marsh, "Think-tank operator seeks a refill of ideas", Financial Times, 5 March 1993.
2. Peter Gaskell, "Economic Outlook No.52"; Brigid Jansen, "EO radio/tv play", 17 December 1992, mimeos.
3. Kumiharu Shigehara, "Macroeonomic Policies and Structural Reform", Opening Remarks at an international conference on "Interactions between Structural Reform, Macroeconomic Policies and Economic Performance" at the OECD on 18-19 January 1996, OECD Proceedings, 1996.
4. Kumiharu Shigehara, "Multilateral Surveillance: What the OECD can offer"; "Surveillance Multilatérale, Ce que l'OCDE peut offrir", OECD, 1996.
5. OECD, "Policy Issues in the Transition to EMU", ESD/CPE/WP3（92）1, 25 March 1992.
6. 欧州通貨連合（EMU）から単一通貨ユーロへの移行に関する問題については、以下の OECD 経済総局研究資料を参照。Thomas Egebo and Steven Englander, "Institutional commitments and policy credibility: a critical survey and empirical evidence from the ERM", OECD Economic Studies, No. 18, Spring 1992. Steven Englander and Thomas Egebo, "Adjustment under fixed exchange rates: Application to the European Monetary Union", OECD Economic

Studies, No.20, Spring 1993.

7. The Economist,〝European Monetary System: Why sterling should join〟, 4 July 1987.

8. OECD Economic Outlook, No.52, December 1992, Table 18: Competitive positions, page 51.

9. Anatole Kaletsky,〝How Mr Soros made a billion by betting against sterling〟, The Times, 26 October 1992.

10. 基調的な物価上昇率を当面は 1 ～ 4% の範囲に抑え、より長期的な目標値は 2% ないしそれ以下とされた。

11. 〝Measurement and Implications of Changes in OECD Countries' International Competitiveness〟, OECD Economic Outlook, No.52, December 1992.

12. Bernard Connolly,〝The Rotten Heart of Europe〟, Farber and Farber, London, 1995, p.324.

13. 上掲書、pp.324-338。

14. 〝Policy Considerations in a Medium Term Perspective〟, OECD Economic Outlook, No.58, December 1995, p.xii および pp.11-16.

15. 〝Macroeconomic Policy Requirements in the Current Situation〟, OECD Economic Outlook, No.59, June 1996, pp.15-16.

16. 注 6 参照。

17. 伊藤隆敏、「大幅経常黒字と政策運営：減少へ円高誘導を～景気浮揚策が有効～金融は締め、積極財政で」、日本経済新聞「経済教室」、1992 年 5 月 22 日（朝刊）。

18. OECD Economic Outlook, No.51, June 1992, p.xi.

19. OECD Economic Surveys, Japan, 1992, pp.106-107.

20. Kumiharu Shigehara,〝Statement on the General Economic Situation and the Policy Challenges in Europe〟, OECD Working Party No.3, 3 December 1992, mimeo.

21. Kumiharu Shigehara,〝Introductory Statement: Press Conference – OECD Economic Outlook, No.52〟, 17 December 1992, mimeo.

22. OECD Economic Outlook, No.53, June 1993, pp.62 and 66.

23. 松島茂、竹中治堅編『バブル／デフレ期の日本経済と経済政策』第 3 巻『日本経済の記録 ― 時代証言集 ―』（オーラル・ヒストリー）、（内閣府経済社会総合研究所、2011 年 3 月）。なお、1990 年代における日本の金融経済情勢ならびに金融政策運営については、伊藤正直・大貫摩里・森田泰子「1990 年代の金融経済情勢ならびに金融政策運営について：アーカイブ資料等からみた日本銀行の認識を中心に」、日本銀行金融研究所『金融研究』2019 年 4 月号も参考になる。もっとも、この論文では、本書第 14 章「日本銀行チーフエコノミストとしての活動」の最終項「日本銀行調査統計局の情勢判断」で説明した 1991 年 2 月から 92 年 5 月の間における情勢判断の変化のレビューは行なわれていない。

24. OECD Economic Outlook, No.57, June 1995, p.xiii.

25. ローマ会合の設営には当時 WP3 のイタリア政府代表であった経済財務省総局長のマリオ・ドラギ（現欧州中央銀行総裁）が尽力した。

26. OECD,〝Policy Management in the Current Situation〟, Working Party No.3 of the Economic Policy Committee, WP3 – September 1995 – Document No.1, 13 September 1995, Section II〝Broad Policy Considerations and Issues for Discussion〟, para.6. なお、トルーマンは、1982 年の先進 7 カ国ヴェルサイユ・サミットを契機に設立された「為替市場介入作業部会」（Working Group on Exchange Market Intervention）の作業に参加した経緯がある（〝The Report of the Working Group on Exchange Market Intervention〟, US Treasury, 1983 を参照）。この作業部会において、米国は、為替市場介入自体の効果を論ずるためには、介入に伴うマネタリーベースへの影響を除去して分析する必要があり、この作業部会は不胎化された介入（sterilised intervention）の効果のみを検討対象とすべきであると主張した。

27. OECD Economic Outlook, No.59, June 1996, Figure 9, p.31.

28. OECD,〝Policy Management in the Current Situation〟, Working Party No.3 of the Economic Policy Committee, WP3 – September 1995 – Document No.1, 13 September 1995, Section II〝Broad

Policy Considerations and Issues for Discussion", para.7.

29. 日本銀行第 7 回国際コンファランス「より有効な金融政策を目指して」（1995 年 10 月 26、27 日開催）、『金融研究』第 15 巻第 1 号、1996 年 3 月。

30. Kazuo Ueda, "Japanese Monetary Policy, Rules or Discretion? A Reconsideration" in "Towards More Effective Monetary Policy", Macmillan, 1997, pp.253-279.

31. Marvin Goodfriend, "Comments" in "Towards More Effective Monetary Policy", Macmillan, 1997, pp.291-295.

32. OECD Economic Surveys, Japan, 1994, p.12 を引用。

33. OECD Economic Surveys, Japan, 1994, p.37 を引用。

34. 日本銀行金融研究所、『金融研究』第 15 巻第 1 号、14 頁。

35. OECD Economic Outlook, No.59, June 1996, p.xii.

36. OECD Economic Surveys, Japan, 1996, pp.3, 4.

37. OECD Economic Outlook, No.53, June 1993, page 66.

38. OECD, "Policy Management in the Current Economic Situation", Working Party No.3 of the Economic Policy Committee, WP3 – September 1995 – Document No.1, 13 September 1995.

39. OECD Economic Surveys, Japan, 1995, p.121.

40. OECD Economic Outlook, No.58, December 1995, p.xii.

41. OECD Economic Surveys, Japan, 1996, pp.6-7.

42. Kumiharu Shigehara, "Causes of Declining Growth in Industrialized Countries", The Federal Reserve Bank of Kansas City, 1992.

43. "Sound, stable and credible macroeconomic policy rules that allow economic agents to take a long-term views" were stressed by Kumiharu Shigehara, the former Bank of Japan official who now is the chief economist at the Organization for Economic Cooperation and Development, International Herald Tribune, "At Fed Conclave, a Sea Change on Growth Ideas", August 31, 1992.

44. Fortune, "Economic Intelligence: How Government Can Spur Growth", 5 October 1992, p.17.

45. OECD Economic Outlook, No.59, June 1996, pp.33-57.

46. "Inflation Objectives in the Medium to Longer Terms", OECD Economic Outlook, No.55, June 1994, pp.31-36.

47. Deutsche Bundesbank, "Monetary Policy Strategies in Europe", Vahlen Verlag, München, 1996.

48. Kumiharu Shigehara, "The Options Regarding the Concept of a Monetary Policy Strategy"、上掲書、p.34.

49. OECD Economic Surveys, United Kingdom, 1995, p.96.

50. Mark Carney, Opening remarks to the Bank of England 'Independence – 20 years on' Conference, 28 September 2017.

第17章
史料：欧州における金融・為替相場政策の運営

重原久美春 OECD 経済総局長の発言
OECD 経済政策委員会第三作業部会（WP3）1993 年 3 月 5 日会合（注）

　欧州の経済金融情勢は引き続き不安な状況にあります。昨年（1992 年）9 月以来の欧州諸通貨の変動は実体経済の安定化に資するものにはなっていません。ドイツでは、マルクの実効為替相場が上昇したにもかかわらず、国内の物価上昇圧力が根強く、この傾向は特に非貿易部門で目立っています。

　第三作業部会（WP3）の会合では、1990 年のドイツ再統一以来、国内のインフレーション圧力に対して金利引上げで対処することが齎す問題についてしばしば議論をしてきました。そして、ドイツが行なってきた金利引上げは他の欧州諸国に難しい対応を迫る現実を齎しました。

　一部の国では欧州為替相場メカニズム（European Exchange Rate Mechanism: ERM）の下で平価の変更を迫られました。また、為替相場の変動制への移行を余儀なくされる例も生じました。他の国々では、自国通貨の対マルク相場に過度の下方圧力がかからないようにするため、自国通貨のリスクプレミアムを考慮しながら、国内金利をドイツに比べて大幅に高い水準に引き上げなければなりませんでした。

　現在、ドイツよりもインフレ率が低い ERM 参加国のうち、名目金利の水準をドイツより低く維持出来ている国はオランダだけです。しかも、多くの ERM 参加国では、物価見通しは極めて落ち着いており、このため実質金利、特に短期の実質金利、の水準が高すぎており、これが実体経済の回復を阻害しています。

　これらの ERM 参加国の国内事情からすれば、短期および長期の両面で金利を現在の水準から大幅に引き下げることが必要です。しかし、金利の引下げは、インフレーション心理を防遏する断固とした政策措置を伴わなければ、失敗に終わりましょう。インフレーションが鎮静している国々では、こうした枠

組みの中で早急に且つ大幅な金利引下げを実施しない限り、失業の低下に繋がる力強い経済回復を実現することは困難に思われます。これらの国々では、既に財政拡大を求める声が高まっています。しかしながら、こうした声に応じたのでは、これまでの財政再建に逆行することになってしまいます。

欧州諸国が現在陥っているジレンマ状態から脱却するためのシナリオのうちで最も望ましいのは、ドイツにおける物価とコストの両面における上昇圧力が急速且つ大幅に低下する中で、財政赤字の大胆な削減に関する合意が成立することです。こうなればドイツの金利水準が大幅に低下し、ERM に参加している他の国々では、国内の経済運営にとって以前よりも適切な水準へ自国金利を引き下げることが可能になりましょう。その上で、為替相場安定維持のためのERM 参加国当局のコミットメントに対する市場の信認が強まれば、先ほど述べたオランダ・ギルダー以外の非マルク通貨に課されてきたリスクプレミアムも減少するでしょう。

しかしながら、我々 OECD 経済総局による現在の見通しでは、1993 年末までの経済予測期間において、ドイツの短期金利が徐々に低下すると想定されているとはいえ、ERM に現存する緊張を完全に取り除けるほど大幅な金利低下が生ずるとは見込まれていません。

こうした状況においては、ERM 参加諸国がジレンマ状態から脱却するための政策オプションとしてどのようなものがあるのか、それぞれのオプションの得失は何か、という問題について検討しておくことが得策である、と私には思われます。

オプションの一つは ERM 平価の全般的な変更です。

この場合、マルク対価で売り圧力が最も強くかかっていた国々の通貨に対するマルクの切上げが重要になりましょう。こうした措置が採られれば、多分短期的には ERM の危機的要素は減殺され、また、これがドイツにおけるディスインフレーションにも寄与するでしょう。また、それ以外の ERM 参加国の中でドイツよりも物価上昇率が低い国々では、少なくとも短期金利を引き下げる余地が生まれるでしょう。

しかしながら、ERM 平価の全般的な変更は、過去 10 年間に亘って築き上げてきた ERM 参加国の金融・為替相場政策に対する市場の信認に悪影響を及ぼ

す危険があります。この結果、長期金利は低下するどころか、逆に上昇することになるかもしれません。また、マルクに対して平価の切下げを行なう国では、インフレーションが悪化するでしょう。更にドイツでは、マルクの切上げが短期的にはディスインフレーションに寄与するとしても、旧東ドイツ地域に対する巨額な財政支援が続く限り、長期的には物価上昇圧力が残り、これがERMの不安定要因となるかもしれないことにも留意しなければなりません。

　二つ目のオプションは、マルクと他通貨間の為替相場の変動幅を拡大する方策です。

　ワイダーバンドの採用によって為替相場に従来に比べ柔軟性を持たせる方策は、現行のERM制度を大筋では維持し、通貨統合への道筋へ繋げられる、というメリットがあると私には思われます。このオプションにおいて重要なポイントは、ドイツ以外の国における国内経済運営に望ましい水準にまで国内の金利を引き下げる余地を確保するために十分と考えられる対マルク為替相場の変動幅を組み込むことです。

　このオプションでも、第一のオプションの場合と同様に、対マルク為替相場が下落する通貨の発行国では、物価と長期金利に上方圧力が高まるでしょう。しかしながら、これらの国の当局が、国内要因による物価の上昇を容認する姿勢に転じたわけではなく、国内の需給関係などのファンダメンタルズに即した金融・為替相場政策に転じたのに過ぎないことを市場関係者に十分説得的に説明することに成功すれば、こうしたオプションの採用が市場の信認を大きく損なうことは回避出来るように私には思われます。この点、短期および中長期に亘る物価安定に関する明確なコミットメントを行なうことが大切であると私は考えています。こうしたコミットメントを物価目標（inflation targets）の公表という形で行なうことも一案でしょう。

　もし、これらの諸国がこうして信認の確保に成功すれば、ドイツよりも優れた賃金と物価の安定状態を今後とも維持出来る蓋然性が高まるでしょう。そうして、一旦市場がこのシナリオに気付けば、これらの諸国の通貨の対マルク相場が反転して上昇する可能性が市場相場に反映されるようになるでしょう。そうなれば、短期金利が大幅に低下しても対マルク相場の下落は短期的にも小幅化し、また同時に長期金利には下方圧力が生まれるようになりましょう。

第17章　史料：欧州における金融・為替相場政策の運営　*249*

三つ目のオプションは、第二のオプションと少し似ていますが、ERM に参加している主要欧州通貨を一時的にフロート制に移行させることです。

　しかしながら、これは現行の欧州通貨制度の事実上の停止を意味するものであり、欧州統合の計画にとってはワイダーバンド方式とは比較にならない大きな痛手となりましょう。既に合意が出来上がった欧州単一通貨導入のスケジュールを完全に無にする結果となることも十分に考えられましょう。

　以上、急ぎ足での検討でしたが、三者のいずれも完全な打開策はないことがこれで明らかになったと思います。ある見方からすれば、ERM 参加国にとって為替相場取決めの大幅な変更をする最も良いタイミングは既に過ぎ去ってしまった、と言うことも出来ましょう。こうした見方からすれば、これまで採ってきた政策方針を維持し、ドイツの金利が早期に、そして大幅に、下落し、これによって他の ERM 参加国の金利引下げが可能になる時をひたすら待つ、というオプションしかない、ということになります。

　この間、ERM 域外国の通貨に対する為替相場が下落した ERM 参加諸国にとって、輸出が予想以上の伸びとなることは朗報となりましょう。しかしながら、この面に大きな期待が出来ない、というのが我々 OECD 事務局の見通しです。

　欧州諸国にとっての需要の源泉は欧州域内に求めなければならない、というのが我々の見解です。しかも、ERM 参加諸国が域外国に対してより高い経済成長を要求したり、国内で産業保護措置を打ち出したり、あるいはドイツの近隣諸国がドイツに金融政策の早急かつ大幅な緩和を声高に迫ることは、これら諸国がとってきた政策の基本的な枠組みの持続可能性（sustainability）に対する市場の疑念をますます強める結果となるものと、私は懸念しています。こうなれば、これら諸国の金利に対するリスクプレミアムが更に増大し、資金需要が弱まり、経済成長が一層弱まりましょう。

　既に自国通貨の為替相場が下落した国々の経験は一様ではありません。しかしながら、総じて見ると、国内の金融緩和を図るために為替相場変動の弾力化

を図る政策は、物価安定の達成・維持と財政再建に関する当局の強い決意が市場関係者に十分に理解されない限り、失敗することが多いと、私には思われます。

　イタリアにおける危機は、財政当局に対する市場の信認が失われたことが主因でした。こうしてイタリアの長期金利には大幅なリスクプレミアムが付されました。英国とスウェーデンでは、短期金利が大幅に低下し、これに連れて長期金利も低下に向かいましたが、その水準は依然としてドイツを上回っています。これは、両国における中長期的な物価見通しについて、ドイツとの比較において市場が懸念していることによるか、あるいは過去2年間における両国の財政赤字の拡大を眺めた市場関係者による両国の長期的な財政ポジションに関する懸念の高まりによるものか、あるいは双方の要因が重なったものか、そのいずれにせよ、これら欧州諸国では、ドイツとの対比で見て大幅なリスクプレミアムの削減を目指すことが重要であると私は思っています。

　そのためには、為替相場制度の如何を問わず、国内物価の安定を目的とした、市場関係者にも十分に信頼される枠組みの構築ないし強化が必要です。また、財政再建を目指した中期計画が信頼出来るものであることも大切です。

注
　本資料は OECD 法務部の許可を得て公開するものである。ここに示された見解と展開された議論は必ずしも OECD 加盟国の公式見解を反映するものではない（The opinions expressed and arguments employed herein do not necessarily reflect the official views of OECD Member countries）。

第18章
OECD 副事務総長としての活動

　OECD 経済総局長であった私に副事務総長として補佐して欲しいという要請は、カナダの政治家で弁護士でもあったジョンストン氏からは、1996 年 6 月に事務総長に就任する前から、寄せられていました。その実現が 97 年 5 月にまで遅れた経緯については、第 26 章で OECD の首脳人事を巡る話題をまとめて説明する中で触れることにします。

　OECD の事務総長にせよ、副事務総長にせよ、加盟国政府の思惑も働いて決められる政治任命ポストであり、事務職員として最高位までの全ての職階を歴任した後で就任する事例は、以前、また現在までのところ以後も、私以外にはありません。

　それはともかく、経済総局長から副事務総長になった者として、後任の経済総局長になったイニャツィオ・ヴィスコには気を遣いました。イタリア銀行調査局長であったヴィスコは、イタリア銀行総裁や首相を務めたカルロ・チャンピ（後に大統領）やイタリア銀行副総裁から政界に転じて国庫相、首相を経て外相の職にあったランベルト・ディーニの推薦状を得た上で、ジョンストンと私による面接試験を経て就任しました。彼は中央銀行エコノミストとしてしっかりした実績のある立派な人物です。しかし、WP3 や G10 などの国際会議におけるイタリア銀行の代表として活躍したパドア＝スキオッパなどと比べると、ヴィスコは国際舞台ではあまり知られていませんでした。

　そういうこともあってか、米国の財務副長官に昇格しても自ら希望して WP3 議長の職を続けたサマーズは、私が側にいる場でヴィスコに「君はクミの大きな足跡をつがなければならない（You have to fill Kumi's big shoes）」と述べたことがありました。その後、私が同席しなかった別の場のことですが、ヴィスコが私の妻に "I will do my best" と実に三度も念を入れて語ったと聞き、サマーズの言葉がヴィスコの頭に強く残っていることが分かりました。それだけに、ヴァンレネップ事務総長時代に経済顧問であったマリスが WP3 会合などにおいて、OECD チーフエコノミストで経済統計総局長のポストにあったオ

252

ストリより前面に出たため軋轢が生じたような事態は、二度と起こさないように心がけた積もりです。

経済総局長を 5 年間務めて副事務総長に就任した後は、EPC や WP3 の討議資料やエコノミック・アウトルックなど、経済統計総局が作成する重要な書類は草稿の段階で読み、コメントはしましたが、最終稿の仕上げはヴィスコの判断に任せました。その一方で、外部での経済講演などはそれまでより積極的に行なうと共に、経済総局や社会労働政策局、教育局、貿易局などが参加する横断的な OECD 事務局の共同作業の指揮監督や、非加盟国政府との閣僚級レベルでの交渉、各種の国際会議の閣僚級会合への OECD 代表としての参加など、多様な任務をこなすことになりました（写真 6-1,2,3）。

日本の経済政策に関する論議

私が副事務総長に就任した直後の 1997 年 6 月に発表された OECD エコノミック・アウトルックは、日本経済の先行きについて比較的明るい展望を提示していました。96 年の国内総需要は実質ベースで前年比 4.5% の高い伸びとなりました。このため、海外経常余剰の減少が実質 GDP 成長率を 0.9% ポイント押し下げる要因として寄与したにもかかわらず、実質経済成長率は 3.6% に達しました。前々年の 0.6%、前年の 1.4% の成長の後、しっかりした回復傾向が窺えるようになったのです。こうして、97 年の日本の実質経済成長率については、「財政再建の動きにもかかわらず、設備投資の底堅さと輸出の伸びに支えられて 2.3% と予測され、回復が続くであろう」と書かれました（注 1）。

97 年度の当初予算は一般歳出 1.5% 増と 88 年以来の緊縮型のものとなり、4 月に消費税率が 3% から 5% に引き上げられました。その後、海外では、東アジア金融危機が発生し、更に 8 月 15 日にはニューヨーク株式市場で米ドル安をきっかけに株価が急落し、ブラック・マンデーに次ぐ史上二番目の大暴落という大きなショックが起きました。その上、日本国内で北海道拓殖銀行や山一證券の破綻などが発生し、日本国民に衝撃を与えました。

実は、96 年 12 月発表の OECD エコノミック・アウトルックにおいて、一つの重要な警告を発しました。それは、もし OECD 非加盟（つまり日本と韓国を除く）アジア諸国の経済成長が OECD の標準予測よりも低い展開となる場

合は、これら諸国の輸入需要の低下が OECD 諸国の輸出そして経済成長の低下を齎す筋合いであるが、その影響は日本が最も強く受けることになるであろう、と特記したのです（注 2）。

次いでエコノミック・アウトルック 97 年 6 月号には、円高が日本経済に及ぼす影響について OECD 経済総局のモデル分析の結果を掲載しました（表 7 参照）。

表 7：日本円の実効為替相場 10% 上昇の影響（注 3）

基本見通しからの乖離				
	1997 年	1998 年	1999 年	2000-2002 年（平均）
実質 GDP 成長率（%）	-0.2	-0.7	-1.0	-0.2
GDP デフレーター上昇率（%）	-0.2	-0.5	-1.0	-1.4
経常収支対 GDP 比率（%）	0	-0.2	-0.5	-0.9
経常収支（億ドル）				
日本	50	10	-170	-390
米国	-10	10	40	120
E U	10	0	40	110
OECD 域外国	-40	-20	70	100

（出典）OECD エコノミック・アウトルック 1997 年 6 月号（p.4）

97 年 12 月に発表されたエコノミック・アウトルック（表 8 参照）の巻頭言では、日本の経済運営に関してこれまでになく踏み込んだコメントが行なわれました（注 4）。もともと、消費税引上げなど財政面からの国内需要下押し要因の働きは織り込まれていましたが、以前から燻っていた国内金融面のリスクが顕現化した上、予想外の海外輸出環境の悪化も重なって、日本経済の見通しが大幅に悪化したことが背景にありました。このため、金融政策面からの景気下支えに加えて、財政面からも一時的には対策が必要であることを指摘しました。具体的には、経済構造の改革にも資する減税を行ない、いずれ補助金などの削減見直しを行ない、中期的には財政ポジションに悪影響が及ばないようにすべきであると提言しました。

98 年 6 月の WP3 会合では、日本の経済状態の悪化が討議の主要なテーマになりました。日本の代表は大蔵省から榊原英資財務官、日本銀行からは永島旭氏の後任の松島正之理事が参加しました。なお、この会議にはそれまで EMI

254

表 8：OECD 日本経済見通し

(年率・%)

	1997 年	1998 年	1999 年	2000 年	想定円相場 （対ドル）
実質国内総需要					
1996 年 12 月見通し	1.6	3.5	…	…	（114.10）
1997 年 12 月見通し	-0.5	1.5	2.0	…	（121.00）
1998 年 12 月見通し	-0.5	-3.3	-0.1	0.6	（119.30）
1999 年 12 月見通し	0.1	-3.5	1.5	1.2	（106.00）
実質 GDP					
1996 年 12 月見通し	1.6	3.7	…	…	（114.10）
1997 年 12 月見通し	0.5	1.7	2.1	…	（121.00）
1998 年 12 月見通し	0.8	-2.6	0.2	0.7	（119.30）
1999 年 12 月見通し	1.4	-2.8	1.4	1.4	（106.00）

（出典）OECD エコノミック・アウトルック 1996 年 12 月号ほか（注 5）。

の代表であったロベール・レモンが誕生したばかりの欧州中央銀行（ECB）の代表として出席しました。

　日本に関する討議は、カナダ銀行のポール・ジェンキンズ副総裁が口火を切りました。彼は、日本経済の下降は、労働市場の悪化、国内金融不安、アジアの他国における金融危機などから民間部門全体のコンフィデンスが失われたことによるものだ、と断定しました。そして、後知恵ではあるが、97 年の財政緊縮措置に耐えられるほど日本経済の体力が回復していなかったと指摘しました。その上で、財政面では、在来型の刺激策ではなく、減税と失業手当の増額などが望ましいと述べました。また、金融政策の面では、更なる緩和の最大の効果は円相場の下落であり、これに対しては海外で懸念が出ているが、日本が内需の回復に成功すれば円相場は回復する筋合いにあるので、当面の円安を問題にするのは当たらない、と指摘しました。もっとも、この点について、サマーズは議長としての議論の締めくくりに当たって、円安が日本経済に及ぼすプラス効果は海外経済に及ぼすマイナス効果とバランスさせなければならない、と述べました。

　当時、米国財務省が日本の政策にどのように関わったのかについては、米国の学者でマネタリストのアラン・メルツァーが、2001 年 6 月にハーヴァード

大学で行なった講演の中で、次のように述べています（注6）。

　　「日本問題は主として日本の国内で作り出されたものである。主として、
　であり、完全に、とは言い切れない。米財務省も一役かっていたからであ
　る。米財務省は日本に対して、財政面からの刺激に依存すべきであり、円
　の対米ドル相場を下落させるのに十分なまでの金融緩和は避けるように勧
　告した。こうした勧告は公然と行なわれ、そうした事実は私には個人的に
　も知らされている。」

　　「1998 年、金融緩和による円相場の下落の兆候が見られた。6 月に入る
　と、円の対米ドル相場は数カ月前の 100 円近辺から 145 円まで低下した。
　その時、サマーズ財務副長官が東京に行って、この政策を中止させた。
　円はすぐに 105 円まで上昇した。物価が下落し、失業率が上昇している
　経済にとって、とてつもない馬鹿げた変更（a massive and foolish change）
　であった。この政策は誤り、間違いであり、そして失敗であった（was
　mistaken, wrong and it failed）。大きな誤りは、円が過大評価であったこと
　を認識していなかったことであった。もし日本が円の名目相場の低下を行
　なえないのであれば、物価の下落なしには、日本が着実な成長と安定した
　物価と両立する円の実質相場を実現することは出来ない。こうした物価の
　下落は時間を要し、これが今も続いているのである。」

　こうした考えのメルツァーは、98 年 6 月の WP3 会合における日本問題の討
議から 2 カ月後、日本経済新聞のインタビュー（同年 8 月 2 日）で、「デフレ
を止められる唯一の方法は円の下落」であり、「為替介入が一番よい」と指摘
しました。日本銀行金融研究所の海外顧問であったメルツァー（写真 4-1）と
は、時々交信を続けていましたから、日本の金融政策運営のあり方について意
見が私と基本的に合致していることを知っていました。

　不良資産の処理と公的資金の導入

　バブルが崩壊した後の日本の金融機関の不良債権の処理などによる健全性の

回復のため、公的資金の使用に関する議論を WP3 の秘密会合でしているだけ
では、それがどのように日本の国内にフィードバックされているのか、いまひ
とつ不確かでした。この問題については、日本への出張の時に、日本銀行でプ
ルーデンス政策を担当していた本間忠世理事（日本銀行で一年後輩、外国局為
替課資金係長としての後任）などと意見交換をしていましたが、公的資金の導
入に関して強い抵抗感が国民の中にある状況で、国際公務員として税金で食わ
せてもらっている人間として、日本に帰って記者会見を通じて私の意見を伝え
るのがいいのではないかと思うようになりました。結局、副事務総長に就任し
てしばらくしてから、1997 年 12 月にこの目的で日本への出張をする決断をし
ました。勿論、記者会見でこの問題を取り上げることは日本の関係者に事前に
通知しませんでした。そして、パリに帰任する直前の日に日本経済、読売、朝
日の三大新聞と個別に記者インタビューを行ないました。三紙の書き方は様々
でしたが、いずれも私の写真入りで報道してくれました。

日本経済新聞 1997 年 12 月 27 日付け朝刊（5 面）
　　日本政府との協議のために来日した経済協力開発機構（OECD）重原久
美春副事務総長は、二十六日、日本経済新聞記者と会見し、「金融機関の
貸し渋りを回避するため、健全な銀行も含め全国的に広く優先株を公的資
金で買い入れるべきだ」と公的資金の銀行への直接投入が必要と強調し
た。景気についても「内需拡大は国際的な日本の責任であり、五兆円規模
の減税を断行すべきだ」と現在の景気対策では不十分との判断を示した。
重原氏は「国際機関の立場で大蔵省・日銀にも説明した」と述べ、政府に
働きかけたことも明らかにした。

朝日新聞 1997 年 12 月 27 日付け朝刊（11 面）
　経済協力開発機構（OECD）重原久美春副事務総長は二十六日、朝日新
聞記者のインタビューに応じ、積極的な財政出動で日本経済を内需主導の
成長軌道に戻す必要があるとの見解を示した。金融機関への公的資金投入
も、経済成長を回復するために必要だと述べた。

読売新聞 1997 年 12 月 27 日付け朝刊（9 面）

第 18 章　OECD 副事務総長としての活動　*257*

来日中の経済協力開発機構（OECD）の重原久美春・副事務総長は二十六日、読売新聞のインタビューに応じ、日本経済の内需主導の成長を急速に図るため、大蔵省や日本銀行に対し、恒久的減税や優良な大型公共投資の検討を要請したことを明らかにした。重原副事務総長は「危機に陥ったアジアの国々に市場を提供するのが日本の責務だ」とし、内需拡大のためにこれらの政策を98年1〜3月に前倒しに実施すべきであると指摘している。

　このように、公的資金の注入を資本の脆弱な金融機関に限らず健全な先も対象にすべきであると提言したのは、健全な銀行を競争上不利な立場に追いやるべきではないと考えたからです。通常の事態であれば、日本銀行が市場金利や預金準備率を大幅に引き下げるなどといった、銀行組織全体にとってコスト環境を好転させる政策で支援することがまず採られるべきですが、当時は最早そうした政策では即効性がなく、銀行の自己資本を公的資金の注入で強化すると共に、減税措置を含むマクロ経済政策によって名目経済成長率を高めて、金融機関の収益環境を改善し、その不良資産問題、言い換えれば企業の過剰債務問題、から脱却する方策を積極的に推進すれば、中長期的には財政面でも過剰債務から脱却する道（"growing out of debt"）が拓けると考えたのです。

　99年11月に発表されたOECD対日経済審査報告では、97年に財政緊縮措置、国内金融不安の高まり、東アジア危機が重なって始まった経済下降局面はどうやら98年末頃にはボトムに達したという判断が示され、金融政策は当面は現状維持のスタンスが望ましいとされました。その上で、やがてゼロ金利政策を脱却する時には、インフレ目標を設定することによって日本銀行の対外コミュニケーションを円滑にすることが一案であると指摘されました（注7）。

OECD 諸国の高齢化問題

　OECD諸国の高齢化問題については、私が経済総局長であった1995年6月のエコノミック・アウトルックに、「高齢化と財政負担」に焦点を当てた研究の要点（注8）を紹介したことがあります。高齢化は財政負担、更には経済成長、富と所得の分配、といったより広範囲な経済分野での問題、そして申すま

258

でもなく複雑な社会問題を内包しています。また、先進工業国、新興工業国などで高齢化のタイミングや程度にも違いがあり、人口の年齢構成の変化のパターンは一様ではなく、また、開発途上国の中には人口爆発の持続が懸念される諸国も存在し、こうした人口動態は各国の国民貯蓄率や投資率に複雑な影響を及ぼし、経常収支や資本収支にも影響を与えるだけに、グローバルな観点から検討することも大切です。

こうした広範囲に亘る政策課題を検討するには様々な分野における専門家を擁するOECD事務局が数多くの国際機関の中で最も適していますから、96年のOECD閣僚理事会で、一連の問題を検討して98年の閣僚理事会に報告を提出するようOECD事務局に要請を出したのはごく自然なことでした。

更に、97年6月の先進7カ国デンバー・サミットの際に発表された共同コミュニケの中で、「人口高齢化による機会及び課題」と題した項目が盛り込まれました。これは、人口高齢化に伴う内外両面で広範囲に亘る問題に対処するには、各国が独自の立場で政策対応するのでは不十分であり、国際的に協力しながら整合的な取り組みをしなければならない、という認識が先進7カ国の首脳に共有されたからでした。OECD閣僚会議はしばしば先進国経済サミットの前座をなすと言われていましたが、デンバー・サミットのコミュニケに高齢化問題に関する項目が入ったのは、正にこうした経緯があったからでした。

OECD事務局では、閣僚理事会の指示にそって、高齢化から生じる労働市場の構造変化と経済成長力の制約、公的年金支払いや老人医療などに関する公的負担の増大に伴う財政ポジションの悪化、年金資金の運用先である加盟国および域外国の金融資本市場の機能強化などを含む広範囲に亘る政策問題について関連部局が従来以上に密接な連携をとりながら検討することになりました。経済総局、社会労働雇用教育局、金融・財政・企業局、公共管理局、開発センターの幹部とスタッフを動員したプロジェクト・チームが初めて組成され、副事務総長であった私がプロジェクト・リーダーとして作業の監督指導に当たりました。

出来上がった報告書には、高齢化、更には少子化が齎す経済的・社会的な影響を考察して、求められる様々な国内的な政策対応のあり方、そして国際協力の役割が検討されました。特に、若年層を中心に失業問題が深刻であった欧州諸国では、退職年齢の引下げを失業問題の解消策の一つに使ってきた後、高

齢化による就業人口の減少に対して逆に退職年齢の引上げに切り替えるのは社会政策上も難しい問題があります。こうした欧州諸国間での取り組みに当たって国際協力が重要なことは明らかです。また、公的年金制度と私的年金制度のバランスの問題、後者に対する規制のあり方、更には、公的と私的とを問わず年金基金の運用先として OECD 資本自由化コードに従って自由化されてきた OECD 諸国のほか、自由化が遅れてはいるが成長ポテンシャルが高い非加盟国を対象にする場合の国際投資リスクの軽減などのための国際協力も重要です。また、高齢者の健康管理、長期介護のあり方、といった純粋な国内問題と思われるような分野でも、各国の経験に学ぶことは大切であり、OECD 事務局はこの面でも有用な役割を担っています。

　こうして OECD 事務局のプロジェクト・チームが取りまとめた報告書は、98 年の閣僚理事会に提出された後、「高齢化社会における繁栄の維持」（Maintaining Prosperity in an Ageing Society）という題の刊行物として出版されました（注 9）。この邦訳は、「OECD 諸国・活力ある高齢化への挑戦：持続的な経済成長をめざして」という題で出版されました（注 10）。また私は、このプロジェクト・リーダーとして、「高齢化に対する新しい政策」（New Policies for Dealing with Ageing）と題した論文を OECD オブザーバー誌 1998 年 6/7 月号に寄稿しました（注 11）。更に、1998 年 11 月、ベルギー国王の名におけるリエージュ大学名誉経済学博士号の授与式（写真 7-1）の前に行なった記念講演では、マクロ経済問題ではなく、あえて高齢化問題を主要テーマに選び、聴衆の学生達に高齢化に伴う世代間問題の重要性を訴えました（注 12）。

　グローバリゼーションを巡る論争

　OECD 副事務総長に就任した直後の 1997 年 7 月、グローバリゼーションに関する小論文を "Globalisation, Technology and Employement" という原題で書き下ろしました。これを OECD 事務局の広報部門が欧米の主要紙の編集部に送付したところ、まず、米国の『ジャーナル・オブ・コマース』紙が、"Good news on globalization"（グローバリゼーションのよいニュース）という題名に変えて掲載してくれました。二番目には、スペインの『シンコディアス』という新聞が掲載してくれました。タイトルは "Globalización, tecnología y empleo"

（グローバリゼーション、技術と雇用）と、価値判断を排除したフラットな英語の原題をそのままスペイン語に翻訳したものでした。三番目はフランスの『フィガロ』紙で、この論文のタイトルは "Mondialisation, téchnologie et emploi" と、スペインの新聞と同じく、原題がフランス語へと直訳されました。ところが四番目のドイツの『ハンデルスブラット』紙では、"Die negative Einstellung zur Globalisierung überwinden"（グローバリゼーションに対する否定的な姿勢に打ち克つ）というタイトルに変わっていました。そして、最後は日本の読売新聞です。これは英語の原文を基に私自身が日本語に書き直したもので、掲載されたのは、1998 年 2 月のことですが、「グローバル化、各国に利益」というポジティブなタイトルを読売新聞の編集部がつけてくれました。同じ内容の論文でありながら、掲載する新聞の編集方針でタイトルが大きく変わることがあるというのが、おもしろいところです。

　グローバリゼーションないしグローバル化とは、手短に言えば、これまで考えられなかったほど多くの国々の間を物・サービス・資本・技術・情報などがますます自由に行き交うようになることです。このことによって経済成長が加速し、世界の物的な生活水準は全体として向上します。企業にとっては世界規模の市場を販路とする貿易を通じた規模の利益の拡大によってコストが削減されます。消費者にとってはより低い価格で商品を入手出来るようになり、その選択の幅が広がります。更に、投資は世界中で最も高い利潤が期待出来る地域に対して行なわれるようになります。これにより、新たに地球規模の資本投下と技術移転が各地で行なわれ、労働生産性が向上し、貯蓄者や投資家のみならず労働者にも利益が齎されるのです。しかし、国によっては、グローバル化が雇用と賃金、とりわけ未熟練労働者の雇用と賃金に対してマイナスの影響を及ぼし、所得格差を拡大しているのではないか、という懸念が広がってきました。OECD 非加盟国、特に中国、東アジア経済などのグローバル化に伴い、未熟練労働を生産要素とする商品、例えば繊維、その他の軽工業製品といったもの、そして更により高度な工業品、の生産地を、OECD 加盟国から非加盟国地域に移す傾向が強まっているという認識が広がっていきました。加えて、グローバル化が国家主権を制限するとの見方も次第に強まってきました。例えば、課税などの問題を取り扱う際、企業の多国籍化によって各国政府の個別行動の余地が狭められてきました。また、社会保障制度や環境政策の実施に関連

しても、そのコストを負担する企業のグローバル化が国家間における最低基準の切下げ競争を助長するという議論も行なわれるようになりました。こうした状況の中で、私の論文が欧米の新聞に載ったのでした。

当時、所得格差の拡大がグローバリゼーションによるところが多いと一般に受け止められていましたが、私の寄稿文では、実は情報通信技術やロボットなどを含む新しい技術の急速な発展の中で特殊な技能（スキル）を持った人とそうでない人の格差が拡大していることによる面の方が大きい、という指摘しました。それから、同じ学歴を持っている人達の中でも、卒業後に特殊な技能を備えた人とそうでない人の間の所得格差が広がっている事実も指摘しました。また、特殊な技能を持っていない人の長期的な失業傾向が目立っており、これらはOECD諸国全体に共通して見られる現象であることも看過出来ないと述べました（注13）。

実はこうした現象は、新興工業国や対外開放度を高めつつある開発途上国でも同時に生じていました。米国の経済学者サイモン・クズネッツが、所得格差は経済発展の最初の段階では拡がり、経済が成熟してくるにつれて縮小すると主張しましたが、こういうことであれば、これらの国についてはあまり問題がないという議論も出来るでしょう。しかし、特に問題なのは、既に経済が成熟したOECD諸国における所得格差の拡大傾向でした。1990年代に入って、低賃金の新興工業国や開発途上国とOECD諸国との間で貿易や直接投資、あるいは技術移転がどんどん進むようになる中で生じた賃金格差の拡大が大きな社会問題として取り上げられるようになっていたのです。

労働経済学者として有名な米国ハーヴァード大学教授のリチャード・フリーマンが、『あなたの賃金は北京で決められているのか？』という刺激的なタイトルの論文を書いたのは、私がグローバリゼーションに関する一連の新聞寄稿を始める前の1995年のことです。欧州連合（EU）の市場統合、北米自由貿易協定（NAFTA）の発足に伴い、これら参加国の域内競争が非常に厳しくなっていきました。それから、旧社会主義国の市場経済移行も進展していました。更に、東南アジアの国々の輸出攻勢が強まっていました。

このような地球規模での貿易投資や技術移転などによる経済統合をグローバリゼーションと言うわけですが、これが先進国の雇用や賃金格差に大きな悪影響を及ぼしているのだという声が出てきたのも理解出来ました。もともとかな

り保守的で保護主義的な傾向があるといわれるフランスでは、高級紙『ルモンド』などに、こういう論調の記事が盛んに出るようになりました。当時、フランスにしては珍しく英語がそのまま使われ、新興工業国や開発途上国の低い賃金や甘い労働基準が「ダンピン・ソシアール」、つまり「ソーシャル・ダンピング」（社会的ダンピング）を生じているということが議論され、更にはこれらの国の税制がグローバリゼーションの追い風を受けて活躍する多国籍企業の税金逃れを誘い、「ダンピン・フィスカル」、つまり「フィスカル・ダンピング」（租税ダンピング）を生じている、とまで言われるようになっていったのです。

　この当時、OECD では、国際的な資本投資の高い水準での自由化と保護、効果的な紛争解決手続きを狙った多数国間投資協定（"Multilateral Investment Agreement": MIA）の交渉を開始することを 1995 年の閣僚理事会で決定し、97 年の閣僚理事会までの合意を目標に国際交渉を行なっていました（注 14）。これには、単に OECD 加盟国だけではなく、幾つかの新興経済国も参加していました。

　後述するように、OECD 非加盟国との対話を担当分野の一つとする副事務総長であった私は、ロシアやバルト三国などにも出かけ、大統領、首相、経済官庁の閣僚や外務大臣などと会談しました。OECD の加盟国になれば、先進国が自分達の国に一体どれだけの直接投資をし、技術移転と雇用の増大をしてくれることになるのか、ということが彼らにとっても重要な関心事項の一つでした。大統領みずからが OECD における多角的投資協定の交渉はどうなっていくのかという質問を私にするといった状態が続きました。

　しかし、OECD 加盟国の中でグローバリゼーションの加速に反対する勢力が勢いを強める中、フランスのジョスパン首相が 1998 年 10 月に MIA 交渉への参加を取りやめる旨を表明し、同年 12 月の非公式会合において OECD における MIA 交渉はもはや行なわないことが決定されました。

　翌 99 年 12 月には、米国シアトルで、ポスト・ウルグアイラウンドの新しい貿易交渉の立ち上げを目指した世界貿易機関（WTO）の閣僚会議が開かれ、席上、開発途上国側からはこれまでの貿易自由化は先進国の利益優先だったという批判が集中しました。しかし同時に、全米トラック運転手労働組合など先進国側の非政府組織からも、グローバリゼーションの加速に反対する激しい抗

第 18 章　OECD 副事務総長としての活動　*263*

議運動がありました。そして結局、このWTO閣僚会議も不首尾に終わったのです。

こうした多国間協議の挫折を経験する大分前から、OECDでは、失業問題に関する研究の過程で低賃金の非加盟国との貿易がOECD諸国の労働市場に及ぼす影響に関する実証分析が行なわれました。OECD諸国における賃金格差拡大や失業増大の背景には、未熟練労働者に対する需要の減少がありますが、その主因は非加盟国との貿易の増大ではなく、OECD諸国内で生じている技術革新に迅速に対応出来ない労働供給サイドの問題にある、というのがOECD事務局による研究の結論でした（注15）。

2000年5月に「欧州における社会的ダンピング」と題した長文の報告書がフランス議会の下院に提出されました。これは議会人も参加して作られたものです。フランス国内では保護主義的な議論が根強くなされていましたが、この報告書の結論も、OECDの研究の結論と同様に、マクロ経済的に見る限り、域外国との貿易や海外投資がフランスにおける賃金格差拡大や高失業の主因ではない、というものでした。しかしながら、こうした研究の成果も大衆迎合の政治の波に飲み込まれました。

OECD諸国ではOECDコードに従って資本自由化が行なわれてきたのですが、IMFでは、新興国や開発途上国を含めた加盟国全体に対して資本取引の自由化を原則とするためのIMF協定の改正を検討する作業が進められました。IMF事務局では、法律部門の中に資本取引自由化原則への協定改正に積極的な幹部がいましたが、当時専務理事であったミシェル・カムドシュがIMFワシントン本部で開催した専門家会議にOECD側から招かれた私は、OECD非加盟国にはOECD諸国と比べて金融インフラストラクチャーが整備されていない国が多く、これらにも資本取引の自由化を原則として打ち出す案には懐疑的である旨、発言しました。結局、アジア金融危機などの経験からみて慎重論が強まり、IMFのこの作業は見送りになりました。

OECD開発センターとアジア開発銀行は1998年6月に、フランス経済財政工業省で「アジアにおける金融自由化」をテーマとして国際会議を開催しました。この会議で行なった私の講演では、日本を含む多くのOECD加盟国が金融自由化の波の中で金融プルーデンス政策の失敗などもあって金融危機を経験したことにも言及して、国内金融面と国際貿易・資本の両面でのバランス

264

のとれた自由化とミクロとマクロの金融プルーデンス政策の重要性を強調しました。この主張は、アジアの新興工業諸国などにおける国際資本取引の早急な自由化を迫る当時の米国当局の立場に近いと見られがちであったワシントン所在の IMF や世界銀行の見解との対比においても、また、欧州に本部のある OECD で副事務総長の立場にあった日本人の私が行なったものである点でも、注目されました（注 16）。また、ベルギーの経済専門紙『レコ』（L'Echo）への寄稿でも同様の主張を行ないました（注 17）。

　更に、メキシコ中央銀行が 98 年 11 月初旬にロスカボスで開催した環太平洋諸国中央銀行コンファランスで新興市場経済における金融のグローバル化を巡る諸問題に関して基調講演を行なった際には、弾力性を欠いた為替相場政策を実施してきた諸国における急激な金融自由化のリスクについて警告を発しました（注 18）。

　また、同年 11 月下旬にイスタンブールで開催された国際金融コンファランスにおける講演では、グローバリゼーションを円滑に推進するためには、銀行組織のほか債券・株式市場などを含む幅広い金融部門の健全性に加えて企業部門の統治の健全性確保も重要な課題であると指摘し、こうした広範囲の問題に取り組んでいる OECD の役割について述べました（注 19）。

　このように、私は基本的には地域統合よりも先進国と開発途上国を包摂した地球規模での経済統合のメリットを説く立場にありながらも、その過程で生ずる金融や実体経済の不安定と社会公正の問題にも十分配慮すべきであり、やみくもに自由化や競争原理の強化を主張することには慎重でした。

　こうした立場からまだ OECD 経済総局長であった 1996 年 12 月に発表したエコノミック・アウトルックの中には、技術革新の促進と経済効率化などによる経済成長の加速と所得分配の公平など、社会政策の課題との関係を論じる一章を設ける配慮もしました（注 20）。

　それにつけても、今振り返って私が反省すべき点の一つは、OECD における多国間投資協定（MIA）交渉の過程において、グローバリゼーションや地域統合の過程で生ずる社会公正の問題に十分に配慮した政策を講じる姿勢を全ての MIA 交渉参加国の政府が積極的に国民に示す必要があることを OECD 副事務総長の立場からもっと説得的に主張すべきであったことでした（注 21）。

OECD 非加盟国との協力計画

　OECD 加盟国は、私が最初に勤務した 1970 年代前半におけるオーストラリアとニュージーランドの加盟の後は、90 年代に至るまで先進 24 カ国に限られ、このため、OECD は「金持ちクラブ」("Rich Men's Club")と揶揄されることもありましたが、ペイユが事務総長、私が OECD チーフエコノミストの時代であった 1994 年 5 月には、同年 1 月 1 日に米国とカナダと共に北米自由貿易協定（NAFTA）を発足させたメキシコが米国の強い後押しで OECD 加盟を実現しました。

　一方、東欧では、ベルリンの壁の崩壊（1989 年）、ドイツ再統一（1990 年）、それに次ぐソヴィエト連邦の瓦解（1991 年）の後、旧東ドイツ近隣諸国を中心に、西欧諸国、そして OECD への接近の動きが高まりました。こうして、先ずチェコが 95 年、ハンガリーとポーランドが翌 96 年に相次いで OECD 加盟を果たしました。アジアでは韓国が日本に次いで 96 年末に OECD 加盟国となり、OECD は以来 21 世紀を迎えるまで 29 カ国体制が続く中で、非加盟国との協力関係を強化していきました。

（1）対ロシア協力計画

　OECD 加盟を実現した東欧諸国に比べ、ロシアの OECD への接近は遅れました。しかし、ボリス・エリツィン大統領の下で、1995 年には OECD の対ロシア経済審査報告が最初に発表され、翌 96 年 5 月にはヴィクトル・チェルノムイルジン首相から OECD 加盟を希望する旨の書簡が寄せられました。これを受けて 97 年 10 月には、ジョンストン事務総長を団長、私を副団長として、経済総局の国別審査局長など関連部局長をメンバーとしたミッション団が初めてモスクワ・クレムリンを訪れ、チェルノムイルジン首相、エヴゲニー・プリマコフ外相（後、98 年 9 月に首相に就任）を皮切りに多くの有力閣僚と中央銀行総裁以下の幹部と個別面談を行なう運びとなりました。

　私達は一連の会談を通じ、対ロシア協力計画を具体化する前提としてロシアの民主化と法の支配の原則の徹底が重要であることを主張しました。そし

て、特に私からは、IMFとは違って、マクロ問題と構造問題を幅広く検討するOECD事務局の加盟国経済審査の手法でロシアの経済運営を診断することがロシアにとって有用であることを力説しました。面談した閣僚の中で、自由主義経済陣営、そしてOECDへの接近に最も意欲を示したのは、第一副首相で財務大臣を兼任していたアナトリー・チュバイスでした（写真6-3）。チュバイスはエリツィン大統領の官房長をしたこともある実力者で、彼との会談では、既にIMFに加入していたロシアが今後加盟を考えるべき国際機関としてOECDのほか、EUやWTOも考えられるが、順序はどう考えるべきか、という質問がありました。ジョンストン事務総長からは直ちに返事がなかったので、代わって私から、先ずはWTO、ついでOECD、そしてEUへの加盟を展望するということではなかろうか、と私見を述べました。

　ジョンストン事務総長のパリ帰任後は、私がモスクワに残ってミッション団を率いて、クレムリンのほかロシア中央銀行も訪れ、セルゲイ・ドゥビニン総裁とセルゲイ・アレクサシェンコ第一副総裁と面談しました。ドゥビニンは94年10月11日（いわゆる暗黒の火曜日）のルーブル対米ドル相場の大暴落によって国民の生活が強い打撃を受けた時に大蔵大臣代行をしていたことから、当時のヴィクトル・ゲラシチェンコ中央銀行総裁と共にエリツィン大統領によって解任させられたのですが、その後中央銀行総裁として復活していました。

　面談した若手の改革派で特に私の印象に残った人物の一人は、チュバイスに次いで若手の実力者であったボリス・ネムツォフでした。彼も第一副首相で、住宅建設政策、独占禁止政策を担当していたほか、燃料・エネルギー相を兼任する地位にあり、大変なやり手という感じを受けました。もっとも、リベラル派の彼は、プーチン大統領の時代になって政治的な地位を失い、やがて2015年2月モスクワ川にかかる橋の上で銃撃されて死亡しました。チュバイスも2005年にモスクワ近郊で銃撃されたことがあったのですが、唯一反プーチン路線の新興財閥（オリガルヒ）の長として生き残っているという報があります。

　改革派の若手の実力者で印象に残ったもう一人の人物は、アレクセイ・クドリンでした。彼はレニングラード経済大学を卒業し、エリツィン大統領、チュバイス第一副首相兼蔵相の下で第一財務次官に就任した実務派ですが、チュバ

イスに近いながらも、プーチン大統領になってから同郷サンクトペテルブルク出身の経済テクノクラートとして副首相兼財務相になりました。

　クドリン財務次官との個別面談では、OECDのマクロ経済政策に関する多角的サーベイランスに関して重要な役割を果たしているWP3について説明をしました。その上で、パリ帰任後のフォローアップに当たり、サマーズWP3議長と連絡をとり、私からクドリン財務次官そしてロシア中央銀行で別途面談したアレクサシェンコ第一副総裁に書簡を送り、WP3会合の特別セッションに彼ら二人をオブザーバーとして招きました。こうしてサマーズとも面識が出来たクドリンは、2000年にウラジーミル・プーチンが大統領に就任した後、ミハイル・カシヤノフ内閣で副首相兼財務相に就任し、2008年にはドミートリー・メドヴェージェフ大統領下のプーチン内閣でも副首相兼財務相に留任したのですが、プーチン首相が2012年大統領選挙に立候補を表明すると、プーチン大統領の下、メドヴェージェフ首相の内閣が組閣されれば、新政権には加わらない考えを示しました。このため、クドリンはメドヴェージェフ大統領から辞任を求められ、副首相兼財務相を辞任し、プーチンと袂をわかちました。

　マクロ経済以外の分野で面談した閣僚達の中で印象に残ったのは、環境保護・天然資源相のヴィクトル・ダニロフ＝ダニリヤンでした。モスクワ大学物理数学部を卒業後、経済学博士号を取得し、経済学者、コンピュータ学者、政治家、環境保護運動家として多彩な活動をしてきた彼からは、過度な産業優先のエリツィン政府の方針を修正すべく、信頼の置けるOECDによる環境アセスメントの結果を早期に得て、ロシア国民に環境問題の重要性を訴えたいとの意向が示されました。

　1998年にロシア危機が発生し、ロシア経済の実情について説明するため、イワン・マテロフ経済省第一次官がOECDパリ本部に私を訪れました。同年4月に成立したセルゲイ・キリエンコ内閣は当初ルーブル防衛に強い意欲を持っており、新興財閥もこの政策を支持していたのですが、私はルーブルの変動幅の拡大による事実上の切下げを躊躇すべきでないのではないか、とコメントしました。彼は予想もしなかった答えを得たといった表情になりました。また、ノートテイカーとして同席したOECD非加盟国協力センター長のジャン＝ピエール・チュヴェリ（OECD退職後、南仏サン・トロペ市長に就任）も私の発言に驚いた顔になりましたが、そもそも彼は経済総局の国別審査課長をし

たこともあるエコノミストでしたから、私がOECD副事務総長としての儀礼的な面談に終わらせずに、前OECDチーフエコノミストとして実質的な応答をしたことを評価してくれました。結局、ロシアは同年8月、ルーブルの大幅減価、国債価格の暴落に見舞われましたが、実体経済は最悪の状況を脱し、翌99年には原油価格の高騰もあって初めてのプラスの経済成長を実現しました。

OECDは1998年3月、「ロシアにおける法の支配と市場経済の発展」と題するシンポジウムをパリ本部で開催しました。これには、ロシア政府の要人がOECD加盟国からの出席者と一堂に会して、熱心に意見を交換しました。私は、このシンポジウムの開会演説の中で、法の支配はロシアの国内における市場経済の発展のためだけでなく、ロシアの企業がグローバルな海外市場で発展するために重要な前提であることを強調しました（注22）。

その後、OECDは2007年にロシア政府と加盟交渉を開始することを決めたのですが、2014年に始まったクリミア紛争におけるロシアの役割に鑑み、加盟交渉を停止することを決定しました（注23）。

(2) 対バルト三国協力計画

OECDに加盟している北欧（ノルディック）諸国であるスウェーデン、デンマーク、ノルウェー、フィンランド、アイスランドは北欧理事会を構成しています。これら5カ国はバルト三国と言われるエストニア、ラトビア、リトアニアと1992年に協力協定を結びました。これら三国がソヴィエト連邦の崩壊で再度独立国となった直後のことで、以来、北欧諸国はバルト三国のOECD加盟を支援する運動を推進してきました。もっとも、OECD事務局としては、事務総長なり副事務総長などがバルト三国からの招請を受け入れて公式訪問をすることには、他の非加盟国に対する協力関係の構築とのバランスを考慮しながら慎重な態度をとっていました。前述したロシア訪問、また後述する中国訪問などを終えた後、頃合いを計って1998年10月にOECD事務局の代表として私がバルト三国を初めて公式訪問することになりました。訪問に先立って、これら三国の駐仏大使がそれぞれ自己紹介を兼ねて私を昼食会に招いてくれました。独立後官僚機構の整備を急がれた三国で登用されたばかりの大使はいずれも若くて聡明な女性であったことが、ソ連の桎梏から解放されて間もない国

第18章　OECD副事務総長としての活動　*269*

を象徴しているように思われました。

　三国の中で最も南に位置するリトアニアの首都ヴィリニュスとパリを結ぶ飛行機は当時ありませんでしたので、リトアニアの駐仏大使が随行してコペンハーゲン経由でヴィリニュス入りしました。ヴァルダス・アダムクス大統領は1926年生まれ、ソ連の侵略から逃れるため第二次世界大戦終了直前にドイツに避難し、ミュンヘン大学で学び、終戦後に渡米して長年米国で環境保護庁の地域長官を務めて97年にリトアニアに帰国し、大統領選挙を勝ち抜いたという特異な経歴の人で、リトアニアのOECDへの接近に強い熱意を示しました。

　ついで、ラトビアの首都リガに向かったのですが、バルト三国は国境を接しながらも首都の間を結ぶ航路がなく、ヴィリニュスから一旦バルト海を渡ってストックホルムへ行き、そこからリガ入りしました。

　カールリス・ウルマニス大統領は私と同じ1939年生まれで、第二次世界大戦中は家族と共にシベリアに抑留され、戦後帰国して戦前のラトビア共和国の大統領であった大叔父カールリス・ウルマニスと同じく農民党の党首に選出され、1993年から大統領の職にありました。

　最後にバルト三国の中で最も北に位置するエストニアの首都タリンを訪問しました。この時も、ラトビアの首都リガからの飛行機の直行便がないため、まずリガからヘルシンキへ行き、再びバルト海を眼下にしてタリン空港に到着しました。レナルト・メリ大統領は私より10歳年上で、1941年から家族と共にシベリアに抑留され、森林伐採の労働を強いられ、第二次世界大戦が終了した後エストニアに帰国し、やがて作家、映画監督、そしてエストニア独立運動の指導者として活躍し、1992年から大統領を務めていました。

　これらバルト三国の大統領との個別会見、そして首相を始めとする主要閣僚や中央銀行総裁との一連の会談を通じて、私からは、OECDがこれら三国との協力関係の強化に乗り出すのは、それぞれの国が単に近接した西欧諸国経済との関係を強化したいという意欲だけでなく、遠く離れた米国や日本などを主要なメンバーとして含むOECD加盟国全体が共有する民主主義、法の支配、自由主義などの価値を尊重し、グローバルな枠組みの中で経済発展を実現したいという意欲があると認めたからであると強調しました。その上で、私が永年勤務したOECD経済総局はバルト三国の経済発展に資する経済審査を進めており、その完成を機に三国の政府および中央銀行当局と政策のあり方について更

270

なる対話を行なう用意があることを伝えました。

このように、三国における会談では、OECDとの協力関係の強化が主要なテーマでしたが、ロシアとの経済関係から脱却出来ない状況にあるだけに、当時のロシアの経済困難が話題となりました。こうした中、エストニアのメリ大統領との会談の後に大統領府が発表したプレスリリース（注24）には、最後のパラグラフに「OECD副事務総長は大統領とロシア情勢について話し合いをした」とわざわざ記述され、メリ大統領のロシアに対する配慮が並々ならないことを窺わせました。事実、同大統領はエストニア国内に在住するロシア人にも配慮してロシアとの善隣外交に努めながら、西欧諸国そして先進自由主義国のみを加盟国として設立されたOECDに接近する卓越した外交感覚の持ち主であるという印象を私は受けました。

バルト三国訪問の最後に、三国の外相が揃って参加した「バルト地域の経済開発：その前途」と題したコンファランスがタリンで開催され、エストニアのマルト・シーマン首相が開会の挨拶をした後に私がOECDを代表して基調講演（注25）を行ないました。この中では、OECD事務局は世界経済に占めるシェアが約6割に上るOECD地域の持続的で経済成長と社会公正に資する様々な政策提言を加盟国に対して行なってきたが、非加盟国のダイナミックな経済成長はOECD経済にとっても重要であることが加盟国全体の共通認識になっており、このコンファランスを機にOECDとバルト三国との間での政策対話が強化されることを期待していると述べました。

このコンファランスを締めくくるに当たり、三国の外相と私の共同記者会見が行なわれ、私に対する記者の質問は、これら三国がいつになったらOECD加盟国になれるかということに集中しました。当然のことながら、言質を取られないようにしながらも、OECD加盟に関する決定はOECD事務局が行なうものではなく、加盟国全体がコンセンサス方式で行なうものであること、加盟の適格性に関して数値を置いた客観的な基準はないが、法の支配と人権の尊重を基礎とした民主主義の価値に対するコミットメント、そして開放され透明性の高い市場経済を実現している国であると判断されること、が大切であると説明しました。加盟申請国の審査にあたっては、個別の分野でいえば、OECD加盟国で標準になっているOECD税制モデルとの整合性、国民所得や国際収支などの経済統計の整備状況、環境基準などを含む様々な面でも先進国の一員

と言われる水準にあるか、あるいはそれに近いところにあると判断されることが肝要であり、当時OECD経済総局が進めていたバルト三国の経済審査の結果が重要な情報を提供してくれることになろうと付け加えました。その上で、一言で言えば、バルト三国が全てのOECD加盟国から「志を同じくしている（"like-minded"）仲間」とみなされることが重要であるとも述べました。

　このコンファランス直後の記者会見の模様は、当時OECD非加盟国との協力関係を審議する委員会の議長をしていたオランダOECD代表部大使（後に駐日大使）のエヒベルト・ヤーコプスも現地でフォローしていました。後日談になりますが、ヤーコプスは、翌99年の秋に私がOECDを去るにあたって催したレセプションにおけるスピーチの中で、それまでは私についてはOECDを代表するエコノミストとして経済政策問題の専門家という印象だけであったが、タリンでの記者会見における私の受け答えを聞いて、自分達のような職業的な外交官以上に外交のセンスを持ち合わせていることを知った、と語ってくれました。

　このようにOECDは、バルト三国に対しては一緒のグループとして協力計画を始めたのですが（注26）、最初にOECD加盟を実現したのはエストニアで2010年12月、ついでラトビアが16年7月、そしてリトアニアは18年7月、という具合に、バラバラになりました。

(3) 対中国協力計画

　OECDと中国の協力計画は、1994年と95年に開催された閣僚理事会において事務局に対してOECDと中国と相互に利益となる協力関係を構築するため取り組むことが要請されたことから発展したものです（注27）。こうした経緯は、ソヴィエト連邦の崩壊の後、東欧諸国が積極的に西欧諸国そしてOECDに接近してきたのとは根本的に異なります。そして、OECDの対中国協力計画はコストを両者で折半する原則で行なわれてきました。

　OECDの最初の上級レベル使節団が北京を訪問したのは95年7月のことで、ペイユ事務総長を団長とし、日本の最初の事務次長であった外務省出身の谷口誠氏を副団長として、経済総局長をしていた私やOECD資本自由化コードや税制、多国籍企業問題などの担当局長などが使節団に加わりました。李鵬首

272

相との会談を皮切りに閣僚との会談が行なわれたのですが、OECD 経済総局長の立場からすると、財政部長と人民銀行総裁との会談がセットされていなかったのが不満でした。聞くところでは、中国政府の閣僚レベルで当時 OECD との関係を仕切っていたのは、通商問題の担当閣僚で実力者呉儀氏（後に国務委員に昇格）で、OECD が中国のマクロ経済政策の最終責任者と接触するのを好まなかったということでした。交渉の結果、人民銀行の副総裁が、OECD 使節団が宿泊しているホテルに来て私と会談をすることで折り合いが成立しました。その上で、副総裁は公用車ではなくタクシーを使って現れ、タクシー代は OECD が負担するということになりました。

それから 2 年後、OECD は、副事務総長となっていた私を団長として二度目の上級レベル使節団を 1998 年 7 月に中国に送ることになりました。この訪問に先立って開かれた OECD 理事会の席上で、私は各国代表部大使に対して、前回の中国訪問の際には使節団が財政部長と人民銀行総裁と会談しなかったことを伝え、今度もこういう事態となった場合には、私としては今後の OECD 対中国協力計画を縮小する方向で次回の予算案編成時に提案をしたいと述べました。私の二度目の北京訪問の狙いの一つは、OECD 経済総局による中国の経済審査の糸口を作ることでした。このため、経済総局の国別審査局次長をしていた米国人のヴァル・コロムゼーにこの使節団の一員として参加してもらいました。また、前に述べたモスクワ訪問の際に、OECD のマクロ経済政策に関する多角的監視（サーベイランス）に当たって重要な役割を果たしている WP3 にロシアの財務大臣と中央銀行総裁の代理者をオブザーバーとして時折招待する道を開くきっかけを作ったのと同様のことを、北京でも試みたいと内々思っていました。こうした目的のためには、呉儀氏のほか財政部長と人民銀行総裁と個別に会談することが必須と自らに言い聞かせていました。

実は、北京に行く前に東京に立ち寄り、ホテルオークラに宿泊すると、たまたま廊下で人民銀行の戴相龍総裁と出会い、ホテル内の総裁の部屋で会談が成立しました。戴総裁は私が日本銀行出身であることを承知していて、終始和やかな会談となりました。このため、人民銀行訪問は、金融政策に関する講義（注 28）を行なうことが主な行事となり、北京訪問の最大の目的は財政部長との会談となりました。幸い、財政部長は前回の中国訪問時に国税局長官として面談したことがある項懐誠氏でした。中国の国税局は以前から OECD の租税

第 18 章　OECD 副事務総長としての活動　*273*

制度専門家から助言を受け、友好関係を維持していました。こうしたことから、項財政部長は朱鎔基首相との会議の合間に私との会談に応じ、戴総裁との面談におけるのと同様に、マクロ経済分野における OECD との協力関係の構築について前向きな話し合いが出来ました。

　構造政策の分野では、中国の人口高齢化は、本格的な到来の時期については多くの OECD 諸国に比べて遅れるとはいえ、社会保障制度が未成熟な国だけに、それが齎す社会的、経済的な影響は比較にならない深刻なものになることが懸念されています。こうしたことから、中国国務院の発展研究センターにおける講演においては、私の指揮の下で作成された 1998 年 OECD 閣僚理事会報告「高齢化社会における繁栄の維持」を紹介すると共に、こうした構造政策に関する分野でも OECD が中国に助言をする用意があることを述べました（注29）。

　パリに帰任後、 WP3 議長のサマーズの了解を得た上で、項財政部長と戴総裁に私から書簡を送り、代理者を WP3 の特別セッションに招待しました。これを受けて、98 年秋には中国財政部副部長の楼継偉氏が WP3 に出席しました。また、翌 99 年には、中国対外貿易経済合作部副部長の龍永図氏が OECD の非加盟国との閣僚級特別会合に出席し、ドナルド・ジョンストン事務総長が呉儀国務委員に招かれ、中国アモイで開かれた国際投資フェアに出席し、また北京で中国の筆頭副首相の李嵐清氏と会談するなど、徐々に中国の閣僚級の要人達と OECD 首脳との交流が深まりました。もっとも、OECD 経済総局による最初の中国経済審査報告が発表されたのは私が OECD を去ってから 5 年後の2005 年のことでした。

　その後、中国は OECD との協力を更に強化することを決め、OECD の最初の上級レベル使節団が北京を訪問してから丁度 20 周年の 2015 年 7 月には李克強首相が OECD パリ本部を訪問し、OECD 開発センターに加盟しました。1995 年に OECD の最初の上級レベル使節団が北京を訪問した際、呉儀氏は中国が開発途上国であることを何度も強調していました。それだけに、中国のOECD 開発センター参加は意義深いものがあります。

注
1. OECD Economic Outlook, No.61, June 1997, p.49.

2. OECD Economic Outlook, No.60, December 1996, Table 6 "Impact of a 1 per cent slower growth rate in 1997-98 in non-OECD Asia", p.8.
3. 1997 年 5 月 1 日の水準から 10% 上昇したと仮定。OECD Economic Outlook, No.61, June 1997, p.4.
4. OECD Economic Outlook, No.62, December 1997, p.xii.
5. OECD Economic Outlook, No.60, December 1996; No.62, December 1997; No.64, December 1998; No.66, December 1999 より作成。
6. Alan Meltzer, "International Economic Policy in the Clinton Administration" prepared for "American Policy in the 1990s", Harvard University, 27 June 2001.
7. OECD Economic Surveys, Japan, 1999, p.16.
8. "Effects of Ageing Populations on Government Budgets", OECD Economic Outlook, No.57, June 1995, pp.33-42.
9. OECD, "Maintaining Prosperity in an Ageing Society", 1998.
10. OECD, 阿部敦訳、『OECD 諸国・活力ある高齢化への挑戦：持続的な経済成長をめざして』、ミネルヴァ書房、2000 年。
11. Kumiharu Shigehara, "New Policies for Dealing with Ageing", The OECD Observer, June/July 1998.
12. Kumiharu Shigehara, "Politiques à mettre en œuvre pour faire face au vieillissement des populations dans le contexte mondial", discours prononcé à l'Université de Liège, 26 novembre 1998.
13. Kumiharu Shigehara, "Meeting the Challenges of Borderless Competition", a speech given at the Strategy Conference for Scandinavian Executives on "Mobilising Your Company for Borderless Competition", Stockholm, 3 May 1994.
14. OECD, "Main Features of the Multilateral Agreement on Investment", Note by the Chairman of the Negotiating Group, Unclassified DAFFE/MAI（98）4, 5 February 1998.
15. OECD, "Jobs Study: Evidence and Explanations", Part 1: Labour Market Trends and Underlying Forces of Changes, 1994.
16. Kumiharu Shigehara, "Causes and Implications of East Asian Financial Crisis", a speech at the Fourth International Forum on Asian Perspectives organised jointly by the Asian Development and the OECD Development Centre on "Financial Liberalisation in Asia: Analysis and Prospects" at the French Ministry of Economy, Finance and Industry, Paris-Bercy, 3 June 1998, OECD Press Release of 5 June 1998.

この講演に関して、シンガポールの有力経済紙（The Business Times）の Anthony Rowley 記者は "Don't Blame the Victims of Asia's Crisis" と題する記事の中で次の通りコメントした。

"It is instructive that a Japanese national（Mr Shigehara）writing from Europe（the OECD offices in Europe）should be able to analyse the situation with such clarity. It seems that the ideological miasma in which Washington-based institutions such as the IMF and the World Bank have become entrapped, by virtue of their proximity to the US administration and Congress, renders such clear thinking impossible on their part. They dare not blame the system of unthinking trade, investment and capital market liberalisation to which they have co-opted, so they blame its victims"（via Rueter, OECD Media Relations, 11 June 1998）.

17. Kumiharu Shigehara, "Faut-il contrôller les movements de capitaux?", L'Echo, 5-7 December 1998.
18. Kumiharu Shigehara, "Towards More Stable Global Finance: Some Issues Concerning Orderly

Liberalisation in Emerging Market Economies", a keynote speech at the Thirteenth Pacific Basin Central Bank Conference, Los Cabos, B.C.S., Mexico, 9 November 1998, OECD Press Release of 9 November 1998. "Emerging Markets and the Liberalisation of Capital Movements", OECD Economic Outlook, No.58, December 1995, pp.33-38.

19. Kumiharu Shigehara, "Financial Crisis: Causes and Implications of Recent Episodes", a keynote address at the Finance 98 Conference, Istanbul, Turkey, 21 November 1998, OECD Press Release of 21 November 1998.

20. "Achieving Improved Economic Performance with Better Social Outcomes", OECD Economic Outlook, No.60, December 1996, pp.18-22.

21. Kumiharu Shigehara, "Globalisation and Employment", a speech at the International Workshop "Globalisation and Employment: A Possible Solution?", organised in cooperation with Confindustria of Piacenza, Palazzo Farnese, Piacenza, Italy on 11-12 April 1997. Kumiharu Shigehara, "A View of the Global Economy in the Twenty-first century", a keynote speech at the Amrosetti Conference on Market Leaders and Scenarios for the Twenty-first century, Villa d'Este, Cernobbio, Come, Italy, on 26, 27, 28 March 1999 も参照。

22. Kumiharu Shigehara, "The Rule of Law and the Development of a Market Economy in the Russian Federation", Opening Statement at an OECD Symposium on 23-24 March 1998.

23. Statement by the OECD regarding the status of the accession process with Russia & co-operation with Ukraine, 13 March 2014.

24. Press Service of the Office of the President of the Republic of Estonia, "President of the Republic had a Meeting with the Deputy Secretary-General of the OECD", October 19, 1998.

25. Kumiharu Shigehara, "The Path Ahead to High and Equitable Growth for the Global Economy: the Role of the OECD", a keynote speech given at the Conference "Economic Development in the Baltic Region: the Path Ahead", Tallin, Estonia, 20 October 1998.

26. OECD, "Baltic Programme: Annual Report, October 1998-September 1999", CCNM/BALT（99）9, p.7.

27. OECD, "OECD-China Co-operation: The First Ten Years", November 2005.

28. Kumiharu Shigehara, "Targets and Indicators for Monetary Policy: Observations from OECD Countries' Experience", a lecture delivered at The People's Bank of China, Beijing,15 July 1998, OECD Press Release of 15 July 1998.

29. Kumiharu Shigehara, "Policies for Dealing with Population Ageing in the Global Context", a speech delivered at The Development Research Centre of the State Council of China, Beijing, China, 17 July 1998, OECD Press Release of 17 July 1998.

第二部
私人としての言論活動

新しい生き方を志して

　OECD では、エコノミストなどの事務職員の定年は 65 歳です。一方、事務総長と副事務総長には定年はありません。しかし、1999 年 2 月で 60 歳になった私は、副事務総長として長期の勤務をすることを望みませんでした。そして、日本では中央銀行員として約 20 年間、そして海外では国際公務員として、先進工業国のみを加盟国として経済を中心に幅広い政策分野における国際協力のために設立された OECD という国際機関一筋に、4 回都合 17 年に亘って勤務した後の身の振り方については、自分なりの意志を通したいと思いました。

　1999 年（平成 11 年）末、老母が待っていた日本に帰国すると、思いがけず公職で仕事をする話が持ち上がりましたが、後述するような経緯で立ち消えとなりました。他方、民間企業や研究機関の役員などとして報酬を得て仕事をするとか、大学で教鞭をとる道はわがままな自分の性にはどうにも合いそうになく、自由人として内外で自分が望むテーマに関して適宜のタイミングで言論活動を行なう道を自分で切り拓くことを選択しました。

　こうして、海外では、コンファランスやセミナーに招かれて英語なりフランス語で講演を行なうほか、OECD 経済総局における私の優秀な部下であった欧米人エコノミストで定年退職後も知的活動を続ける意欲のある同志数人と一緒にパリを本拠とする独立の研究組織として「国際経済政策研究協会」（International Economic Policy Studies Association）を立ち上げました（写真 7-2）。私が会長になり、英語で仕上げた共同研究の成果についてはセミナーなどを開催して議論をし、最終的には適宜の媒体で公表する活動を始めました。

　経済問題についての私個人の発言は、日本の主要新聞や英国『フィナンシャル・タイムズ』紙などへの寄稿も行なうことにしましたが、こうした媒体による意見発表はそれらメディアの編集方針によりタイトルを変えられたり、字数の制約があったりで、窮屈なものです。そこで、東京に在住している長男の技術援助を得て、私個人の公式ウェブサイト（注 1）を立ち上げ、日本語版のほか英語版を作り、海外に向けても私個人の意見を自由に発信することにしました。日本人による外国語での意見発表が少ない中で、私のように国際機関で仕

事をした経歴の日本人が積極的に行なうべきものと考えたのです。

　そもそも自分が歳をとってからの生き方については、英国の作家ジョージ・ギッシングが最晩年に書いた半ば自伝的な著作『ヘンリ・ライクロフトの私記』（The Private Papers of Henry Ryecroft）を平井正穂の翻訳本（岩波文庫）で読んで心を動かされていました。そして、2001 年 6 月にロンドンに出かけた折に、1855 年から続いている古書専門店フランシス・エドワーズで初版本（1903 年）（注 2）を探して購入し、原文で読んで、すっかりこの本の虜となりました。そこには、初老のライクロフトが南イングランドの美しい田園地帯で四季の移り変わりを愛でながら読書と思索に耽る、そして、文筆活動は若い頃のように生活を維持するために迫られてではなく、時折気の向くままに行なう、という老後の理想的な生き方が高雅な古典的筆致で記述されていました。そして、高校生時代に英文学者になることを目指したことがある私も、ギッシングが描いたライクロフトの晩年の生き方を夢見たのです。

　しかしながら、これから述べるように、OECD 退職後における現実の私の言論活動は、東京とパリという二つの都会が拠点となりました。そして、21 世紀に入ってからも内外における経済金融情勢のめまぐるしい展開に追い立てられ、差し迫った政策問題に関する評論が中心となってしまいました。

第 19 章
日本の経済政策運営～2000 年以降

IT バブル崩壊後の政策運営

　パリにおける残務を整理して帰国する直前に発表された OECD エコノミック・アウトルック 1999 年 12 月号では、OECD 経済全体に関して比較的明るい展望が示されていました。特に米国は情報技術（IT）関連産業投資の躍進などから 99 年には 4% に近い高い経済成長となった後、2000 年も 3% を上回る成長の持続が見込まれていました。日本については、物価の下落傾向が続くと見込まれてはいましたが、財政措置の効果もあって 1999 年初めから漸く始まった生産活動の回復傾向が 2000 年も続き、実質 GDP 成長率は両年とも 1.4% のプラスと見込まれていました（次頁表 9 参照）。もっとも、外国為替市場では、日本の景気回復と米国の経常収支赤字の拡大などを背景に円高が進展し、対ドル相場は 99 年 9 月には 3 年 8 カ月ぶりに 103 円台になっていました。
　こうした中、OECD は日本の政策運営に関して、以下のコメントを行ないました。

　「この先、円相場が更に上昇するか、長期金利が押し上げられる傾向が続けば、経済の回復は現在の見通しより弱いものとなろう。短期金融市場金利がゼロに近い状況では、伝統的な市場操作によって一層の金融緩和を実現することは不可能である。しかしながら、外国為替市場において円相場を抑え込むための介入操作、そして国債市場において長期金利を押し下げるための買い操作、を一層アグレッシブに行ない、こうした操作から生ずる銀行流動性（bank liquidity）の増加をそのまま放置する、というオプションは依然として残っている。これは非正統的なものではあるが、経済が回復の軌道から外れる兆しが見られる場合には、これ以外に選択の余地はないであろう。」（注 3）

280

これは、私が OECD 経済総局長であった 1995 年 9 月にローマで開催された OECD の経済政策委員会第三作業部会（WP3）会合に提出した検討資料で示された事務局提案と同じ趣旨であり、特段新しいものではありませんでした。

2000 年 6 月に発表された OECD エコノミック・アウトルックでは、1999 年における日本の実質 GDP 成長率は 1.4% から 0.3% に引き下げられました。そして、2000 年、2001 年と徐々に回復し、実質 GDP は 2001 年末には半年前に想定された水準に近づくものと見込まれていました（表 9 参照）。

このアウトルック発表直後の 2000 年 8 月 11 日、日本銀行は 1999 年 2 月から実施していたいわゆる「ゼロ金利」（コールレートを 0.25% から 0.15% に引き下げ）を解除し、短期金融市場金利の誘導目標を 0.25% に引き上げることを決定しました。この日、私は妻と共に避暑のため山中湖畔に滞在中で、彼女の母方の叔母とその夫君である藤井照雄（注 4）氏と会食をしました。藤井氏は、私にとっては、妻の実父である吉澤洸と同様に、日本銀行における大先輩で、会食の席上、発表された直後の金融政策の変更について私の意見を求められました。こういう親しい間柄でしたから、私は何の遠慮もなく、早すぎた決断であったという率直な感想を即座に述べました。

表 9：OECD 日本経済見通し

（　）内は実績見込みと見通し

	1997	1998	1999	2000	2001	2002
（発表時期）	実質 GDP 成長率（%）					
1999 年 12 月	1.4	-2.8	(1.4)	(1.4)	(1.2)	
2000 年 6 月	1.6	-2.5	0.3	(1.7)	(2.2)	
2000 年 12 月	1.6	-2.5	0.2	(1.9)	(2.3)	(2.0)
	GDP-デフレーター上昇率（%）					
1999 年 12 月	0.1	0.4	(-0.6)	(-0.5)	(-0.3)	
2000 年 6 月	0.3	0.3	-0.9	(-0.8)	(-0.1)	
2000 年 12 月	0.3	0.3	-0.9	(-1.5)	(-0.4)	(-0.2)
	1997	1998	1999	2000	2001	2002
円相場 （対ドル、実績）	121.0	130.9	113.9	107.8	121.8	125.3

（出典）OECD エコノミック・アウトルック 1999 年 12 月号 ほか

その後、米国の IT 関連企業を中心としたブームは終息し、一般に英語では
ドットコム・バブル（dot-com bubble）、日本ではしばしば「IT バブル」と呼ば
れるようになりました。こうしたバブルの崩壊は日本経済にも影響を及ぼし、
経済見通しは下方修正され、デフレ圧力が強まりました（前頁表 9 参照）。

　こうした情勢の変化に面して、日本銀行は 2001 年 2 月 28 日、コールレート
の誘導目標水準の引下げ（0.25% から 0.1% へ）を決定しました。そして、翌
3 月、日本銀行は事実上「ゼロ金利」を復活し、当座預金残高の目標を 5 兆円
として、銀行流動性を大幅に増加する量的緩和策の導入を決定しました。更に
9 月になると、日本銀行は、米国と欧州の中央銀行と協調して金融緩和を強化
すべく、当座預金残高を 6 兆円に増額する決定を行ないました。

IMF 世界経済展望の不備

　2001 年 5 月上旬、南イングランドの美しい田園地帯で自適の生活を送った
ヘンリ・ライクロフトの生き方を日本の中で夢み、伊豆半島に引き籠もって
新緑と青い海原と眺めながら、OECD 勤務時代には持ち合わせなかった時間
の余裕を自由に使って、ワシントンで発表されたばかりの IMF 世界経済展望
（World Economic Outlook: WEO）の全文をインターネット上で入手して読み始
めました。そして IMF の分析内容を検討しているうちに、内外の経済情勢の
急速な変化とそれを後追いするような政策対応を自由人として傍観していて良
いのか、私の心の中に危機感が募ってきました。というのは、WEO に盛り込
まれた日本を含む先進国の政策課題に関する処方箋は不満足なものに私には思
われたからです。

　IT バブル崩壊後の世界経済に関して真剣に検討しなければならない重要な
問題の一つは、世界最大の対外債務国である米国の通貨が急落し、同時に米国
における潜在成長力見通しの下方修正などから株価が暴落する展開となった場
合に、先進国が一緒になってどういう政策対応をするか、ということでした。

　この問題に関して、IMF は米ドルと株価の同時下落というショックが世界経
済に及ぼす影響に関するモデル分析の結果を WEO の中で示しました。その上
で、ユーロと日本円に対する米ドルの為替相場と米国の株価がいずれも 20%
低下するなどの前提の下では、米欧日の金融緩和が更に進められたとしても、

282

世界そして日本の経済成長率は2001年から2002年にかけて標準予測比でいずれも1%ポイント前後も低下するものと見込みました（注5）。

ところで、このモデル分析で仮定された米欧日の金融緩和の中身に関するIMFエコノミスト達の説明を吟味すると、既にゼロに近かった日本の短期市場金利は大幅なマイナスの水準となる筋合いでしたが、金融緩和の結果として想定されたマイナス金利水準の数値は明示されていませんでした。

日本の市場金利水準がプラスの範囲内で変動していた過去における金利の変化とそれに対する実体経済面や物価面の諸々の変数の感応度を計測した結果に基づく計量モデルをそのまま使用した政策シミュレーションの結果では、現実的な政策論議には役に立たない筈でした。とすると、IMFのエコノミスト達は推計作業に当たってどんな工夫を凝らしたのか、という疑問が出てきました。この問題に関する回答は、IMFが公表した報告書には見つけられませんでした。そこで、伊豆半島の滞在先から、早速、WEOの作成を担当しているIMF調査局に電子メールで問い合わせました。

まもなく、WEO担当課長であったタミン・バユミ氏からメールで返答があり、このモデル分析の手法に問題があったことを謝罪してきました。私の推測していた通り、IMFのモデル分析者達は、金利がプラスの水準からマイナスの領域にまで引き下げられた場合であろうと、プラスの範囲内での上下方向への変動の場合であろうと、金利の変動が同幅である限り、金利変動に伴う実体経済面や物価面の諸々の変数の感応度に大きな違いがないという強い仮定の下でシミュレーション分析を行なってしまっていたのです。

IMFのモデル分析に使われた金利変数が金利水準ではなくその変動幅であったことから、こうした重大なミスが生じたとも言えます。それにしても、日本経済を担当しているアジア局の専門家がIMF調査局によるモデル分析のミスを、WEOの公表前、もっと正確に言えば、WEOの理事会討議版が完成する前、に見つけて修正すべきでした。更に言えば、WEOの理事会討議版は、ワシントンにある日本の理事室のスタッフ、そして東京サイドでは財務省国際金融局と日本銀行国際局のスタッフが理事会討議の前に読む機会がありますから、その段階でミスを見つけることも出来た筈でした。

こうしたIMF理事会によるサーベイランスのミスは、IMFの調査分析の技術的な弱点をさらけ出しただけではなく、そもそもゼロ金利の制約に苦しむ日

第19章　日本の経済政策運営〜2000年以降　*283*

本銀行の金融政策運営のあり方について、IMF 専務理事のホルスト・ケーラー、筆頭副専務理事のスタンレー・フィッシャー（写真 4-1）以下の首脳陣とチーフエコノミストのマイケル・ムッサ以下の専門スタッフがとことん考え抜いていなかったのではないか、という疑念が私の頭をよぎりました。

IMF サーベイランスのこのようなミスは繰り返されてはならないものです。そのため、このエピソードについては国内では財務省国際金融局と日本銀行国際局に通報すると共に、 OECD では私の後任であるヴィスコ経済総局長やそのほかの幹部にも経緯を知らせました。

この点について更に付言すれば、OECD 経済総局長は政策調査局と国別審査局を統括しており、両局の作業は OECD チーフエコノミストでもある経済総局長の指揮下で一体化されています。一方、IMF のチーフエコノミストである調査局長は、国別サーベイランスを担当するアジア局長など地域局長と同格であり、OECD チーフエコノミストのような統率権を持っていないという、組織上の弱点があると私には思われました。

世界経済減速への対処策

IMF 世界経済展望（WEO）の政策提言が不満足であると私に思われたのは、バブル崩壊の後の調整過程で生じたデフレ圧力に対処するには、ミクロのベースで民間金融部門の信用供給機能の復活に資する健全化措置を早急に実施すると共に、マクロのベースでは引き緩んだ需給ギャップを解消するための総需要の追加を如何にして実現するか、という問題を IMF がグローバルな見地から考え抜いていなかったためでした。

当時、世界景気の下振れリスクに対して、米国連邦準備制度理事会（FRB）も欧州中央銀行（ECB）もなお短期金融市場金利引下げの余地を残していましたが、日本銀行はこうしたオーソドックスな手段を使い果たしていました。こうした状況の下で、日本の生産活動の下支えとデフレの克服に繋がる総需要を確保するためには、円高の防止ないし是正のための米ドルの買い支えとそれに伴い放出される円資金の増加、銀行流動性の積み上がりを放置する政策を、貿易相手国の理解を得ながら実行することが不可欠であると私は考えていました。

そこで、ゼロ金利の制約を受けている日本における総需要管理のあり方に関する議論を広く海外でも促す狙いで、伊豆半島の滞在先から電子メールで英国『フィナンシャル・タイムズ』紙に寄稿しました。拙稿は、早速 2001 年 5 月 15 日付けの同紙に掲載されました（注 6）。

　もっとも、『フィナンシャル・タイムズ』紙に掲載された拙稿は短いものでした。また、この英語で書かれた小論を日本の新聞がフォローすることはありませんでした。そこで、世界経済が一層減速するリスクに如何に対処すべきか、という問題について、私見をより詳しく日本語、英語、フランス語で発表することを考えました。

　こうした見地から、日本では 2001 年 7 月 10 日付けの日本経済新聞「経済教室」の欄に「世界経済、一層の減速の懸念」という主題、「円相場の修正必要」、「日米欧で信頼関係構築を急げ」という二つの副題で論文を発表しました。これらのキャッチフレーズは新聞社の編集部がつけたもので、私の論点の重要部分をよく把握していると思われました。

　この論文を、私は以下の最終文で締めくくりました。

　　「米ブッシュ政権の国際政策担当幹部は良識派のエコノミストである。グリーンスパン議長ら FRB 首脳に加え、こうした米政府当局者や有力なユーロ域内政策当局者との相互信頼関係の構築が三極通貨協力圏の第一歩だ。」

　この私見をより詳細に英語で海外向けに発信するために、『ジャパンタイムズ』紙の同年 7 月 12 日号に比較的長い論文を掲載しました（注 7）。そして、同月 18 日にはフランスの『レゼコ』（"Les Echos"）という経済専門紙にほぼ同文のフランス語訳版を発表しました（注 8）。

　「経済教室」掲載論文の最後で触れた「米ブッシュ政権の国際政策担当幹部は良識派のエコノミスト」とは、申すまでもなくジョージ・W・ブッシュ政権下で国際金融担当の財務次官をしていたジョン・テイラーのことでした。彼には、『ジャパンタイムズ』紙に書いた英語の論文のコピーを簡単な手紙と共に送りました。テイラーは、私が日本銀行の金融研究所長であった時に、客員研究員として奥さんと共に東京に住んだこともあり、私達は夫婦付き合いをした仲でした。また、私が OECD 政策調査局長をしていた頃は、ジョージ・W・

H・ブッシュ政権下でスタンフォード大学教授から大統領経済諮問委員会の委員に転じており、OECD の経済政策委員会第三作業部会（WP3）や米国経済審査のための経済開発検討委員会（Economic and Development Review Committee: EDRC）の会合に出席していました。また、私が OECD 副事務総長を辞した時には彼の本拠であるスタンフォード大学で教鞭を執ることを彼が提案するなど、公私両面で親しくしていました。

当時、円高を抑制するための日本当局の為替市場介入に批判的であった米国の議会人などとの間で、テイラーのような知日派が微妙な関係にあることは私も承知していました。そこで、知日派が共和党政権の要職から追い出されるような事態となれば元も子もないと考え、テイラーとのパイプを利用することはほどほどが肝心、と心得ていました。

この頃、日本では溝口善兵衛氏が財務省の国際金融局長、ついで財務官として、急激な円高を抑制するために円売り・米ドル買いの大規模な為替市場介入を指揮する立場にありました。溝口氏は、私が OECD 経済総局長をしていた 1993 年には副財務官として WP3 関係の仕事にも関わっていた仲ですが、私が私人としてテイラーに送った書簡のことは通知しませんでした。同様に、このことは速水優総裁を始め日本銀行関係者にも知らせませんでした。

速水氏は日本銀行理事を辞めてから長い間財界で活躍した後に総裁になったため、総裁を補佐する幹部との年齢差がかなり開いており、速水氏が外国局長の時代以来ずっと傍で仕事を補佐した私が話し相手として総裁執務室に時折訪れることを喜んでくれていました。速水氏が日本銀行の中で私を傍に置きたいと思っていたことも承知していましたが、日本の金融政策に関する私の意見を直接速水氏に説明することはしませんでした。それよりも、かなりの年齢になってから日本銀行総裁の立場に置かれたことを考えて、一緒に仕事をした時代を振り返るなど、昔話で息抜きをしてもらうようにした積もりです。私の意見は日本経済新聞「経済教室」掲載論文などで速水氏は先刻承知のことでした。

日本銀行総裁になってからも時折円高志向の発言をしていた速水氏が、円問題に関する私の主張によって機嫌を損ねたという素振りはありませんでした。前述したように、固定平価制度の下で 1969 年 9 月 1 日に日本の国際収支の黒字の中で物価上昇を抑えるため日本銀行が公定歩合引上げを行なった時には、

私は公定歩合引上げに反対して円切上げを主張した次第で、速水氏の円高志向に対して私が円安志向で常に対立したということではありませんでした。

2001年7月10日付けの日本経済新聞「経済教室」に拙稿が発表された直後の同月16日には、内閣府経済社会研究所の浜田宏一所長の招きを受けて研究所で私の考えを説明する機会がありました。その席では、OECDの場における国際経済政策論議の展開と日本の政策課題に関する私の見解を説明しました。浜田所長からは、日本銀行の人の説明はよく分からないことが多いが、私の話はイェール大学でエコノミストと議論する時のように、スッと頭に入り、よく理解出来た、という感想が述べられました。

この席では、「経済教室」に書かれた私の意見に対する反論は聞かれませんでしたが、円高を抑制するための日本の当局による為替市場介入は「近隣窮乏化政策」ではないか、といったコメントを時々新聞などで見かけました。確かに、固定平価制度の下では平価切下げが貿易相手国の輸出機会を損なうといった問題が生じかねません。しかしながら、変動為替相場制度の下で、日本の貿易相手国が円安による日本からの輸入の増加を好ましくない、あるいは日本からの輸入品の自国通貨建て価格の低下が自国のデフレ圧力になることが好ましくないと考えるのであれば、円安の動きを中立化するため、日本と違ってまだ残っているオーソドックスな金融政策運営の余地を使って国内金利の引下げで対処出来る筋合いです。この場合には、日本の輸出数量は、円安を通ずる価格効果ではなく、貿易相手国の金融緩和による経済成長の高まり、つまり日本の輸出市場の拡大、という所得効果によって増加することになる筋合いです。

要は、ゼロ金利の制約下では、オーソドックスな金融政策運営を行なう余裕を残していた米国と欧州などの諸外国とその余地のない日本とが信頼関係を構築して、貿易摩擦を回避しながら、日本のデフレ脱却に協力することが出来るか、という問題です。そうして、こうした国際協力に関する問題は日本の国内で議論するだけでは解決出来ません。私は、もし自分が速水総裁の立場にあったならば、どのように行動するだろうか、と私人として考えました。

こうして、夏休みシーズンが終わったところで、私が主宰する国際経済政策研究会の拠点であるパリでの長期滞在を開始し、言論活動を活発化しました。まず、国際決済銀行（BIS）の招きで2001年9月17日にバーゼルに行き、世界経済の運営と日本のデフレ問題について講演し、日米欧の政策当局者との間

における相互信頼関係の強化が重要であると論じました。この最後の点は、ク
ロケット総支配人が私を主賓として開いた昼食会の席上で特に強調しました。

この席で、クロケットは私が速水総裁の後任になることを期待していると述
べました。私のほか、数人の BIS 幹部と日本銀行からの若手出向者（佐藤節
也氏）も招かれた席でしたが、そんなことを意に介しない発言でした。クロ
ケットは古くからの友人でしたが、当時 BIS 総支配人の立場にあった彼が催
した昼食会でこうした発言をしたのにはいささか驚かされました。

バーゼル訪問の後、同月 24 日には今度はロンドンに出かけ、イングランド
銀行でジョージ総裁とキング副総裁にそれぞれ個別で面談し、私の意見を聞い
てもらいました。もともとはキング副総裁とだけ面会の予約を入れてあったの
ですが、ジョージ総裁がこれを聞きつけ、先方から会いたいという話があり、
小一時間の個別面談になりました。前年に速水総裁から私を BIS 総支配人に
する案件を持ち込まれ、速水氏が私に話してくれたところではこれに賛同した
というジョージ総裁とは、それ以前から昵懇にしており、この時も私の説明に
注意深く耳を傾け、理解を示してくれました。

ジョージ総裁は当時、BIS における 10 カ国グループ（G10）中央銀行総裁
会議の議長をしていましたので、日本のデフレ問題と円相場に関する G10 総
裁会議議長としての中立的な立場からステートメントのようなものを出しても
らえないだろうか、と私から質問しました。ジョージ総裁は、しばらく考えた
後、為替相場の問題は政治が絡むのでステートメントを出すことは難しいとい
う答えが返ってきました。

このやり取りは、ジョージ総裁の了解を得た上で、総裁室で執務中であった
速水氏に早速ロンドンから国際電話で知らせ、その後パリに戻りました。

翌 25 日にはフランス銀行のトリシェ総裁とエルヴェ・アヌン副総裁と個別
に面談をしました。その際、フランスの『レゼコ』紙に寄稿した私の論文のコ
ピーを手渡しました。

更に、10 月 2 日 には、パリから日帰りの飛行機でフランクフルトへ出か
け、ECB でセミナーを開きました。テーマは BIS における講演と同じでした。
ECB 首脳陣との個別の面談は、時間の関係もあり、専務理事でチーフエコノ
ミストでもあった旧友オトマール・イッシングとだけを予定していましたが、

私の訪問を聞きつけた同じく専務理事で旧友のトマゾ・パドア＝スキオッパ（後にイタリア財務相）とクリスチャン・ノワイエ（後にフランス銀行総裁）とも面談しました。「はしがき」で述べた、私にメモワールを書けというパドア＝スキオッパの助言は、この時の面談の際に行なわれたものでした。

　なお付言すれば、中央銀行総裁達との面談の予約は、当然のことながら、日本銀行の海外事務所などに依頼することなく、全部私が電子メールで取り付けたものでした。

小泉政権下の経済政策運営

　小泉純一郎政権が誕生してまだ 1 カ月も経たない 2001 年 5 月、英国『フィナンシャル・タイムズ』紙の経済主任編集者で私とも時折交流していたマーティン・ウォルフが「なぜ、小泉は失敗するか？」という興味深い分析の論文を同紙に発表しました。その後、米国プリンストン大学のポール・クルーグマン教授が小泉政権の経済政策路線について鋭い舌鋒で疑問を投げかけました（『ニューヨーク・タイムズ』紙同年 7 月 9 日号）。これらの論文における批判の共通点は、少なくとも部外者にわかる形で小泉政権の責任者が用いていたレトリックで理解出来る限りにおいては、新政権の経済政策路線が日本経済の供給面での改善策に力点を置きすぎており、総需要管理政策の重要性について十分に配慮していないと見られたことでした。

　例えば、クルーグマン教授は竹中平蔵経済財政担当相と面談した際に、大臣が「供給面の改善を促す政策がやがては需要をつくる」と説明したと報じました。そうして、需要創出効果が出るまでの間、如何なる総需要管理政策によって需給ギャップを埋めていく積もりなのか、大臣から明確な答えがなかったとも述べました。クルーグマンは、小泉経済政策が「構造改革なくして景気回復なし」とか「構造改革か経済低迷か」の二者択一ではなく、「改革と低迷」の路線をたどっていると論断したのでした。

　こうした海外における論調を見て、私は、小泉政権下におけるマクロ需要管理政策、そのうちでの財政政策や金融政策、そして為替相場政策のあり方について、日本語でやや詳細な論文を書き、国内で発表する方が良いと考えました。

振り返ってみますと、1980 年代後半、日本の国際公約であった内需の拡大が主として拡張的な金融政策の遂行によって実現される中で財政再建が進められた結果、わが国の一般財政収支対名目 GDP 比率は 1991 年には原計数ベースで 2.9%、景気上昇に伴う税収増加分などを捨象した構造収支ベースで 2.5%、のそれぞれ黒字を達成するまでに至りました。しかし、バブル崩壊後は、景気対策として、公共投資を中心とする歳出の増大、更には企業および個人の税負担軽減、そして長期に亘る景気低迷に伴う税収不足などから、一般財政収支は逐年悪化の一途をたどり、同比率は 2000 年には原計数ベースで 6.0%、構造収支ベースで 5.2%、のそれぞれマイナスとなりました。こうして、公債残高の対名目 GDP 比率は 2000 年には 123% と、先進国中で最高の水準に達していました。しかも、人口の高齢化が先進国中最も早いテンポで既に進展しつつありました。OECD の計測によれば、公的年金支払いの増大が財政収支悪化要因として大きくのしかかってくるため、公的年金支払い額の対名目 GDP 比率は、2000 年には 7.9% だったものが、なんの改革もなされないと、2050 年には 13.0% に達すると見込まれていました。

　このような状況を踏まえ、小泉政権が緊縮財政を中長期的な課題として取り込むことは極めて適切なことであると私も考えていました。しかしながら、当面の経済政策運営にあたって、当時日本の経済専門家の間で議論されていた、単純なマネタリズムの考えに基づくマネタリーベースの増加を狙った金融政策手段の追加発動の効果は疑わしいと考えていました。同時に、国債発行額の限度を 30 兆円とする財政再建策を早期に導入することは、マクロ経済運営の弾力性を損ない、場合によっては財政面から政策不況を生ずる危険があると強く懸念していました。

　この点について、私は既に 2001 年 5 月 15 日の英国『フィナンシャル・タイムズ』紙に掲載された小論の中で若干論じていました。財政再建は、景気要因による税収の変動や失業保険支払いなど歳出面での変動を捨象した「構造赤字」を中長期的に削減するというルールに従って進めるべきである、という論旨でした。

　その上で、小泉政権がマクロ需要管理政策の重要性を見逃しているというクルーグマン教授の批判が『ニューヨーク・タイムズ』紙 2001 年 7 月 9 日号に発表されたことを踏まえ、『フィナンシャル・タイムズ』紙の拙稿よりやや体

系的な日本語の論文をパリ滞在中の 9 月 15 日に書き上げ、金融財政事情研究会に電子メールで送りました。この寄稿文は「小泉政権の経済政策は成功するか」という主題がつけられ、遅れて 10 月 8 日付けの週刊『金融財政事情』に、6 ページ亘る全文が掲載されました（注 9）。

　この論文の中では、ゼロ金利の制約下に置かれた日本の金融政策の状況を考えると、財政政策は短期的には、国内投資・貯蓄バランスの動向もふまえて、ある程度弾力的に運営されるべきであると論じました。そして、国内民間投資が低迷する一方、民間貯蓄が国民の先行き不安などを映じて増加傾向にある局面では、国債発行額 30 兆円の限度にとらわれず、オープンな国債市場の金利動向に反映される市場の国債消化能力を見ながら、国債発行額の限度を探る柔軟な姿勢が望まれると述べました。

　勿論、財政政策は、マクロ経済政策であると共に、ミクロ経済政策、更には社会政策といった顔をもっていることも忘れてはならないとも書き込みました。そして、バブル崩壊後の公共投資拡大策は、民間設備投資や住宅投資の落ち込みの著しい地域経済における雇用の確保などに重要な役割を果たしたわけであり、この政策はまったく間違っていたわけではないと指摘しました。

　しかしながら、直接的そして間接的な経済効果や社会的な外部効果についての厳密な吟味も無しの、いわばバラマキ型の政策執行が公共投資の総需要誘発効果〜乗数効果〜を弱めた点は反省しなければならないと書きました。

　更に、欧米先進国に比べて、日本における都市部の社会資本はまだまだ立ち遅れが目立っており、高齢化が進展し、構造的な就業者不足が生ずる前にこそ、耐用年数の長い、しっかりした社会資本の充実に繋がる公共投資を効率的に推進すべきであり、そのためには、公開入札など、競争原理を徹底しなければならない、と論じました。

デフレと円高の悪循環の打開

　2001 年 11 月、小泉内閣の「隠された日銀総裁候補」に私をするという動きがあることを内々に知らされ、驚きました。小泉政権の経済政策運営に批判的な論文を『金融財政事情』に発表した翌月のことで、まさかの出来事でした。この案件に関するその後の展開のことは第 27 章で述べますので、ここでは日

第 19 章　日本の経済政策運営〜2000 年以降　*291*

本の経済運営に関する私の言論活動について話を続けましょう。

2002年6月に発表されたOECDエコノミック・アウトルックには、日本のデフレ問題は翌2003年を展望しても一向に改善しない見通しが示されていました（表10参照）。にもかかわらず、この「序言」の部分には、日本の経済政策運営について以下のコメントが書かれていました。

　　「需要管理政策の有効性が明らかに制約されている中で、喫緊の課題は構造改革の推進である。」

ここにある「政策」は英語の原文では複数（policies）で書かれていましたから、金融政策、財政政策、為替相場政策などを含む広い概念と私には受け止められました（注10）。このコメントは、日本経済の供給面での改善策に力点を置いた小泉新政権の経済政策路線を支持するもので、総需要管理政策の重要性も同時に認識する必要がある、と主張したクルーグマンや私の意見とは異なるものでした。このアウトルックは私の後任のOECDチーフエコノミストであったヴィスコが5年間の勤務を終えて古巣のイタリア銀行に復帰する直前にまとめ上げられたものでした。

表10：OECD日本経済見通し

（　）内は実績見込みと見通し

	1997	1998	1999	2000	2001	2002	2003	2004
（発表時期）	実質GDP成長率（%）							
2002年　6月	1.8	-1.1	0.7	2.4	-0.4	(-0.7)	(0.3)	
2002年12月	1.8	-1.1	0.7	2.6	-0.3	(-0.7)	(0.8)	(0.9)
2003年　6月	1.8	-1.1	0.1	2.8	0.4	0.3	(1.0)	(1.1)
	GDP-デフレーター上昇率（%）							
2002年　6月	0.4	-0.1	-1.4	-2.0	-1.4	(-1.4)	(-1.7)	
2002年12月	0.4	-0.1	-1.4	-2.1	-1.2	(-1.0)	(-1.6)	(-1.4)
2003年　6月	0.3	-0.1	-1.5	-1.9	-1.6	-1.7	(-2.2)	(-1.8)
	1997	1998	1999	2000	2001	2002	2003	2004
円相場 （対ドル、実績）	121.0	130.9	113.9	107.8	121.8	125.3	115.9	108.1

（出典）OECDエコノミック・アウトルック2002年6月号ほか

その 1 年後、2003 年 6 月に発表されたエコノミック・アウトルックには、日本の物価情勢が前年同期に発表された展望に比べ悪化し、2% 前後の下落が 2004 年まで続く見通しが提示されました。その上で、日本の金融政策のあり方に関して次のような提言がなされました。

　　「外国通貨建ての資産の購入を含む方法で流動性を引き続き増加することがデフレーションの悪化を防ぐために必要である。」（注 11）

　この提言は、1995 年 9 月 WP3 会合で私が OECD チーフエコノミストとして行なった主張と同じ内容であり、1 年前のエコノミック・アウトルックのコメントが修正された形となりました。

　同時に、金融政策の波及経路が損なわれている限り、円建て資産を引き当てとした流動性の増加という形態での「量的緩和」だけではデフレからの脱却は出来ない、とも指摘されました（注 12）。そうして、不良債権問題の解決を徹底的に行なうと共に、資金需要を掘り起こすために幅広い構造改革を貫徹する必要がある、とも記述されていました（注 13）。

　2003 年 6 月のエコノミック・アウトルックの最終責任者は、ヴィスコの後任 OECD チーフエコノミストとして私がジョンストン事務総長に推薦していたジャン＝フィリップ・コティスになっていました。私とヴィスコと二代続いて中央銀行のチーフエコノストが OECD チーフエコノミストに就任した後を受け継いだコティスは、それまでフランス政府の経済予測局長で、同時に経済構造問題を扱う OECD 第一作業部会（WP1）の議長をしていました。

　このアウトルック発表前の 2003 年 3 月には、速水日本銀行総裁が任期満了で退任し、福井俊彦氏が後任として就任しました。小泉内閣の「隠された日銀総裁候補」として同年初からパリに隠遁させられていた私は、再び自由人となって帰国し、福井新総裁を日本銀行に訪れ、それまでの経緯を伝えた後、しばらく控えていた言論活動を日本国内でも再開しました。

　まず、私の動静を追っていた主要紙の一つであった読売新聞が同年 3 月 18 日の朝刊に、「日銀福井総裁に言いたい」というシリーズの 3 回目として私のインタビュー記事を掲載しました。この中では、私が「日銀が発想の転換を図

るには、福井氏の起用は良かったと思う。なぜなら、日銀に長くいただけでなく、最近5年間の、民間に出た経験があるからだ。（中略）総裁が日銀以外の空気を吸った経験は非常に重要だ」と発言したと報じられました。

　このインタビュー記事には「政府と一体で円高是正を」という題がつけられ、円高是正のため「日銀をはじめとして、財務省、政治家が、みんな汗をかかなければならない」と発言したとも報じられました。また、朝日新聞は4月9日の朝刊に「行きすぎた円高是正を」という題で私のインタビュー記事を掲載しました。

　しかし、こうしたインタビュー記事は新聞社側が書いたもので、当時の日本が置かれた深刻な状況を考えると、自分の意見を自分の筆で正確に書いて発表することが大切に思われました。しかも、円高修正の必要性を貿易相手国に理解してもらい、その協力を得て貿易摩擦を招かずにこれを実現することが必須と思われました。

　そこで、まず英語で書き下ろした草稿を英国『フィナンシャル・タイムズ』紙の本社編集部にメールで送りました。この草案はすぐにその掲載が決定され、「通貨の軟化が日本にとっての最良の薬」（A weaker currency is the best medicine for Japan）という主題が同紙の編集部によってつけられて、2003年4月2日の経済解説ページのトップに掲載されました。

　この論文の冒頭部分では、私は次のように直截に書きました。

　　「名目短期金利を事実上ゼロに据え置き、マネタリーベースの膨大な増加
　　を図る金融政策が実施されてきたにもかかわらず、日本は引き続きデフ
　　レーションと苦闘している。金融機関の再生や更なる財政出動でも日本の
　　問題は解決しない。日本は、その貿易相手国の支援を得ながら、もう一つ
　　の実効性のある刺激策に依存しなければならない。その施策とは円相場の
　　下方修正だ。」

　太字で表示されたリード部分には、「円安が貿易相手国の貿易収支に及ぼす効果は、日本の輸出増加に触発された国内経済回復から、ネットでは僅少」と書かれていました。この指摘は、嘗て私がOECD経済総局長であった時にOECDインターリンクモデルを使って日本円の実効為替相場10％下落の効果

を計測した結果（注14）などに裏打ちされたものでした（本書第16章の「為替市場における公的当局の介入と金融政策を巡る論争」の項参照）。

この論文では、10項目の具体的な施策が提案されました。そのうち、金融政策に関する主要部分は以下のようなものでした。

（1）日本銀行は銀行総準備（total bank reserves）を金融政策の操作目標（operating target）に採用し、その年間目標増加率については、望ましいと思われる名目GDP成長率、例えば年5%、との関係で整合性のある範囲に設定する。ただし、銀行準備需要に不測の大幅な増加がある場合には、日銀はこれに柔軟に応じることによって、名目短期市場金利がゼロ金利近辺にとどまるようにする。
（2）日本政府は、円相場の目標圏（target range）を公表する。その一案は1米ドル＝150円〜160円である。固定平価制度への移行も一つのオプションであろう。従来は、円相場の行き過ぎた上昇を抑えるため政府による為替市場介入があった際に、日銀が協調して金融市場調節を行なうことがなかったが、今後は、こうした介入によって市場に放出される円資金を放置し、銀行総準備が当初の目標水準を上回ることを容認する。

第一草稿では、固定平価制度への移行はプリンストン大学のスヴェンソン教授（注15）が提案しているものであることが明記されていましたが、その部分は字数の制約もあって、『フィナンシャル・タイムズ』紙の編集部によって削除されてしまいました。

『フィナンシャル・タイムズ』紙の経済解説ページは海外の政府や中央銀行の首脳陣も注意して読むところですから、この論文を米国のジョン・テイラー国際金融担当財務次官など海外の当局者に私から送ることはしませんでした。

日本では、朝日新聞が私の『フィナンシャル・タイムズ』紙寄稿文をフォローアップして、その発表から丁度1週間後の2003年4月9日の朝刊に「行きすぎた円高是正を」という題で私のインタビュー記事を掲載しました。その記事では、「円高是正は最終的には日本の内需を拡大し、輸入増加につながる。隣国の犠牲の上に繁栄する『近隣窮乏化策』でないことを説明することが必要だ」と私が語った、と報じられました。読売新聞のインタビュー記事と同様、

私の写真を掲載するためにカメラマンを同道しての取材で、朝日新聞が私の『フィナンシャル・タイムズ』紙寄稿文にかなり注目した表れと思われました。

『フィナンシャル・タイムズ』紙寄稿文は、当然のことながら、海外の読者に向けて英語で書いたものであり、日本人の読者に対する私の意見の表明は、いくつかの追加的な情報の提供と合わせて行なった方が効果的と考えました。こうして日本語で書き下ろした論文は、日本経済新聞の2003年4月28日付けの「経済教室」に掲載されました。この論文には、日本経済新聞の編集部の手で「悪循環打開に円高是正を」が主題、「金融政策と一体で」と「国内の構造調整も不可欠」が副題、とされました。

私がこだわったのは「円安化」といった表現を避け、あくまでも「円高是正」という表現を使うことでした。その上で、「こうした円相場の調整については、近隣諸国や貿易相手国に大きなコストがかかると反対する意見が聞かれるが、誤解である」と、「調整」という表現を使いました。そして、米国カーネギー・メロン大学のメルツァー教授が「これら諸国にとって日本のデフレもまたコストが大きい」と指摘している、とも書き込みました。これは、『フィナンシャル・タイムズ』紙寄稿文には盛り込まれなかった情報でした。

その後、日本経済新聞は2003年6月20日の朝刊に「デフレが蝕む」という特集解説ページを組み、「従来型対策では克服できない」「大胆な提言相次ぐ」という見出しでインタビュー記事を掲載しました。私の発言を取りまとめた囲い込み部分には「輸出増で投資喚起」「円、150円－160円に誘導」という見出しがつけられました。

このインタビュー記事の掲載から約1カ月後の7月17日付けの日本経済新聞「経済教室」には、IMFチーフエコノミストのケネス・ロゴフが書いた寄稿文が「世界同時デフレなお懸念」という主題で掲載されました。ロゴフは日本語が書けませんから、英語で書かれた原文が和訳されて掲載され、この主題も、また「日本、脱出急ぐ必要」、「米欧も強い物価低下圧力」という副題も、日本経済新聞の編集部の手によるものであったのは言うまでもありません。

掲載された和訳版には、以下の指摘がありました。

「日本がデフレから脱出する方策は円安しかないというのが多くの専門家の見方だが、ある意味でそれは正しい。日銀が株式、国債、外貨のどれを

購入してデフレ懸念を払しょくするにせよ、円相場は急落するであろう。そのようなやり方は他国に不利益をもたらす為替相場の操作と受け取られかねないが、5 年もデフレが続いている以上、他国は（そして IMF も）あまり文句を言うまい。」

　ロゴフは、私が日本銀行の金融研究所長であった時に海外研究員として勤務したことがあり、気脈の通じた人物でした。私の個人的な意見は時折メールで彼に送っており、また 4 月 2 日付けの『フィナンシャル・タイムズ』紙に掲載された私の論文を彼が読んだのは間違いないと思われました。

　私の『フィナンシャル・タイムズ』紙論文については、これを読んだラール・スヴェンソン教授から賛同するというメールが入っていました。また、スウェーデンの経済研究所（IKED）所長のトマス・アンダーソンは、1990 年にスウェーデンが見舞われた金融危機に対処した経験を想起して私の提案を支持する趣旨のコメントを『フィナンシャル・タイムズ』紙の編集部に送り、これが 2003 年 5 月 7 日付けの同紙「読者欄」に掲載されました。

　こうしたことから、私の海外向けの言論活動には一応の手応えがあったものと考えられました。

世界金融経済危機への対応

　ロゴフの日本経済新聞「経済教室」掲載論文は、「日本にとって最も望ましいのは、自国の問題に取り組んでいる間に貿易相手国の経済が上向くことである」という指摘で終わっていました。ところが、2006 年初に始まった米国住宅市場軟化の動きが翌 07 年に加速し、また英国でも同様な動きが 07 年初に始まりました。

　もっとも、2007 年 12 月に発表された OECD エコノミック・アウトルックは、米国をはじめとする日本の主要貿易相手国の経済の先行きについて依然としてかなり楽観的な展望を示していました。こうした日本の輸出環境の見通しを前提にして、日本の経済成長については、2006 年 2.2% のプラス成長の後、08 年にかけて緩やかな鈍化に止まるという見通しでした（次頁表 11 参照）。

　しかしながら、2008 年には住宅金融市場の危機が更に深刻化し、リーマン

表 11：OECD 日本経済見通し

（　）内は実績見込みと見通し

（発表時期）	2002	2003	2004	2005	2006	2007	2008	2009	2010	2011
実質 GDP 成長率（%）										
2007 年 12 月	0.3	1.4	2.7	1.9	2.2	(1.9)	(1.6)	(1.8)		
2008 年 12 月	0.3	1.4	2.7	1.9	2.4	2.1	(0.5)	(-0.1)	(0.6)	
2009 年 6 月	0.3	1.4	2.7	1.9	2.0	2.3	-0.7	(-6.8)	(0.7)	
2009 年 12 月	0.3	1.4	2.7	1.9	2.0	2.3	-0.7	(-5.3)	(1.8)	(2.0)
〈確定値〉										
日本	0.3	1.7	2.3	1.3	1.7	2.2	-1.1	-5.5	4.5	-0.7
米国	1.8	2.5	3.5	3.1	2.7	1.9	-0.3	-3.5	3.0	1.7
OECD 諸国	1.7	2.0	3.1	2.7	3.2	2.8	0.1	-3.8	3.2	1.8
GDP- デフレーター上昇率（%）										
2007 年 12 月	-1.5	-1.6	-1.1	-1.3	-0.9	(-0.5)	(-0.3)	(0.3)		
2008 年 12 月	-1.5	-1.6	-1.1	-1.2	-1.0	-0.8	(-1.0)	(1.3)	(-0.3)	
2009 年 6 月	-1.5	-1.6	-1.1	-1.2	-0.9	-0.7	-0.9	(1.3)	(-1.5)	
2009 年 12 月	-1.5	-1.6	-1.1	-1.2	-0.9	-0.7	-0.9	(0.0)	(-1.7)	(-0.8)
〈確定値〉										
日本	-1.6	-1.7	-1.4	-1.2	-1.1	-0.9	-1.3	-0.5	-2.1	-2.1
米国	1.6	2.1	2.8	3.3	3.2	2.9	2.2	1.1	1.2	2.1
OECD 諸国	2.4	2.4	2.6	2.4	2.6	2.5	2.5	1.1	1.3	1.9
	2002	2003	2004	2005	2006	2007	2008	2009	2010	2011
円相場（対ドル、実績）	125.3	115.9	108.1	110.1	116.4	117.8	103.4	93.6	87.8	79.7
実効為替相場（2005 年 =100）	96.4	99.2	103.1	100.0	92.7	87.7	98.6	113.2	116.7	123.4
GDP ギャップ（OECD 推計）										
（%）	-3.1	-2.1	-0.4	0.2	1.2	2.8	1.0	-5.0	-1.3	-2.8

（出典）実績見込みと見通しは OECD エコノミック・アウトルック 2007 年 6 月号ほか、確定値は同書 2012 年 5 月号および 11 月号

ブラザーズの破綻（同年 9 月）などから世界的な金融経済危機に発展しました。これに伴う日本の輸出市場の縮小に加えて、円高の進展もあって、2008 年の日本の輸出は数量ベースで前年比 1.8% の伸びと、2007 年の 8.4% の増加の後急ブレーキがかかりました。このため、2008 年の日本の実質 GDP は、国内総需要の減少をほぼそのまま反映して、前年比 1.1% のマイナスとなりまし

た。

　この間、世界的な危機の発端となった米国では、2008 年の国内総需要は
1.3% の減少になったのですが、輸出数量が前年比 6.2% の増加、輸入数量が同
3.5% の減少となり、純輸出が実質 GDP 成長率を 1.1% ポイントも引き上げる
方向に寄与しました。このため、米国の実質 GDP は前年比 -0.3% と、日本よ
りも小幅なマイナスに止まりました。金融危機発生後、米国ではアグレッシブ
な金融緩和が行なわれ、これを背景とした米ドル安が輸出の好転に繋がり、こ
れが金融危機発生後の実体経済の縮小を小幅化するのに貢献したのです。ま
た、翌 2009 年も、米国の純輸出の引き続く増加が実質 GDP 成長率を 1.2% ポ
イントも引き上げる方向に寄与しました（注 16）。

　一方、日本では 2009 年の純輸出の減少が実質 GDP 成長率を 1.5% ポイント
も引き下げる方向に寄与しました。米国とは正反対の動きです。このため、日
本の実質 GDP は、前年比マイナス 4.0% の国内総需要の落ち込みを更に上回
る、5.5% の大幅な落ち込みとなってしまいました。

　こうした事態が現実のものになる前、私は如何なるタイミングで警告を発す
るべきか、また如何なる方法で行なうべきか、迷っていました。それというの
も、第 27 章で触れるように、2008 年 3 月に退任した福井総裁の後任選びが迷
走し、日本銀行における私の後輩である白川方明氏が総裁に就任した後、日本
銀行の政策を巡る議論には深入りしたくないと思っていたためです。速水と福
井の両氏はいずれも日本銀行における私の先輩です。両氏が総裁であった時期
における日本銀行の政策について日本銀行出身者というよりも元 OECD チー
フエコノミストの立場から、主として海外で、そして時折は日本国内でもコメ
ントすることは、ある意味で私に課せられた責務のように思っていました。し
かし、白川氏が率いる日本銀行の政策について批判的な発言をすることは、後
輩いじめのように受け止められかねない嫌味があり、気乗りがしなかったので
す。

　もともと、リーマンブラザーズの破綻後の日本経済については、大別すれ
ば、三つの波及経路を通じて海外からデフレ圧力が加わることを私は懸念して
いました。その第一は、海外金融部門におけるショックによって生じる海外
実体経済の下振れが所得効果を通じて日本の輸出数量を下押しし、日本の需給
ギャップを拡大するという経路です。第二には、こうした事態に面して海外諸

国が金融緩和に踏み切る動きの中で、日本銀行が更なる金融緩和の意図を市場に明示せず、市場に生じる日本円の上昇期待を放置した場合には、円相場上昇のモメンタムが自己実現的に持続するリスクが高まりかねません。この場合、円の名目実効相場の上昇が日本の輸入物価を押し下げるという、マイナスの価格効果がかなり早く現れることが懸念されたのです。第三には、日本と海外諸国との物価やコストの格差を考慮した円の実質実効相場の更なる上昇に伴う日本輸出の国際価格競争力の低下が、海外輸出市場における日本のシェア低下を通じてやがて日本の需給ギャップを拡大する、という経路から、日本のデフレ圧力が増大するというリスクも無視出来なかったのです。

　また、リーマンブラザーズが破綻した当時、日本の金融システムは欧米諸国に比べて安定した状態にあるという認識が一般的にありましたが、これは海外の投資家が日本円資産に投資する際のリスクプレミアムを減少させ、日本円相場を更に上昇させる方向に作用するリスクを増加するものでした。つまり、リーマンブラザーズの破綻後の欧米主要国の金利引下げによる内外金利差の変化に加えて、内外通貨間のリスクプレミアムの相対変化が円高を加速させるリスクが高まったのです。

　この間、日本銀行は 2008 年 10 月 7 日（米国時間）に行なわれた主要国の協調利下げには参加せず、その後も日本を取り巻く対外環境の悪化に面した日本銀行の緩慢な対応に対する私の危機感が募っていきました。特に、2009 年に関する OECD の見通し作業によれば、日本の内需の減少に加えて輸出の大幅な減少が経済活動を損ね、デフレ圧力を強める要因となる可能性が高いことが判明したことから、この問題に関するコメントを中心に、私の見解を英語で取りまとめ、まずは 2008 年 11 月 25 日付け英国『フィナンシャル・タイムズ』紙に “Japan's monetary authorities must act aggressively” と題する論文を寄稿しました（注 17）。

　ついで同年 12 月 1 日付け『日経ウィークリー』紙には “Swift BOJ action is needed to check yen's sharp rise” と題して寄稿し、日本の金融当局の迅速な対応を促しました（注 18）。

　この中では、円の実質実効為替相場が 2007 年央から翌 08 年 10 月までの間に 22% も上昇しており、変動為替制度に移行した 1973 年 3 月の水準を 11% 強も上回っている状況を是正することが必要であると述べました。更に、石油

その他の一次産品の米ドル建て価格の下落に円高が加わり、円建て輸入価格の大幅下落が生じていることも看過出来ないと書きました。こうした状況で、日本の輸出の減少が国内の生産活動を低下させる方向に働くことを防止するため、円高を是正することは近隣窮乏化政策ではない、と主張しました。

その上で、「動くべき時」（Time to move）と題した箇所で、日本の政策当局がとるべき行動を具体的に提案しました。

その一つは、2008年10月27日に発表された7大国財務大臣・中央銀行総裁の声明文における最近の円の動向に関する懸念の表明を受けて、日本の当局は外国為替市場において適宜介入を実施することでした。

次に、日本銀行は以前に実施していたゼロ金利と金融のいわゆる「量的緩和」を直ちに再導入すべきであると主張しました。

後者の点に関連して、「マクロ計量モデル分析によると、これらの金融緩和措置が及ぶすマクロ経済効果はあまり大きくない、とされているが、この計測は主として金利の期間構造（term structure）の変化を通じた波及効果を測定したものであり、これらの金融緩和措置が外国為替市場や株式市場などに及ぼす影響、そしてそれがマクロ経済に及ぼす効果、については十分な考慮が払われていない」という指摘も行ないました。また、円相場の反落に伴う「日本の民間銀行が保有する日本株式の市場価値と外貨資産の邦貨建て価値の上昇は、自己資本比率を引き上げ、信用アヴェイラビリティーの増強にも資する」とも主張しました。

その上で、「ゼロ金利と金融のいわゆる量的緩和のこうした波及経路を通じたマクロ経済効果を正確に計測することは困難であるが、そもそもこうした効果の計測結果が出るまでは行動しないという贅沢（luxury）などは日本銀行にはない」と断じました。

この時期に私が行なった言論活動のもう一つの側面は、日本を含む主要国が金融政策と為替相場政策の運用にあたって近隣窮乏化政策と見られるような措置を取らないようにするため、OECDのWP3などによる多角的な監視を強化する国際的な呼びかけを行なうことでした。こうした観点から、私は海外で講演活動を行なうと共に、2008年12月10日付けの『ジャパンタイムズ』紙に"Managing the international economic crisis"と題する寄稿文を掲載し、日本銀行と共に私の古巣であるOECDにおける後輩達に奮起を促しました（注19）。こ

第19章　日本の経済政策運営〜2000年以降　*301*

の論文の中では、喫緊の課題は各国の金融システムの健全性を確保すると共に、経済成長の回復と雇用の増進のためのマクロ経済政策を各国間で整合性のとれた形で推進することにあると訴えました。

日本の輸出数量は、2008年7～9月期から2009年1～3月期の間、年率換算で55%の下落となりました。これはOECD加盟国平均の約2倍、加盟国中で最大の落ち込みでした。そして、2009年9月に発表されたOECDの短期見通しでは、09年全体では日本の純輸出の減少が実質GDPを約2%縮小する方向に寄与し、内需の減少も相まって、実質GDP成長率はマイナス6%と、7大国中、最も大きくなると見込まれました。

日本の輸出の大幅な減少の主因の一つは輸出市場の縮小でした。もっとも、OECD見通しでは、2009年における輸出市場規模は、日本が前年比16.6%減で、OECD諸国平均の同15.4%減とそれほど大きな違いはありませんでした。

第二の要因は、日本の輸出品目は自動車、情報関連など高度な資本財が中心で、海外市場での大幅な関連在庫の圧縮の動きが日本の輸出を特に強く下押ししたことでした。しかしながら、輸出品目の構成が日本とかなり似たドイツでは、日本ほど大幅な輸出減少は見られていませんでした。

もう一つの重要な要因は、円の実効為替相場の変動による国際価格競争力の大幅な変化でした。日本円の対米ドル相場が大幅な上昇になった上に、日本の重要な競争相手である韓国やアジア新興工業国の通貨が対米ドルで下落したため、貿易相手国通貨のバスケットで測った日本円の実効為替相場は急激で大幅な上昇となりました。OECDの経済見通しの前提となった計測（注20）では、日本円の実効為替相場の2009年中の平均水準は2007年対比で25.1%の上昇と、18.9%の対米ドル相場上昇幅を大きく上回っていました。一方、ドイツはユーロ圏内の貿易の比重が高く、ユーロの対米ドル相場変動が全体的な国際価格競争力を大きく変化させることはありませんでした。いずれにせよ、円相場の上昇が日本の輸出のブレーキとなったことは、輸出環境の悪化の中で、日本と同じく情報関連機材などを得意とする韓国が輸出シェアを増したことからも明らかでした。

日本銀行が2009年4月に公表した「経済・物価情勢の展望」（展望リポート）によると、「需給ギャップのマイナスは残存し、賃金も弱い動きを続けるとみられるため、2010年度においても（物価の）下落傾向が続くと見込まれ

る」とした後、物価の先行きは上振れ、下振れ両方向の不確実性が高いことを指摘した上で、「為替相場の変動も、実体経済の振幅を通じるルートに加え、輸入物価の変化を通じて、消費者物価に相応の変化をもたらし得る」と述べるにとどまりました。

これに対して、カナダ中央銀行は 2009 年 7 月公表の金融政策報告書の中で、「重要なリスクは、強いカナダドル、またその更に激しい変動が成長に大きなマイナスとなり、物価に下方圧力がかかることだ」と、物価に関する下方向のリスクを強調しました。また、ニュージーランド中央銀行総裁も、ニュージーランドドルの対オーストラリアドル相場の一段の上昇は好ましくないという趣旨の発言を繰り返していました。

特に注目されたのは、カナダドルの対米ドル相場が 2008 年半ばから約 20% 下落し、1 カナダドル = 0.80 米ドルで安定している状況で作成された報告書の中で、「強いカナダドル」の齎すリスクを明言することによって、自国通貨がどのような水準であれば望ましいかという問題に関するカナダ中央銀行としての判断の一端を示したことでした。

翻って、この時期に円やユーロに対して米ドルと英ポンドが下落した背景には、金融危機を起こした国の通貨に対する漠然とした信頼感の喪失という要因もあったと思われます。しかしながら、金融システムが比較的健全であったカナダで、対米ドル相場の下落が生じました。そして、これが純輸出の増加に繋がり、国内景気の下支えとデフレ圧力の緩和に貢献しました。

こうした事例に鑑みると、変動為替相場制度の下での相場動向は、各国の金融システムの安定度に関する市場関係者の認識だけではなく、市場の期待を変えるような危機発生後の果敢な政策対応にも影響される、と見るのが順当である、と私には思われました。

私が英語で書いた『フィナンシャル・タイムズ』紙や『ジャパンタイムズ』紙への寄稿論文を参考に、日本銀行全体のコンセンサスとして政策の軌道修正が早く行なわれれば、邦字の新聞に書いた私の記事に促されて政策が変更された形となるよりも良いと考えていました。しかし、日本銀行の反応はなく、また、日本の民間エコノミストや学者などもこれらの寄稿文で私が指摘した問題を大きく取り上げる動きは見受けられませんでした。

そこで、英文で 2008 年 12 月 1 日付け『ジャパンタイムズ』紙に寄稿した後

も差し控えていた日本国内における日本語での意見表明に踏み切ることにして、まず日本経済新聞「経済教室」に寄稿しました。私の論文には「日銀、円高での警戒強めよ」という主題がつけられ、「デフレ圧力に対処」と「海外の果敢な政策参考に」が副題とされて、2009 年 10 月 12 日の朝刊に掲載されました。

　この論文では、金融政策が為替相場に及ぼす影響は、単に各国間にある現実の金利差だけではなく、その将来における変化に関する市場の期待に対する金融当局の働きかけによっても生じることを強調しました。更に、この点に関して、カナダ中央銀行が 2009 年 4 月、大きな事態の変化がない限り、政策金利を翌 10 年の 4 ～ 6 月期まで 0.25% に維持する方針を公表した事例を指摘しました。

　この間、欧州ではスウェーデン中央銀行が 2009 年 7 月、金融機関の中央銀行預け金のうち 1 週間物に対して 0.25% のマイナス金利を適用することを発表しました。こうした政策展開にイングランド銀行総裁のマーヴィン・キングも注目していることが報じられていました。

　こうした海外中央銀行の政策展開は、実証分析で効果が確認されるのを待たずに果敢な実験として大胆に進められていました。日本でも、中央銀行内部だけでなく、学者その他の外部専門家の中でも、考えられる様々な非伝統的な金融政策手段の有効性が真摯に論議されるべきである、と私の論文の最後の部分で呼びかけました。

　更に、英語では、私の主張の基本部分をまとめた小論が、まず英国『フィナンシャル・タイムズ』紙の 2009 年 10 月 26 日版に掲載されました。この論文は、同紙の「エコノミスト・フォーラム」で高い評価を受けました（注 21）。ついで、より詳しい論文が『ジャパンタイムズ』紙の同年 11 月 2 日号と 3 日号の連続で掲載されました（注 22）。

　その上で、新聞の寄稿文と比べて紙面に余裕が取れる『週刊エコノミスト』誌（2009 年 11 月 3 日号）に、「為替相場の安定のために日銀が取るべき政策対応」と題する論文を発表し、その中で、主要国における純輸出の経済成長への寄与、更に、主要国通貨の対米ドル相場と実効為替相場の変化を図表によって示して、私の主張を裏付ける努力も払いました（注 23）。

　この時期、民主党政権の藤井裕久財務相による円高容認とも受け取れる発言

304

が市場に伝えられ、円相場が動揺する事態が生じたことがありました。一方、日本銀行は円相場に関する発言を引き続き差し控えているように私には見られました。

2013年4月2日、黒田東彦氏が白川氏の後任として日本銀行総裁に就任しました。黒田総裁が率いる日本銀行が発足した直後、私は地元の地方新聞である上毛新聞（4月2日号）に「黒田日銀総裁に期待」という題で寄稿しました。その中で、黒田総裁の下で日本銀行が自民党総裁の安倍晋三氏が首相として率いる政府と協力して、円高修正の中でデフレを解消し、持続的な景気上昇の実現に成功することを祈りました。

注

1. http://office.shigehara.online.fr
2. George Gissing, "The Private Papers of Henry Ryecroft", Archibald Contable & Co. Ltd., 2 Whitehall Gardens, England, 1903.
3. OECD Economic Outlook, No.66, December 1999, pp.19-20.
4. 藤井照雄（1915年～）氏は、1940年に東京帝国大学法学部を卒業し、直ちに日本銀行に入行、計理局次長を経て、NTN東洋ベアリング常勤監査役などを歴任。存命の日本銀行旧友として最高齢者。
5. IMF, World Economic Outlook, May 2001, Chapter 1, Figure 1.17 and Tables 1.12 & 1.13.
6. Kumiharu Shigehra, "Flawed assumption in simulations with IMF model", The Financial Times, 15 May 2001. 原題は "IMF World Economic Outlook and Economic Policy Management in Japan" であったが、『フィナンシャル・タイムズ』紙の編集者によって、著者の事前の承認なしに、よりジャーナリスティックな題名に変更された。著者の公式ウェブサイト（前出）では原題が残されている。
7. Kumiharu Shigehra, " Is the World Prepared to Deal with the Global Economic Slowdown? ", The Japan Times, 12 July 2001.
8. Kumiharu Shigehra, "Comment affronter le ralentissement économique?", Les Echos, 18 July 2001.
9. 重原久美春、「小泉政権の経済政策は成功するか」、週刊金融財政事情、2001年10月8日号、24-30頁。
10. "With the effectiveness of demand management policies obviously constrained, the urgent need is to pursue structural reform", OECD Economic Outlook, No.71, June 2002, p.x.
11. "Continued liquidity expansion is necessary to prevent worsening deflation, including via the purchase of foreign-currency denominated assets", OECD Economic Outlook, No.73, June 2002, p.21.
12. "But as long as the monetary policy transmission mechanism is deflective, "quantitative easing" in the form of liquidity injection against domestic collateral will not suffice", OECD Economic Outlook, No.73, June 2002, p.21.
13. "Continued and more far-reaching efforts are necessary to resolve the problem（of non-performing loans）while implementing broad structural reform to reinvigorate credit demand", OECD Economic Outlook, No.73, June 2002, p.22.
14. OECD Economic Outlook, No.58, December 1992, Table 8, p.9.

15. Lars E.O. Svensson, "How Japan can recover", The Financial Times, Personal View, 25 September, 2001. https://larseosvensson.se/papers/ft109/ この論文では "pegging it（the yen）at a clearly "undervalued" level, such as 140, 150 or even more yen to the dollar" が提案されている。

16. ここで用いられた計数は OECD Economic Outlook, No.94, November 2013, Statistical Annexes に依拠している。

17. Kumiharu Shigehara, "Japan's monetary authorities must act more aggressively", The Financial Times, 25 November 2008.

18. Kumiharu Shigehara, "Swift BOJ action is needed to check yen's sharp rise", The Nikkei Weekly, 1 December 2008.

19. Kumiharu Shigehara, "Managing the international economic crisis", The Japan Times, 10 December 2008.

20. 2009 年の対米ドル相場の平均が年央の水準と同じと仮定して計算したもの。出典、OECD Economic Outlook, No.86, June 2009.

21. Kumiharu Shigehara, "Japan needs more aggression in warding off deflation", The Financial Times, 26 October 2009. 同紙の「エコノミスト・フォーラム」に発表されたこの論文は大きな反響を呼び、翌 27 日に収録された最終コメントを投稿したエコノミスト（匿名）は "This is a fascinating article, probably the most revealing and comprehensive I have read in the realm of international finance" と評価した。

22. Kumiharu Shigehara, "Japan's demand management and yen rate in the global crisis", The Japan Times, 2 November 2009; "Central banks experimenting to counter deflationary pressure", The Japan Times, 3 November 2009.

23. 重原久美春、「為替相場の安定のために日銀が取るべき政策対応」、週刊エコノミスト、2009 年 11 月 3 日号。

第20章
経済の発展と社会公正

　不況の長期化と企業の不採算部門の整理に伴う中高年層の失職や離職、若年層の非労働力化、職業上の理由による自殺の増大などの社会問題は今後どうなるのか。日本経済の更なる発展のために市場競争と実績主義による経済効率の向上が重視される一方で、所得格差が拡大し、社会の連帯感が弱まり、国民の生活不安が募ることを懸念する声も強い。一体、市場経済原理の尊重により経済力を強化すると共に、国民全般に亘る福祉の向上を図るためには、どのような取り組みが必要なのだろうか。

　こうした一連の問題は、OECD を辞して自由人となった私の日本における言論活動の中心テーマの一つとなりました。

経済の成長と効率化、高齢化

　一国の経済福祉水準の物差しとしては、国民一人当たり国内総生産（GDP）の実質値が通常用いられます。この指標には生産活動に伴う環境汚染などの外部不経済が十分に反映されていないといったきらいはありますが、国民の物質的な生活水準の推移を把握するのには手っ取り早く、便利です。そして、各国国民の物質的な豊かさの国際比較をする際には、通常、購買力平価で見た各国の国民一人当たり実質国内総生産（米ドル建て）の計数が用いられます。

　OECD が定期的に作成している統計では、日本国民の物質的な生活水準は 1990 年当時、米国水準の 82% であったのですが、私が帰国した直後の 2000 年には 71% にまで低下してしまいました。これは、マクロ経済政策の失敗、その結果としての需給ギャップの持続的拡大、そして人口の高齢化の中での構造政策の不徹底、その結果としての総供給ポテンシャルの伸び悩み、から生じたものでした。

　日本国民の「物質的な生活水準の持続的な向上」という日本政府の経済政策の最終目標を実現するにあたっては、政府・日本銀行当局による適切なマクロ

需要管理政策と構造改革を車の両輪として、経済全体そして各部門が整合性を保ちながら、経済活動の増進を阻害するような物価上昇のない持続的な過程として実現しなければなりません。より具体的にいえば、高齢化の進展に伴う就業可能人口の趨勢的な減少の中にあって、就業者一人当たり・就業時間当たりの物的生産性の向上に繋がる経済効率化のための、生産物市場における内外両面に亘る競争政策の促進、官業の民営化、規制改革などが重要です。

　また、バブル崩壊後における金融機関の不良債権の処理促進といった後向きの政策だけではなく、金融・資本市場の一層の整備を図り、国民貯蓄の物的資産への転換に当たる金融の資源配分機能の円滑化などを更に進めねばなりません。

　それと同時に、労働市場面では、就業可能な人々の雇用機会を確保するための適切な総需要管理政策、高齢ながら健康に恵まれ就業意欲もある人達や女性の労働力の更なる活用や生涯教育を通ずる職能スキルの維持、などを含む能動的な（アクティブな）労働市場政策も大切です。そして、社会福祉政策の面では、労働需給のミスマッチの中で不幸にして就業機会を得られない人達のシビル・ミニマムを守る所得保全の制度を、他者への依存心を助長しない範囲で、確保することが社会連帯の観点からますます重要になってきました。

　看過出来ないのは、不況期に生じた循環的失業が履歴効果を通じて構造的失業に転ずる傾向が強いことです。このことは、OECD 諸国の経験が教えてくれるところでした。マクロ経済政策の適切な運用による実体経済の安定化が、短期のみならず、中長期的な所得と富の公平な分配にも、重要な意味合いを持っています。

　インフレーションとデフレーションを回避し、一般物価の真の安定（物価指数の計測上のバイアスなどを修正したもの）を維持することは、金利所得から得られる実質購買力と金融資産の実質価値が不測の変動にさらされるリスクを少なくします。このことは、特に専門的な金融知識を持ち合わせていない庶民の金融貯蓄・投資行動を円滑化し、所得と富の公平な分配にも寄与します。従って、物価の安定を最終目的とする中央銀行は、租税、移転支出などを扱う財政当局と同様、所得と富の分配の問題に十分な注意を払わなければならないのです。OECD を辞して帰国した後、古巣の日本銀行の政策に関して私人として意見を表明することにしたのは、こうした視点もあってのことでした。

人口の高齢化に対する中長期的な政策対応に関しては、OECD閣僚理事会の要請に従い、私が副事務総長として関係局のスタッフを指揮してとりまとめた報告書（Maintaining Prosperity in an Ageing Society）が、1997年の閣僚会議に提出された後、英語とフランス語で公表されました。そして、帰国後、私の関知しないうちに和訳本が日本で公刊されたことを知り、目を通してみて、翻訳の質が大変気になりました。こうしたこともあって、国内における講演会で話をする際には、私なりの日本語で報告書の要点について説明しました。

社会公正

　私がまだOECDに勤務していた1998年に、労働・公共経済学者として有名な京都大学の橘木俊詔教授が『日本の経済格差』というタイトルの本を岩波新書として出版しました。そして帰国した直後の2000年には、東京大学の社会学関係の専門家である佐藤俊樹氏が、『不平等社会日本 — さよなら総中流』という本を中公新書として出されました。グローバリゼーションを巡って私が欧米の新聞に1997年に発表した論文のタイトルが新聞社の編集方針で変えられたエピソードについて前述しましたが、この本のタイトルは本当に佐藤氏ご自身がつけたのか、あるいは編集部側がつけたのかは分かりません。いずれにせよ、刺激的なタイトルの本でした。

　日本では高度成長期に、いわゆる「平等神話」というものがありました。本当に当時の日本は、国際的に見て所得分配が平等な国であったのか。不平等化といわれているのは最近の現象なのか。それは事実なのか、それとも単に認識上の話なのか。こういう問題がありました。そして、グローバリゼーションが所得分配に一体どういう影響を及ぼしているのかという問題もありました。

　帰国後の言論活動では、こうした問題についてもOECDの研究を基に積極的に論じました。

　所得格差の代表的な指標はジニ係数です。詳しい計算は別として、手っ取り早く言えば、ゼロから1の間をとるこの係数がゼロに近いほど所得格差は小さく、1に近づくほど所得格差は大きいということです。

　そもそも1980年代の日本において「平等神話」が拡がった一つの統計的な背景は、マルコム・ソイヤーがこの係数を用いて1976年にOECDから出した

論文にありました。これは 12 カ国を対象として、1970 年前後における世帯当たり可処分所得というベースで、ジニ係数をはじいたものでした。これによると、日本はスウェーデン、ノルウェー、オーストラリアに次いで平等であることが国際的に立証された形となっていました。ただし注意をしなければいけないのは、日本のデータが家計調査ベースで、農家世帯、単身世帯が入っていないことです。そこで、全世帯を対象とした国民生活実態調査（後の国民生活基礎調査）をベースにして 1970 年のジニ係数をはじいてみると、日本は 0.355 で、12 カ国中の中位でした。

　1980 年代にはどうなったのか。対象を 16 カ国に拡げた OECD の調査結果があります。一つの有用な統計は、直接税や社会保障負担を控除する前の、いわゆる市場所得というベースで見た世帯当たり所得に関するジニ係数です。1998 年に発表された調査結果によれば、日本の係数は 0.317 と、ベルギー、ルクセンブルクに次いで低く、対象 16 カ国の中で三番目に平等であり、不平等なのが米国、英国、フランス、そして意外なことにスウェーデン、スイスなどで、0.4 を上回るということでした。

　それでは、直接税や社会保障負担を差し引いた後の可処分所得のベースで捉えたジニ係数はどうでしょうか。1999 年に、当時の経済企画庁・国民生活局が、このベースではじいた日本のジニ係数を 0.298 と発表しました。16 カ国を対象とした OECD の国際比較では、米国が 0.347 で一番不平等、最も平等なのが北欧諸国、オランダ、ベルギー、ルクセンブルクといった国で、0.26 前後でした。日本は一番不平等な米国から数えて九番目、一番平等なフィンランドから見て七番目、達観すれば大体中位でした。これが 1980 年代央頃の姿でした。

　私が OECD 経済総局長に任命された 1992 年、OECD は閣僚理事会において雇用・失業問題に関する政策提言をまとめることを依頼されました。失業によってまさに労働の報酬が得られなくなってしまうわけで、それは同時に貧困や所得格差の問題と非常に結びついています。

　そこで、1994 年に「失業問題に関する報告書」（注 1）が出来上がった後、私は経済総局のプロジェクトとして所得格差の問題を取り上げるためにイニシアチブをとりました。この分野に詳しいスタッフに実際の調査の仕事を担当してもらったのですが、その時に新しい概念が使われました。それは等価可処分所得というものです。それまでは、家計所得格差の国際比較では単純に世帯当

たりの所得のベースで行なわれていたのですが、現実には、単身で世帯を形成している人も共働きの人達もいる。しかも、子供がない人もいるし、シングルマザーなどを含めて子供がいる人もいる、というように、世帯構成は区々です。

こういう世帯構成の違いを考慮しながら、所得格差の国際比較を行なうため、所得総額を世帯ベースで把えた後、世帯の人員数の平方根で割る。世帯の人員数が1人であれば分母は当然1になりますが、2人であれば1.4142、3人だったら1.732、4人になった時に初めて2で割る、といった作業が行なわれました。

このOECDの調査では、調査対象国を19カ国に拡げられました。一番平等なのは予想どおり北欧諸国でした。市場所得のベースでは、スウェーデンはかなり不平等な国に入っていましたが、可処分所得のベースでは様相ががらりと変わります。デンマーク、フィンランド、スウェーデン、オーストリア、ノルウェー、オランダが一番平等なグループに入ります。一番不平等な国は、メキシコやトルコを別にすると、米国などです。その次に不平等なグループに属する大国は、フランス、ドイツ、英国です。そして日本はスイス、ベルギーと一緒のグループで、中位よりも少しだけ平等という位置付けでした。

もう一つ重要な指標は貧困率です。OECDの定義では、可処分所得の中位数の50%を下回る水準の所得層に属する世帯を、一応統計上「貧困世帯」と呼びます。そして、この貧困世帯に属する家族の総数を全人口で割ってみたものが貧困率です。この比率が一番高い国は米国で、17%から18%です。この数字を2002年に発表されたOECD報告よりも少し前の数字を国際比較で見ると、一番低いのがやはり北欧諸国で5%から6%です。日本は7%から8%ということで、国の順序でいくと大体中位でした。

これらの国際比較調査の結果を達観すると、第一のポイントは、日本の所得格差は1980年代、1990年代共に中位の平等度であった、そして、いわゆる「平等神話」の統計的根拠はしっかりしたものではなかった、ということだと思います。

それからもう一つ重要なポイントは、税あるいは社会保障の所得再分配機能についての国際比較で、所得格差に関する日本の国際ランキングは、市場所得ベースと可処分所得ベースでは大いに変わることです。日本の税および社会保

障の所得再分配機能は、国際的に見て弱い方のグループに属していました。

　ところで、世帯所得に7割ぐらいのシェアを持つ雇用者所得の格差については、技能のレベルや性別、従業員の地位などによって仕分けをしてみなければなりません。こうして見ますと、特徴的なことは、全体として年齢間の賃金格差が縮小の傾向にあることでした。特に大学を卒業した男子の年齢間賃金格差が縮小してきていました。これは言うまでもなく、高学歴化に伴って彼らの相対的なシェアが高まり、それだけ稀少価値がなくなっていることを反映しています。ただし年齢を分けて見ると、中高年層のレベルではそういうことが言えるのですが、40歳未満の男性労働者については学歴別賃金格差が拡がっている。これは技術革新に伴う高学歴者に対する需要の増大が背景にあると見られました。

　一方、男女間の賃金格差ですが、男女の属性の差が縮小し、賃金格差は徐々に縮んできました。ただし国際的なレベルから見ると、OECD加盟国の中では韓国と日本の男女間賃金格差が相変わらず大きいことが明らかになりました。つまり、格差は縮小の方向にはありますが、欧米諸国とは画然たる違いがありました。そして、フルタイムとパートタイムとに分けてみると、フルタイムに比べパートの男女間賃金格差が非常に大きいことが特徴的でした。

　日本語による文筆活動では、こうした諸点を踏まえて、まず、帰国直後の2000年5月に「所得格差の拡大に如何に対処するか」と題した論文（注2）を発表しました。また、03年8月に「経済発展、社会公正と福祉の向上を目指して」という論文（注3）を既に発表し、講演会でもこの問題を巡って発言しました。

　その中では、高齢層と就業年齢層との間における所得分配の問題にも言及しました。そして、この問題については、基本的には、第一に、健康な高齢者の生産活動への積極的な参加を支援するシステムの構築、第二に、高齢就業者を含む全労働者の生産性向上などを通ずる国民所得の増大、　第三に、これによって増加する税収などに裏打ちされた真に支援を要する高齢者への所得移転、などによって解決すべきものであること、を強調しました。その上で、分配の問題は経済の効率化、生産性の向上を通ずる成長促進の問題と切り離しては論ぜられないことを強調しました。

　日本における私の言論活動にあたって残念なことの一つは、長引く経済停滞

312

の中で出版業界も不況に陥り、『論争東洋経済』など、長文の論考などを発表する場として便利であった定期刊行物が廃刊となったことです。こうした中、パリを本拠とした国際経済問題に関するセミナーでの討議や論文執筆が言論活動の中心になりました。

注
1. OECD Job Study: Facts, Analysis, and Strategies, June 1994.
2. 重原久美春、「拡大する所得格差に如何に対処するか」、『論争東洋経済』、2000年5月。
3. 重原久美春「経済発展、社会公正と福祉の向上を目指して」、財経詳報、2003年8月25日号。

第21章
人材の育成

教育と経済発展

　教育政策のあり方が先進国首脳会議（サミット）において初めて議論されたのは、1999年のドイツ・ケルン会合の折でした。21世紀を迎えるに当たって社会経済の課題を論議する際、人材育成の問題を看過出来ないことが参加国の共通認識になっていたからでした。7大国にロシアを加えたG8会議の後に発表された「ケルン憲章 ― 生涯学習の目的と希望 ―」においては、社会や経済がますます高度の知識を必要とするようになっている状況下、学習を若い時期に受ける学校教育で終わるものではなく、伝統的な工業社会に代わる新しい知識主導型社会（knowledge-based society）に相応しい知識、技能や資格の生涯を通ずる習得として捉えることが必要であると指摘されました。

　情報通信技術（ICT）の発展は、教育内容をより豊かなものとすると共に、教育サービスの提供方法を変えることによって、学校、職場、更には家庭において、そして国境を越えて、個々人が生涯を通じ知識を修得し、問題を解決する能力を高める機会を提供するようになりました。それと同時に、こうした技術進歩は、その恩恵に与れる者と与れない者との間で経済福祉分配面の格差を拡大する危険も孕んでいます。公的当局の施策は、このような影の部分の是正にも配慮しなければなりません。

　従来の中高等教育カリキュラムで学業を修了した職業人についても、知識主導型社会の急速な展開、国際経済競争の激化や長期に亘る日本の経済不振の中で、その資質向上の重要性が強く認識されるようになりました。やがて実社会入りする新しい世代の基礎学力が現世代のそれを下回るようになるとすれば、事態は大変深刻です。少子化傾向の中で生まれ育つ新しい世代が就業年齢に達する頃には、社会全体として扶養しなければならない高齢者人口の生産人口に対する比率が極めて高くなることは必定だからです。

314

扶養者が被扶養者と共に高い経済福祉水準を維持するためには、生産人口一人当たりの労働生産性が今後大幅に上回っていかなければなりません。とすれば、初等・中等・高等教育の全ての段階で内容を充実させて、科学・産業技術の開発に従事する高度の人材の養成だけではなく、こうした技術を修得して実践するより多くの職業人の生涯学習の強化が大切になります。

　教育のあり方については、人間社会に大切な徳育など幅広く議論しなければならないのは勿論ですが、人口の高齢化・少子化傾向の著しい日本における経済福祉の観点からしても、教育内容の充実は喫緊の課題です。

　日本で、経済発展の文脈で教育問題を取り上げた「経済白書」が初めて作られたのは1962年のことでした。翌63年には経済審議会が「経済発展における人的能力開発の課題と対策」と題した報告書をとりまとめ、日本経済は学歴や年功に代わる新しい価値観とシステムを必要とする段階に到達しているとして、今後は教育においても社会においても能力主義を徹底することが重要になっていると主張しました。そこでは、教育の機会均等と国民一般の教育水準の向上を主たる狙いとした戦後教育改革の成果を認めつつも、これが画一化を生じ、多様な人間の能力や適性を伸長する面で問題を生んでいる、という見解が示されていました。そして、今後は、技術革新と経済成長の促進のために有能な人材を早くから見出し、その教育を十分行なう、という意味での能力主義に基づく教育改革が必要とされました。

　一方、国際的にはOECDが、1970年に日本に派遣した教育調査団報告書の中で、初中等教育について世界的に見て優れていることを認めつつ、過度の画一主義を避け、選択自由な教育課程や課外活動により生徒の個性を発達させることを提言しました。と同時に、日本の社会には出生による階級はないが、大学が東京大学、京都大学を頂点とするピラミッド構造をなし、18歳の大学入試によって階級が発生すると批判し、「入るに易く、出るに難い」大学にすることを提案しました。また、日本の高等教育への投資は際立って低いとして、その充実を図ると共に、世界性を持つ人材を養成することが自国のためだけでなく世界のために重要であるという見解を示しました（注1）。

　戦後教育のいわゆる画一主義が、特定の歴史観の強制などによる国家統一の維持強化という側面をどこまで持っていたか、あるいは、民主主義国家の市民に最低限望まれる資質・品格を国民全員に備えさせるという狙いをどこまで実

第21章　人材の育成　*315*

現しえたか、といった問題があります。

　この問題に関する意見は様々でしょうが、国民の学力のバラツキを少なくしつつ平均水準を高めるという平等主義に根ざした画一的な初中等教育制度、そして急増する大学進学者を対象としてマス・プロ的に学士号を与える高等教育制度は、日本が米国という経済先進国にキャッチ・アップを目指していた時代には効率的なシステムに見えました。

　OECD教育調査団は日本の大学がピラミッド構造をなしていると指摘しましたが、実際のところ日本には、フランスのグランゼコル（grandes écoles）のように極めて少数の選良（エリート）を育成する機関もなければ、アングロ・サクソン諸国のように学生が学士号より高い称号の取得に努める過程で厳しく選抜される制度も発達しませんでした。当時、能力主義を主張した日本経営者連合は、「能力とは企業における構成員として、企業目的達成のために貢献する職務遂行能力であり、業績として顕現化されなければならない」と主張していました（注2）。

　こうした意味での集団能力主義は、1990年代央以降の米国経済の再興と新興工業国の追い上げなどによる国際競争の激化やバブル崩壊後の長期経済低迷の中で、その限界が明らかになりました。こうして、日本企業の競争力回復に必要な人材の育成・登用システムの模索が始まったのです。

　この間、官僚組織においては、中級公務員試験合格者や途中採用の外部人材の最高幹部への登用が滅多にない硬直的な資格制度、厳正で透明な人事考課制度の欠如、年次重視などの競争制限的な仕組みが、組織の活性化を阻害しているように、私には思われました。

　官僚組織には、民間企業の場合のように、市場競争のメカニズムによって組織の活性化、それに繋がる人材育成・登用システムの見直しを迫られることはありません。競争社会であるOECDなどの国際機関などにおいて、政治任命でない高いポストに裸の実力で日本人の官僚や大学教員が就任するケースは極めて少ない状態が続いてきたことから、国際競争社会で通用する高度の人材が不足しているという認識自体は定着していました。しかし、そうした認識だけでは、日本の高等教育制度や官僚や大学教員の育成・登用システムの見直しを促す大きな力にはなりませんでした。

316

高等教育システムを巡る国際競争

　内外の労働市場が流動的・競争的になり、そして各国間の労働移動の自由度が高まれば、学業内外で自ら人的資本の蓄積に努め、これによって高めた能力を最も高く評価してくれる国内あるいは海外の雇用者との間で雇用契約を結ぶ誘因が強まります。モノ・サービス貿易の一層の自由化、資本と技術の国際取引の活発化、そして旧社会主義諸国を含むより多くの国の国際交易への参加は、国際的に取引されるモノ・サービスの多様化・差別化と質的向上を促し、消費者の便益を更に高めますが、これに見合って労働力の評価も地球儀的次元で行なわれる傾向が強まりましょう。

　こうして、内外における教育制度の間の競争が、特に高等教育について、強まってきました。私が日本に戻る直前の 1999 年時点で、OECD が英語圏諸国中心の 7 カ国を対象（日本、ドイツ、フランス等は含まれていない）とした調査によれば、教育サービス貿易額は 1999 年時点で既に約 300 億ドル（サービス貿易総額の 3%）に達しており、教育サービスの輸出額と輸入額は米国が最大、輸出額の輸入額に対する比率で捉えた "国際競争力" はオーストラリアが最強で、次いでニュージーランド、英国、米国の順序となっていました。そして、オーストラリアの教育サービス部門は、外国人学生の受け入れ等により同国のサービス輸出総額の 12% に相当する外貨を取得し、全輸出産業中第 8 位の位置を占める成長業種に発展していたのです。

　OECD 教育関連統計によって、加盟国内の外国人学生総数に占める受け入れ国別シェアを 1999 年時点で見ますと、米国 31%、英国 16%、ドイツ 12%、フランス 8%、オーストラリア 8% に次いで、日本が 4%、そしてイタリア、カナダ、スペイン、オーストリア、ベルギー、スウェーデン、スイスなどがそれぞれ 2% となっていました。

　日本語の言語障壁の存在を考慮すると、そうした問題が比較的大きい部門とそうでない部門（科学技術部門など）に区別したより精緻な分析が必要でしょう。しかしながら、この大雑把なデータで見る限りでは、米国は勿論、自国学生の絶対数が日本よりはるかに小さい欧州各国に較べても、我が国の外国人材育成に対する貢献度の低さが目立っていました。

文部科学省は 2001 年 6 月、大学（国立大学）の構造改革の方針を明らかにしました。前述した欧米主要国の高等教育改革の動きに照らしても、我が国における大学の再編・統合、民間的発想の経営手法の導入、第三者評価による競争原理の導入などの改革の柱はいずれも支持出来るものでした。もっとも、国公私大「トップ 30」を世界最高水準に育成するという方針は、なおバラマキ型で、メリハリが不足しているように思われました。

　こうした私の見解は日本における講演会で明らかにすると共に、定期刊行物に寄稿しました（後述参照）。

生涯学習に資する基礎学力の充実

　日本人の基礎学力に関する論議は、約半世紀前に起こった第二次世界大戦後の「新教育」に対する批判から始まって、長い歴史があります。OECD が 2000 年に実施した国際基礎学力調査の結果によれば、計算力や理科の学力については韓国と共に第 1 位にありましたが、国際競争の激化の中で、こうした結果に満足することは許されない、と私には思われました。

　1995 年に行なわれた第 3 回国際理数教育調査と 1999 年に行なわれた追跡調査の結果によれば、日本の中学生はいずれの調査項目についても国際平均値をかなり大きく下回っていました（注 3）。また、生涯学習社会の重要性が認識される中で、OECD が 1996 年に発表した報告「一般市民の科学・技術に対する意識調査」によると、一般市民の「科学知識」と「科学・技術への関心」のいずれの点でも調査参加 14 カ国中、日本はポルトガルと共に最下位でした。これは知識主導型社会への移行に伴い生涯学習が重要な時代においては以前よりも更に深刻な問題です。

　OECD の調査結果によると、日本の学童の計算能力がずば抜けて高い反面、最も高いレベルの読解力を持つ生徒の割合は OECD 平均と同程度にとどまっていることも問題です。

　また、OECD の教育関係国際比較統計によると、日本の教師一人当たり児童・生徒数が諸外国に比して初・中等教育レベルでかなり多いこと、また、教育機関向け総支出の対 GDP 比率が義務教育前、初・中等教育、高等教育の全てのレベルで諸外国と較べて低いことも注目されました。

318

費用対効果の厳密な分析なしに軽率に結論を出すべきではありませんが、物的資本と共に人的資本の蓄積が国際経済競争上益々大切になっている時代に、特に教育関連支出が米国だけでなく、先進主要国の平均水準を大きく下回っている事態は看過すべきでないと思われました。

また、学業外の自由時間における読書時間が日本の学童は極端に短いこと、そして読書に悦びを感ずる生徒の割合が調査対象国中最も低かったこと、が注目されました。

日本における理科・数学教育の危機は叫ばれていましたが、国際機関で長年に亘って働いた私は、同時に、グローバル化、知識主導型社会への移行という世界の潮流の中での言語教育の徹底が重要であると信じてきました。

この点に関して、日本語教育において論理の構成や展開を理解し、自ら構成する力の涵養を重視する「言霊とロゴス」と題する小論を発表しました（注4）。その直後、我が国の初中等教育の実践に関する一連の短い論文（注5）を読み、同じ考えに則り、教育の現場で実践する教師がおられることを知って、意を強くしました。

その論文には、私の見解と共通する点が多くありました。

（1）「読み・書き・計算」という江戸時代の寺子屋における庶民教育では重視されなかった「論理的思考力」が、グローバル化しつつある「知識社会」においては「生きる力」の重要な基礎となる。

（2）「読み・書き」の力は国語力の一側面だけではない。論理的な「読み・書き」の練習は科学的な思考力を鍛えるためにも必要である。

（3）情報化社会では「読み・書き」の能力に「聴く・話す」力量がプラスされなければならない。「計算」の面では、「論理の展開、図形の製作・表現」などにも重点を移行しなければならない。

嘗ての国語の学習指導要領には、こうした発想に沿った記述があったといわれています。

「すぐれた作品は、読みあい、話しあって、批判的な態度をやしなっていく。」「いろいろな宣伝を聞いたり、読んだりしたばあい、それを弁別する

だけの力を持たなければならない。宣伝とは他人の意見を支配しようとして、いわれたり書かれたりしたものである。」(学習指導要領 国語科編〈試案〉1947年)

「多くの異なった伝記を集める。これらの伝記を読む。それについて学級で批判する。」(中学校・高等学校学習指導要領〈試案〉1951年)

しかし、「弁別」、「批判」といった文言が今の学習指導要領には見られないという指摘が、この論文にありました。

英語とフランス語を公式用語とした極めて競争的な頭脳集団といわれるOECDでの長年に亘る勤務を通じて、欧米の博士号取得者を中心とする各国出身職員を同僚ないし部下とし、また国際会議における議論や交渉の場などで各国代表者の力量を比較評価する機会が多かった私には、外国語教育の前に、まずもって母国語での基礎教育を通じて、論理的な思考力と表現力を鍛えることこそが、グローバル化、情報社会化の潮流の中での日本における人材育成の根幹を成すもの、と思えてなりませんでした。

こうした私の意見は、母校である前橋高校の開校記念講演会(注6)や民間研究団体の開催する討論会(注7)などで表明したほか、長文としては「財経詳報」(注8)に、また短文として新聞や雑誌に寄稿しました(本書「著作目録」参照)。

注
1. OECD、「日本の教育政策」、朝日新聞社、1976年。
2. 日本経営者団体連盟、「能力主義管理：その理論と実践」、1969年。
3. 理数系学会教育問題連絡会編「岐路に立つ日本の科学教育」、学会出版センター、2001年。
4. 重原久美春、「言霊とロゴス」、金融財政事情『時論』、2002年4月14日号。
5. 「読み・書き・計算」は時代遅れか、「現代教育科学」、2002年4月号、明治図書出版。
6. 重原久美春「国際社会で活躍できる人材」、前橋高校平成26年度開校記念講演、2014年11月17日。
7. 民間外交推進協会(FEC)、「重原久美春・元経済協力開発機構(OECD)副事務総長をお招きしFEC・GNLF合同会議」、2016年8月28日。
8. 重原久美春、「我が国における人材育成の課題」、財経詳報『特別論考』、2002年6月5日。

第22章
国際機関による監視活動の事後評価

世界金融経済危機

　世界金融経済危機が始まって間もない2008年11月、英国のエリザベス女王は、著名な大学であるロンドン・スクール・オブ・エコノミックス（LSE）を訪れ、次のように質問しました。

　　「危機がやって来ることを、なぜ誰も知らせてくれなかったのですか。」

　このご下問を受けて、英国アカデミーは翌09年7月、女王陛下に対する公開書簡の形で返答を発表しました。臣下である代表的な経済学者や政府とイングランド銀行の幹部エコノミストなどが署名した返答書簡（注1）には、次のように書かれていました。

　　「多くの人が危機を予知していました。しかしながら、危機がどんな形で
　　現れるのか、いつ現れるのか、どのような規模になるのかついては、誰も
　　予知できませんでした。」
　　「我が国および世界における多くの優秀な頭脳集団の理解を越えていまし
　　た。」

　実際、世界の経済成長と金融システムの安定を損ねかねない事態や要因の調査分析を行ない、適宜のタイミングで各国当局に早期警告（early warning）を発し、公刊物を通じて金融資本市場参加者や企業、更に広く個人にも関連情報を提供する、国際機関による監視（サーベイランス）の枠組みが時間をかけて出来上がっていました。

　工業国だけでなく開発途上国も加盟しているIMFでは、「世界経済展望」

第22章　国際機関による監視活動の事後評価　*321*

（World Economic Outlook: WEO）が 1980 年以降、原則年 2 回発表されるようになりました。更に、1990 年代後半に発生したアジア金融危機の後、「世界金融安定報告」（Global Financial Stability Report: GFSR）が 2002 年に発行を開始しました。また、理事会が行なう加盟国の国別年次審査についても、加盟国の同意が得られれば、内容を公表する慣行が徐々に定着していきました。

　一方 OECD では、経済総局が、加盟国全体として捉えた「経済展望（エコノミック・アウトルック）」（Economic Outlook: EO）を 1967 年 6 月以降、年央と年末の年 2 回の頻度で公表し、その中で加盟各国の実体経済と金融面における短期見通しと経済変動のリスクに関する情報を提供してきました。また、経済開発検討委員会（Economic and Development Review Committee: EDRC）が行なう全加盟国の経済審査のために経済総局の国別審査局が作成する報告書は、審査の後、対象国の同意が得られた最終版が委員会の責任において必ず公表されてきました。更に、金融資本市場委員会のための討議資料を基礎とした「金融市場動向」（Financial Market Trends）が年 2 回刊行されてきました。

　これら二つの国際機関の監視活動は、それぞれ IMF 協定と OECD 条約を法的な根拠とするものです。

　これに対して BIS では、こうした法的な裏付けはありませんが、伝統的に年次報告の中で、世界的な金融システムのリスクなどについて、BIS の判断によって、適宜のタイミングで、また適宜の表現で、警告を発することがありました。

　しかし、これら三つの国際機関の監視活動によって、世界金融経済危機の発生を未然に防ぐことが出来ませんでした。

　それでは、世界的な危機が発生する前に、その発端となった米国と英国の住宅市場の破綻、グローバルな金融シムテム全体が抱えていたリスク、それに関連したマクロ経済政策とプルーデンス政策の運営、などについて、これら三つの国際機関はどのような見解を示していたのか、危機に関する早期警告や政策対応に関する提言は適切に行なわれたのか不適切であったのか、適切に行なわれたものの、関係国の政策当局者や金融市場関係者などによって無視されたのか。こうした一連の問題をなおざりにすることがあってはならない —— 永年 OECD でサーベイランス活動に携わった私には、そう思われました。

　これらの問題については、英国アカデミーのエリザベス女王に対する書簡が

322

発表された後も、私の古巣である OECD、そして日本銀行時代に関係した IMF と BIS のいずれでも、私の知りうる限りでは、自ら評価をする動きはありませんでした。そこで、パリを本拠として私が主宰する国際経済政策研究協会（International Economic Policy Studies Association: IEPSA）の 2010 年 5 月の会合で、国際機関の内部資料にアクセス出来ないという制約は承知の上で、メンバー全員が OECD 経済総局の中でサーベイランスの仕事を経験したエコノミストの立場から、これらの問題に関する事後評価の作業を行なうことを申し合わせました（写真 7-2）。

　まずは、三つの国際機関が公表した 2000 年以降の資料の中で問題と関連があると思われる箇所について、OECD を定年退職したばかりの米国人と英国人（注 2）と私の 3 人で手分けをして目を通し、要所を取りまとめる作業から始めました。これは、大変な時間を要する仕事でした。

　この作業が終わると、三つの国際機関が 2000 年以降に公表した刊行物で読み取れる政策提言と警告が適切なものであったかという事後評価（post mortem）の作業を、タイミング、明瞭性、発表内容の整合性と時間的整合性の四つの視点から行ないました。

　事後評価においては、後知恵によって、警告ないし政策提言がタイミング良く発出されたと判断出来るかどうかを吟味する作業がまず必要です。しかしながら、例えば加盟国に対する警告や政策提言は、当局に対して行なわれたものを公表する前に再度編集され、外部の目からすると意味が不明瞭なものとなる事例もあり得ます。こうして、金融危機に関する事前警告が市場関係者には正確に伝達されないということも考えられます。また、同一の国際機関の複数の部署から別々に発表される報告の間に内容の統一性がとれていなければ、それらの効果が弱くなるとか、これらを入手した金融資本市場関係者などが混乱するという問題もあります。同様な問題は、前年に発表された内容と違うものが翌年の報告で発表される、といった時間の流れの中での統一がとれていない場合にも生じます。

　こうしたことを考慮した四つの視点から事後評価を行なったところ、いずれの視点からも、三つの国際機関から公表された報告書の中にある弱点が浮かび上がりました。更に、このような事後評価を基に、国際機関の監視を改善するために重要と思われる論点の暫定リストを私が作り、国際経済政策研究協会シ

ニア・メンバーの三人（注3）にパリに集まってもらい、自由討議を行ないました。

　この議論を踏まえて、東京に戻り、提言の第一草稿を私が書き下ろしました。その中では、国際機関における調査分析の改善（注4）、三つの国際機関の内部における監視体制の強化、監視活動の一環としての外部に対する情報提供の改善、国際機関と各国政策当局の協力による監視の枠組みの強化、など幅広い分野に亘る提言を書き込みました。私の草稿に関する研究協会メンバーのコメントを電子メールで得て最終稿に仕上げました。

　執筆者としての責任を明確にするため、私と米国人のポール・アトキンソン（注5）の共同論文として、更に計表、脚注と参考文献リストなどを作成し、いささか学術的な論文の体裁を整えて、最終稿が仕上がったのは2010年11月央のことでした。

　この頃、IMFの独立評価室（Independent Evaluation Office）において、世界金融経済危機発生前のIMFの監視について事後評価をする作業が始まったという情報（注6）がありました。早速、元IMF副専務理事の立場にあった加藤隆俊氏の紹介で、モイーズ・シュワルツ独立評価室長に出来上がったばかりの論文を送って、好意的なコメントをもらいました。また、BISでは、金融経済調査局の次長で、以前にOECD経済総局で私の部下であったフィリップ・ターナーに、BIS関連の記述についてコメントを依頼しました。更に、世界金融経済危機の震源地である米国に関する記述については、私の旧友で嘗て連邦準備制度理事会（FRB）の重鎮であったスティーヴン・アキシルロッドが貴重なコメントを寄せてくれました。

　こうした過程を経た上で、2011年2月にOECDパリ本部でセミナーを開きました。予定討論者は、当時OECD経済開発検討委員会の議長をしていたニールス・ティーゲセン（コペンハーゲン大学名誉教授）、そして、嘗て欧州中央銀行（ECB）の前身である欧州金融機構（EMI）の事務局長であったロベール・レモン、の二人に引き受けてもらいました。

　OECDからは、副事務総長でチーフエコノミストを兼務していたピエル・カルロ・パドアン（後にイタリア財務相）、経済政策局の局長以下の幹部とスタッフが多数、また、OECD加盟各国（注7）の代表部からは経済担当参事官などが参加しました。更に、IMFからはパリにある欧州代表部の所長のエマ

ニュエル・ファン・デア・メンスブリュッグ、そして BIS 関係者としては前
副総支配人のアンドレ・イカールが参加しました。これら二人はいずれも個人
の資格で発言しました。

この私のプロジェクトに興味を示していた元ベルギー国立銀行総裁でエコノ
ミストのギュイ・カダンは都合が悪くセミナーには出席出来ませんでした。し
かし、彼は書面でコメントを送ってきました。

セミナーの後、「近年 OECD で開かれた会合で最も有益なものであった」な
どといった好意的な感想が多くの参加者から寄せられました。そして、この共
同ペーパーは、OECD 経済論文シリーズの一巻の形で印刷物として発行され、
また電子版でも全文が公開されています（注8）。

私人として中立的な立場にあった私の呼びかけで始まった、この大掛かりな
事業が、曲がりなりにも成功したのは、永年の OECD 勤務を通じて生まれた
欧米の有力エコノミスト達との友情、そして、世界金融経済危機のような事態
を再び起こしてはならないという共通の思い、があってのことでした。

ユーロ圏危機

長らく国家間の抗争が続いた欧州大陸で、国家統治権の領域を超えた欧州単
一通貨ユーロの導入が完了したのは 2002 年初のことです。ユーロは銀行間、
企業間での決済通貨としては既に 1999 年初から使用されていましたが、ユー
ロ紙幣と硬貨が流通を開始したのは、それから 3 年後のことでした。これで、
私人としての欧州における活動の拠点をパリにおいている私にとっても、大変
便利になりました。

前述したように、OECD 在職中、ユーロ圏参加資格国審査の過程でマースリ
ヒト条約に基づく規則の過度に硬直的な適用から欧州経済の立ち直りが遅れる
ことがないかが、OECD の WP3 会合で大きな問題となっていました。そうし
た論争を経て、ユーロ圏当初参加国は嘗て「弱い通貨国」とされたイタリア、
スペイン、ポルトガルなども含む 12 カ国に上り、総人口は 291 百万人と米国
の 273 百万人を上回る規模となったのでした。ギリシャは、遅れて 2001 年 1
月 1 日にユーロ圏入りしました。

米国経済が 10 年に亘る長い拡大過程を経て、ユーロの導入完了直前に IT バ

第 22 章 国際機関による監視活動の事後評価　*325*

ブルの崩壊から調整局面に入る中で、内需の拡大とユーロ相場の立ち直りが続いたユーロ圏も、世界金融経済危機の煽りを受けて不調となりました。

ユーロ圏危機は、2009年10月のギリシャ政権交代による国家財政の粉飾決算の暴露から始まりました。その後、2010年には危機がスペイン、ポルトガル、アイルランドで相次いで発生しました。更に、2011年にはユーロ圏第3位でG7の一角であるイタリアで情勢が深刻化するなど、ユーロ圏の不安は広範囲に拡大しました。

このような一連の出来事を、金融危機に見舞われた諸国の放漫な財政政策が齎した、財政危機ないし「ソブリン債危機」として捉える見方がドイツ国内を中心にありました。危機に陥った国々への金融支援や財政援助、更にはこれらの国のユーロ圏内の黒字国に対する債務の減免は、金融危機に陥った諸国における強力な財政赤字の削減を見返りにしない限り行なわれるべきではない、という論調が目立っていました。

しかしながら、既にユーロ導入問題を巡ってOECDのWP3会合で議論し、OECDエコノミック・アウトルックなどの出版物でも指摘したとおり、各国別の金融政策の運用によってローカルなショックに対処することが不可能になったユーロ圏参加国は、労働市場や生産財市場などにおける流動性、賃金や物価の下方弾力性などが十分に確保されない限り、金融経済に歪みが蓄積し、破綻する危険を抱えていました。また、資本の域内移動が完全に自由なユーロ圏で、金融機関の監督権限が個別国にあり、監督基準が統一されていない状況では、監督の甘い国で不健全な金融機関の安易な資金調達が放置され、突然危機が発生し、こうした金融機関に放資していた圏内の他の国の金融機関にも累が及ぶ懸念もありました。

ところが、ユーロ圏問題が発生した後の欧州における国際会議に私が出席すると、ユーロ圏危機をソブリン債危機として捉えて、こうした理解の上で処方箋を討議する参加者ばかりでした。これに対して、私からは、ユーロ圏危機はソブリン債危機の側面もあるが、基本的にはユーロ圏参加国間における価格競争力の格差の拡大を背景とした国際収支危機（balance-of-payments crisis）として捉えるべきである、と主張しました。つまり、民間部門における過剰投資と過少貯蓄というアンバランスが、公的部門の赤字と共に、国際収支赤字の持続と対外債務の増大を齎した、という基本的な認識が必要である、と私は考えて

いたのです。

　その上で、ユーロ圏危機の解決策は、財政節度を失っていた参加国における財政再建のほか、国際収支赤字国における物価と賃金の下落と国際収支黒字国における多少のインフレーション加速、といった組み合わせによる国際価格競争力の格差の縮小、国際収支赤字国における労働市場などの流動化の構造改革の加速、などにより、危機に陥った国の対外ポジションを改善することなしには、ユーロ圏危機の根本的な解決は出来ない、と私は発言しました。

　また、こうした危機が再び生じないようにするには、ユーロ圏内における金融機関監督の統一など、一連の施策をセットで実施すべきである、とも主張しました。

　フランスがG20主催国であった2012年、北京で開かれたエコノミスト会合にただ一人の日本人として出席した私の発言を聞いたフランスの元財務大臣のエドモン・アルファンデリから、私がパリに滞在する機会に是非会いたいという申し出がありました。早速、次のパリ滞在の際に面談し、その結果、私の意見を欧州の多くのエコノミストと議論するべきであると思うようになりました。

　他方、ユーロ圏危機が発生する前の国際機関の監視行動について事後評価をする動きが見られないことが気になりました。

　世界金融経済危機の場合と違って、ユーロ圏危機については、先ず欧州連合（EU）の地域サーベイランスに当たっている欧州委員会事務局とユーロ参加国の金融経済情勢を監視している欧州中央銀行（ECB）の活動に関する事後評価が望まれました。もっとも、ユーロ圏参加国は全てOECD加盟国であり、OECD経済開発検討委員会（EDRC）の審査対象国です。ユーロ圏一体としては2年に1回のペースでEDRCの審査を受けていました。また、年2回発表されるOECDエコノミック・アウトルックにおいても、ユーロ圏そして全ての参加国について国別の記述が欠かさずになされています。また、IMFのWEOにおいては、ユーロ圏全体としては必ず、更には情勢に応じて一部の個別参加国についても、記述があります。また、IMF加盟国として年次審査の対象ともなっています。

　こうして、EUの枠組みでの監視、そしてOECDとIMFによる監視について、世界金融経済危機の前の国際機関の監視に関して行なったのとほぼ同様な

方法で私が独自で事後評価を行ないました。すると、様々な点で問題が浮かび上がりました。例えば、ECB の年次報告書には、ユーロ圏全体の物価や賃金動向の分析は行なわれていますが、個々の参加国における動向の違いが国際価格競争力の格差を生じ、これを背景としてドイツなどの国際収支黒字の持続の一方で、イタリアやスペインなどで国際収支赤字が続いていることに関する分析が十分に示されていませんでした。ユーロ圏全体として物価の安定を使命とする ECB は、年次報告書の中で個々の参加国に関する記述をあまりしなかったのです。一方、OECD エコノミック・アウトルックでは、あるユーロ圏参加国については国際価格競争力の弱まりを指摘しながら、同様の問題があると私には思われる他のユーロ圏参加国の項で指摘を怠るといった、内容の統一性を欠いている、という問題が見つかりました。

こうした私独自の事後評価作業から浮かび上がった国際機関の監視行動の問題に加え、危機に見舞われた国々の公的部門の赤字と共にユーロ圏内における国際収支の不均衡を危機の本質として捉えて、ユーロ圏内の国際収支黒字国に対しても明確な形で政策提言をする、という動きが、ユーロ危機が持続する中でのこれら監視機関の行動には見られませんでした。

そこで、国際機関の監視がユーロ圏危機の発生を食い止められなかった理由は何か、ユーロ圏危機の本質は何か、解決策は何か、今後同様な危機を未然に防止するには如何なる対策が取られなければならないか、といった点を中心とする私の問題提起論文を書き上げました。

この論文を基に公開セミナーを欧州で開催する考えで、ECB の前身である EMI の事務局長であったロベール・レモンに相談したところ、積極的に支援してくれました。彼のお陰で、セミナー会場はパリ市内の中心部にある欧州パリ館（Maison de l'Europe de Paris）の講堂を無料で使わせてもらうことが出来ました（注9）。

2013 年 9 月に開催されたセミナーにおいては、参加者の間における議論の時間を十分確保するため、私のウェブサイトに掲載された問題提起論文を事前に読んできてもらうことにしました。こうして、セミナーの席上での私の口頭説明は最小限にとどめ、予定討論者のコメントとフロアからの発言の時間を出来るだけ長く確保する工夫をしました。また、参加者は単にエコノミストに限らず、政治家をしていた人達にも声をかけました。その一人はスウェーデンの

328

貿易大臣をしていた時にユーロ圏参加論者の首相に反対して辞任したライフ・パグロッスキーでした。彼は若い時、OECD で私の部下でした。また、嘗てカナダで法務大臣をしたドナルド・ジョンストン前事務総長も、あらかじめ私の問題提起論文を読んだ上で、フロアから発言してもらうことにしました。

　第一セッションでは、ユーロ圏危機を未然に防止出来なかった国際的な監視の問題点を討議しました。討論は、ライフ・パグロッスキー、フランス銀行の調査総局長を経て BIS 副総支配人として活躍したアンドレ・イカール、そして米国人で OECD 経済総局の国別審査局長から定年退職したばかりのヴァル・コロムゼーの三人を予定討論者として始まりました。三人のうち、イカールは国際機関による監視を今後強化する必要がある、と主張しました。一方、パグロッスキーとコロムゼーは、監視の対象国における政治事情などの現実、国際機関の分析能力の限界、などを考慮すると、国際機関による監視の有効性については楽観出来ない、と述べました。

　第二セッションでは、ユーロ圏危機の原因の一つとなったミクロ・プルーデンス政策の欠陥を中心に議論しました。米国の元国際金融担当財務次官のジェフリー・シェイファー、信用格付け会社（S＆P）幹部のキャロル・シルー（フランス人）、国際経済政策研究会のシニアフェローのポール・アトキンソンの三人が予定討論者でした。このセッションでは、ユーロ圏内における銀行監督の統一の重要性が認識されました。

　第三セッションでは、マクロ・プルーデンス政策と金融政策の関連が議論されました。この問題については、米国の元連邦準備制度理事会（FRB）金融政策局長のスティーヴン・アキシルロッド、元イングランド銀行金融政策委員で学者のチャールズ・グッドハート、OECD 財政金融企業局長のエイドリアン・ブランデル＝ウィグナルが予定討論者でした。討論を通じて、この分野における国際機関の監視は大変難しいという印象を受けました。

　最後のセッションでは、ヨーロ圏危機の本質、ヨーロ圏運営の将来のあり方を議論しました。この討論は、ドイツ人で元 BIS 事務局長のギュンター・ベア、フランス人のロベール・レモン、スペインの経済研究所長のカルレス・ガソリバ、そしてカナダ人で OECD 経済開発検討委員会の議長のウィリアム・ホワイト（元 BIS チーフエコノミスト）の四人を予定討論者として行なわれました。ユーロ圏危機の本質については、これを国際収支危機として把握する

第 22 章　国際機関による監視活動の事後評価　*329*

私の見解にホワイトが同調しました。ユーロ圏の運営の将来については、ユーロ参加国における政治の現実などに鑑みて、悲観的な見方が支配的でした。

前 OECD 国別経済審査委員会議長のニールス・ティーゲセンは、都合が悪く出席出来ませんでしたが、事前に送ってくれたコメントが書面でセミナーの参加者に配布されました。彼は、ユーロ圏危機の本質については、私の見解に基本的には異論がない、とのことでしたが、ユーロ圏の将来については、ギリシャの危機は間もなく終わるとして、かなり楽観的な見通しを示しました。

セミナーの予定討論者が口頭で行なった発言は、私の依頼で、やがて小論文の形に整えられました。また、このセミナーにおける討論の要旨は、国際経済政策研究会の二人のシニアフェロー（注 10）が取りまとめました。これらと私の問題提起論文をパッケージにして、英国マクミラン社に電子メールで送ったところ、同社から出版したいという返事がまもなくあり、出版計画は意外にトントン拍子で進みました。

全部で 14 人が書いた論文の体裁を整える編集作業は、私が一人で主として東京で行ないました。細部の手直しは、米国と欧州に在住する原著者との間で電子メール交換で処理しました。索引の作成は、私の資金負担でマクミラン社に依頼しましたが、それ以外は無コストで発刊出来ました（注 11）。

討論に参加し、その後に論文にまとめてくれた友人達の中には、欧州でも遠くストックホルムから、また米国人ではニューヨークからパリにやってきた例もありましたが、彼らも含め全員、交通費やパリのホテル代などは個人負担でお願いしました。また、セミナー終了後の昼食会には、同伴した奥さん達も加わり、旧交を温めましたが、これも割り勘でした。

2014 年に発刊されたマクミラン社の出版物は専門書の体裁をとっていて、同社の世界的な販売網を通じて大学の図書館などに収蔵されることが期待されました。ただ、ユーロ圏危機の本質を、危機に見舞われたギリシャなどの財政節度の喪失だけではなく、域内国間の価格競争力の格差拡大などによる国際収支の不均衡に求める私の見解をドイツの人達に理解してもらうには、英語で書かれた専門書では役に立たないことは明らかでした。

そこで、私は欧米の友人数人に呼びかけて、ユーロ圏問題の解決策に関するもっと分かり易い文章でまとめた共同声明のようなものを作り、ドイツの新聞に発表することを思いつきました。もっとも、私には残念ながらドイツ語の作

文力がありませんので、第一段階として、英語で初稿を私が書き下ろし、私が呼びかけた欧米の友人達のコメントを得て手直しをした後、『ジャパンタイムズ』紙に発表しました（注12）。

次に、ドイツの一流新聞『フランクフルター・アルゲマイネ』のパリ特派員に電子メールで『ジャパンタイムズ』紙掲載論文を送り、本社のしかるべき部署に送ってドイツ語翻訳版にして掲載することを検討してもらえるよう手配を依頼しました。この特派員は快く応じてくれたのですが、しばらくして、案の定、本社で検討した結果不採用になったという知らせがありました。案の定というのは、私がセミナーに提出した問題提起論文を読んだ英国『フィナンシャル・タイムズ』紙の経済主任解説委員のマーティン・ウォルフから、私の意見に賛成すると共に、これはドイツのメディアにはなかなか受け容れられないであろう、というコメントがあったからです。

この共同論文にはドイツ人で、嘗てエミール・ヴァンレネップがOECD事務総長であった時、構造改革問題に関する総長顧問であったヴォルフガンク・ミヒャルスキーも名を連ねていました。彼に事情を知らせると、ハンブルク在住の彼は早速、同じくドイツ一流紙の『ハンデルスブラット』に交渉してくれました。しかしながら、ドイツの大学教授の立場にある彼の依頼にもかかわらず、不採用になりました。

結局、ミヒャルスキーが自らドイツ語に翻訳した共同論文が、ドイツの経済専門誌に掲載されました（注13）。

英国の EU 離脱是非論

長らくユーロ圏参加を巡って国論が二分してきた英国では、欧州通貨統合の着実な進展を見て、改めて参加の是非が論議されました。ロンドンのシティーは英国がユーロ圏参加国とならなくとも大陸諸国の国際金融資本市場に比し優位を保持出来る、との見方もありました。しかし、ユーロ導入後、欧州統合の次の段階である資本市場関連の法制、税制等の収斂が進み、更に国境を越えた銀行合併などが進展するようになれば、ユーロ圏金融資本市場の地歩は一段高まるであろうという見方から、ユーロ圏のインサイダーとなり、一大通貨圏の意思決定に積極的に参画すべきである、という議論も根強く残っていました。

ところが、ユーロ圏の危機が生ずると、ユーロ圏に参加しなかった判断が正しかった、という見解が再び主流となりました。更に、ユーロ圏への参加だけではなく、欧州連合（EU）への参加自体の得失までが、与党と野党との間との意見対立というよりも、それぞれの党内における意見対立の種となり、政争に発展しました。

　こうした中で、保守党の党首で首相の座にあったデヴィッド・キャメロンは、党内の意見対立を乗り越えて地歩を固める狙いもあって、英国のEU離脱の是非を問う国民投票を実施することを決定しました。

　国民投票が2016年6月23日に実施される1カ月あまり前に発表されたイングランド銀行の金融政策報告書では、英国がEU離脱となれば、個人消費の停滞、企業投資の遅延、雇用の減少と失業の増大が生ずること、また成長能力が弱まること、更に英ポンドの、多分大幅な、下落が今後の最大のリスクとなること、が指摘されました（注14）。その上、イングランド銀行のマーク・カーニー総裁が2016年5月央、英国のEU離脱はリセッションを齎すと述べたとも伝えられました（注15）。これに対して、EU離脱論者達からは、イングランド銀行総裁が与えられた権限の範囲を逸脱した発言をした、と激しい批判が浴びせられました。

　イングランド銀行の報告書が発表されるしばらく前、英国財務省はEU離脱が長期的には経済にマイナスの効果を持つことを三つのシナリオで示しました。第一に、英国がEU離脱の後欧州経済圏（European Economic Area）に加入するという、いわゆるノルウェー方式が取られた場合には、EUに残留する場合に想定される水準との対比で、英国のGDPは長期的には3.8%減少すると推計しました。更に、EUと自由貿易協定を結ぶという、いわゆるカナダ方式が取られれば、減少幅は6.2%、WTOのルールでEUと貿易をするオプションが取られれば、減少幅は7.5%、に拡大すると推計しました（注16）。

　加盟国の金融経済動向を分析し、状況に応じて政策提言と警告を発表することを重要な任務とする国際機関のうち、OECDとIMFが、英国のEU離脱によって生じると考えられるリスクについて明確な警告を発しました。

　OECDは2016年4月、「OECDの研究 ― 英国のEU離脱によって英国民は多年にわたって多額の『EU離脱税』を支払うこととなる見込み」という題のプレスリリースを出しました（注17）。この中では、英国のEU離脱決定は直

ちに英国経済に対する信認を損ね、2020 年には GDP3% 相当額のマイナスの影響となろう、これは一家計当たり 2,200 英ポンドに相当し、英国民はそれだけの永久的な「EU 離脱税」を払う結果となろう、と記述されていました。

　また、IMF は 2016 年 6 月中旬、英国の EU 離脱がノルウェー方式の場合には、EU 残留の場合に想定される水準との対比で、英国の GDP は長期的には 1.4% 少なくなる、WTO のルールで貿易をするオプションが取られれば、減少幅は 2019 年には 5.6% に拡大する、という推計を発表しました（注 18）。

　OECD と IMF による英国 EU 残留キャンペーンは、アンヘル・グリア OECD 事務総長の英国ロンドン・スクール・オブ・エコノミックスにおける講演（6 月中旬）、クリスティーヌ・ラギャルド IMF 専務理事の記者会見（6 月中旬）によっても行なわれました（注 19）。

　英国の国民投票日の前からパリに滞在していた私は、英国各地の投票結果を刻々報じる BBC のテレビ番組を固唾を飲んで視聴しました。離脱票が残留票をわずかながら上回る結果が判明すると、早速、フランス在住の国際経済政策研究会の英国人のメンバー達と、この結果について意見交換をする会合を開くことにしました。

　その頃、マーヴィン・キング前イングランド銀行総裁が、英国『ガーディアン』紙の質問に答えて、財務相として EU 残留のキャンペーンを展開したジョージ・オボーンと財務省は大失敗をしたと述べた、と報じられました。英国の EU 離脱決定後の経済の先行きには極めて大きな不確実性があるにもかかわらず、EU 離脱が英国経済に及ぼすと思われるマイナスの影響を細かい数字で示して、残留を訴えたのは間違っていた、というのがキングの評価でした（注 20）。「EU 残留か離脱か」の議論は経済学の手法による便益とコストの分析に帰すべきものではない、とキングは考えていました。

　このキングの批判は、英国の EU 残留のために OECD と IMF が行なったキャンペーンにも当てはまるように私には思われました。更に、国際経済政策研究会の英国人メンバー達との会合では、英国における殆ど全てのエコノミスト達が一致して英国の EU 残留論者であったにもかかわらず、こうした意見に英国の多くの一般人が耳を傾けなかった背景について情報と意見の交換が行なわれました。

　この会合においては、離脱票が残留票を上回った投票区では、失業率が比較

第 22 章 国際機関による監視活動の事後評価 *333*

的高く、外国からの労働者の流入によって英国人の雇用機会が奪われているという懸念が強かったこと、こうした外国人労働者の英国への流入は、EU 諸国出身者よりも非 EU 諸国出身者の方が多いにもかかわらず、こうした論点は、英国の EU 残留論者と離脱論者との論争では浮かび上がらす、理性的な議論が通用しない雰囲気が支配したこと、などが指摘されました。

　東京に戻ると、パリにおけるこうした議論を踏まえて、私が問題提起論文を書き、これに対する国際経済政策研究会のメンバー達のコメントを書面でもらい、私のウェブサイトに掲載することを考えました。

　この頃、米国の経済学者グレゴリー・マンキューは、「投票者が世界貿易のメリットを唱えるエコノミストに耳を傾けないのは何故か」と題する寄稿文を『ニューヨークタイムズ』紙に掲載しました（注 21）。その中で、マンキューが言及したエドワード・マンスフィールドとダイアナ・ムッツの共同研究（注 22）によると、自由貿易と管理貿易のどちらを選択するか、という問題に関する個々人の態度は、経済上の損得よりも感情（emotion）に基づく世界観によって左右される面が大きいという分析結果になっていました。この二人の研究者は、同時に、個々人が孤立主義や国家主義に基づく世界観を持つかどうか、という問題は教育の程度に影響される、という分析結果も報告していました。

　また、英国の EU 離脱の是非に関する国民投票の直前に発表されたジョナサン・ワズワースなどによる研究の結果（注 23）によれば、英国の中で他の EU 域内国からの移民流入が多い地域では英国生まれの労働者の大きな失業増加や賃金の減少は見られず、2008 年以降の賃金減少は移民ではなく世界金融経済危機に伴う英国経済の落ち込みによるところが大きい、ということでした。しかしながら、英国のエコノミスト達によるこういう研究結果は経済専門誌に発表されただけであり、英国の一般人の注意を引くことはありませんでした。

　自由な貿易と投資の促進を訴えるエコノミスト達が主導的な役割を果たす国際機関の企てを失敗に導いた例は以前にもありました。前述した、OECD の場で行なわれた国際投資協定（MIA）の交渉がその一例です。この OECD の手痛い失敗の教訓は何だったのでしょうか。それは、国際機関の政策提言が、政府当局や確立された既存のメディアを通じて発信されるだけではなく、広く大衆に理解される方法で行なわれなければ、効果が減殺されるということでした。国際競争力の弱い企業の淘汰とそれに伴う解雇などの社会不安が高まる中

334

で、国際機関は、加盟国当局との対話や既存の一流メディアを通じる広報活動だけではなく、様々な市民団体との対話も重要であることを学んだのです。

英国の国内でEU離脱論がソーシャル・メディア上で勢いを増していた時に、英国のキャメロン首相、オボーン財務相、財務省、そしてEU残留論を唱えた英国のエコノミスト達と共に、EU残留のキャンペーンを繰り広げたOECDが、こうした過去の失敗の教訓に学んだ上で、どういう広報活動をすべきであったのか、という問題は関係者の間で議論に値するものと思われました。

しかも、OECDの事務局は、単にマクロ経済の専門家の集団ではなく、社会政策、労働政策、貿易政策などの専門家も抱えた頭脳集団である点は、IMFとは大きく異なっています。英国のEU離脱の是非を論ずるOECD事務総長の講演やプレスリリースは、経済専門家の集団である経済総局に全面的に依存するのではなく、社会政策、労働政策、貿易政策などを扱う部局の叡智も総動員して作成されるべきであった、と私は考えました。

秋に入って、こうした私の所見を盛り込んだ問題提起論文に関するコメント論文が、嘗てOECD経済総局で活躍した英国人エコノミスト達のほか、OECD社会労働政策局長として活躍したジョン・マーティン（アイルランド人）、元々貿易政策の専門家で、OECDでは科学工業技術局次長を務めたトマス・アンダーソン（スウェーデン人）などからも集まりました。

その頃、英国『フィナンシャル・タイムズ』紙コラムニストのウォルフガング・ミュンシャウは、「英国のEU離脱に対して警鐘を打ち鳴らしていたエコノミスト達の独立した判断に対する信認が失われた。英国のEU離脱の危険を訴えたOECDとIMFの権威も損なわれた」と、論説記事の中で書きました（注24）。

私の呼びかけで集まった一連のコメント論文は、まずは私個人のウェブサイト（注25）に掲載されました。次に、これらの論文の討論会をどこで開催するか、という問題がありました。私の問題提起論文の内容から見て、OECDのセミナーとして設営することは難しい雰囲気がありました。幸い、当時のフランス政府OECD代表部大使のピエール・デュケーヌは、私の問題意識に理解を示してくれました。彼は、ジャン＝クロード・トリシェがフランス国庫局長の頃に国際金融担当の次長として私と面識をもっていました。また、彼はフランス代表のIMF理事を経てOECD大使に任命されたという経歴で、私の問題

提起した問題を議論するセミナーのホスト役としてはうってつけでした。

　こうした経緯で、パリ 16 区の OECD 本部近くに所在するフランス政府 OECD 代表部の会議室で、2014 年の暮れに、セミナーは非公式なものとして開催されました。セミナーの開催については、OECD 事務総長を補佐する官房長に私から連絡し、私の問題提起論文も送りましたが、返答はなく、OECD 事務局からの参加者はありませんでした。結局、参加者は、論文提出者に加え、デュケーヌ大使が招いた欧州諸国と日本の OECD 代表部の公使と参事官、およびパリにある IMF 代表部の次長でした。

　セミナーでは、感性による政治（emotional politics）が支配的な状況において、中立性を要請される OECD などの国際機関の政策提言は、極めて慎重な配慮の下で行なわれなければならない、という見方が支配的でした。もっとも、セミナーは一定の結論を導き出すためのものではありませんでした。

　ところで、IMF による英国の EU 残留キャンペーンは、IMF 理事会による対英国審査の結果を報じる公刊物（注 26）の中でも行なわれました。OECD が英国の EU 離脱のシナリオに関して行なった計量分析の作業も、EDRC の英国審査、あるいは EPC や WP3 によるサーベイランスの一環として行なわれても不思議ではありませんでした。その場合には、日本など英国以外の加盟国からの会合参加者も OECD の作業結果を議論する機会を与えられ、それから公表されます。しかし、英国の EU 残留キャンペーンに関する OECD のキャンペーンはこうしたプロセスを踏んだものではありませんでした。

注
1. The British Academy's letter of July 22, 2009 to the Queen in response to the question raised on her visit to the London School of Economics in November 2008.
2. Paul Atkinson（元 OECD 経済総局・総括評価課長）と Nicholas Vanston（元同総局・国際収支課長）。
3. Paul Atkinson（上掲）、Nicholas Vanston（上掲）と Robert Price（元 OECD 経済総局・金融財政課長）。
4. 日本に関する IMF の監視活動における分析技術面での失敗の一例については、第 19 章の IMF 世界経済展望の不備に関する記述を参照。
5. Paul Atkinson は第一章の一部の第一草稿を執筆したほか、私が執筆した第一草稿についてコメントをした。
6. IMF, "IMF Performance in the Run-up to the Current Financial and Economic Crisis: Issues Paper for an Evaluation by the Independent Evaluation Office", 2010.

7. セミナー開催時における OECD 加盟国の数は 34 であった。

8. Kumiharu Shigehara and Paul Atkinson, "Surveillance by International Institutions: Lessons from the Global Financial and Economic Crisis", OECD Economics Department Working Papers, No. 860, ECO/WKP（2011）29, OECD Publishing, Paris.

9. International Economic Policy Studies Association in co-operation with La Maison de l'Europe de Paris, "The Limits of Surveillance and Financial Market Failure: Lessons from the Euro-area Crisis", Conference Agenda.

10. Nicholas Vanston（上掲）と Robert Price（上掲）。

11. Kumiharu Shigehara, ed., "The Limits of Surveillance and Financial Market Failure: Lessons from the Euro-area Crisis", Palgrave Macmillan, 2014.

12. Paul Atkinson, Wolfgang Michalski, Leif Pagrotsky, Robert Raymond, Kumiharu Shigehara, "How to run the euro area", The Japan Times, 30 April 2014.

13. Wolfgang Michalski, Paul Atkinson, Leif Pagrotsky, Robert Raymond, Kumiharu Shigehara, "Wirtschaftspolitik für die Eurozone", Wirtschaftdienst, 94. Jahrgang, 2014, Heft 6, S. 407-409.

14. Bank of England, Monetary Policy Summary, 12 May 2016.

15. The Guardian, "Brexit could lead to recession, says the Bank of England", 12 May 2016.

16. HM Treasury "Analysis: the long-term economic impact of EU membership and the alternatives", April 2016.

17. OECD, "OECD finds Britons will be paying a heavy "Brexit tax" for many years if UK leaves EU", Press Release, 27 April 2016.

18. IMF, "If the U.K. leaves the EU: substantial negative effects", IMF Survey Magazine "Uncertainty Clouds the United Kingdom's Economic Prospects", 17 June 2016.

19. Angel Gurría, OECD Secretary-General, "To Brexit or not to Brexit: A Taxing Decision", London, 27 April 2016; The Guardian, "Christine Lagarde urges UK to stay in the EU", 17 June 2016.

20. Phillip Inman, "Mervyn King: Treasury's exaggerated Brexit claims backfired", The Guardian, 27 June 2016.

21. Gregory Mankiw, "Why Voters Don't Buy It When Economists Say Global Trade Is Good", The New York Times, 27 July 2016.

22. Edward Mansfield and Diana Mutz, "Support for Free Trade: Self-Interest, Sociotropic Politics, and Out-Group Anxiety", University of Pennsylvania, Annenberg School for Communications, Departmental Discussion Papers, 15 July 2009.

23. CEP Brexit Analysis No.5, Centre for Economic Performance, The London School of Economics and Political Science, 11 May 2016.

24. Wolfang Munchau, column article, The Financial Times, 25 September 2016.

25. http://office.shigehara.online.fr

26. IMF, "IMF Executive Board Concludes 2016 Article IV Consultation with the United Kingdom", Press Release No.16/286, IMF Magazine, 17 June 2016.

第23章
多角的監視の枠組みの再構築

2010年にソウルで開催されたG20サミットは、国際機関による監視（サーベイランス）を強化し、その中で、特にIMFに対しては金融面でのシステミック・リスク（systemic risks）に焦点を当てるよう要請しました（注1）。

翌11年のG20サミット開催国はフランスでした。同年2月、嘗てIMF専務理事をしたフランス人ミシェル・カムドシュなどを中心とする専門家達が国際通貨制度の改革に関する提言書（注2）をまとめ、当時のフランス大統領ニコラ・サルコジに提出しました。この提言書では、主としてIMFの改革、特にそのサーベイランスの権限強化に焦点が当てられていました。

フランスを開催国とするG20サミットは南仏のカンヌで11月3日に開催されることになっていました。そこで、サルコジ大統領はこの提言書を基に、G20諸国のリーダー達に国際通貨制度の改革問題を議論してもらう積もりでした。しかしながら、この年のG20サミットにおける経済関係の討議は、当時激しさを増していたユーロ圏危機など緊急な問題に時間を取られ、この提言書は議論されずに終わってしまいました。G20の場においては、その後も国際通貨制度の改革問題に深入りすることがないままになっています。

IMFによるサーベイランスと比べると、OECDのそれは対象国が限定的であることが一つの特徴です。そして、OECD経済政策委員会（EPC）と第三作業部会（WP3）による多角的サーベイランス（multilateral surveillance）は、事務局である経済総局が作成した分析報告と政策提言を基に、参加国の国内で政策立案に当たっている当局の責任者がOECDパリ本部で開かれる会合に集まって、同胞（peer）の立場で議論するところに大きな価値があります（注3）。

また、経済開発検討委員会（EDRC）による個別国のサーベイランス（bilateral surveillance）においても、審査をされる立場に回った加盟国は、政策立案に当たっている当局の責任者をその国の首都から派遣します。その上で、パリに常駐する各国OECD加盟国代表部の経済担当審議官などとの間で、経済総局の国別審査局が作成した分析報告と政策提言を基にして、討議を行なう

338

方式が取られています。また、EDRC の審査では、マクロ経済問題と構造問題とがほぼ同様に重視されているため、審査される国については、焦点とされた構造問題の担当官庁の責任者も首都から派遣されることが多くなっています。

この点、審議をする国だけでなく審議される国も、ワシントンに常駐する各国代表で構成された IMF 理事会によって行なわれるサーベイランスとは大きな違いがあります。IMF 理事の多くは各国の財務省、ないしは中央銀行の出身者であり、OECD の WP3 に出席する参加国の場合は、WP3 出席者の部下の地位にあった人達です。彼らは、WP3 における各国出席者のようにサーベイランスが行なわれる時点で母国における経済政策の立案と執行に実際に携わっている人物ではありません。

金融問題専門の学者上がりのマーヴィン・キングがイングランド銀行総裁であった 2006 年の暮れ、オーストラリアで行なった講演の中で、国際機関の改革問題を論じました。この中でキングは、IMF はマクロ問題、OECD は構造問題に、それぞれ特化すべきである、と提言しました（注4）。

この講演資料を東京で読んだ私は、直ちにキング提案に対する反論を書き、面識のある OECD 代表部大使達や国際経済政策研究会のメンバーなどに電子メールで送ると共に、私のウェブサイトにも掲載しました（注5）。更に、経済協力欧州会議（la Ligue Européenne de Coopération Economique）が欧州と他地域との経済協力をテーマにした国際セミナーを 2011 年 2 月にパリで開催した際に、私の講演の中で、欧州とその他の地域をも対象とした国際機関である IMF と OECD の活動についても論じ、IMF と OECD のサーベイランスの対象分野を峻別するキング提案は適切でないと主張しました（注6）。

私の主な論点は、（1）経済危機がマクロ経済政策と構造政策、更には社会労働政策などとの不整合による歪みによって生じることもあること、（2）従って、これを未然に防ぐため、OECD 経済総局が、社会労働政策その他の政策分野を担当する部局と連携して行なう包括的なサーベイランスには IMF のそれにはない価値があること、でした。ユーロ圏危機の根源を検証し、その解決を論じた私の論文で指摘したように、ユーロ圏におけるマクロ経済政策のサーベイランスは失敗でした（前章参照）。マクロ経済問題を IMF だけに任せ、構造問題のサーベイランスは OECD に委ねる、というキング提案では、問題国におけるマクロ経済部門と個別ミクロ部門との間の政策調整に資する当局者の対

第 23 章　多角的監視の枠組みの再構築　*339*

話を促す OECD の役割が弱められかねません。嘗て私が OECD 経済総局長であった時、経済総局が主宰した農業の自由化に関する会合に農林省の代表を、また高齢化問題に関する会合に厚生省の代表を、それぞれマクロ経済部門の政府関係者と一緒に招いて議論をする提案したことがありました。当時、この提案は一部の加盟国から反発を受けましたが、今ではこうした包括的なサーベイランスの重要性が広く認識されています。

　このように、OECD のサーベイランスには IMF にはない特徴と価値がありますが、そのサーベイランス活動は現在大きな問題に直面しています。

　その一つは、1990 年代末から行なわれてきた予算削減に伴う事務局の人員切り詰めの中で、加盟国が増加したことから生じました。OECD 加盟国の数は、私が最初の OECD 勤務を始めた頃から 1990 年代半ばまで 24 で安定していましたが、現在（2019 年 4 月）では 36 カ国 にまで増加しています。その上、OECD の加盟を目指す国々が国別の経済審査を求めています。

　こうした状況の下、EDRC による国別サーベイランスの頻度は、従来年 1 回であったものが、2 年に 1 回に減ってしまいました。また、事前審査のミッションを率いる団長である国別審査局長と次長の出張が増え、局内における目配りの時間が制約される、といった内部管理上の問題が出ていると、嘗て経済総局長をした私には見受けられます。こうした問題ついては、OECD 予算委員会の議長をしている国の OECD 代表部大使に個別に面談して、指摘してきましたが、情勢は悪化の一途を辿っており、OECD サーベイランスの質の低下を私は強く懸念しています。

　第二に、全加盟国が参加する多角的サーベイランスを実施する EPC における討議の実をあげることは、参加国が 24 カ国であった私の経済総局長時代でも決して易しいことではありませんでしたが、参加国が 36 カ国 にまで増加した状況では、嘗てのような同胞（peer）の間の白熱した論議は望むべくもない状況となっていることです。この問題については、私が OECD 経済総局長に就任する前に EPC が抱えていた問題を解決するために私が行なった改革よりも、更に抜本的な対策が講じられなければならないと思われます。

　第三に、EPC と違って参加国が G10 ベースの WP3 によるサーベイランスも、非参加国である中国などの世界経済に占める役割が増大した現在は、私がWP3 を取り仕切った時代に比べて、その重要性が低下していることです。私

がOECD副事務総長であった時に、中国をWP3にオブザーバーとして招待しましたが、中国はOECDに加盟する意図はなく、また、オブザーバーとしてIMFやBISのように常時のWP3参加を希望してもいません。

この間、アジア金融危機が世界経済に及ぼす悪影響を懸念した米国ビル・クリントン大統領は、1997年11月末、カナダのヴァンクーヴァーで開かれたAPEC指導者のサミットの際に、ロバート・ルービン財務長官に対して、アジアその他の地域の国々の財務大臣を集めた特別会合を開くよう指示しました。この構想は、クリントン大統領がシンガポールのゴー・チョクトン大統領と会談した時に浮かび上がったと言われています（注7）。

米国財務省は、大統領の要請を受けて、先進国と新興国合わせて22カ国の財務相と中央銀行総裁を集めた特別会合を、ワシントンで開かれた1998年4月のIMF暫定委員会（Interim Committee）とIMF・世界銀行の合同開発委員会（Development Committee）に合わせて招集しました。OECDからは、非加盟国との協力関係を担当分野の一つとする副事務総長として私が、ジョンストン事務総長と一緒に、オブザーバーとして参加しました。

このG22（Group of Twenty-Two）の枠組みの特別会合はクリントン大統領自らが議長役を務め、ルービン財務長官はその隣に座りました。日本は大蔵大臣として宮澤喜一氏、日本銀行総裁として速水優氏が参加しました。会議は日本を含む7大工業国と一部の新興国から経済金融情勢の説明があっただけで、突っ込んだ議論は全くありませんでした。新興国の発言は、嘗て暫定委員会や合同開発委員会で開発途上国の閣僚達が行なった発言と比べれば、これらの国のその後における経済発展に伴い内容に違いはありましたが、ほぼ全部が自国の宣伝で、印象の薄いものでした。

翌1999年9月に開かれたG7財務相・中央銀行総裁会議のコミュニケに、世界の経済発展と金融の安定に重要な役割を分かち合う新興国との対話を目指すことが謳われました。これが、G20（Group of Twenty）（注8）誕生の基礎になりました。一部には、こうした対話のためにIMF暫定委員会を廃止してIMF協定の下で決定権限のある閣僚会議（Council of Ministers）を設置する案もありましたが、結局これは取りやめになりました。また、IMFの高官の多くは、先進国と新興国との対話は既に存在するIMF暫定委員会を活用すれば足りることであり、G20を新たに設置する必要はない、という考えでした。ま

た、G10 諸国で G20 に参加出来ない欧州の小国も反対でした。また、学者の中には、開発途上国が既に結成していた G24 が無視されていることに対する批判もありました。

　結局、G20 は 1999 年 12 月、ベルリンで最初の会合が開かれました。最初の議長には、2 年間の任期でカナダ財務大臣のポール・マーティンが選出されました。

　G20 のその後の活動については、貿易摩擦の増大に面して反保護主義や通貨安競争の回避を謳った共同声明を発表するなど、一定の役割を果たしています。しかしながら、1999 年 9 月の G7 財務相・中央銀行総裁会議のコミュニケに記述された対話は、本来は、アジア金融危機のような事態を再び起こさないことを狙ったものでした。この点、関係者の一部からの情報による限り、嘗て 24 カ国時代の OECD 閣僚理事会や WP3 におけるような参加者が同胞（peer）の立場に立って実質的な論戦を行なうところまでは至っていないようです。

　また、G20 は、IMF や OECD などの国際機関のサポートを受けてはいますが、常設の事務局を持っていないことも見逃せません。事務局は、毎年異なる開催国の持ち回りとなっています。従って、IMF や OECD のように中立的な立場にある専門スタッフがまとめた分析と政策提言を用いて G20 としてサーベイランスを行なえる枠組みは存在していません。この点は、G7 ないし G8 でも本質的には同様です。

　現在のところ、G10 をベースとした OECD の WP3 が果たしてきたような機能を極く少数の先進国と新興国によって構成される新しいコア・グループによって肩代わりする動きはまだ見られません。このような目下の国際経済政策協力の枠組みに存在する空白を埋めることは、今後の課題であると思われます。

　こうした観点から、日本語による問題提起論文（注 9）の発表のほか、OECD 発足 50 周年記念論文集への寄稿（注 10）、英国『フィナンシャル・タイムズ』紙（注 11）や中国の専門誌（注 12）などへの寄稿や講演を私人として行ないました。

注

1. Para. 20: "IMF surveillance should be enhanced to focus on systemic risks and vulnerabilities wherever they may lie. To this extent, we welcome the decision made by the IMF to make financial stability assessments a regular and mandatory part of Article IV consultation for members with systemically important financial sectors.", the Communiqué of the Group of Twenty Summit meeting in Seoul in 2010.

2. Jack Borman and André Icard ed., "Reform of the International Monetary System: The Palais Royal Initiative", SAGE Publications, September 2011.

3. Kumiharu Shigehara, "Multilateral Surveillance: What the OECD can Offer", the 1996 Global Finance Lecture at the University of Birmingham, the United Kingdom on 16 October 1996, OECD publication 1996, also available as a working paper from University of Birmingham – International Financial Group.

4. Mervyn King, "Through the Looking Glass: Reform of the International Institutions", Inaugural International Distinguished Lecture to the Melbourne Centre for Financial Studies, Australia, 21 December 2006.

5. Kumiharu Shigehara, "Comments on Mervyn King's Speech: Division of Labour between the IMF and the OECD?", 25 January 2007.

6. Kumiharu Shigehara, "Multilateral Surveillance: the IMF, the OECD and G-20", speech at the Conference on "Outlook for the European Union in 2030: Between Emerging Countries and North America", la Ligue Européenne de Coopération Economique, Paris, 1 February 2011.

7. The Study Group of G-20, "The Group of Twenty: A History", 2007.

8. アルゼンチン、オーストラリア、ブラジル、カナダ、中国、フランス、ドイツ、インド、インドネシア、イタリア、日本、韓国、メキシコ、ロシア、サウジアラビア、南アフリカ、トルコ、英国、米国と欧州連合（EU）。

9. 重原久美春、「新たな国際経済社会秩序の構築」、外交フォーラム 2009 年 4 月号。このほか、重原久美春、『グローバル金融のさらなる安定を目指して』、総合研究開発機構「NIRA 政策研究」、Vol. 12. No.1、1999 年。

10. Kumiharu Shigehara, "The Way Forward: Streamlining Policy Discussions for More Effective Multilateral Surveillance", The OECD 50th Anniversary Book "OECD at 50", May 2011, OECD.

11. Kumiharu Shigehara, "Number of top jobs at OECD must be reduced as governments begin to search for new secretary-general", The Financial Times, 29 July 2005.

12. Kumiharu Shigehara, "New Challenges and a Search for Better Global Governance", BOAO Review, China, April 2014.

第 24 章
繁栄のための新たなモデルを求めて

　　以下は、OECD 広報誌『オブザーバー』（Observer）の発刊 40 周年記念号（2002 年 12 月）に発表した特別寄稿論文「繁栄のための新たなモデルを求めて」（原文は英語）を抄訳したものです（注 1）。自国優先主義を標榜する米国ドナルド・トランプ大統領の登場、ロシアのクリミア侵攻以来の欧州における緊張関係の復活、英国の EU 離脱決定、など本稿が書かれた後の世界情勢には大きな変化が見られました。こうした情勢の変化を踏まえますと、この特別論文に盛り込まれた論点は寄稿当時にも増して重要と思われ、その抄訳を本書に収録します。

　幾つかの歴史的事実が、近年における日本や欧州諸国の経済困難の陰に隠れがちになっています。これらのうち特に重要な事実は、過ぎ去った 20 世紀後半の間に、日本と欧州が嘗て経験したことのない経済的繁栄を実現したことです。

　しかも、こうした経済発展は 20 世紀前半二度に亘った世界大戦による荒廃の後に生じたのでした。一体、第二次大戦直後に、広島市やドレスデン市を訪れ、瓦礫に帰した姿を見た人々には、今日の繁栄した町並みは夢想も出来なかったでしょう。戦後の混乱期を経た後、1950 年〜 60 年代のほぼ 20 年間、日本と旧西ドイツの両国は、それぞれ世界第二、第三の工業国家の地歩を確立したのです。

　一体、両国の経済奇跡は、どのようにして実現したのでしょうか。

　一つの重要な理由は、選択の自由が失われていたことでした。両国は共に戦敗国として、戦後、もはや軍事力の行使によって輸出市場を確保したり、あるいは海外の天然資源を確保する道を閉ざされたこともあって、民主的な新しい国家体制の中で、公務員、経営者、銀行家、良く教育された勤労者などが一致団結して経済復興を果たす道しか開かれていなかったのです。

　この間、確かに、戦後の国際貿易体制の自由化や総じて順調な海外環境が助けとなりました。しかしながら、自国民が一致団結して、付加価値のより高い製品、高度の技術の応用への不断の努力を行なうことなしに、両国の高い経済成長と社会公正の実現はありませんでした。

344

両国は、自由な市場経済原則の大枠の中で、それぞれ独自のモデルを構築しました。その高度な工業経済と比較的平等な社会の実現は、自由主義体制国家の成功例の典型として、冷戦下、計画経済国家の停滞と大きな対照をなし、全世界に誇示出来るものとされました。

　勿論、こうした歴史的な事実は、自由主義諸国経済間に戦後、何ら問題が生じなかったことを意味するものではありません。1960年代には、米国において、ヴェトナム戦争に伴う政府支出の増大などからインフレ圧力が次第に高まり、やがて国際収支の赤字がドルを基軸通貨とした金・為替本位制度に対する信認を揺るがす事態となりました。1973年におけるブレトンウッズ固定平価制度から変動為替相場制度への移行は、自由主義諸国経済が外的ショックを吸収する能力を高めるものになりました。確かに、もしこうした通貨制度の下でなかったとしたら、日本のように石油の輸入依存度が高い国は、二度に及んだ石油危機に面して、もっと甚大な影響を受けたでしょう。

　しかしながら、変動為替相場は国際収支不均衡を解決する万能薬ではなく、また自由主義諸国の国内経済運営を対外的な制約から完全に解放するものでもありませんでした。為替相場は新しい制度の下で、時に、各国間のインフレ率格差など経済の基本的な要因では説明出来ない、急激かつ攪乱的な動きを示しました。この結果、自由主義諸国経済の間で、生産物そして生産資源の配分が歪められ、国際収支赤字国に保護主義の圧力が高まるなどの動きも生じました。

　自由主義諸国は、国際経済面において、引き続き多くの難問を抱えています。それらのうち、最も基本的な問題の一つは、諸国の経済運営を相互の利益になるように運営するにはどうしたらよいか、ということです。国際経済運営には、一国主義、二国間協力、地域内協力、多角的協力など様々な態様があり得ますし、これらの態様は相互に相容れないものとは限りません。

　地域主義の典型は、欧州連合（European Union）に見られます。もともと欧州諸国間の経済協力は、20世紀前半の相克を過去のものとして、第二次大戦後における平和の実現と経済社会の発展を図ると共に、圧倒的な米国の経済力と米ドル中心の国際金融秩序からの独立を目指して進められてきました。そして、まだ完成には程遠い分野を残しながらも、財、サービス、資本や労働力の域内国間の移動に関する自由化が進められ、単一通貨が流通するようになりま

した。欧州連合は、今や、地域主義の下での国際協力の事例として完成度が最も高いものとなっています。

　欧州単一市場の発足前には、域外国に対する共通貿易政策が実質的に見て保護主義的な方向に転ずるのではないかという懸念が域外国に存在しましたが、それは杞憂に終わりました。単一市場の域外国に対する輸入障壁の平均水準は低下の趨勢にあります。

　日本を取り巻く対外環境は、20世紀最後の10年間に、西欧以外の地域においても大きな変化が見られました。その一つは、1990年10月のドイツ再統一とその後のコメコン・ブロックの崩壊、そして社会主義経済体制から市場主義経済体制への移行です。もっとも、旧コメコン参加国の市場経済への移行は、これまでのところ世界の軍事衝突のリスクを軽減し、国際的な平和と政治力学に根本的な変化を齎すものではありましたが、国際経済関係に大きな変化を及ぼすものではありません。

　国際経済にそれよりはるかに大きな影響を与えてきたのは、日本以外の東アジア経済の目覚ましい進展です。特に、中国経済の躍進に伴い、多角的貿易・投資の自由化の枠組みの中で同国の経済発展を図ることが、世界経済の運営に当たって重要な課題の一つになってきました。更に、アジア地域における国際協力の強化のため、日本、中国、韓国とASEAN諸国などを包摂した枠組みの発展が益々重要になってきました。こうしたアジアにおける地域協力は、欧州連合の参加国拡大の動きや北米自由貿易協定（NAFTA）などと共に、第二次世界大戦後の自由主義国家の経済発展の基盤をなしてきた貿易・投資自由化に関する多角主義とどのように平仄をとっていくか、という問題も孕んでいます。

　更に、地域統合、そして地球規模での国家経済統合（いわゆるグローバリゼーション）の動きそれ自体が難しい問題を提起するようになりました。前者、そしてより頻繁には後者が、各国で生じている未熟練労働者の失業、一国内そして国際間に見られる所得格差の拡大、環境や労働基準の悪化、更には国際金融不安など、様々な経済、社会や環境に関する問題の元凶である、という見方が国内世論の形成に大きな力を持つようになってきました。

　しかも、20世紀最後の10年間、目覚ましい経済成長を実現し、国際政治や軍事面で覇権国としての地位を揺るぎないものとした米国においても、所得格

346

差の拡大や社会不安など難しい問題の中で、グローバリゼーションに対する不安が高まり、第二次大戦直後に行なったような国際貿易・投資自由化に率先的な役割を果たすことを難しくする国内事情が見られます。

　加えて、日本だけでなく他の多くのOECD加盟国、更には中国などでも — 一国によってタイミングは異なりますが — ベビー・ブーム世代が退職年齢を迎え、高齢層が総人口に占める割合が急速に上昇し、国内における世代間負担の問題が転じて国際緊張の原因となることも危惧されます。

　米国全体としての繁栄の中で存続する所得格差の拡大傾向、底辺層の貧困と暴力などの社会経済問題を眺め、米国型のモデルを統治の望ましいモデルとして世界規模で実現することは適当でないという意見が強まってきました。一方、グローバリゼーションの時代に求められる経済効率の向上、そして人口の高齢化への対処、のために必要な構造改革は、日本、ドイツその他の欧州諸国では、改革の過程でいわば「敗者」となる人達に対する配慮などから、実行が遅れがちとなっています。

　これら先進工業国では、改革に伴い生じかねない社会的な摩擦に対する懸念や短期的な混乱を避けようとする国内における政治的な配慮から、開発途上国を含む貿易相手国などのニーズに対する考慮は二の次となり勝ちです。そして、政治の混乱や国際テロリズムの背景にもなっているアフリカ、アジアや南アメリカなどの貧困を解消するための抜本的な国際援助に対するこれら諸国の貢献も不十分なまま放置された状態が続いています。

　このように、第二次大戦直後に行なわれたような国際貿易・投資自由化や開発協力に率先的な役割を果たすことを難しくする国内事情が多くの先進工業国で見られる事態に対処するには、これら諸国政府各部門が、時代を先取りする優れた政治家達のリーダーシップの下で、従来の所掌分野に狭く捕らわれず、経済、金融、社会、教育など諸般の領域にまたがる横断的な政策を、単に国内的な視点からでなく国際的に整合性のとれた形で、早急に策定し、果敢に実行することが肝要です。

　国際機関はこうした機運を醸成するため、一層の努力をすることが望まれます。

＊　＊　＊

第24章　繁栄のための新たなモデルを求めて　*347*

この論文は OECD 広報誌『オブザーバー』発刊 40 周年記念号のために書かれたものですから、最後の部分にある「国際機関」とは、特に OECD を念頭に置いています。現時点で考えてみますと、「政府各部門が、時代を先取りする優れた政治家達のリーダーシップの下で、従来の所掌分野に狭く捕らわれず、経済、金融、社会、教育など諸般の領域にまたがる横断的な政策を、単に国内的な視点からでなく国際的に整合性のとれた形で、早急に策定し、果敢に実行することが肝要です」という私の指摘を、ほぼ 17 年前に書かれた当時より更に強く OECD 加盟国政府と、それを支えるために存在する OECD 事務局の関係者、とに提示したいと思っています。

そういう私の思いがあるからこそ、前述したように、2016 年 6 月に実施された英国の EU 離脱是非を巡る国民投票を前に OECD が行なった英国 EU 残留のためのキャンペーンの失敗について事後検証をする作業を、嘗て OECD 事務局で永年勤務した者として率先して行なった次第です。

OECD 事務局は、単なるマクロ経済の専門家集団ではなく、社会政策、労働政策、貿易政策、教育政策、科学技術政策、環境政策など軍事以外のほぼ全ての政策分野の専門家も抱えた頭脳集団です。経済専門家の集団である経済総局と共に、これら幅広い部局の叡智も総動員して、OECD 事務局が加盟国政府そして非加盟国政府、更には広く市民社会の構成員全ての人々にとって適切な政策提言を行なう努力を一層強化することを私は期待しています。

注
1. Kumiharu Shigehara, "Looking for Models in Pursuit of Prosperity", The OECD Observer No.235,pp.14-16 December 2002.

第三部
人事を巡る話題

第25章
日本銀行とOECDの職員としての処遇

日本銀行における処遇

　振り返ってみますと、自分の人事に関して道を切り拓くために他人に積極的に働きかけたことは一度もありませんでした。

　そもそも日本銀行に入ったのも、日本銀行の人事課長であった中村進氏から積極的なアプローチがあってのことでした（本書第1章参照）。入行後は、終身雇用制の組織である日本銀行では、雇用者である日本銀行と被雇用者である私との間の交渉で処遇が決まるわけではないことは当然と受け止めていました。勿論、直属の上司や先輩にこれこれの部門で働いてみたい、といった希望を言う非公式な機会はあり得たわけですが、そういうことを私はしたことがありませんでした。

　ただ、一つのポジションに留まっている期間が、日本銀行における人事のローテーションの慣行から見て異常に長くなった時に、先輩からこういう処遇で満足しているのか質問を受け、もし満足していないのであれば私に代わって動いてみようと言われたことがありました。

　具体的には、私が森永貞一郎総裁時代、続いて前川春雄総裁の就任当初のしばらくの間、総裁の英語通訳も任務の一つとした総務部企画課調査役・外国局総務課調査役のポストを4年近く務めていた頃のことです。国内金融政策の企画部門の実力者であった青木昭氏から、ある時、このままだと私はこのポストからもう一つ違う分野で調査役を経験することなしに、国際通貨基金（IMF）における日本の理事代理（理事は大蔵省出身者）にさせられるが、それで良いのかと聞かれました。課長ポストに就く前に、少なくとも二つの異なった分野で調査役を経験するのが通常であるのに、「異能の人」などと一部の人から言われて総裁の英語通訳を何年も続け、いささか閉口していた頃のことでした。

　特に、4月下旬から5月の連休にかけて、国際機関の年次総会などで総裁が

350

海外出張をする時は必ず随行させられ、現地のホテルでは、総裁が泊まるスイートルームの副室が私にあてがわれ、同じく随行する総裁の秘書役は離れの別室を使う、というのは不満でした。日中は国際会議に出席し、会議が終われば総裁が休んでいる合間に東京に連絡を入れるため、時差の関係で現地の夜に睡眠時間を減らして仕事を続ける自分が恨めしくなっていました。国内畑の同期は、ゴールデンウィークを家族とのピクニックとかゴルフなどで楽しんでいるであろうと思うと尚更でした。

青木昭氏は、調査局で内国調査課の産業貿易係長、そして総務部企画課長であった時にも私を部下として使ったことがありました。青木氏から質問された時は、再び私を部下とすることを考えておられるのだろうと察せられました。総裁の通訳の立場にあり、森永氏は勿論、英語の上手な前川氏も外人記者会見などで慎重を期して発言する必要を感じられる時は私に通訳を命じられていたことも考えて、青木氏には即答は避けました。結局しばらく考えた後、青木氏の所へ足を運び、このまま今のポストを続けて IMF 理事代理になることは望まないという気持ちを伝えました。

青木氏は、その後、金融政策担当理事であった中川幸次氏（後に野村総合研究所社長）にこの話をされたようでした。私が総裁の通訳を辞めるとなれば、後任を誰にするかが問題となります。私はある後輩を推薦していたのですが、中川氏は海外出張の際にこの人物に通訳をしてもらったことがあり、その時の経験もあって了承が得られませんでした。中川氏は一橋大学の出身で、大学の後輩の速水優氏が国際担当理事でした。私は速水理事を補佐する立場でもあり、私が IMF 理事代理になる時期が来るまではご自分の手元に置きたいと思われていることも承知していました。そんなこんなで、私が青木氏の部下になる話は実現しませんでした。しかし、IMF 理事代理になる話は、OECD から舞い込んだ二度目の勤務の勧誘で立ち消えとなりました。

OECD における二度目の勤務を終えて 1982 年末に帰国し、日本銀行設立百周年を記念して発足したばかりの金融研究所でその立ち上げに専念していた時、来日した OECD 一般経済局長のクリストファー（通称クリス）・ヒギンズ氏（後にオーストラリア大蔵次官）がヴァンレネップ事務総長の意向で彼の後任に私を招きたいという打診があり、これを断ったことは前述しました。金融研究所勤務開始から数カ月すると、副所長であった鈴木淑夫氏（後に所長、理

事を経て、野村総合研究所副理事長、理事長、衆議院議員を歴任）から、前川総裁は私が支店長になって地方勤務をすることを望んでいないのではないかと気にかけておられるが、どう考えているのかと聞かれました。そろそろ同期から初発の支店長が出る時期が近づいていたのです。

この時はあまり深く考えもせず、出来るならば本店で仕事をしたいと答えました。しばらくすると、日本銀行随一の統計の専門家で初代の金融研究所長であった江口英一氏（日本銀行退職後は一橋大学教授）から、前川総裁から再び同じ質問が寄せられているので、よく考えるように言われました。私は自分の日本銀行における身の振り方について、妻の父で日本銀行の理事であった吉澤洗に相談したことはそれまでありませんでしたが、既に日本銀行を退職して民間の事業会社の社長をしていたこともあり、この時ばかりは相談してみました。長い将来のことを考えると、地方勤務は良い経験になるだろうという意見でした。これに従ったところ、長崎支店長を命じられました。人事担当理事であった東山紀之氏（後に万有製薬社長）からは、赴任先を長崎にしたのは、国際都市で英語もフランス語も使う機会に恵まれるだろうからだ、という内話がありました。もっとも、そうした機会は多くはありませんでした。

長崎へ赴任にするにあたって、東山理事からは、1年もするとロンドンかニューヨークのどちらかに駐在参事として長崎から直接赴任を命ぜられることになるかもしれないので、準備をしておくように、とも言われました。しかしながら、実際には、長崎支店長を2年半務めて本店に戻り、考査役を命じられました。

この頃の人事担当理事は外国畑が長かった山中鉄夫氏（後に協和銀行頭取）でした。山中氏は2回もOECD勤務をした私を日本銀行の海外駐在参事にするよりも国内畑で使うべきであるという考えで、考査役の後は企画局の次長に回るという噂でした。しかしながら、この観測も、間もなくOECDから一般経済局長のポストに招かれて的外れとなりました。企画局の次長には同期の細谷貞明君（一橋大学中山伊知郎ゼミの俊才、故人）が就任しました。

終身雇用制の日本銀行では、局長ポストに就いても、任務の内容と資格要件、そのポストでの雇用期間などを明記した書面を交付することはありません。1989月10月末日に三度目のOECD勤務を終了し、同日付けで日本銀行（人事局付け）に復帰した直後の11月2日、日本経済新聞に「OECD局長から

重原氏、日銀に復帰」という見出し、「次期金融研究所長の声も」という副題で私の顔写真入りの囲い込み記事が掲載されました。やがて帰国して、日本銀行へ出かけ、総裁室へ挨拶に行くと、三重野康総裁から「新聞に出ていたとおり、しばらくの間は金融研究所長をしてもらう。年次からして調査統計局長には出来ないが、君には日本銀行のチーフエコノミストとして国際的に活躍してもらいたい」という趣旨の話がありました。しかし、こうした任務の内容は口頭で言われたことであり、書面の形では何も残っていません。チーフエコノミストというポストは日本銀行には正式な肩書きとしては存在せず、三重野総裁が話した内容は他の役員、同僚の局長以下の人達が知る由もなかった筈です。

　そして、12月1日に金融研究所長起用が正式に発表されると、日本経済新聞は「国際経験豊かな新所長 ― 日銀金融研率いてご意見番に意欲」という見出しで、再び私の写真入りで目立った解説記事を掲載しました。その中には、「日銀内には国際経験が豊富な重原氏を総務局や外国局など政策畑で生かすべきであるとの声もある。とはいえ、金研は『開かれた日銀』の象徴だけに、大物所長を投入することにした。」と書かれていました。こうした背景説明は三重野総裁が日本経済新聞の記者に漏らされたものと推測されましたが、私自身に直接話されることはありませんでした。

OECD における処遇

　OECD 職員（注1）の採用は、特定のポストについて資格要件を明示した募集要項の公示から始まるのが原則です（注2）。日本銀行から OECD への最初の出向の場合は、当時の日本銀行において国際部門担当理事であった前川春雄氏からの直接の命令で応募した次第ですが、その後は OECD から私宛に直接に送られてきた書類に学歴や職歴などの基本的な情報を書き込むと共に、求められていた経済統計総局（後に統計部門を切り離して経済総局と改称）のエコノミストとしての仕事の遂行能力を証明出来るような証拠（発表した経済論文など）を OECD 人事局に私から送るというように、日本銀行を介在しない選考過程に入りました。

　こうして、先ずは他の候補者（日本からは経済企画庁と大蔵省からも候補者が出されていた）と同様に書面審査の対象となりました。書面審査に合格する

と、パリ本部に招かれ、経済統計総局における面接試験と与えられたテーマに関する小論文の執筆という形での筆記試験がありました。この試験に合格すると、OECD 人事局から日本銀行を通さず直接私宛に具体的な職階および初任給の明細と雇用期間（当初は 3 年間が通常）などの雇用条件が書かれた雇用契約書が送られてきました。この条件に合意する旨の自署をして OECD 人事局へ送り返すことによって雇用契約が成立したのです。

　ここで注意しておかなければならないのは、最初の 6 カ月は試験採用期間（probationary period）とされる慣行です。そして、赴任に当たっての旅行費や引っ越し荷物の運送費は OECD 持ちですが、もし試験採用期間における仕事が不満足で、本採用にならなかった場合は、本人の自己負担で帰国することになります（注 2）。

　このほか、経済統計総局では当面エコノミストの空席が見込まれなくとも、やがて空席が生ずることを見越して、有用な人材をプールしておくために、OECD の定期刊行物や欧米の一流経済専門誌（英国 "The Economist" 誌など）に求人広告を出して、応募者を募ることも行なっています。応募者は履歴書などの書類と発表した経済論文などを人事局に送り、これが適宜各専門分野の担当課長に回付されるシステムになっているのです。担当課長は書類審査をして、有望と思われる応募者については OECD 側の費用でパリ本部へ招き、面談と筆記による試験を行ないます。これに合格した人物は、相応しいポストに空きが出来るまでは待ち席のリスト（waiting list）に登録されることになります。そして、実際に空席が出来たところで、担当課長は最終的な人事権を持っている上司の同意を得て候補者を呼び込み、再度の試験を行なうのです。その時には当人は既に OECD 以外のところで良いポストに移動していたりして、OECD の当該ポストに就くことを希望しなくなっていることもあり得ます。

　OECD に採用された後は、一年毎に勤務の評価が行なわれ、課員については直属の課長が評価を記入した書面を本人に見せます。上司の評価に不満がある者が自分の反論を書き込む欄も設けられています。しばらく時間を置いてから、上司は部下と個別面談を行ない、その後に両者が自署した年次評価書は経済総局の人事担当部署と人事局に保管されます。

　ここで、私が 1992 年に OECD 経済総局長に就任した時のエピソードを紹介しましょう。このポストに私が就任した経緯については、本書「はしがき」で

書いたように、こちらが積極的に望んだ訳ではなったことでもあり、ペイユ事務総長から就任要請を受け入れるに当たっての条件を直接彼に伝えました。前回（三度目）の OECD 勤務の招聘を受けるかどうかの交渉の時は、任期を OECD が提示した 3 年間ではなく、2 年間に限るという当方の条件をペイユ事務総長に受け入れてもらいました。当時の人事担当理事であった箕浦宗吉氏（後に名古屋鉄道社長、名古屋商工会議所会頭、写真 2-2）から、同期初発で日本銀行の局長職に就くには 3 年間の OECD 勤務では都合が悪いから、3 年の任期であれば断るように指示されていたのでした。

OECD 経済総局長就任の時は、任期の点は 3 年間で日本銀行としても合意が出来るので、交渉の対象にはなりませんでした。当方からの申し入れで最も重要な点は、経済総局長が事務総長に直接レポートすること、つまり、当時 2 人いた副事務総長の掣肘を受けないこと、でした。これを経済総局長の任務を記述した書面に明記することになりました。それというのも、前任のデヴィッド・ヘンダーソンの場合は、彼の言葉を使えば、「認定された適格性を備えた人物（officials of proven competence）」とは思われない副事務総長を通じて総長にレポートをする態勢となっていたことが、彼自身だけでなく経済総局全体としても不満の種であったからです。

局内では政策調査局（以前は一般経済局と呼ばれていた）と国別審査局を統括し、対外的には、経済総局長が OECD、そしてそれ以外の場、で開かれる経済官庁次官級の会議において OECD を代表することが明記されたのはいうまでもありません。これが「OECD では経済総局長が実質ナンバー 2」と言われた所以です。

1995 年 3 月、ペイユ事務総長からの申し入れを受けて、経済総局長の任期を更に 2 年延長することで合意する文書に自署しました。この時は、閣僚級の国際会議に OECD 事務総長が都合により出席出来ない場合、経済関係のテーマであれば、副事務総長ではなく、経済総局長である私が OECD を代表することも、私の任務の一つとして明記されました。

こうした経済総局長の任務と権限に関する記述は、その資格要件に関する説明と共に、後任候補の募集広告にも詳細が盛り込まれ、OECD 加盟国に通知されます。また、その概略は英国 "The Economist" 誌などにも掲載され、後任候補探しが始まるのです。

第 25 章　日本銀行と OECD の職員としての処遇　*355*

注
1. OECD 事務局職員の総数（秘書、警備員などの補助職員を含む）は 2018 年末現在で 3,602
   名、うち、エコノミストなどの専門職員および特別職職員の総数は 1,867 名、日本人職員
   は 81 名（4.3%）。
2. 重原久美春、「OECD の思い出」、『貯蓄と経済』、1984 年 3 月。

第 26 章
OECD 首脳陣の選任

　OECD 事務職員に関する最終的な人事権は事務総長（secretary-general）にある一方、事務総長は全ての加盟国代表部大使によって構成された理事会によって選任されます。そして、副事務総長（deputy secretary-general）は事務総長の提案を得て理事会が選任することになっています。いずれも「政治任命ポスト」（political appointees）と言われる所以です。

　予算の第二の拠出国である日本は、第一の拠出国である米国と同様に、副事務総長のいわば「指定席」を持つ狙いで、かねてからペイユ事務総長（1984-96 年在任）を議長とする理事会に働きかけていました。これに前向きに応じるにあたってペイユ氏は、私を日本人初代の副事務総長に選任するという人事案を内々私に打診してきました。当時 OECD 一般経済局長であった私が日本銀行副総裁であった三重野康氏と相談の上これを断った経緯については前述しましたが、後述する紆余曲折を経てカナダの政治家であったドナルド・ジョンストン氏がペイユ氏の後任として選任されると、再び私の副事務総長就任の話が持ち上がりました。私が副事務総長に就任すれば、日本人としては 2 代目ということになります。

　私を日本人初代の副事務総長にしたいというペイユ事務総長の話を断った後、彼は日本政府に対して候補を四人提示してもらい、その中から自分の判断で決めたいと言い出しました。日本の外務省が提示した四人全員の名前は承知していませんが、彼が選んだのは谷口誠氏でした。氏はケンブリッジ大学で修士号を取得され、日本人としては 2 人目のユニセフ議長、国際連合大使（経済社会問題担当）などを歴任された後、初めて OECD 勤務となり、国際連合とのカルチャーが大きく異なるのに驚かれたということでした。谷口氏は、「事務次長」（外務省による "deputy secretary-general" の定訳）として、主に OECD 諸国の政府開発援助（ODA）問題や非加盟国との協力関係を担当されました（注 1）。

　ジョンストン氏が私に副事務総長就任の依頼をした時は、谷口氏の担当分野

を超えて、経済・社会・厚生・開発などの諸問題に関するOECDの横断的作業を統括することを任務として提示しました。

　私は経済総局長を5年間も務め、同じポストにあまり長い期間留まることは組織の新陳代謝を阻害しかねず、好ましくないと自戒していました（注2）ので、ジョンストン氏の申し出を前向きに考えるには良いタイミングでした。

　日本国内では、外務省の野上義二経済局長から日本銀行に私を日本の副事務総長候補としたいので了解を得たいという話が持ち込まれました。日本銀行では三重野総裁以下の話し合いの後、人事担当理事であった鴨志田孝之氏からパリの私に電話があり、私に異存がなければ日本銀行としては同意したいということでした。ここで、既にジョンストン氏が彼自身の希望を日本政府に伝え、私の副事務総長就任の地ならしをしていたことを知りました。私の方は、ジョンストン氏からの内話を日本政府にも日本銀行にも通報していませんでした。

　1996年6月のリヨン・サミットの際、フランスのジャック・シラク大統領は橋本龍太郎首相に対し、ジョンストンOECD事務総長の下で私が日本人として副事務総長に就任することにフランスが賛成すると伝えると共に、フランス人の副事務総長候補を日本として支持して欲しいと要請しました。フランスの候補は国際連合の事務次長をしていたジャン＝クロード・ミルロン（注3）氏でした。

　1996年末から空席となった欧州の二つの副事務総長ポストのうち、小国に与えられる分はノルウェーが有力視されていました。フランスは、ペイユ事務総長退任に伴い、イタリア人が占めていた副事務総長ポストにミルロン氏を就けようとしたのです。しかしながら、国際機関の主要ポストに意欲を見せ始めたドイツは、特に首相官邸の強い意向で、自国の候補を出し、ドイツとフランスが譲らずに膠着状態となりました。

　私が副事務総長に昇格すること自体は全ての加盟国が支持していましたが、ドイツは私の人事案件をドイツの副事務総長候補の理事会決定とリンクし、一括決定でなければ承認しない、と言い出しました。OECD理事会の議決は多数決ではなく全員のコンセンサス方式で行なわれることになっており、こうしたドイツの我が儘がまかり通ったのです。ドイツのOECD代表部大使は駐日大使を経てきた好人物で、夫人は私の妻とも良い友人でしたから、難しい立場に立たされました。しかしながら、ドイツ外務省というよりは首相官邸の方針で

358

あったため、本国の指示に従うより仕方がありませんでした。

1997 年になってもドイツとフランスの対立の巻き添えとなり、私の副事務総長就任は遅れましたが、同年 5 月 26 日〜 27 日に予定されていた OECD 閣僚理事会の開催にあたって、ジョンストン事務総長と米国人のジョアンナ・シェルトン副事務総長だけで閣僚会合を切り回すのは無理でした。そこで、私の昇格人事を単独で理事会にかけることにドイツが渋々応じることになりました。

私の副事務総長就任が報じられると、多くの友人達から祝いの言葉が寄せられました。特に注目されたのは OECD の内情に詳しい英国人デヴィッド・ヘンダーソン氏（経済総局長としての前任者）と米国人ジェフリー・シェイファー氏（私が一般経済局長時代の次長、後に米国クリントン政権下の財務次官）のコメントでした。彼らは、異口同音に、「祝福されるべきはクミ（重原）ではなく、OECD と加盟国である」という趣旨の書簡を寄せてくれたのです。

兎も角、こうして同年の OECD 閣僚理事会はカナダ人の事務総長と米国人と日本人の副事務総長が事務局側のホスト役となり、欧州出身の副事務総長は不在のまま開かれました。この年の閣僚理事会の主催国はフランスで、経済問題に関するセッションの議長役はアルチュイ蔵相（写真 6-1）が担い、私が彼の隣に座ってフランス語での議事進行を補佐しました。また、私は自由討議のセッション（写真 6-2）では、その場の即興で的を絞った手短な発言を行ない、議論をリードしました。

ドイツとフランスの対立が続く中で、フランスの候補であったミルロン氏は国際連合本部を辞してパリに戻り待機していましたが、結局、ドイツ経済省で国際貿易問題などを担当していた高官のヘルヴィック・シュレーグル氏が欧州大国出身の副事務総長に選出されました。また、欧州の小国からは、嘗てノルウェーの OECD 大使で経済政策委員会の第一作業部会（WP1。構造政策問題を担当）の議長を務めたトルヴァルト・モウ氏が選出されました。

＊ ＊ ＊

OECD 首脳陣の人事は、以前から揉めていました。1984 年から事務総長のポストにあったペイユ氏は二度目の任期（期限は 1994 年 9 月 30 日、任期は一期 5 年）の終了前に、前任のヴァンレネップ氏同様、3 期務めたいという意

向を明らかにしていました。これに対して、米国はこれまで3代のOECD事務総長がいずれも欧州出身者であり、歴代のIMF専務理事も全て欧州出身者である状況に対して批判的でした。こうして、OECDの次期事務総長については、欧州以外から選任されるべき時期になっていると考えていました。この間、カナダが第20・22代首相ピエール・エリオット・トルドー内閣で法務大臣などを務めたドナルド・ジョンストン氏（写真6-3）を候補者として提示しました。

　一方、英国『フィナンシャル・タイムズ』紙（1994年2月1日付け）は、元蔵相のローソン卿（Lord Lawson）が英国政府の支持を得てOECD事務総長の候補として名乗り出たと報じました。同紙によれば、ペイユ氏は「OECD事務総長として評価と尊敬（praise and respect）をかち得たが、世界経済の劇的な変化の時に低姿勢（low profile stance）を維持した」と論じ、その上で、これまでOECD事務総長は官僚出身者であったが、国際機関の主要ポストは強力な政治家が占める傾向になってきたと指摘しました。更に、メキシコの加盟交渉が進められており、またハンガリー、ポーランド、チェコ、スロヴァキアなどが加盟を希望するなど、大きな変化に面しているOECDでローソン卿が事務総長になれば、フランスの官僚達による国際機関トップのほぼ独占状態に風穴が開けられるとも、報じました。

　おって、英国の日曜紙（The Sunday Times）は、「時間と金の無駄 — にもかかわらず、ナイジェル・ローソンはその長になりたいのか？」というセンセーショナルな見出しで、1ページ全面を使った特集記事（1994年9月25日付け）を、OECD本部（写真1-3）と事務総長の公邸（パリ高級住宅街16区にあるアパルトマン）の写真と共に、掲載しました。ローソン卿は嘗て英国の蔵相としてOECD閣僚会議に出席し、会議の運営に不満を持ちました。その時、英国の記者達に「OECDのような国際機関の存在は正当化出来ない。こんな機関は潰してもいい」と発言したと報じられたことがあったので、OECD事務総長の候補に名乗り出たローソン卿をこの日曜紙は揶揄したのでした。

　こうした報道の前、オランダ外務省が首都ハーグで主催した国際通貨制度の将来に関する国際会議に私もOECDから招かれ、英国からの参加者の一人であったローソン卿と一緒になったことがありました。私は嘗てIMF年次総

会や暫定委員会、そして G10 蔵相・中央銀行総裁会議などでローソン卿を見かけましたが、言葉を交わしたことはありませんでした。ハーグ国際会議の参加者は同じホテルに投宿したので、私が OECD 経済総局長であることに気づいたローソン卿から、OECD について説明を求められました。ホテルの静かなティールームで二人だけで懇談し、コンセンサス方式で意思決定が行なわれる OECD の運営は極めて難しく、よほどの忍耐と寛容の気持ちを持って統率する強い意志がないと上手く行かない組織であると、私の意見を率直に述べました。

ローソン卿の心の中にどんな変化があったのか知るよしもありませんが、やがて彼が英国の OECD 事務総長候補という話は立ち消えとなりました。そして、フランスの候補を推す欧州諸国とカナダを支持する米国や日本の対立という構図が解消しないまま、ペイユ氏の二度目の任期は 1994 年 9 月 30 日の深夜で切れ、翌 10 月 1 日からはスウェーデンの職業的外交官で OECD 大使として最長老であったスタファン・ゾルマン氏が臨時事務総長に就任しました。

やがて、フランスとカナダの両国政府は米国の斡旋もあって、(1) ペイユ氏は 1994 年 11 月 30 日から 18 カ月間、事務総長を務める、(2) ジョンストン氏は 1996 年 6 月 1 日から 5 年間の任期で事務総長を務める、(3) 1996 年の OECD 閣僚理事会は 5 月末より前に（つまりペイユ事務総長の任期終了前に）開催される、という妥協案をまとめ、これが理事会全員一致で議決され、OECD は漸く変則状態を抜け出しました。こうして、ジョンストン氏がカナダで 18 カ月間待ちぼうけとなっていた間に、前述のように私に副事務総長就任を要請したのでした。

＊　＊　＊

後日譚となりますが、メキシコ人のアンヘル・グリア現 OECD 事務総長（外相と蔵相を経験）がまだ候補の一人であった 2005 年当時、パリ本部に面接のために出かけてきた日本の OECD 事務総長候補（注 4）は明らかに適格性に欠ける、なぜ日本政府はクミ（重原）を日本の OECD 事務総長候補として出さないのか、欧州は重原ならば OECD 事務総長として支持する、とパリ滞在中の私に欧州出身の二人の現役副事務総長から言われたことがありました（彼らの発言は私の妻も同席した場で行なわれました）。また、欧州の別の国の

OECD関係者から、欧州人が歴代事務総長ポストを占めた後にカナダ人のジョンストン氏がなったのに次いで、日本がこのポストを得るのは、候補さえ立派な人物であれば、当然であると言われました。彼の見立てでは、私は単なるエコノミストではなく、OECDの公用語である英語とフランス語を自由に操り、しかも職業的外交官以上の外交官でもある、国際的な日本人であり、日本のOECD事務総長候補に最も相応しいというものでした。彼は、もし私が希望するならば、自国の政府のしかるべき人物に話したいとも言ってきました。

　しかしながら、ローソン卿を英国のOECD事務総長の候補として書きたてた英国『フィナンシャル・タイムズ』紙（1994年2月1日付け）の記事にあるとおり、国際機関の主要ポストを政治家が占める傾向が強まる中で、私のような経歴の者は候補になるべきものではないと考えていました。それはそれとして、当時、日本の閣僚経験者に、英語とフランス語を操り、OECDという複雑な国際機関を統率出来る人材が見当たらなかったのは残念でした。

歴代 OECD 事務総長・副事務総長

事務総長

2006-	Angel Gurría	グリア、アンヘル（メキシコ）
1996-2006	Donald J.Johnston	ジョンストン、ドナルド（カナダ）
1984-1996	Jean-Claude Paye	ペイユ、ジャン＝クロード（フランス）
1969-1984	Emile van Lennep	ヴァンレネップ、エミール（オランダ）
1961-1969	Thorkil Kristensen	クリステンセン、ソーキル（デンマーク）

副事務総長

1997-1999	重原久美春（日本）	
1995-1999	Joanna Shelton	シェルトン、ジョアンナ（米国）
1995-1996	Salvatore Zecchini	ゼッキーニ、サルヴァトーレ（イタリア）
1990-1996	谷口誠（日本）	
1988-1995	Robert Cornell	コーネル、ロバート（米国）
1985-1996	Pierre Vinde	ヴィンデ、ピエール（スウェーデン）
1980-1988	Jacob Myerson	マイヤーソン、ジェイコブ（米国）

1980-1986	Paul Le Merle　ルメルル、ポール（フランス）
1974-1980	Charles G.Wootton　ウットン、チャールズ（米国）
1970-1980	Gérard Erdin　エルダン、ジェラール（フランス）
1967-1973	Benson Lane Timmons　ティモンズ、ベンソン（米国）
1963-1967	Michael Harris　ハリス、マイケル（米国）
1961-1970	Jean Cottier　コティエ、ジャン（フランス）
1961-1970	Charles N.Adair　アデア、チャールズ（米国）

注
1. 日本の外務省の定訳では、OECD の "deputy secretary-general" は「事務次長」とされているが、国際連合については、"deputy secretary-general" は「副事務総長」、"assistant secretary-general" が「事務次長」となっている。私が OECD の "deputy secretary-general" を、国際連合の "deputy secretary-general" と同様に、「副事務総長」と邦訳することについては、当時の野上義二外務省経済局長に事前に通知した。
2. この信念を私は、経済総局長としての私の後任となったイニャツィオ・ヴィスコ氏（現イタリア銀行総裁）に伝えた。彼も 5 年間で経済総局長としての勤務を終了し、イタリア銀行に復帰した。
3. Jean-Claude Milleron（1937-2016）は、もともとはミクロ経済の専門家で、嘗て OECD 経済政策委員会（EPC）のフランス代表として出席するなど OECD 事務局でも知られ、フランス国立統計経済研究所長を務めた後、国際連合の事務次長（assistant secretary-general）になった。
4. Peter Caroll と Aynsley Kellow は、著書 "The OECD: A Study of Organisational Adaptation"（2011）の中で、この候補者の実名を挙げた上で、"There were…questions about her political influence and experience in running a large member-based organization"（p.124）と指摘している。

第27章
日本銀行総裁の選任～私の経験

外務省出身の谷口誠氏（前出）に次ぐ日本人として二人目の OECD 副事務総長に就任した時、外務省幹部から「重原さんにはお好きなだけ長く続けられても結構ですが、日本銀行のポストとはお考えにならないで下さい」と言われました。私は元々新任のドナルド・ジョンストン事務総長が仕事に慣れれば長居をする積もりは毛頭ありませんでした。土台、私のような人間にとって、OECD で最もやり甲斐を感じるのは、経済総局長の職において多くの精鋭エコノミストを直に抱えチーフエコノミストとして活動することでした。副事務総長として職業的外交官出身者中心の加盟国代表部大使が構成する OECD 理事会で長々とした評議に加わったり、彼らの公邸で開かれる夕食会やレセプションなどに夫婦で招かれ、よもやま話に時間を費やすことは好きではありませんでした。また、ジョンストン事務総長の下で始まった OECD 予算を実質ベースで削減し、職員の首切りをする作業が、相変わらず贅沢な金遣いをしている日本を含む各国政府 OECD 代表部の間で意見がまとまらずに難航する様を見て、嫌気がさしました（注1）。

結局、OECD 副事務総長を1年務めた頃、私は1期2年の任期の延長を望まないことを野上義二 OECD 大使に伝えました。これを知った速水優日本銀行総裁からはもう少し OECD で我慢した方が良いので思い直せという意見が寄せられましたが、外務省は早速職業的外交官である近藤誠一氏（後にデンマーク大使、文化庁長官などを歴任）を後任の候補にして根回しを始めました。これを受けて欧州諸国の OECD 大使達や事務局内部の一部の人達から、一期だけで退任するのが私の本意なのか訝り、照会する動きがありました。返答に当たっては、ジョンストン事務総長の采配に不満があっての退任という印象を与えないように注意した積もりでした。

こうした中、EC 代表部大使のピエルジョルジョ・マゾッキ氏は、私が速水日本銀行総裁の後任になるために OECD を退任する、という見方を EC ブラッセル本部に公電で伝えました。この情報はブラッセル本部の中で知れ渡り、

364

OECD 第三作業部会（WP3）に参加した EC 代表が皆なの前で私に祝意を述べるという珍事を巻き起こしました。

　もっとも、マゾッキ氏の観測は全く根も葉もないものと言い切れるものではありませんでした。当時、速水総裁の率いる日本銀行の政策について日本国内にあった批判や国会議員の一部から出た総裁の辞任を求める声が海外でも報じられ、速水氏の後任に関しても取り沙汰される中で、私が後任に考えられているようだといった観測情報が私の耳にも入ってきました。これを受けて、私は速水総裁にパリから長文の手紙を送り、日本銀行に独立性を与えた新しい日本銀行法の下での初代総裁として任期を全うされるように強くお願いしました（OECD 退官後、速水総裁の下での日本銀行の政策にどのように関わったかについては、本書第 19 章参照）。

＊ ＊ ＊

　OECD 副事務総長を辞して帰国の準備をしていた頃、欧州では IMF 専務理事ミシェル・カムドシュの後任人事を巡って混乱が生じていました。既に政治家が占めるようになっていた OECD 事務総長のポストとは異なり、IMF 専務理事のポストは当時はまだ欧州出身のテクノクラートの就任が慣例となっていました。カムドシュは、その前任のジャック・ドラロジエールと同様、元フランス国庫局長（directeur du Trésor、大蔵次官に相当）でした。彼が 1999 年 11 月に任期を 2 年残して辞任を表明した後、その後任選びが欧州内で難航しました。こうした中で、国際決済銀行（BIS）総支配人をしていた英国人アンドルー・クロケットが IMF 専務理事候補の一人として浮かび上がりました。

　これを受けて、速水日本銀行総裁は私をクロケットの後任の BIS 総支配人とするべく行動を始め、早速、当時 BIS で G10 総裁会議の議長を務めていたイングランド銀行総裁エディ・ジョージに打診したところ、好意的な反応であったので、書面審査に役立つ資料を用意するよう私に指示されました。日本銀行と OECD における職歴のほか、永らく BIS 銀行規制監督委員会のメンバーであったことなど、BIS 関連の活動も記述した履歴書、金融政策関連のテーマで書いた論文や講演などのリスト、G10 総裁会議の主なメンバーとのこれまでの交友関係（殆ど全ての総裁達とファースト・ネームで呼び合う関係にあった）などに触れた覚書などを帰国直後の 1999 年末近く、日本銀行秘書室気付

ではなく、速水総裁の自宅に送りました。

　尤も私自身は、速水総裁の思惑通りに上手く行くとは毛頭考えていませんでした。それというのも、OECD のチーフエコノミストそして副事務総長としての活動が国際的に目立っていただけに、もし BIS 総支配人になれば、BIS が OECD に乗っ取られたような印象を与えかねないことを危惧する人達が、G10 総裁会議のメンバー、そして BIS 事務局内部にいても不思議でないと思っていたからです。

　結局、カムドシュの後任の IMF 専務理事にはドイツ人のホルスト・ケーラーが就任し、クロケットは 2003 年 3 月末まで BIS 総支配人を務め、その後任にはカナダ銀行で副総裁をしていたマルコム・ナイトが就任しました。

　因みに、欧州連合（EU）では、2000 年 2 月になってドイツ大蔵省のカイオ・コッホウェザー次官を統一候補として推薦することで大筋合意していましたが、米国などからは高い評価が得られませんでした。結局、第 3 代欧州復興開発銀行総裁を務めていたドイツ人のホルスト・ケーラー（元大蔵次官、コッホウェザーの前任者）がゲルハルト・シュレーダー首相の強い推薦で第 8 代 IMF 専務理事に就任しました。その後、ケーラーは 2004 年 5 月、政治活動歴がない初めてのドイツ連邦共和国大統領になりました。ケーラーの後任の第 9 代専務理事には、ロドリゴ・ラト元スペイン経済相が就任しました。以来、第 10 代のドミニク・ストロス＝カーン（フランスの蔵相経験者）、第 11 代のクリスティーヌ・ラギャルド（次期欧州中央銀行〈ECB〉総裁、フランスの蔵相経験者）と、政治活動歴のある欧州出身者が IMF 専務理事になりました。これらの三人は、いずれも犯罪行為が疑われてメディアを騒がせ、このうちラトについては、2017 年 3 月にスペインの裁判所が横領罪の実刑判決を下し、IMF にとっても恥ずべき事態となりました。

　こうして国際機関の一連のトップ人事は落着し、長い OECD 勤務の間私の帰国を待ちわびていた老母の世話を主として妻にしてもらいつつ、私人として内外の経済政策問題について言論活動を行なうことに専心出来ると思われました。

第 29 代総裁の選任を巡って

　こうした平穏は長くは続きませんでした。「はしがき」に書いたように、旧

友の故パドア＝スキオッパにメモワールを書くように勧められたのは 2001 年 10 月に欧州中央銀行（ECB）のフランクフルト本部で講演をした時のことですが、翌 11 月に帰国すると、さる日本銀行関係者が拙宅を訪れ、小泉純一郎総理官邸では速水氏の後任となる日本銀行総裁の候補の一人として私をリストに入れているので、是非協力して欲しいという話を持ち込んだのです。

　この話は俄かには信じられませんでした。というのは、日本銀行の中では、早くから将来の総裁候補として取り沙汰されていた福井俊彦氏の総裁就任を期待する人が多いと受け止めていたからです。更に、私が欧州滞在中の 10 月 8 日付けの『金融財政事情』に「小泉政権の経済政策は成功するか ── 日本経済再建の処方箋」と題した論文を発表し、小泉政権が当時進めていた政策を批判していたからでもありました。

　しかしながら、この日本銀行関係者は、福井氏が日本銀行副総裁であった 1998 年に大蔵省職員の接待事件との関連で日本銀行の職員についても接待問題が明らかになり、逮捕者が出たことなどから、松下康雄総裁と共に監督責任を問われ辞任した経緯もあって、小泉総理官邸は、日本銀行出身の総裁候補を福井氏に絞りかねているという話でした。私は、3 年先輩で私を指導する立場でもあった福井氏を差し置いて日本銀行総裁になる積もりはないと述べましたが、総裁候補者としてマスコミで取り沙汰され、福井氏より適格性を欠いていると思われる人物も小泉総理官邸が作った候補者リストに入っていると言われ、更に福井氏よりも国際経験の豊かな日本銀行出身者を求めているという話を聞きました。また、この件については、当時毎日新聞の特別編集委員であった岸井成格（注 2）氏が個人的な立場で小泉総理官邸と直接連絡を取りあっていることも知らされました。結局、候補者リストに私の名前が載ること自体には敢えて反対はしないことにしました。

　そのうち、福田康夫官房長官が速水総裁の後任には「金融界の緒方貞子さんのような人が望ましい」と記者に語ったと報じられ、身辺がにわかに騒がしくなってきました。2003 年が明けると早々、福田官房長官の意向として、速水総裁の後任人事が決まるまでの間、マスコミの接触を避けるため海外に出かけてもらえると有難いという話が岸井氏から例の日本銀行関係者を通じて私に伝えられ、1 月 10 日に急遽パリに飛び立ちました。私の妻は東京の自宅をしばらく留守にするための整理をし、自宅に配達される郵便物や留守電の管理は長

男に頼んだ上で、間もなくパリの私に合流しました。

　やがて、小泉官邸が検討している総裁候補は、福井俊彦氏、元東亜燃料工業社長で日本銀行政策委員会の審議委員をされた中原伸之氏、それともう一人の三人に絞られたという情報が流れ出しました。

　この間、小泉官邸からは、日本銀行総裁になった場合の私の方針を書面にして送るように依頼がありました。この方針には、私は中央銀行総裁の立場から政府の財政政策などのあり方についても意見を述べる所存であることを盛り込み、私としては政府の意向の言いなりになる積もりがないことをはっきりさせました。更に副総裁として望ましいと思う人物の名前を提示するようにという指示もありました。他方、私が日本銀行総裁に指名された場合、実際に就任するまでの間、使用する必要が生ずる事務所を都心に賃借する手配を件の日本銀行関係者がしてくれました。

　2013年2月21日の東京発ロイター電は、官邸での記者団の「福井前総裁が有力候補との見方あるが」との質問に対して、小泉首相が「いろいろな人が出ているが、まだ決めていない」と答えたと報じました。その直後の週末に東京から連絡が入り、小泉総理は私を任命する方針に9割9分決めている、パリ時間で24日（月）にパリ滞在の私に小泉総理が電話をしてくる手筈になったから待機するように、という趣旨の指示が伝えられました。

　ところが、この日、小泉総理から電話はありませんでした。翌25日には、福井氏が日本銀行総裁に内定したこと、この人事の発表の際に小泉総理は終止憮然とした表情であったと日本の新聞が報道したこと、などが私にも知らされました。

　海外では、英国『フィナンシャル・タイムズ』紙が同日、「小泉の小心（"Koizumi's Timidity"）」と題する社説において、小泉総理が意中の候補の総裁就任に抵抗した既成勢力の圧力に屈したと評して、その決断を厳しく批判しているのを知りました。

　この社説を読んだ海外中央銀行の総裁やOECDの友人達などから、結末に驚き失望した、という私に対する思いやりと共に、小泉総理の決定を批判する内容のメールや手紙が寄せられました。

　就中、米国の元財務省次官（国際金融担当）で日本通のジェフリー・シェイファー（注3）から寄せられたコメントが注目されました。

368

この中には、日本銀行の考え方が危険なほど自己防衛的になっていて、新しいアイデアを受け入れられない状況にある、という彼の見解が示されていました。また、彼は日本銀行総裁人事が決まる数カ月前にニューヨークで小泉氏と45分間も面談し、この時、改革派の小泉氏に好印象を持ったと伝えてきました。そして、彼の目から見ると、小泉氏が（保守派の圧力に屈して）私の日本銀行総裁選任に失敗したことは、日本の総理大臣と日本にとっては残念なことと思われるが、もう人生の先が長くはなくなった私、そして特に私の妻にとっては、ストレスから解放されてよかった、という友人としての思いやりが示されていました。

New York, 28 February 2003

　As for the Bank of Japan appointments, I was very disappointed in Koizumi's choices even not knowing that you were a candidate. The mindset within the Bank of Japan seems to have become dangerously defensive and closed off from new ideas. They behave a bit like the senior people at NASA are acting in response to the latest shuttle disaster in failing to face unpleasant reality of past mistakes.

　There is not a single measure that will put Japan on economic course consistent with its potential, but fighting deflation with determination and confidence is an essential part of a strategy and the BoJ's unique role. The Financial Times piece "Koizumi's Timidity" is pretty good on this point.

　You would have been an excellent choice for governor. I was looking for someone with international standing as a macroeconomist, arguing that Alan Greenspan and Mervyn King are the modern models of a Central Bank Governor. You would fit this model.

　I had the opportunity to meet privately with Koizumi several months ago. We had a lively discussion for 45 minutes in his hotel room in New York. He made a strong impression on me as someone who understood what needed to be done to get the economy on track. He was also committed to implementing reform while maintaining the traditional consensus process of policy formation. He felt he could maneuvre those who opposed reforms within the Liberal Democratic Party into a position where they would have to accept them.

But he has not succeeded in this approach. The BoJ appointments appear to be another case where he has been unable to prevail.

I don't know whether there can be another way in Japan or not. I feel sorry for the Prime Minister and for Japan.

As for you, I am of Akiko's view, that we do not need such pressure at our stage of life.

Jeffrey Shafer

　ほとぼりが冷めてから妻と一緒に帰国し、4月1日に福井新総裁を日本銀行に訪れ、私の身辺に起こったことを報告しました。速水総裁の後任候補人事に私が関わったことを私からマスコミに漏らすことは一切ありませんでした。

　やがて、月刊誌『選択』の6月号に「日銀総裁内定を耳打ちされた重原久美春氏の落胆」（注4）と題した記事が私の写真入りで掲載されたことを、6月6日に日経 CNBC テレビのインタビュー番組にライブ出演した時に司会者から知らされました。この記事には、三人に絞り込まれた総裁候補のリストの中に、福井、中原伸之両氏と共に私が入っていたことだけではなく、福田官房長官から「マスコミの取材を避けるため、内定発表まで海外にいて欲しい」と要請があったと書かれていました。更に驚いたのは、「重原氏は1月初めからパリに居を移し、総裁になった場合、副総裁に誰を指名するか、そのリストを出すよう依頼されたり、総裁に指名された際に一時的に使う個人事務所の手配をさせられたりと、完全にその気にさせられていた」という記事の部分が太字で印刷されていたことでした。この記事を読んだ後、司会者からテレビのライブインタビューの中で報道内容の確認を求められました。確かに内容に間違いはありませんでしたが、ノーコメントで通しました。

　しばらくして、日本銀行における大先輩の緒方四十郎氏から感想が寄せられました。

　　「重原君が日本銀行総裁にならなかった経緯を知り、イングランド銀行の理事で、理論派として国際的に高名であったサー・ジェレミー・モース氏をマーガレット・サッチャー首相がイングランド総裁に指名しなかったこ

とを思い起こしました。最良で一番の秀才（"Best and Brightest"）として
私も尊敬していた人物が英国でも中央銀行の総裁にはなれなかった。」

因みに、英国『テレグラフ』紙は、モースが故人となった時、追悼記の中で
次のように指摘をしています（注5）。

「彼女（マーガレット・サッチャー）は、モースを1983年にはイングラン
ド銀行の総裁に任命しなかったし、1989にはIMF専務理事の英国の候補
に指名することもしなかった。モースはこの二つのポストに圧倒的な適性
を持ち合わせていたのに。」

第30代総裁の選任を巡って

福田康夫政権下で2008年に進められた福井総裁の後任人事は、政権政党の
自由民主党と野党の対立の中で混乱しました。政府は当初、福井総裁の下で副
総裁を務めていた財務省出身の武藤敏郎氏を総裁候補、学者出身の伊藤隆敏氏
と日本銀行出身の白川方明氏を副総裁候補、として国会に提示しました。これ
ら三者の人事案は、3月11日に衆議院では賛成多数で同意を得ましたが、同
日の参議院における採決では、民主、共産、社民、国民新など野党の反対多数
により武藤氏と伊藤氏は不同意となり、白川氏の副総裁就任の案件だけが承認
されました。

政府は3月18日、武藤氏と同じく財務省出身の田波耕治氏を総裁候補として
提示しましたが、この人事案も参議院で不同意となりました。そのため、福
井総裁が3月19日に退任した後、3月20日付で副総裁に就任する白川氏を
「次期日本銀行総裁が就任するまでの間、総裁の職務を代行する者」に指名し
ました。これにより、白川氏は副総裁就任と同時に日本銀行総裁職務代行者と
なりました。総裁の空席は、戦前には在任中の死去や大蔵大臣就任に伴う退任
により5回の例がありましたが、戦後では初めてということでした。

こうした異常事態の中、3月25日、ロバート・フェルドマン博士（モルガ
ンスタンレー証券の経済研究首席）が「次期日銀総裁 ─ 候補者を比較する」
と題する英文の調査報告書を発表（和文は翌26日に公表）しました（注6）。

彼は、日本銀行総裁人事などの重要案件については、特定の基準に照らして開かれた議論が望ましいと主張し、中央銀行マン、官僚、財界人ら19人を「マクロ経済学と独立性」「政策決定機関トップの経験」「国内外のネットワーク」の3指標で採点しました。

　その作業の結果によれば、最も評価が高かったのは、小泉内閣で経済財政担当相や金融相などを歴任した竹中平蔵氏と私で、武藤氏は「マクロ経済学と独立性」で17位、ほかの二つの基準で18位にとどまり、田波氏はいずれの基準でも最下位でした。白川氏は総裁候補のリストには含まれていませんでした。

　この報告書は英国『フィナンシャル・タイムズ』紙の4月3日号に紹介記事が掲載され、海外の友人達の間では私の日本銀行総裁就任の期待が再び高まりました。しかしながら、政府は4月9日、野党との間の妥協策として既に総裁代行に就任していた白川氏を総裁候補として国会に提示し、両院での同意を得て、日本銀行総裁に任命しました。

　フェルドマン博士の研究結果に関しては、彼が竹中氏と親しい関係にあったことから、氏に関する評点が甘いのではないか、という指摘が聞かれました。私は早速、日本の民間調査機関でフェルドマン博士と同様な仕事をしている人物の一人に、日本人エコノミストの目で見た日本銀行総裁候補の適格性に関する数量的な評価が出来ないものか、メールで問い合わせました。こうした作業は、次回の日本銀行総裁の選任過程で役立つのではないかと思ったからです。しかしながら、彼が所属している調査機関の母体とそれぞれの日本銀行総裁候補が所属している（ないしは所属していた）団体とのしがらみもあって、総裁候補の一人ひとりの適格性について数量的な評価を行ない、その結果を公表することは難しい、という答えが返ってきました。

　既に総裁代行に就任していた白川氏が両院での同意を得て日本銀行総裁に任命された4月9日、さる政治コラムニストが日本経済新聞に発表した論評の中で初めてフェルドマン報告の存在に言及しました。日本銀行総裁の選任問題が決着する前に公表されたフェルドマン報告が英国『フィナンシャル・タイムズ』紙の4月3日号で報じられ、海外の友人達は私がどのように評価されたのか知っていたのに、日本のメディアが一切報道しなかったのは不思議でした。

　フェルドマン報告を読んだ多くの海外の友人からコメントが寄せられました。そのうちには、5年前に私が小泉内閣の「隠された日銀総裁候補」とされ

たエピソードに関して長文のコメントを送ってきたジェフリー・シェイファーは、今度は次のコメントを送ってきました。

> You deserve the top rank that Feldman gives you. It is a sad political process where Japan seems to have lost all sense of the need for professional competence in a central bank.
>
> Jeffrey Shafer

また、ある OECD 経済総局の幹部も、シェイファー同様なコメントでした。

> I am sorry that yet again the dice did not fall your way with the BOJ appointments. A missed opportunity for Japan.

第 31 代総裁の選任を巡って

　自由民主党は安倍晋三総裁の下、2012 年 12 月 16 日に実施された衆議院議員総選挙で圧勝し、政権与党に復帰しました。第二次安倍晋三内閣（第一次安倍内閣は、2006 年 9 月〜 07 年 8 月）が発足し、参議院で政権与党が過半数を下回る「ねじれ」（注 7）が続いていた中で、2013 年 4 月までの任期が終わりに近づいていた白川方明日本銀行総裁の後任に新政権が誰を指名するかが注目されました。

　これに対して民主党は、政府案が示される前に党としての賛否の判断基準を策定し、これを公表する方針を打ち出しました。しかしながら、民主党は具体的に最適な候補者を選定し、政府に推薦するという行動にまでは至っていませんでした。

　こうした折、東京大学教養学部時代の同級生の林昭彦、長澤道隆、武藤光廣の三氏から私に対する問い合わせから自然発生的に頻繁なメール交換が始まり、民主党の動きは望ましい方向への大きな前進ではあるが、更に歩を進めて、自ら最適と思う候補者を提示すべきではないか、という意見が彼らから出されました。

　彼らは、日本銀行総裁候補の選定基準として次の 4 点が必須であることで意見が一致しました。

（1）金融政策の理論面と実践面に通じ、経済情勢の的確な判断が出来ること。

（2）的確な判断に基づき、適切な政策（例えば、2%を超えた物価上昇が生じた時、政府の意に反しても早期の金利引上げ）を実行し、日本銀行の独立性を担保出来ること。

（3）組織のマネージメント能力があること。

（4）国内での各層へのコミュニケーションのみならず、海外に対しても日本の金融財政事情および政策の正当性、必要性を公式、非公式に理解してもらえる能力があること。

これら基準に即してみると、三氏の共通見解は私が最適任であるということでした。その上で、この提案を何らかの方法で民主党に持ち込んでみたらどうかということになりました。

三氏が作った提言書には、上記のような日本銀行総裁候補の選定基準、それに沿って私を最適な候補と判断した理由などが列挙され、更にその上で次の二つの提案が盛り込まれていました。

（1）日本銀行総裁人事の透明性を高めるため、国会での同意手続きに入る前に、各政党から選ばれた私を含む候補者一同を国会に招聘し、国会議員の前で所信を述べさせ、議員との質疑応答を行なわせる場（いわば「公聴会」）を設け、それぞれの候補者の資質の国会による評価に役立てるべきである。

（2）各候補者は自らの主張の要点を事前に国会に提出すべきである。同時に、その主張の一貫性を明らかにするため、経歴のほか、過去に発表した論文など、主要刊行物を提出すべきである。

大学同窓生有志三名が自ら全ての文言を作成し、自署捺印した「日銀総裁選定に関する提言書」は、2013年3月中旬、民主党参議院議員会長、参議院副議長などを歴任した角田義一（注8）氏が有志三名と共に海江田万里民主党党首と桜井充参議院政調会長の事務所を訪れ、手交されました。

その2週間後の3月27日、角田氏は、今度は私を伴って、ホテルオークラで桜井政調会長と昼食をとりながら懇談しました。席上、桜井氏は私の年齢（当時74歳）故に民主党の候補として擁立は出来かねると言われました。結局、民主党は安倍政権が提示した黒田東彦氏を日本銀行総裁に任命する人事案に賛成しました。これで私と家族全員が平穏な生活に戻れると安堵したことは言うまでもありません。

この顛末は角田氏から地元群馬県の上毛新聞の内山充社長に伝えられ、私が祖先の墓参のため3月20日に前橋市に出かけた機会に内山社長と吉田典之編集局長を私に紹介してくれました。これをきっかけに、上毛新聞は「重原久美春の経済コラム」に毎月1回寄稿する機会を作りました（注9）。一回目の寄稿文は黒田総裁が率いる日本銀行の新しい体制が発足した直後の4月2日号に「黒田日銀総裁に期待」という題で掲載されました。その中で、日本銀行が政府と協力して円高修正の中でデフレを解消し、持続的な景気上昇の実現に成功することを祈りました。

注
1. 2000年以降のOECD予算改革については、Peter Caroll と Aynsley Kellow の著書 "The OECD"（2011）の "Budgetary Reform" の項に記述されている。
2. 岸井成格（1944年～2018年）氏は、慶應義塾大学法学部を卒業、毎日新聞社特別編集委員、毎日新聞社主筆を歴任した。
3. ジェフリー・シェイファーはイェール大学でジェームズ・トービンの愛弟子。プリンストン大学経済学博士、ニューヨーク連邦準備銀行エコノミストを経てOECD経済総局長の補佐官に採用された。私が一般経済局長の時には一般経済局次長を務め、私が経済総局長の時は国別審査局次長であった。クリントンが米国大統領に就任すると、ローレンス・サマーズ財務次官（国際金融担当）の下で財務次官補の候補となり、私が推薦人になった。サマーズが財務副長官に昇格すると後任の財務次官に昇格し、OECD・WP3（サマーズが議長）に米国財務省代表として参加した。1997年にウォール街への転身に伴い後任の財務次官となったティモシー・ガイトナー（後にニューヨーク連邦準備銀行総裁、オバマ大統領の下で財務長官）は、就任早々シェイファーの紹介で初めて私を訪れた。
4. 日本銀行総裁に就任することを希望したことは一切なかった私は、記事の題に使われた「落胆」という言葉に強い違和感を覚えた。
5. The Telegraph, "Sir Jeremy Morse, banker – obituary", 4 Feb 2016: "She neither offered him the governorship of the Bank of England in 1983, nor backed him as a candidate for the directorship of the IMF in 1989-although he was overwhelmingly qualified for both jobs."
6. Robert Feldman 博士作成、Morgan Stanley 報告、英語版 "The Next BoJ Governor – Comparing the Candidates", 25 March 2008、日本語版「次期日銀総裁者を比較する」（2008年3月26日）。

7.「ねじれ」は 2013 年 7 月 21 日の参議院議員通常選挙で、政権与党の自民・公明両党が合わせて過半数を超える議席を獲得して解消した。
8. 角田義一（1937 年〜）氏は、日本の政治家、弁護士。参議院議員（3 期）、参議院副議長（第 25 代）を務めた。
9. 本書「著作目録」参照。

余禄　生い立ちと学び

生い立ち

　私は 1939 年（昭和 14 年）2 月 5 日、重原清三郎と「るつ」の長男として群馬県前橋市で生まれました。家長であった祖父の重原喜代作と祖母「いえ」にとっては直系男子の初孫、また同時に母方の祖父の田邊熊蔵と祖母「さと」にとっても初孫で、親類一同から大いに祝福されたそうです。

　「久美春」という、女の子とも受け取られかねない、風変わりな名前は父が付けたものです。最初の「久」は曾祖父、「美」は曾祖母の名前からとったもので、二人とも長命だったそうです。三字目の「春」は、立春に生まれたことに因んで付けられました。両親や祖父母からは「クミ」と呼ばれていました。やがて、海外の友人からファーストネームで呼ばれるようになった時も、この「クミ」が使われました。

　私の誕生から約半年後の 1939 年 9 月にナチス・ドイツのポーランド進攻で第二次世界大戦が勃発しました。日本がいわゆる「太平洋戦」に突入したのは、昭和 16 年（1941 年）12 月 7 日のことだったのですが、生まれた当時、日本は中国との間では既に戦争状態にありました。こうした時運の中で生まれた男子の名前には、勇士、武力、征服、忠義などの言葉から採った漢字がしばしば用いられました。一体何を思って女子のような名前を長男に付けたのか、軍国主義に対する抵抗感があってのことだったのか、父の真意は分かりません。

　重原・田邊両家にとっての初孫のせいなのか、甘やかされて育ち、どこかボンボンのようなところがあるかもしれないと、時おり自分でも思ったりしますが、甘やかされた時期はそう長くは続きませんでした。私が幼稚園児であった 1944 年に父が出征したのです。

　出征時の父は 32 歳、民間人として初めて兵役に就くには年を取り過ぎていました。出征直前に前橋市ではもっとも格が高いと言われた桃井小学校の副校

長であった父は、群馬師範学校を最優秀の成績で卒業し、同期生の中でも出世頭だったそうです。若くして田舎の小学校の校長になる道もあったのですが、前橋市内の最優秀校の副校長になる道を選んだと聞いています。もし、父が校長の道を選んでいたならば、応召はなかったというのが父の同級生の見方でした。

　私が父に最後に会ったのは、父が戦地に出発する直前に高崎の連隊（歩兵第一五連隊）に、私の祖父母と母と一緒に面会に行った時のことです。幼稚園児であった私は、当時の状況がよく分からず、早く前橋に帰っておもちゃを買いたいと駄々をこねました。結局、面会は短時間で終わってしまいました。なんと親不孝であったのかと、大人になってからはずっと悔いてきました。

　父は先生であったせいか、戦地では実戦部隊に加わることはなく、司令部の文書管理などが任務であったようです。しかし、本隊（沖縄防衛の第32軍）が首里から沖縄本島南部の摩文仁まで撤退するのに従って父の所属した部隊も移動することになって、そこで戦死しました。

　父は沖縄赴任後に本土（九州）に連絡のため戻ったことがあり、そこから義父である田邊熊蔵に電話をしたそうですが、電話がない重原家には連絡することはしませんでした。九州滞在中、犬死になるから沖縄に帰任するなという助言をした人があったそうですが、部下を沖縄に残して本土に残留する訳にはいかないとして、帰任したという話です。その事実は、私も最近知らされたことで、先年他界した母も生前知ることはありませんでした。田邊熊蔵が、長女である母を悲しませたくなかったからでした。

　父は出征にあたって「愛兒に與ふる書」と題した手記を私宛に残しました。この手記は、出征の日の午前4時半に起床し、4ページに亘って綴った文章で終わっています。その中には、「家庭に心残りなし」とも書かれています。自分の気持ちを奮い立たせるというよりも、弱虫だった私を訓育するための言葉として残す意図があったのかもしれないと思っています。

　父の出征の日の出来事として私が記憶しているのは、教え子達によって編成されたブラスバンドの行進の中、父が副校長をしていた桃井小学校の先生や生徒、以前に教えていた群馬師範学校の付属小学校の教え子、そして親類や近所の人など多くの見送りの人達の先頭に立って、父に手を引かれて重原家を出発し、途中坂道を上って前橋駅まで歩いたことです。異例に賑やかな大行進で

378

あったといわれています。

　沖縄に赴任した父から留守家庭に送られてきた便りは、幸い、かなりのものが私の手許に残っています。昭和 19 年末近く、内地の状況を沖縄の新聞で見た父が書いた便りには、米軍による那覇爆撃の模様に照らして、留守宅の家財道具を田舎の親類に分散して疎開させるように、母に指示している文面があります。この指示は、年末日に父が書いた便りに再度出ています。

　この頃、私は群馬師範学校の付属幼稚園の園児でした。そして、空襲警報のサイレンが鳴ると、園児は皆持参した防空頭巾を被って幼稚園から自宅に急いで戻りました。

　昭和 20 年 3 月 10 日に東京の大空襲で下町が灰燼に帰した直後の 4 月に群馬師範学校男子部付属小学校に入学してから間も無く、米軍機が前橋上空を飛来するのを初めて目撃しました。その後 7 月に入り、前橋の民家でも米軍の艦載機の攻撃によって被害が出たことが母の回想記に書かれていますが、この時の記憶は私にはありません。

　前橋の大空襲（注 1）は、広島に原子爆弾が投下される前日の 8 月 5 日に現実のものとなりました。日曜日で、太田市の飛行機工場で勤労奉仕をしていた叔父（父の末弟）の喜美雄が週末には帰宅していたことが幸いしました。6 歳半の私は叔父に背負われて逃げるのでなければ、路上の民間人に対する米軍艦載機の機銃掃射を避けながら郊外まで脱出し、生き延びることはなかったかもしれません。また、もし、家の庭の防空壕にとどまっていたならば、全員が焼死した可能性が高かったと思われます。現に、重原家は母屋が灰燼に帰しただけでなく、少し離れたところにあった土壁の蔵も焼失し、防空壕にもトタン板で覆われた入り口から火が入り、中に残したアルバムなど貴重な物がかなり燃えてしまいました。幸い、父が出征直前に私宛に書いた手記は、その縁周りが黒こげになって文面の一部が読みにくくはなりましたが、兎も角手許に残りました。また、沖縄から父が送ってきた葉書の束も無事でした。物心がついてからは、これらが父と私の心を繋ぐ貴重な宝となったのです。

　前橋の空襲、戦争の終結と混乱が続く中で、父からの便りは途絶えたまま、消息が分からない状態が長く続きました。母が乳飲み子である私の弟を抱えながら家事をする日中、祖父か祖母が前橋駅へ出かけるのが日課となりました。そして、帰還兵の中に父の姿を見い出せずに落ち込んで戻ってくる日々が続い

たのです。帰宅した祖父母と母の落胆した姿は子供の心も暗くしました。

　父の戦死に関する公報が届けられたのは、日本の敗戦から1年以上も経た1946年（昭和21年）10月24日のことでした。こうして母は未亡人、私と弟は父なし子となったことが公式に確定しました。子供であった私にも母と祖父母の悲しみが痛ましく伝わってきました。毎晩、夕食を終えた後、電気のない暗い部屋の中で、ロウソクの火のそばで、生前の父が沖縄から送ってきた手紙を読み上げる母、それを聞きながらすすり泣く祖父母の悲しい姿を思い出し、今でも涙が出てしまいます。

　父の遺骨は故郷に戻りませんでした。母は群馬県出身戦没者の伝達式に参加して受け取った白木の箱には沖縄の土と砂が入っていただけでした。戦死を覚悟していた父は、自分の髪と爪の一部を切って、遺書と共に、母方の祖父である田邊熊蔵に託してありました。遺骨の代わりに、髪と爪と沖縄の土と砂と一緒に骨壺に入れて、埋葬式が行なわれました。この日、母は日記に「久美春七歳、格二歳。これから成人するまで頑張らなければなりません。」と書いています（注2）。

　戦死の公報が来て、葬儀を終えた後になって、ひょっこり帰還する兵士があったと聞きました。私自身、前橋の町中を歩いている時、遠くから来る眼鏡をかけた人が父ではないかと思ったことが何度もありました。しかし、近づいてみると、いずれの場合も人違いでした。父は結局戻ってきませんでした。

　後年、東京大学に入学して、渋谷に行く度に、駅の構内に白衣で軍帽を冠った傷痍軍人達が白木の箱を胸に抱え、献金を呼びかける光景に出会いました。これを見る度、戦死した父のことを思い、悲しさがこみ上げました。

　父が戦死していなければ、私達親子の人生は大きく変わったものになったでしょう。そう思うと、私は常に、あの戦争とはなんだったのだろうかと考えるのです。特に、これは父のことも含めてのことですが、日本のあの戦争を体験した世代の人達にとって、戦争責任とはどういうものなのかということを考えさせられます。当時の軍部と政治家の戦争責任については誰しもが指摘しています。加えて、非常に難しいところがありますが、昭和天皇の戦争責任とはどういうものであろうかと、このことも常に考えてきました。また、当時の日本がいくら戦時統制下にあったとしても、一般国民の戦争責任というものについても考えてきました。このことは今でも私の大きなテーマとなっています。

次に母のことになりますが、母の名前は英語では Ruth で、母の父であるク
リスチャンの田邊熊蔵が旧約聖書「ルツ記」に出てくる信仰の厚い女の名前か
らつけたものです。母は父の戦死のため、28 歳で寡婦になりました。再婚を
すすめられても全部断って、私と父の出世直前に産んだ弟の格を育て上げる苦
労の多い道を選択しました。もし、母が再婚し、そして特に再婚相手との間に
子供が産まれたとしたら、金銭的には貧しい家庭であったとはいえ私と弟だけ
で母の愛情を貪れる環境は得られなかった訳です。

弟は京都大学理学部を卒業した後関西で化学研究の道に進みました。私の方
はやがて国際舞台で働くようになったのですが、私が就職先を選択する時、外
務省のように海外勤務が長くないと思われた日本銀行に入ったのは、多少なり
とも母と一緒の生活によって恩返しが出来るのではないかという思いがあった
からでもありました。

私の父方の祖父、重原喜代作は父の戦死ですっかり気落ちし、1947 年（昭
和 22 年）に 75 歳で他界しました。重原家は半年間で直系男子二人の葬式を出
した次第です。

母が生活を支えるために、自分の父である田邊熊蔵が院長をしていた前橋養
老院の手伝いに出て、日中は家を離れていましたので、実際に私と弟を育てて
くれたのは祖母いえです。そういう意味で、私は可愛がってもらい、時には
叱ってもらいました。

祖母は非常に気丈な人で、長男を失っても葬式の時に人前で涙を見せません
でした。私の母はどちらかというとお嬢さん育ちでしたが、重原家の困難を乗
り越えることが出来たのは、こういう強い祖母がいたお陰であったと思ってい
ます。

私は子供ながらも、父を失い、農地解放で資産を喪失した家計の苦しさは分
かっていました。修学旅行で特別の支払いが必要になった時に、参加しないと
自分一人で決めて先生に申し出たことがありました。これを知った先生達がカ
ンパで旅行資金を集め、母が仕事で出払っている家を訪れ、祖母に委細を話し
たところ、気丈な祖母は先生の申し出を断り、工面して資金をひねり出してく
れたことがありました。

それから母方に移りますが、父を失った後、私の精神面での支えは祖父、田
邊熊蔵でした。新潟県出身のクリスチャンで、1913 年に前橋養老院の初代院

余禄　生い立ちと学び　*381*

長となった、日本の養老院事業の先駆者でした。私財があまりないままで、全て公のために生きた人間として、近所のお金がありそうな家を訪問して浄財を募り、養老院の事業に携わりました。戦災前の重原家も多少の農地や宅地などから得られる不動産収入などがありましたので、田邊熊蔵はお金をもらいに訪れていました。

　救世軍のメンバーであった祖父は、私が小学校の低学年の頃、救世軍の日曜学校に行くことを奨めました。しかし、私の日曜学校通いは長くは続きませんでした。私が大学受験で忙しくなると、健康のことを心配して、体操をすれば褒美を出すという気遣いをしてくれることもありました。祖父は私が早く就職して母の手助けをすることを希望していた節もありました。大学に進学する道に入ってからは、群馬大学の医学部で学んで医者になり、地元にとどまることを期待した時もありましたが、結局、私は東京大学に入学してしまいました。大学の休みで帰郷する機会に、祖父は新しい口語訳の聖書を私に与えたりしましたが、信仰を強制することはありませんでした。

　母方の祖母、「さと」もクリスチャンで、もともとは数学の先生でした。通称は里子で、彼女も祖父と一緒に養老院の運営をしていました。従業員も使っていましたが、夜は自分一人で、老人の様子の見回りをしていました。そして、ある寒い日の夜の巡回中に心臓ショックで死んでしまう、という悲劇で生涯を閉じました。

　このように祖父母は非常にストイックでピューリタン的な生き方で、母はそういう家庭ではありましたが、長女として可愛がられて育ちました。母は、女子にとっては群馬県随一の名門学校であった前橋女子校（現在の前橋女子高等学校）を卒業後、裁縫と華道の花嫁修業をしていたところを父に見初められ、世間知らずのまま結婚させられました。

　母の弟である田邊誠（通称　田辺誠）もこういう家庭環境で育ち、後に政治家になりました。田邊熊蔵の影響で厚生畑を歩み、やがて第11代の日本社会党委員長になりました。社会党から村山富市氏が総理大臣になったことがありますが、田邊誠は村山氏の先輩で、時が時であれば彼が総理大臣になってもおかしくなかった実力者でした。

　私が日本銀行への就職が内定した後、準備していた上級公務員試験を受けなかったのは田邊誠の助言によるものでした。政治家として様々な付き合いが

あった役人の行く末を見て、役人は上に行けば政治の関係で運不運が生じやすいが、それよりお前のような者は日本銀行へ行け、と言ったのです。

群馬師範学校の男子部付属小学校は日本の敗戦後の教育制度改革の中で、群馬大学学芸学部の付属小学校となりました。そして小学校を卒業した後は、その付属中学校に入りました。私が中学一年生の時にクラスの担任であった茂木悦郎先生は国語の教師で、ある授業の時に、「私が群馬師範学校の生徒であった時、重原君のお父さんは私の先生でした。重原先生は哲学が大変好きでした」と話されました。父と哲学との関係を知ったのも、哲学という言葉を聞いたのも、これが初めてでした。また、父の話を同級生の前で聞かされ、誇りに思いました。父の哲学好きの影響があったのかは分かりませんが、後述するように、大学時代に哲学を専攻することを真剣に考えたことがありました。

私がOECD経済総局長に就任することが群馬県の地方紙に報じられた時、群馬師範学校で父と同級であった橋爪芳男という方からお祝いの便りを頂いたのですが、その中で以下のように書かれていました。「60年前に師範の音楽会で『モーツァルト ソナタ』、この曲でピアノソロをして、皆に感銘を与えていたお父さん清三郎君を回顧いたしております。」

また、師範学校で父の教え子であった神藤吉重先生は、私に送って下さった手紙の中で以下のように書かれています。「重原先生は、音楽主任として、新制国民学校の音楽指導を担ったベテラン。バリトンの美しい歌唱力、オーソレミオは絶品。ピアノも弾けぬ音痴の神藤教生。でも、音楽は好きだった。当時の教育実習録に重原訓導の赤ペン評語が家宝として残っています。」

私が付属中学を卒業する時、当時付属小学校で教頭をされておられた黒岩文三郎先生が付属中学校の教頭であった正田米吉先生に声をかけられ、ご一緒に研究社の英和辞典を私にプレゼントして下さいました。その時、両先生が父と群馬師範学校の同級生であったことを知らされました。

幼年時代を一言でまとめれば、私の思想形成などと言えるような立派なものはありませんが、私が常に意識してきたのは父が立派な教師であったということです。父が戦死し、側にいてくれなくなってからも、教育者としての父の先輩、同僚や後輩、そして教え子達が私の家のすぐ近くにある菩提寺に墓参りに訪れた後、家の仏壇に線香を上げに来られ、父の思い出話をされるのを聞き、誇らしく思いました。そして、父が遺した「愛児に與ふる書」に書かれた言葉

が心の支えとなりました。

こうした環境の中で、私は出来れば父のような教育者の道に進みたいと漠然と思っていました。また、母方の祖父母の生き様を近くで見て、たとえ経済的には苦しくとも、ともかく私益よりも公益のために生きるということが大切であるという環境の中で育てられたことが、やがて社会人になる時の判断に影響を与えたように思われます。

前橋高校時代

高校時代の私は、国際舞台での仕事をしたいといった大志を抱き、そのためのステップとして米国留学を自分から積極的に求めることはありませんでした。当時群馬県では随一の大学受験校であった前橋高校で担任教師の小矢野重雄先生からは東京大学の受験を勧められ、その準備に明け暮れていました。英語は最も得意な科目で、前橋高校内だけでなく、東京大学受験のための全国的な模擬試験などで高校2年の頃からトップになったりしていたこともあり、東京大学では文学部の英文科を選択し、英文学で身を立てたいと漠然と思っていました。

米国へ行くことは高校時代から夢見てはいましたが、高校生の段階でエー・エフ・エス（AFS）という略称で呼ばれていたアメリカン・フィールド・サービス（American Field Service）の制度で米国の高校に留学することは東京大学受験には不利だと考えて、眼中にはありませんでした。

ところが、東京大学受験の時期が迫った時期に、野村吉之助先生から校長室に突然呼び出され、グルー基金による米国の大学留学の制度を知らされ、その受験を勧められました。この基金は、戦前に駐日米国大使であったジョゼフ・グルー（大使任期：1932年〜41年）が、戦時中に文化遺産の多い京都などを爆撃しないよう、米国政府と軍部に働きかけたことに対して、戦後、昭和天皇が謝意を込めて賜ったお金を原資として出来上がったものでした。この制度による留学生は、「学術優秀、品行方正、身体強健」である全国の高校卒業予定者から毎年一人が選ばれることになっていました。グルー基金の奨学金は、貸与型ではなく給付型で、返済義務は無く、これは、父が戦死し、家計の不自由な重原家にとってはこの上もない話でした。

校長の勧めに従い、特別の準備もしないままで、年末の寒い日に朝一番の汽車で東京に出かけました。試験場は、丸の内にある工業倶楽部会館ビルの一室で、大勢の受験生の中には遠く九州から来た生徒もいました。英語を中心とした一般的な筆記試験を終えて前橋に戻ると、間もなく家に電報が届き、最初の試験に受かったので、翌日にもう一度試験をしたいから出て来い、という電文でした。翌朝、再び早起きをして上京すると、今度は与えられたテーマでの自由英作文の試験でした。前橋に帰ると、夕方には二度目の電報が届き、また受かったので、翌日行なわれる最終試験に出て来るように指示する内容でした。

　この最終試験は、英語の会話力に関するもので、試験官は米国人が一人、日本人が一人であったと記憶しています。テストが終わった後、試験官達から、前橋でどうやって英会話を習ったのか、と質問されました。松本亨（注 3）先生を講師としたNHKのラジオ英語会話を聴いて勉強しただけだと答えると、皆信じられないという顔になりました。

　最終試験を終えて前橋に戻ってからしばらくすると、校長室に再び呼び出され、私が米国に留学することに決まったという話がありました。野村校長は、全校生徒を集めた次の学校の朝礼で、全国の高校から推薦された高校生の中で前橋高校生が選ばれたことは前橋高校にとっても栄誉であるとして、誇らしげに話されました。こうして私の米国留学の話は全校に知られるようになり、私は東京大学の受験準備をやめて、予想もしなかった米国留学のことを考え始めました。

　そうこうしているうちに、米国の長期滞在ヴィザの取得に必要な身体検査を聖路加病院で受けろという指示がグルー基金の事務局から来ました。早速、東京の築地に初めて足を運び、検査を受けました。

　日本の大学入学試験が迫っていた 1957 年 1 月下旬、予想もしなかった知らせが入りました。胸のレントゲン写真に少し影があるので、大事をとって二番目の成績であった者を留学させることになったという内容でした。後日、それは東京の小石川高校の生徒と判明しました。

　やがて、公式の知らせとは別に、基金の事務局長であった小瀬一郎氏から直筆の手紙が速達で届きました。これによると、「十分自信がおありだった貴君はさぞかしご落胆のこととお察しして委員一同もお気の毒と思って居られます。英語の話し方もラジオを通じて勉強してあのように立派に話せるようにな

られたことに皆驚いており、米国人の先生も最高点をつけた程でした。学校の成績も非常に優秀であったので、今年は前橋の貴君が合格されるだろうと一同思っておりました。胸部の写真に少し影があるということは、国内で勉学するには一向差し支えないが、渡航の際は特に之が厳密で旅券査証の時に通過するかどうか疑問があるとのことです。これくらいのことで折角の貴君が不結果となるというのは甚だ不合理のようですが、目的が渡航にあり、その関門にレントゲン写真があって、之を持って渡航するのですから誠に止むを得ない次第なのです。」という内情の懇切な説明がありました。

これで、高校卒業直後から4年間に亘る留学により米国の大学における学位を取得し、これが機縁となって国際舞台で仕事をする機会が自ずと開かれて来る、という筋道は立ち消えとなりました。

いつぞや日本経済新聞を読んでいたところ、嘗て大蔵省で財務官など要職を歴任された内海孚（注4）氏が書かれたコラム記事が目に止まりました。その中で、高校時代にグルー基金による米国留学試験に合格しながら、私の場合と同様に、身体検査ではねられたエピソードを振り返られ、もし米国留学が実現していたならば、その後は日本商社の米国にある出先かどこかに就職したかもしれず、いずれにせよ大蔵省に入ることはなかったと述懐されておられました。人生の岐路はそんなところにもあったのです。

確かに私の場合も、米国の大学を卒業したとしたら、実際に辿ったような経路を経て国際舞台に立つことはなかった筈です。私は内海氏より5年後に東京大学法学部を卒業しましたが、もし外国の大学で取得した学士号だけであれば、日本の中央官庁の上級公務員試験の受験資格は得られず、また、日本銀行など政府と独立しながらも公的な役割を担った組織も東京大学をはじめとする日本国内の一流大学を優秀な成績で卒業した学生しか採用しない方針は内海氏の大学卒業当時と同様でした。

グルー基金の事務局長からの私信は、「どうぞ、これに挫けることなく進学され、日本の大学を出てからでも留学の機会を作られるよう切望に堪えません。」という大変有難い励ましの言葉で終わっていました。にもかかわらず、事態の急変で私は脱力状態に陥り、本来の予定より一年遅れて東京大学に入りました（写真8）。

前橋高校から東京大学に入学した同級生は現役組と浪人組を合わせて 12 名

でした。当時の入学試験は浪人に有利な内容で、現役組と浪人組の割合は全国的に大きく浪人組に傾いていました。一年浪人組が大半ながら、二年浪人の学生も珍しくない受験地獄の時代でした。

前橋高校でクラスも一緒だったのは岡田明久君（法学部卒、後に新日本製鉄常務、日鉄建材工業社長）です。堤富男君（法学部卒、後に通商産業事務次官）、高木仁三郎君（工学部卒、物理学者、原子力発電に反対する市民運動のリーダー、福島原子力発電所の惨事発生前に他界）とは群馬大学付属小学校以来の同級生ですが、前橋高校でクラスが一緒になったことは一度もありませんでした。堤君とは、やがて彼が通商産業省で要職に就き、私がOECD経済総局長として日本に出張するようになった時に日本の産業政策や通商問題などについて話を聞くために面会したことから付き合いが深まりました。

また、慶應大学経済学部に入った小林元君も、小学校以来の同級ながら一緒のクラスとなったことはなく、彼が入社した東レの本社が日本銀行の本店の近くにあったことから、お互いの実社会入り後に付き合いが始まりました。やがて彼が東レの国際化の先端を切って海外で活躍するようになり、イタリア・ミラノにおける合弁事業を経営する立場にあった時に、私がOECDパリ本部に勤務中とあって、交流が深まりました。

暗黒の受験勉強に明け暮れ、友達付き合いの時間が少なかった前橋高校の同窓生のうち在京組は、実社会入り後しばらくしてからは岡田明久君にずっと幹事役をお願いして、年二回都内で同窓会を開いています。

東京大学時代

1958年4月に大学生になると、全く新しい境地に入りました。東京大学の学生は専門学部に進学する前に最初の2年間は全員が目黒区駒場にある教養学部で過ごします。文学部の英文科を専門コースとする志のあった私は先ず文科二類の学生となりました。教養学部には第一高等学校の伝統が残っていました。大正デモクラシーの頃からの教養主義が強く感じられ、カリキュラムは学部の専門をあまりはっきりさせないで、幅広く勉強させるシステムでした。

こうした中、戦前の著名な自由主義思想家であった河合栄治郎が晩年の1940年に学生・青年に理想主義を説くために書いた『学生に与う』と題した

本を読んで深い感銘を覚えました。私は高校時代の終わり頃には英文学者になりたいという夢を持っていたのですが、教養学部時代にこの本を読んだ影響で基礎学問を幅広く勉強しようと考えました。自然科学の分野では、物理学と化学、そして数学も真面目に学びました。それが後の職業生活にどのように役立ったかどうかは分かりませんが、要するに教養主義に沿って勉強したのです。

　同時に私はいわゆる「パンのための学問」（Brotwissenschaft）を軽蔑していました。法律や経済、商学などではなく、生活技術以外の分野の学問を学びたいと思っていました。その一つが英文学の道でした。幸い、英文学の教師だった日高八郎助教授が私達のクラスの担任でした。第一語学は英語で、第二語学はフランス語というクラスで一生懸命勉強しました。

　日高八郎先生は背が高く、銀縁の眼鏡をかけておられましたが、それが厳しい学者の印象を与えることはありませんでした。むしろ、柔和な風貌で、学生は先生を慕っていました。時々、目黒区の柿の木坂に新築されたお宅に同級生と一緒に招かれ、先生の書斎で徹夜してお話を聴きました。前述したように、私を日本銀行総裁にする運動（注5）を自発的に進めたことがある林昭彦、長澤道隆、武藤光廣の3君はクラスの同級生で、昵懇にしています。

　当時論壇で活躍していた加藤周一（注6）先生の強みの一つは、英語だけでなくフランス語の新聞や雑誌などを毎日読んでいることにあると日高先生から教わったのは、こうしたご自宅での徹夜の集まりのことでした。また、島田謹二（注7）先生の本を読んで興味を持つようになった「比較文学」（比較文学史）という新しい学問の淵源がフランスにあることも知りました。このようにしてフランス語を学ぶことの大切さが分かってきました。

　教養学部で勉強するうちに、英文学よりももっと純粋な学問として私の興味を惹いたのが、「科学哲学」という新しい学問でした。特に、ウィーン学派のハンス・ライヘンバッハの著書（邦題『科学哲学の形成』1985年）を読んで、感銘を受けました。教養学部の専門課程である教養学科には、科学史・科学哲学科があり、その主任教授は大森荘蔵（注8）先生でした。先生は、東京帝国大学理学部物理学科を卒業した後に文学部に転じて哲学科を卒業された、異色の哲学者でした。そこで、教養学部のキャンパスにあった先生の研究室に伺い、進学相談をしたのです。先生は、学問に対する私の気持ちは大切にしなけ

ればならないが、日本の大学における科学哲学の教授ポストが今後大きく増える見通しはないので、この道に入るリスクは大きいと諭された。そして、教養学部における私のこれまでの成績が全学でトップと知って、法学部に進学することを勧められました。大森先生の言葉に素直に従い、法学部への進学を第一志望とする志願書を提出し、すんなりと受け入れられました。

その後、フランス語の授業に出ると、田辺貞之助先生が、このクラスには「パンのための学問」を選んで、法学部に行くことになった馬鹿者がいると、皆の前で大きな声で言われました。名指しはされませんでしたが、私のことだと皆には分かったと思います。もともと「パンのための学問」を軽蔑していた私だったので、複雑な気持ちでした。フランス文学科に進学しなかった私に後年フランス語とフランス国に深い縁が出来るとは、当時は想像もしませんでした。もしフランス文学科に進学していれば、後年における私のフランス語とフランス国との付き合いは現実に起こったものとは別のかたちになったでしょう。

東京大学法学部の教授陣は、さすがに高名な方ばかり、圧巻でした。

戦後民主主義、啓蒙主義を代表する論者であった丸山眞男（注9）先生には政治学を教えて頂きました。国際政治学の講義は、シカゴ大学でハンス・モーゲンソーの弟子であった坂本義和（注10）先生が担当されました。丸山先生と坂本先生の講義は学生の人気の的でした。

憲法は、まだお若かった小林直樹（注11）先生で、味わい深い講義でした。行政法を教えて下さった田中二郎（注12）先生は淡々とした講義ぶりでした。

川島武宜（注13）先生には、民法を教えて頂きましたが、先生は民法と共に法社会学が専門で、深みのある講義をされました。

刑法は、後に東京大学の総長になられた平野龍一（注14）先生でした。先生は、嘗て自著で「欧米の裁判所は有罪か無罪かを判断する所であるのに対して日本の裁判所は有罪を認定するだけの所である」という痛烈な司法行政批判を行なったことがありました。

民事訴訟法は、後年法務大臣になられた三ヶ月章（注15）先生に教えて頂きました。しかし、訴訟法はまさに「実学」と私には思われ、好きになれず、結局、刑事訴訟法は選択しませんでした。

訴訟法などの実学とは離れた分野にある法哲学に興味を覚えました。教えて

下さったのは、芦部信喜（注 16）先生でした。

　国際公法は、温厚でスマートな寺沢一（注 17）先生でした。外交官になることも面白いかと思って、先生のゼミナールに入れてもらったのですが、田舎から出て来た私には、ゼミナールの他の学生と先生の日常的な会話に何となく違和感があり、結局、ゼミナールに途中で出席しなくなりました。しかし、講義自体は熱心に聴いた積もりです。

　経済法の分野では、商法を、法学部長を終えられ定年退官前の鈴木竹雄（注 18）先生に教えて頂きました。また、労働法は、柔和で、温かみのある感じの石川吉右衛門（注 19）先生でした。

　法学部の学生でしたが、経済学部の授業も聴講しました。金融論は館龍一郎（注 20）先生の講義に熱心に出席しました。私がとったノートは、やがて大蔵省に入った友人にも貸しました。国際金融論は堀江薫雄氏が教えて下さいました。東京銀行で頭取をされていましたが、特別の講師として経済学部に来られ、授業ではアフタリオン（注 21）の「為替心理説」などを教えて下さいました。

　教養学部では、木村健康（注 22）先生に経済原論を教えて頂きましたが、これに加えて、法学部に在学した時に経済学部に出かけて金融論と国際金融論を学んだことが、日本銀行就職後に金融経済学を自習する際に素地となりました。

注
1. 前橋空襲による被害は、旧市街地 20,871 戸のうち全焼 11,460 戸（約 55％）、人口 93,131 人のうち罹災した人 60,738 人（約 65％）、死者 587 人（別の報告では約 700 人）、負傷者 600 人以上という記録がある。
2. 重原るつ、「追憶」、第一資料印刷、2014 年 4 月、95 頁。
3. 松本亨（1913 年〜1979 年）氏は、戦前に 14 年間米国に留学し、戦後はコロンビア大学教育大学院を修了し、教育学博士となった後、帰国。明治学院大学で教鞭をとる傍ら、NHK ラジオ「英語会話」の講師を 22 年間務めた。松本の英語教育の基本は "Think in English" という言葉にあるといわれる。
4. 内海孚（1934 年〜）氏は、1957 年に東京大学法学部卒業後、直ちに大蔵省に入省し、国際金融局長、財務官などを歴任。
5. 第 27 章参照。
6. 加藤周一（1919 年〜2008 年）氏は、1951 年に医学留学生としてフランスに渡り、パリ大学などで血液学研究に従事する一方、日本の雑誌や新聞に文明批評や文芸評論を発表していた。
7. 島田謹二（1901 年〜1993 年）氏は、日本の比較文学者、英米文学者。

8. 大森荘蔵（1921 年〜1997 年）氏は哲学者で、東京大学教養学部の助教授を経て、1966 年に東京大学教養学部教授（科学史・科学哲学科）、1976 年に教養学部長に就任した。

9. 丸山眞男（1914 年〜1996 年）氏は、日本の政治学者、思想史家。東京大学法学部教授。専攻は日本政治思想史。

10. 坂本義和（1927 年〜2014 年）氏は、国際政治学、平和学を専門とした戦後の進歩的文化人を代表する人物の一人であり、学問的活動と共に論壇で発言し続けた。

11. 小林直樹（1921 年〜）氏は、尾高朝雄の弟子で、東京大学法学部で宮沢俊義の後任として教授になった。

12. 田中二郎（1906 年〜1982 年）氏は、美濃部達吉の弟子で、東京大学法学部教授、同学部長、最高裁判所判事を歴任。

13. 川島武宜（1909 年〜1992 年）氏は、丸山眞男、大塚久雄と共に戦後の啓蒙主義を代表する論客で、日本の法社会学の発展に寄与した。

14. 平野龍一（1920 年〜2004 年）氏は、東京大学法学部教授、東京大学総長などを歴任。小野清一郎を師とするが、後に改説して小野の学説を承継した団藤重光を徹底的に批判した。

15. 三ヶ月章（1921 年〜2010 年）氏は、日本の法学者、東京大学法学部教授、弁護士。1993 年に発足した細川護熙内閣で法務大臣（第 56 代）に起用され、民間人閣僚として入閣。

16. 芦部信喜（1923 年〜1999 年）氏は、東京大学法学部教授、日本公法学会理事長、全国憲法研究会代表、国際人権法学会理事長なども歴任。

17. 寺沢一（1925 年〜2003 年）氏は、学徒出陣してシベリア抑留生活を経験した後復学した国際法学者。東京大学法学部教授、外交評論家として再軍備批判の論陣を張り、非武装中立を主張した。

18. 鈴木竹雄（1905 年〜1995 年）氏は、田中耕太郎に師事し、松田二郎判事の弟弟子。東京大学法学部教授、同学部長、法制審議会商法部会長などを歴任。

19. 石川吉右衛門（1919 年〜2005 年）氏は、東京大学法学部教授、公労委会長、中労委会長などを歴任し、労働基本権の確立に貢献した。

20. 第 1 章、注 30。

21. 第 2 章、注 6。

22. 木村健康（1909 年〜1973 年）氏は、自由主義派（純理派）の河合栄治郎が最も信頼した門下生。1949 年東京大学経済学部教授に就任し、経済学史を担当。1949 年 6 月から 1961 年まで、新制東京大学に新規に設置された教養学部の教授を兼務し、同学部の基礎を築いた。

あとがき

　本書を執筆することにした経緯は「はしがき」に略述されています。それは、私が現世にあり、まだ記憶がはっきりしている間に、後世の人達、特に日本および世界の金融経済史の研究者、に役立つ資料を残すことが主な趣旨であることを、読者がよく理解するように書いた積もりです。また、私が現世にいる間に、過去の私の言論活動を回顧することによって、現世の人達から、自慢話をする積もりか、重原の過去の主張を振り返って、全部ではないにしても、概ね正しかったという事後的な検証（post mortem）を自分なりに行ない、これによって世間における評判を良くするとか、更には、猟官運動を行なっているとか、こういう類の中傷を避けるため、これまで回顧録の執筆をためらってきたことも述べられています。

　80歳となった現在、本書の刊行が猟官運動であると、譏る人はもうないでしょう。もっとも、自慢話をする積もりで書いたものと読み、また論評をする人は、皆無とは言えないかもしれません。人間は死ぬまで無欲を全うすることが難しく、自らの心の内を探ってみても、聖人にはるかに遠いことを自覚しています。

　教師として前途洋々でありながら、33歳で沖縄において無念の戦死を遂げた父の重原清三郎が出征にあたって私に残した「愛兒に與ふる書」を読み、また貧困な母子家庭に残された遺児二人（私と弟）を育てることに全てを捧げた母の生き様に恩義を感じながら、そして日本において老人福祉事業が国家的には行なわれていなかった時代から民間人として身寄りのない老人達の世話を自らの命が絶える直前まで続けた敬虔なキリスト教徒を母方の祖父母として育った私にとって、職業の選択、そして職業人として公人と私人と区別して身の振り方を考え、処してきた生き方は、敗戦後（「終戦」後ではない）の苦しい時代を経験しなかった新しい世代の日本人にはあまり理解してもらえないところがあるかもしれません。

　そこで、以下では、職業人としての私の姿勢に関して、もう少し踏み込んで

述べます。

　　速水優氏が日本銀行総裁であった 2001 年の 9 月、OECD を退官し私人であった私は、BIS の招きでバーゼルに行き、世界経済の運営と日本のデフレーションの問題について講演し、日米欧の政策当局者との間における相互信頼関係の強化が重要であると論じました。この最後の点は、アンドルー・クロケット総支配人が私を主賓として開いた昼食会の席上で、特に強調しました。

　　この席で、クロケットは私が速水総裁の後任になることを期待していると述べました。私のほか、数人の BIS 幹部と日本銀行からの若手出向者（佐藤節也氏）も招かれた席でしたが、そんなことを意に介しない発言でした。クロケットは古くからの友人でしたが、当時 BIS 総支配人の立場にあった彼が催した昼食会でこうした発言をしたのにはいささか驚かされました。

　これは、本書第 19 章「日本の経済政策運営～ 2000 年以降」の中の一節です。そこには、このクロケットの発言について私が内心でどう思ったのかは書いていません。多くの人は、この一節を読んで、私がクロケットの発言を光栄の至りとしたと思うでしょう。実際には、そうではなかったのです。

　OECD 副事務総長を辞した後、もし公人として務める場合に、自分の適性を考えてランキングをすれば、第 1 位は IMF 専務理事、第 2 位は OECD 事務総長、第 3 位は日本銀行総裁、第 4 位は BIS 総支配人、という順序が当時の正直な気持ちでした。

　実際、大学教養学部の同級生である林昭彦、長澤道隆、武藤光廣の三君に本年初（2019 年 1 月 7 日）に送ったメールには、以下のように書かれています。

　「本文には自慢話と取られるので書かなかったエピソードないし私の内心の気持ちをここに披露します。

（1）確かに、OECD 退官後も、部下であった欧米人エコノミスト達と昵懇にしている OECD チーフエコノミスト経験者は私以外にはいません。この点は誇らしく思っています。これは、私の人事方針が公平（"fair"）

あとがき　393

であったと、多くの部下が評価してくれていたこともあってのことだと
受け止めています。

(2) 語学屋として育った訳ではない日本人エコノミストである私が、（多
くの欧米の友人は「クミは天賦で得た」というが、実際には私の努力も
あって習得した）英語とフランス語を使って討論をする力、そして「職
業的外交官以上の外交センスがある」という評価を得ていたことなど
が、（事実がどうかは別として）OECD や BIS、その他の国際会議にお
ける欧米諸国からの参加者などの注目を引き、海外における人脈の形成
に役立ったと思われます。

(3) 私の前任 OECD チーフエコノミストであった英国人のデヴィッド・
ヘンダーソンは私を「日本人として初めての IMF 専務理事になるべき
人物」と見立てていました。

(4) 確かに、日本銀行総裁（日本人の誰かが必ず就任するポスト）や
OECD 事務総長（日本人にとっては日本銀行総裁より難易度が高く
challenging です。但し、主として外務省出身の各国大使で構成される
OECD 理事会の運営などは私の性に合わない）よりも IMF 専務理事の
方が私にとっては魅力のあるポストに思われました。

(5) 私は英語のほかフランス語を使える日本人エコノミストであることも
あって、伝統的にフランス人が就任することが多い IMF 専務理事の候
補としては、日本のマスコミから日本の IMF 専務理事候補と取り沙汰
された元財務官などよりも professional qualifications はあると、不遜な
がら内心では自負していました。

(6) 私は OECD 副事務総長の時代には、マクロ経済問題に関わっただけ
でなく、OECD 開発援助委員会も担当分野の一つでした。また、OECD
の「外務大臣」でもあって、OECD 非加盟国との協力計画を推進する任
務も負っていました。そして、ロシア、その他の旧ソヴィエト連邦諸
国、中国、その他の東アジア諸国に対する OECD ミッションの団長と
して局長連中を引き連れ、これらの国々の大統領や首相、その他閣僚や
中央銀行総裁などと交流した経験もあります。

(7) しかし、日本の IMF 専務理事候補の決定は日本の財務大臣が行なう
ものであり、財務省が私を日本の IMF 専務理事候補にすることは絶対

にないと確信していました。

（8）仮定の話はすべきでないかもしれませんが、もし私が IMF 専務理事
であったならば、ストロス＝カーン前専務理事、そしてラギャルド現専
務理事の下で行なわれた、ユーロ圏問題に対する IMF の対応はとられ
なかった筈です。」

OECD 経済総局長・チーフエコノミストであった時、私のフロントオフィス
に東京から電話があり、個人秘書をしていた英国人の女性から、変な感じの英
語で私と話したいと言っているように聞こえるが、電話を私に繋いで良いかと
聞かれました。電話口に出ると、聞こえてきたのは大蔵省の総務審議官をして
いた某氏（故人）の声でした。日本の金融政策について主として日本銀行企画
局長のカウンタパート役をしている人物でした。

彼は、「重原さんが日本の政策に注文をつけるのは内政干渉である。こんな
ことを続けるなら、日本銀行に告げ口をせざるを得ない」と怒鳴り声でまく
し立てました。私は黙って聞くだけで電話を終えました。本人の意図はともか
く、私には脅しのように受け取れたこの電話で私が怯むことはありませんで
した。

この人物は、職業人としての私の姿勢を理解していないようでした。OECD
退官後、日本の民間部門に再就職口を探すため、私は日本銀行の人事担当者に
頭を下げて是非とも幹旋を頼む気持ちなどはなかったのです。

勿論、私のキャリアからして適当なポストを日本銀行だけでなく政府側から
提示してくれば、考えてみる積もりはありました。しかし、OECD 副事務総長
であった者を遇するに相応しいポストは日本の公的部門に多くはありません。

帰国直後の 2000 年初、当時経済企画庁の経済企画審議官であった新保生
二氏（故人）から、OECD 経済開発検討委員会（EDRC）議長をしていたモリ
トール氏（元ドイツ経済省の次官級チーフエコノミスト）が急死したので、日
本人初の議長に就任して欲しいという要請が私にありました。私が承諾すれ
ば、委員会は全会一致で問題なく私を議長に選出するというのが新保氏の読み
でした。私にも、彼の読み通りになる自信はありました。というのも、私が
OECD 経済総局長であった 1994 年、ドイツ経済省を定年退職したモリトール
氏が、彼の希望通りこの委員会の議長に選出されるよう、舞台裏で工作をした

あとがき　*395*

こともあり、また、私の OECD 経済総局長や副事務総長としての仕事ぶりを見てきた多くの加盟国関係者の間で私の評判が良好であることを私も感じとっていたからでした。

　もっとも、この話は、当時の速水日本銀行総裁が、アンドルー・クロケットが IMF 専務理事に選出された場合に、彼の後任として私を BIS 総支配人に就任させる方向で、当時 BIS の G10 総裁会議の議長であったイングランド銀行のエディ・ジョージ総裁と話を進めている時のことでした。そこで、新保氏には断りの回答をしました。他方、私の BIS 総支配人就任の話も、第 27 章「日本銀行総裁の選任〜私の経験」の中で触れたような事情で立ち消えとなりました。

　このエピソードを追加した上で、様々な方々（カッコ内の敬称略）から頂いたコメントを、便宜的に次のようにテーマ別に整理してご紹介します。
  1.　職業人としての仕事ぶり
  2.　人格の形成と職業人としての基本姿勢
  3.　言論活動の若干の事後評価
  4.　回顧から得られる教訓と残された課題

  1.　職業人としての仕事ぶり

多くの方々から過分のコメントが寄せられました。

OECD 時代に関して——
　本書第 6 章「OECD の金融調査研究」の末尾に、OECD 金融調査課長時代の私の個人秘書であったポーラ・シモニンが私の仕事ぶりを詠んだ英詩が紹介されています。ここでは日本人の方々から頂いたコメントをまとめて供覧します。

　　「生存競争の厳しい国際機関にあって実力で赫赫たる成果を OECD に残されたことに対し、嘗て OECD 経済統計総局で机を並べた同僚の一人として深甚なる敬意を表させていただきます。」（加藤隆俊）

「1970 年代の前半に何度かパリに出張した時、数名いる当時の通商産業省から OECD 事務局への出向者に重原君の消息を尋ねたところ、異口同音に素晴らしい仕事ぶりを称賛していました。」（林昭彦）

「私が OECD に着任した 1980 年代後半当時の一般経済局長が重原氏であり、経済政策分析を国際機関で行なう上での基礎を教えていただきました。重原氏が OECD の各種の会議で議長や司会をされる様子をつぶさに拝見しておりましたが、国際機関での議論の運び方、取りまとめの仕方など非常に見事にこなしておられました。」（北村行伸）

また、1990 年代前半に財務官として WP3 に参加した中平幸典氏（故人）は、OECD 経済総局長時代の会議の席上における議論に関する私の口頭サマリーが見事で感服したことを添え書きした年賀状を何度か下さいました。

「90 年代後半、OECD 経済総局のエコノミストとして仕えた者として当時、重原氏は常に仰ぎ見る存在であり、局内の誰もから上司という枠を超えた尊敬、畏敬の念を集めていたことを思い出します。」（鶴光太郎）

日本銀行時代に関して――
（1）外国局総務課兼総務部企画課調査役時代
　以下は、森永貞一郎総裁・前川春雄副総裁体制で副総裁の秘書を務めた畑山卓美氏の証言です。

「その当時、森永総裁は国際的な課題の重要性を十二分に理解されていたように拝察しました。それだけに、国際金融の世界で信認の篤い前川副総裁（当時）に全幅の信頼を置き、相当部分の折衝を任せておられた印象がありました。その前川さんに、1979 年秋に、日本外国特派員協会においてスピーチをする機会が巡ってきました。森永総裁の後継について、国内外から多くの関心が寄せられていた時期でした。日本銀行では、プロパー総裁の待望論が強く、前川さんもこの時は相当緊張しておられたように窺

あとがき　397

われました。会場へ出向く途上の車中で、同乗の重原さんに『何かあった
ら頼むな』と言われたことが強く記憶に残っています。

　もう一つのエピソードは、国際的に通用する人材の育成に関するもので
す。前川さんが、関係の方々に様々な形でその必要性を説かれていた姿を
一切ならず目の当たりにしました。この時期は、自由化・国際化が本格的
に始まるレジーム変更の時期に対応していたと理解しています。その意味
で、前川総裁のご就任は時代精神を反映したものと存じます。しかしなが
ら、それを支える日本銀行の組織としての国際化は、残念ながらまだ緒に
ついた段階に留まっており、重原さんのようなスーパースターに依存した
「点」と「点」での対応だったように思います。その意味で、重原さんへ
の負荷は、「面」で対応する力の出来た今日の日本銀行の現役の方々の想
像を超えるものがあるのではないかと訝ります。」

（2）長崎支店長時代
　第11章「プラザ合意・ルーブル合意前後の地方経済」に収録されたコメン
トをご覧下さい。

（3）考査役時代
　第12章「バブル形成期の銀行考査」に収録されたコメントをご覧下さい。

（4）金融研究所長時代
　研究第一課の調査役であった佐藤節也氏から：

　　「重原さんが金融研究所長として赴任され、ご指導を受けながら共同論文
　　『日本の資本コスト』を執筆したのですが、その当時の印象を一言で申せ
　　ば、OECDのチーフエコノミストがある日突然日本銀行の職場に舞い降り
　　てきたような衝撃があり、伝統的な日本銀行エコノミストにない視点とス
　　タイルを持った異色のエコノミストだなと感じたことを覚えております。」

　個人秘書であった鈴木（当時は旧姓で大澤）由香さんから：

「国内外への出張、講演会でのスピーチ、来客との面談等々、常にアクティブかつパワフルに仕事をされる重原所長からは次々と様々なご指示があるため、私は圧倒されながら何とか必死に応えようと試行錯誤する日々でした。しかし、あの頃の貴重な経験が私のキャリアの礎となり、今日まで誇りを持って働き続けることが出来た事に感謝しております。」

というコメントが寄せられました。

日本銀行時代とOECD時代を総括して——
　鶴光太郎氏は以下のようにコメントされました。

　「重原さんの本質は日本銀行、OECD双方でチーフエコノミストまで上り詰めることを可能にしたリーダーシップ、手腕、語学力よりも、真摯な一経済学徒としての将来を俯瞰する慧眼と経済学への深い理解に基づく骨太の論理ではなかったか。コアにある金融政策、マクロ経済はいうに及ばず、むしろ他の経済、経済学の分野の造詣を窺わせる議論（日本銀行金融研究所長時代の『新しい（内生的）成長論』の紹介など）の切れ味のよさが印象に残っています。また、91年の景気の転換、その後の不良債権問題の深刻さを適切に見通され、警告を発せられたこと、また、OECD副事務総長として時代を先取りして高齢化の経済全体への影響を分析するプロジェクトを立ち上げられたこと、これらは先見性のエビデンスと思いました。」

自由人の時代に関して——
　私人としての言論活動にあたっての私の心構えは次のようなものでした。

①公人であったら取り上げることが出来ない、ないしは非常に難しい、仕事を選ぶ。
②日本だけでなく、広く世界を見ても、全く無い、ないしは珍しい、テーマで仕事を見つける。
③単独でやる仕事と海外の友人エコノミスト達と共同でやる仕事とのバランス

あとがき　*399*

を図る。

④日本人であること、日本銀行員であったことは絶対忘れないが、日本の短期的な国益を優先させるのではなく、もし自分が今OECDチーフエコノミストの立場にあったならば、どういう見解をとるか、という視点を最優先して言論活動を行なう。

英国人哲学者バートランド・ラッセルの「自由人の十戒」（注1）を基準として大学同級生に評価をお願いしたところ、武藤光廣君から以下のコメントが寄せられました。

「貴兄はOECDを辞した後は、広く世界を見ても全く新しい、或いは珍しい分野において、自分で自由に仕事を選ぶ道を、強い意志を持って貫いてきました。こうして、古巣のOECDや縁の深いIMFやBISなどの国際機関による監視活動を事後評価する研究を自ら立ち上げ、OECD時代の部下で定年退職したアメリカ人エコノミストとの共同研究も行ないました。また、自ら書き下ろした問題提起論文を基に、欧米エコノミスト達だけでなく政治家を、欧州における貴兄の活動拠点であるパリに招いて開催した国際カンファランスで議論し、その議事録を英国マクミラン社から刊行しました。

　自由人として中立的な立場にあった貴兄の呼びかけで始まった、このような大掛りな事業は、貴兄の永年に亘るOECD勤務を通じて生まれた欧米の一流人との友情があって成功した希有の事でした。同時に、これらは、貴兄が強い信念を貫いた結果であり、ラッセルの戒律第7番『自分の意見が並外れたものであっても怖れてはならない。なぜなら、現在当たり前と思われている意見はいずれも当初は並外れていたからである』を思い起こさせます。」

日本銀行調査統計局長の関根敏隆氏は、彼が課長時代に日本銀行理事であった人物から日本銀行の将来を担う逸材であるという評価を聞き、OECDを退官して日本に戻ってしばらくした頃、彼を昼食に招いて懇談したことがありました。その後も、時折、年齢差はあるもののお互い対等な立場にあるエコノミス

トとして、私的にメール交換をする関係にありました。

　こういう経緯もあって、日本銀行のエコノミストとしての私の活動、また、OECDのエコノミストとして、次いでOECD退官後は私人の立場で、日本銀行の政策のあり方について行なった言論活動のことがかなりのスペースをとっている本書の草稿を読んで率直にコメントをするように電子メールで依頼し、返答を受け取りました。

　その中で関根氏は、「拝見した（自由人としての言動をも含む）数々のエピソード、論稿は大変貴重な資料です。一人でも多くの後塵が、本書から学ぶことを願っています」というコメントを寄せてくれました。

日本銀行の長い歴史の中で捉えて——
　北村行伸教授は以下のコメントを下さいました。

　　「日本銀行の長い歴史の中でも、真の国際人と呼べる人材は高橋是清と重
　　原久美春の二方ではないかと思います。」

　私には全く思いつかない発想に仰天した私は、以下のメールを北村教授に送りました。
　　「私には高橋是清との比較の対象とされるだけでも甚だ面映く思われます。
　　北村さんが熟考されたこの部分をもう一度お考え下さるようお願いするの
　　は失礼であるとすれば、原案を尊重した上で、以下のような私の作文を加
　　えることも考えられるかと思います。」
　　「北村教授のコメントを読み、私の回想録の計画を知った大学同窓生の武
　　藤光廣氏から、高橋是清の『随想録』のようなメモワールを書けと言われ
　　たことを思い出しました。また、私の回顧録は『随想録』の高い境地には
　　程遠いものとなろう、と彼に直ちに返答したことも思い起こしました。」

　これに対して、北村教授は次のように答えられました。
　　「私は、高橋是清と重原さんとでは、生きた環境も、与えられた任務も違
　　うことは認識しておりますが、重原さんが戦争で苦労され、その後、日
　　本銀行に入行され、国際人として大成されたストーリーは多くの日本人に

あとがき　401

知ってもらうべきものだと考えております。勿論、日本銀行には前川総裁をはじめ、あまたの国際派の方々が、おられたことは承知しております。その上でのコメントと、ご理解下さい。追加的な言葉を加えられることはいいと思いますが、それほど謙遜されることは必要ないと思います。」

　OECD 経済総局から BIS へ転出して、金融経済局次長として活躍し、最近定年退職したフィリップ・ターナー氏は、本年（2019 年）2 月 5 日、私に送ってきた 80 歳誕生日祝いの電子メールの中で次のようにコメントをしています。

　「是非付け加えさせて頂きたいのは、真に重要な経済問題について考察するに当たっての、貴方の全身全霊で打ち込む姿勢と粘り強さに、永年に亘って私が感銘を受け続けてきたことです。」

　I must say I have been impressed over many years by your dedication and tenacity in thinking about really important economic issues.

Philip Turner

2. 人格の形成と職業人としての基本姿勢

　本書第二部「私人としての言論活動」の冒頭の一節「新しい生き方を志して」には、OECD という国際機関の副事務総長を辞した後、「民間企業や研究機関の役員などとして報酬を得て仕事をするとか、大学で教鞭をとる道はわがままな自分の性にはどうにも合いそうになく、自由人として内外で自分が望むテーマに関して適宜のタイミングで言論活動を行なう道を自分で切り拓くことを選択しました」と書かれています。この文中の「わがままな自分の性にはどうにも合いそうになく」という箇所は、そこで本心を打ち明けると、横道に外れ、本題について話を進めるのに妨げとなることを惧れたための便宜上の説明でした。

　日本銀行の人事担当者や国会議員をしていた母方の叔父の田邊誠（通称　田辺誠）、その他の人達に民間部門への再就職の斡旋をこちらから依頼したことは一切ありませんでしたし、一流上場企業の社長から自発的に社外重役への就任の勧誘を頂き即座に断りましたが、その事実も理由も、この箇所には書かれ

402

ていません。

　ここで、森永総裁・前川副総裁体制の最後の1年間および総裁退任後の前川氏に仕えた畑山卓美氏が、本書の「あとがき」を取りまとめる過程にあった私に教えて下さった、もう一つのエピソードを紹介します。

　　「前川さんは、総裁就任直後に英国紙『フィナンシャル・タイムズ』から"三度の敗戦を経験した中央銀行総裁"として紹介されましたが、この件について、駐箚先のローマから軍属が先を争うようにしてベルリン大使館を目指す中で自分は苦労してアルプス超えをしたエピソードを何回か伺いました。また、東京で三度目の敗戦を経験した直後には、軍票の流通を阻止すべく、肚を決めて占領軍と交渉に当たったエピソードなどを吐露されたこともありました。前川さんの言われようとしていた『国際性』の本質的な構成要素の中には、語学、経済学の理解を超えた確固とした権力との向き合い方というものがあったと感じております。この点に関しては、部下として仕えた重原さんにも重なるものがある、と生意気にも思っております。」

　この畑山氏の指摘は、OECD副事務総長を辞した後は、「独立心がある、主体的な個人」（independent-minded individual）として、断固として権力と向き合う、あるいは既成の体制から距離を置いて自由を確保したい、という私の職業人としての姿勢を畑山氏が見抜かれているからなされたもの、と私は受け止めました。

　職業人としての基本姿勢は、母方の祖父母が、前述したように、敬虔なクリスチャンで、ストイックな私生活を貫いたことも影響したように思います。若い時代に夫婦共に教師として貯めたわずかばかりの私財をなげうって、身寄りのない老人達を受け入れる私設ホームを立ち上げ、近所の人達の浄財を募ってその運営のために、天に召されるまでの命を捧げた生き方に、少しでも近づきたい、という気持ちが私の心の根底にあると思っています。

　母「るつ」の名前は英語ではRuthで、旧約聖書「ルツ記」に出てくる信仰の厚い女の名前から祖父がつけたものです。とはいえ、この母方の祖父も祖母

あとがき　403

も、母に対して、そして孫の私に対しても、クリスチャンになることを強要は
しませんでした。私も、職業人としての姿勢に関する考えを子供達や日本銀行
の後輩に押し付けることはしませんでした。しかし、宗教と哲学と自然科学、
これらの関係に関する考え方、そして職業人としての基本姿勢は私にとっては
切り離し得ないものでした。

　以下は、日本の政治家が私について述べた感想です。

　　「重原さんは日本を捨てたわけですね（注2）」：町村信孝氏（故人）が文
　　部大臣としてOECD文部大臣会議に出席した際、私と初めて出会った時
　　の言葉です。

　　「重原さんは肉食人種、私たちは草食人種」：現職の国会議員で大臣経験者
　　が東京で開かれたパーティーの席上で私に語った言葉です。

　田邊誠（第11代日本社会党委員長）から生前、毎年私に届いた年賀状には、
筆力のあるしっかりした直筆で、次のように書かれていました。

　　「久美春には、OECD副事務総長のあと、今度は日本の中でもう一花咲か
　　せたい。」

　田邊誠は母方の叔父であり、この叔父が私に大蔵省より日本銀行に就職した
方が良いと勧め、私の職業生活に決定的な影響を与えました。

　さて、日本銀行関係者で、私の回顧録の草稿の段階でコメントをお願いした
いと先ず第一に思ったのは、福井俊彦氏（以下、親しみを込めて、「さん」と
させて頂きます）です。
　日本銀行調査局に所属しながらフランス銀行の外国局関連業務の研修を終え
て帰国し、杉並区和田本町の日本銀行家族寮に私達夫婦が住んでいた頃が福井
さんご夫妻にお近づきを得た最初でした。以来、日本銀行で単に先輩と後輩と
いう関係だけではなく、総務部で直属の上司と部下という関係でもご指導を頂

404

きました。

　やがて私は古巣の日本銀行を飛び出して、日本を含む OECD 加盟国全体の政府および中央銀行の政策などについて提言を行なうことを大きな任務とする国際機関と日本銀行を往復して仕事をするようになり、私の職業生活は特異な展開を遂げていきました。

　そして、OECD 副事務総長を辞した後は、欧米人エコノミストで定年退職後も知的活動を続ける意欲のある同志数人と一緒にパリを本拠とする独立の研究組織「国際経済政策研究協会」を立ち上げ、私が会長になり、英語で仕上げた共同研究の成果については国際セミナーなどを開催して議論をし、最終的には適宜の媒体で公表する活動を今日まで続けています。

　一方、福井さんは中央銀行家一筋の道を歩まれ、日本銀行副総裁になられた後、富士通総研の理事長を経て日本銀行総裁を務められ、更に現在はキヤノングローバル戦略研究所の理事長として、私よりも年配でありながら、私よりもずっと多忙な毎日を送っておられます。

　そこで、本書の草稿の全体をお読み下さるようお願いするのは申し訳なく思い、草稿では踏み込んで記述していないと自覚していた、「あとがき」における私の「人格の形成」と「職業人としての姿勢」に関して、総裁ご在職中は勿論、それ以前から長い期間に亘って日本銀行の金融政策だけではなく、人事政策の面でも重要な役割を果たされた福井さんにコメントをお願いしました。

　福井さんは、次のとおりコメントを下さいました。

　　「これからの若い人には、特定の組織の中で栄進、栄達することのみを目
　　　標とするのでなく、常に世界全体を見渡し、その中で自分の果たすべき役
　　　割を見出す、そういう姿勢が求められていると思います。重原さんはその
　　　良き先達です。」

　また、若月三喜雄さんには、嘗て日本銀行における上司であり、日本銀行で国際的な人材の育成に当たったご経験に基づいてコメントを下さるよう、お願いしました。若月さんは次のとおりコメントを下さいました。

　「重原さんは私が外国局総務課長のときに総務部兼務調査役として活躍さ

れた。このポストはいわば総裁の国際面でのパーソナル・アシスタント
で、日本銀行の政策全般について十分な理解だけでなく総裁の個人的信頼
も要求される難しいポストを的確にこなしていた。この時期に名総裁とい
われた森永さんの謦咳に親しく接したことが彼を更に大きくしたことは想
像に難くない。」

　前橋高校の同窓生仲間に私の回顧録の出版計画を知らせたところ、慶應大学
経済学部を卒業後、実業界に入り、東レの海外事業の先駆者となった小林元君
からは、以下のコメントが寄せられました。

　「就社にこだわる日本社会において、世界の金融政策の決定に参画したい
との志（就職）を貫いてきた重原君のような生き方に敬意を払ってきまし
た。日本のビジネス界においても、こうした生き方が今まさに求められて
いると思います。」

3. 言論活動の若干の事後評価

（A）日本の財政政策
　大学同窓生で大蔵次官を務めた小川是氏（故人）は、私が OECD 経済総局
長の立場で日本に公用で出張し面談すると、必ず、「日本の財政政策に関して
重原さんから頂くご提言については、大蔵省として感謝しています」と言っ
て、頭を下げられました。
　もっとも、前記のように、さる人物が大蔵省の総務審議官であった時に、私
の言動が日本の主権を侵害しているというクレームがついたことがありまし
た。
　なお、私人になった後、小泉純一郎政権の財政政策が柔軟性に欠けているこ
とを批判した際には、最早公人ではなかったので、なんら表立った反発はあり
ませんでした。しかも、私の批判にもかかわらず、小泉内閣は私を「隠された
日本銀行総裁候補」にしたのでした（注3）。

（B）日本の金融政策（1980 年代後半以降）

　日本におけるマネタリストとして著名な経済専門家の一人は、次のようにコメントしました。

　　「日本の金融政策は、重原様、アラン・メルツァーをはじめとする優れた方々が提案したことを無視しながら続けられ、ついにバブル、バブル崩壊、デフレと長期に亘って低迷してしまったわけですね。政治の重要性に関する重原様のご指摘も同感いたします。」

　経済企画庁の官房企画課長の職にあったこともある林昭彦君からは、以下のコメントがありました。

　　「バブルの崩壊と急激な円高のダブルパンチに見舞われた時期に、通貨当局の為替市場介入によって円資金が金融市場に放出されても、これがマネタリーベースの増加と金融市場の金利低下を結果することにならないような金融市場運営を日本銀行が行なっているように見えました。その後、OECD 副事務総長を辞して重原君が帰国し、日本経済新聞『経済教室』の欄で、カナダでは中央銀行自らが自国通貨の行き過ぎた上昇を抑えるため市場の期待形成に積極的に働きかけている状況など、ゼロ金利の制約に面した海外の中央銀行が迅速で柔軟な対応を試みている状況を紹介し、日本銀行も果敢な行動をすべきであると主張しているのを読み、日本銀行出身者の立場を超えた国際的視野からの政策提言に感動しました。」

（C）金融経済危機関連

　日本銀行と IMF および BIS の二つの国際機関で要職を歴任すると共に、『サウンドマネー　BIS と OECD を築いた男、ペール・ヤコブソン』（矢後和彦教授と共に監訳者）および『揺れ動くユーロ』（編著者の一人）を刊行した吉國眞一氏から、以下のコメントが寄せられました。

　　「イングランド銀行キング前総裁が、重原さんの持論とは反対に、OECDと IMF の 監視活動に関する役割を完全に分離すべきと主張したのは、中

あとがき　407

央銀行に金融監督政策は不要である、という彼の持論に通じるものと受け止めました。キング氏の見解などを反映した独立の金融監督機関である金融サービス機構（FSA）の設立が世界金融危機によって見直されたことを思うと、感慨深いものがあります。

　また、英国の EU 離脱の是非に関するエコノミストのナイーブな議論が逆効果になったという重原さんのご指摘は重要だと思いました。私が勤務経験を持った IMF と BIS は共にエコノミストが主体の機関だけにそうした陥穽に陥りやすいと思います。その点、本来幅広い分野の専門家を抱えた OECD の役割が期待される筈なのに、その機能が予算不足などから低下しているということは憂慮すべき事態です。」

（D）貿易問題

　元外務審議官（経済担当）の小田部陽一氏は、「外務省関係者は 1990 年代に将来の日本経済の在り方を見通されての IS バランス、また、OECD 経済見通しの IMF とは異なる視点など、いろいろと教えて頂きました。リーマンショック後、自分が G20 シェルパ時代は、それらの教えを懐に入れて対応させて頂きました」と述べました。

（E）構造問題、高齢化問題

　「IMF はマクロ問題、OECD は構造問題、にそれぞれ特化すべきである」というイングランド銀行総裁（当時）キングのオーストラリア講演における主張に私がいち早く反対の意見を表明（この間、IMF と OECD は沈黙）したことに関しては、上掲の吉國眞一氏のコメントを参照して下さい。

　また、高齢化問題については、日本政府は、私が OECD 副事務総長として陣頭指揮して進めた関係各局を跨る横断的な研究プロジェクトに関心を深め、当時厚生事務次官であった岡光序治氏を団長とするチームを勉強のため OECD パリ本部に送ってきたことをここに披露します。

4. 回顧から得られる教訓と残された課題

（1）日本人の国際機関専門職員の不足

　日本銀行に同期に入行し、人事局長を務めた篠塚豊君は、以下のコメントを寄せました。

> 「法学部出身で、日本銀行に入った後、アメリカの大学院で経済学を学ぶことを志望していた重原君に、当時の日本銀行人事部はフルブライト留学試験を受験する機会を与えませんでした（注4）。それでも、重原君は、経済学博士号の所持が原則的な条件の一つとされている OECD エコノミストの採用試験に合格し、第一回目の勤務中に、シニアエコノミスト、そして金融調査課長にと、OECD でも異例の早さで昇進しました。重原君が日本銀行に復帰後、その熱心な助言を得て、日本銀行は海外の一流大学で経済学の博士号を取得した職員を何人も OECD 経済総局の採用試験に送り込みましたが、シニアエコノミストにまで到達した後輩は一人出ただけです。日本の一流官庁の職員も同様な状況と聞いています。OECD などのように能力重視の人事方針が貫かれている国際機関の枢要ポストを日本人が占める例は、中国などの躍進の中で、最近はさらに少なくなっているとも聞きます。グローバル人材の輩出を標榜する日本で一体何がなさればならないのか、重原君の新著の出版を機に関係者が根本的な検討をしなければならないと思います。」

　また、大学同級生の林昭彦、長澤道隆、武藤光廣の三君は、次のように指摘しました。

> 「重原君は OECD において、4回、都合17年の長きに亘って勤務し、この間、エコノミストとして一番下のレベルからスタートして全ての階段を踏んで最高ポストに到達するという、欧米人エコノミストを含めて過去に例を見ない快挙を成し遂げました。こうして重原君は、日本銀行でも事務職員の最初のポストから始めて全ての職階を踏んでチーフエコノミスト

として実績をあげただけではなく、日本人であることを超越した存在として OECD に新風を吹き込むことに成功しました。さらに OECD 退官後は私人の立場で海外を中心に積極的な言論活動を行ない、立派な業績を残してきました。このことを私達は友人として誇りに思います。何故、第二、第三の『重原』が続いてこないのか、重原君の回想録の出版を好機として真摯な議論が遍く湧き起こることを期待します。また、能力重視の人事方針が貫かれている OECD のような国際機関で、幹部級ポストとは言わず、課長そしてその下のシニアエコノミストに日本人が皆無という現状を是正するには何が必要か、早急な検討を望みます。」

北村行伸教授は、次のコメントを下さいました。

「現在、中央銀行のコミュニケーション能力の重要性が強調されますが、重原氏のコミュニケーション能力は、まさにその見本のようなものでした。（中略）このような人材は、育てたくても育てられるものではなく、そのような人材を発見して、その人にいかにチャンスを与えるかということだと思います。経済政策や人材育成に関心をお持ちの方には、本書を読まれて、将来、日本のために働いてくれる国際人をどのように発掘し、育てていけばいいのかということを考えて頂きたいと思います。」

(2) 国際機関首脳の人事
　三人の大学同窓生からは、「重原君は、海外では、IMF 専務理事や OECD 事務総長に適任であると言われていたのに、日本政府はなぜ推薦しなかったのか不思議だ」というコメントがありました。

　更に、「重原君の OECD 副事務総長としての多彩な活動とユーロ圏問題に関する洞察、そして OECD 事務総長と IMF 専務理事の選任の混乱ぶりを知り、もし、重原君が日本人初めての OECD 事務総長か IMF 専務理事になっていたら、OECD ないし IMF はユーロ圏危機に違った対処をしたであろう。また、ドイツやフランスなど EU 参加国の政策当局者に対して中立的な立場で対応出来る重原君の舵取りで、英国民の EU に対する好感度は高まり、英国の EU 離

脱に関する国民投票は僅差で不成立となり、欧州、そして世界の歴史が変わった可能性があります」という感想が、商社の海外部門で活躍した後英国で大学の経営に当たった国際人である武藤光廣君から寄せられました。

（3）日本銀行首脳の人事

三人の大学同窓生からは異口同音で、「BIS 総支配人のクロケット氏が重原君を主賓とし、日本銀行の若手出向者が陪席した昼食会で重原君が速水氏の後任として日本銀行総裁になるべきものと語ったエピソード、嘗て OECD で重原君の直属の部下で、その後アメリカ財務次官となったシェイファー氏が書いた書簡からも明らかなように、欧米の国際金融関係の重鎮、いわゆる通貨マフィアたちから、重原君は日本銀行総裁に相応しい、との呼声が上がり推奨されてきたのに、日本のマスコミはなぜ報道すらしなかったのか、疑問を感じている」というコメントが寄せられました。

また、嘗て日本銀行ウォッチャーでもあった長澤道隆君からは、以下のような問題提起がありました。

「ブンデスバンクで『欧州における金融政策戦略』をテーマとした極めて重要なシンポジウムが 1996 年に開催された時、重原君が OECD チーフエコノミストとして基調講演を行い、これについで、イングランド銀行のキング調査担当理事とオランダ銀行のウェリンク調査担当理事が個別テーマで講演を行ったというエピソード（本書第 16 章に収録）を読んで考えさせられました。

キングとウェリンクの両氏はやがてそれぞれの母国の中央銀行の総裁になりました。彼らに先立って基調講演を行なうように重原君に依頼したブンデスバンクは、重原君は当然日本銀行の総裁になるべき実力があると高く評価していた訳です。

ドイツ国民から深い尊敬を得ているブンデスバンクが、欧州の中央銀行の将来に関する指針を重原君に仰いだ事実があるのに、日本においては、重原君を日本銀行の総裁に推挙する動きが小泉純一郎内閣以外に生まれなかったのは何故でしょうか？　その理由を検討することは日本銀行そして

日本国民の将来のために大きな意義があると、私は思います。

　嘗て日本銀行国際派のリーダーであった緒方四十郎氏は、後輩の中で重原君を『最良で一番の秀才（"Best and Brightest"）』と評価しています。その上で、重原君をイングランド銀行の総裁にならなかったサー・ジェレミー・モースと二重写しにしていたことが本書第 27 章『日本銀行総裁の選任〜私の経験』に書かれています。

　いずれにせよ、日本銀行の正副総裁、審議委員などの適性と選出のあり方、これまでの政策運営に違和感があります。本書の刊行が一つのきっかけとなり、中央銀行のあり方に関するもっと真剣な議論が行われることを期待します。」

＊　＊　＊

日本銀行金融研究所長であった鈴木淑夫氏（日本銀行理事を経て、野村総合経済研究所理事長）には、本書の出版計画について今年の年賀状の中で初めてお知らせしました。その直後、草稿の段階でコメントを頂けないか電話でお願いしたところ、膨大な草稿を読んでコメントをすることは差し控えたいとのことでした。ただ、私のような「公人であった者が次世代のために記録を残すことは大切なことである」と励まして下さいました。

　ある経済専門家（匿名を希望）は次のようにコメントしました。

　「日本の政策担当者は回顧録を書きません。このような中で重原様のような重要な仕事に携わってこられた方が回顧録、それも確かな証拠に基づいた回顧録を書かれるのは大変重要なことと思います。証言不足が日本の政策のレベルを低めていると思います。」

　上掲の大学同窓生三人からは、「重原君が我々のようないわば重原サポーターの意見だけでなく、様々な立場の人達にコメントをお願いするために多大の時間とエネルギーを割いていることに敬意を表します」という温かい励ましの言葉が寄せられ、勇気付けられたことを付記します。

以上ご紹介した方々の他にも、回顧録出版の計画をお知らせしたところ、多くの方々から温かい声援と有益な助言を頂きました。また、草稿の一部を読まれ、細部に亘ってコメントを下さった方もおられます。ここに一人ひとりの名前を明記いたしませんが、これら全ての方に心からお礼を申し上げます。

　こうした方々の有難い協力にもかかわらず、もし本書に不正確ないし不適切な記述が残っているとすれば、全て著者個人が責任を負うものであることをここに明記します。

　本書の草稿が完成したことを、OECD のグリア現事務総長、ジョンストン前事務総長を始め、多くの OECD 関係者に知らせたところ、これを歓迎する有難いメッセージが寄せられました。

Congratulations on your book. Good to keep record of achievements and challenges.

Angel Gurría

Congratulations on this new work. The discipline and dedication and time to produce such a biography is awesome.

Donald Johnston

　翻ってみますと、私が OECD に初めて赴任する直前の 1969 年から 15 年間も事務総長を務めたヴァンレネップが回顧録を彼の母国語であるオランダ語で出版し、英語による抄訳が刊行されたのは 1998 年のことでした。これを記念して、オランダ中央銀行、オランダ財務省、オランダ銀行証券協会とフローニンゲン大学が共催した記念講演会がアムステルダムで開かれた時、OECD 副事務総長であった私が基調講演を依頼されました。あれから 20 年余を経過して、ヴァンレネップに仕えた時期を含めて合計 4 回、17 年間に亘って OECD で勤務した日本人エコノミストの回顧録を出版することは感慨深いものがあります。

　本書の冒頭に掲載されたジョンストン氏の私宛の書簡にも書かれたように、いわば OECD のインサイダーであった人物が OECD に関連した活動を取りまとめた記述を重要な構成要素とする書物は、ヴァンレネップ回顧録の刊行以

あとがき　413

来、本書の出版までありませんでした。こうしたこともあって、親しいOECD関係者、その他の海外の友人の中から、本書の英語版の刊行を期待する声も聞かれます。

また、通商産業省の高官として、更に外務大臣など政治家としても活躍された川口順子氏（武蔵野大学客員教授、武蔵野国際総合研究所フェロー）は、本書の原稿の一部を読まれ、「日本の、そして世界の、経済の史料として貴重なもの」とのコメントを寄せられました。

こうした事情から、海外の人々を主な読者と想定して、本書の一部を英訳するか、ないしは別の視点から新たに英語による回顧録を書き下ろすか、今後の課題としてじっくり検討したいと考えています。

最後に、本書の作成過程を通じて第一の相談相手であり、私を奮い立たせるために大切な助言をしてくれたのは妻の曄子であったことを記しておきたいと思います。そもそも、若い頃から痩身で体力がなかった私がOECDにおける4回の激務を、健康を害うことなく全う出来たのは、彼女の尽力によるものでした。また、本書に書かれた海外の友人達と私の交友関係が深く且つ長続きするものとなったのは、OECD時代には職場における上司、同僚と部下、OECD加盟各国の代表部大使などの外交官との夫婦単位での交流、また、日本銀行時代には海外から訪れた中央銀行の幹部や外国の学者達を夫婦単位で拙宅に招いての接待、などにおける彼女のもてなしが大きく寄与したと私は思っています。

本書は重原曄子に捧げます。

2019年4月14日

重原久美春

（追記）

　小田部陽一氏から「本回顧録には関与されていませんが、重原様を正当に高く評価し、OECD のみならず、G7 サミットでも、重原様に御協力を仰いだ小和田、小倉両大使への言及を頂けると、良いとも思います」という示唆がありました。

　高名な両氏と親交があったことを回顧録の中で触れるのは自慢話にとられるのではないかと懸念し、草稿の段階では言及を躊躇したのですが、外務省における小田部氏の大先輩である小和田恆氏が OECD 日本政府代表部大使であった頃は無論、その後も愚見を聞かれるために、私を食事に何度も招いて下さったこと、また、私の大学同窓生である小倉和夫氏とは、日米貿易問題が吹き荒れた頃の外務省北米第二課長、OECD 日本政府代表部公使、大臣官房審議官（経済局担当）、経済局長、外務審議官（経済担当）、駐フランス大使であった頃に親交があったことを小田部氏のメールによって改めて懐かしく思い起こしました。

　また、私の四度の OECD 勤務中、私は勿論、妻も、歴代の OECD 日本政府代表部大使ご夫妻と、そして松浦晃一郎氏とは外務審議官（経済担当）として 1993 年 G7 東京サミットの準備をされていた時期をハイライトとして、その後も駐フランス大使そしてユネスコ事務局長であった頃も親交があったことを懐かしく思っています。

注
1. Bertrand Russell, "A Liberal Decalogue" in The Autobiography of Bertrand Russell,Vol.3: 1944-1969（Boston: Little, Brown and Company, 1969）, pp.71-72.
2. 読売新聞［指定席］『OECD の事務副総長に就任した 重原久美春さん～「国籍失ったつもり」で全力』、1997 年 6 月 4 日（朝刊）。
3. 本書第 27 章「日本銀行総裁の選任～私の経験」参照。
4. グルー基金による米国大学留学の道が閉ざされた経緯については、本書「余禄」の「前橋高校時代」の項参照。

本書および著者に関してコメントを収録させていただいた方々 （敬称略）

OECD	アンヘル・グリア（現事務総長）
	ドナルド・ジョンストン（前事務総長）
	デヴィッド・ヘンダーソン（元経済総局長・チーフエコノミスト）
	スティーヴン・ポッター（元経済総局・国別経済審査局長）
	エヒベルト・ヤーコプス（元オランダ政府代表部大使）
	ポーラ・シモニン（元経済総局・金融調査課長秘書）
BIS	アンドルー・クロケット（元総支配人）
	フィリップ・ターナー（前金融経済局次長）
米国連邦準備制度	スティーヴン・アキシルロッド（元金融政策局長）
米国政府	ジェフリー・シェイファー（元財務次官）
イングランド銀行	マーヴィン・キング（前総裁）
	チャールズ・グッドハート（元金融政策委員会委員）
イタリア政府	トマゾ・パドア＝スキオッパ（元財務大臣）
日本の政治家	田邊誠（第 11 代日本社会党委員長）
	町村信孝（第 14 代文部大臣）
	川口順子（第 134・135 代外務大臣）
日本銀行	福井俊彦（第 29 代総裁）
	黒田東彦（第 31 代総裁）
	緒方四十郎（元理事）
	鈴木淑夫（元理事）
	若月三喜雄（元理事）
	長坂健二郎（元考査局長）
	篠塚豊（元人事局長）
	稲葉延雄（元考査局長、元理事）
	吉國眞一（元ロンドン駐在参事）
	塚越孝三（元神戸支店長）
	畑山卓美（元金融研究所参事）
	佐藤節也（元考査役）
	関根敏隆（調査統計局長）
	白塚重典（金融研究所長）
	鈴木由香（元金融研究所長秘書）
財務省	小川是（元事務次官）
	中平幸典（元財務官）
	加藤隆俊（元財務官）
外務省	小田部陽一（元外務審議官）
学界	北村行伸（一橋大学経済研究所教授、前研究所長）
	鶴光太郎（慶應義塾大学教授）
地方銀行	森義則（元十八銀行専務取締役）
東京大学同窓生	林昭彦（元通商産業省幹部）
	長澤道隆（元都市銀行幹部）
	武藤光廣（元大手商社幹部）
前橋高校同窓生	小林元（元東レ幹部）

重原久美春略年譜

1939 年 2 月 5 日　群馬県前橋市に生まれる。

1962 年 3 月　　　東京大学法学部卒業。

1962 年 4 月　　　日本銀行に入行。出納局勤務。

1962 年〜 65 年　日本銀行広島支店（国庫課、営業課）。

1965 年〜 66 年　日本銀行調査局（欧米調査課・欧州係フランス経済担当）。

1966 年〜 67 年　フランス中央銀行業務研修。
　この間、ポワティエ大学フランス学ディプローム（diplôme des études françaises）
　取得。

1967 年〜 70 年　日本銀行調査局（欧米調査課・欧州係英国経済担当、内国調
　査課・産業貿易係および金融財政係）。

1970 年〜 74 年　OECD 経済統計総局・一般経済局・金融調査課エコノミス
　ト、課長補佐、課長（日本人職員として初めての課長就任）。

1974 年〜 75 年　日本銀行総務部企画課主査（国内金融調節担当）。

1975 年〜 76 年　日本銀行外国局為替課資金係長（邦銀国際業務および外銀在
　日店の外貨業務に関する指導）。

1976 年〜 80 年　日本銀行総務部企画課調査役と外国局総務課調査役の兼務。
　バーゼル銀行規制監督委員会委員も兼任。

1980 年〜 82 年　OECD 経済統計総局・一般経済局次長（日本人職員として初
　めての局次長就任）。

1982 年〜 83 年　日本銀行金融研究所研究第一課長。

1983 年〜 86 年　日本銀行長崎支店長。

1986 年〜 87 年　日本銀行参事考査役。

1987 年〜 89 年　OECD 経済統計総局・一般経済局長。

1989 年〜 92 年　日本銀行金融研究所長。

1992 年〜 97 年　OECD 経済総局長兼チーフエコノミスト（非英語圏出身者と
　して初めての就任）。

・OECD 経済政策委員会、構造問題に関する第一作業部会および財政・金融・為替相場政策の国際協調に関する第三作業部会（先進 10 カ国の大蔵次官、中央銀行副総裁クラスの会合）、個別国の年次経済審査委員会などに関連する作業の統括。

・OECD 経済展望（エコノミック・アウトルック）の責任者。

・10 カ国金融政策高級専門家会議の議長。

・経済問題に関する次官級会合における OECD 代表。

1997 年〜 99 年　OECD 副事務総長（事務局勤務経験者として初めての就任）。

・経済・社会・厚生・開発などの諸問題に関する OECD 各局の横断的作業の統括。

・非加盟国との協力関係の統括（これら諸国の大統領・首相以下閣僚等との OECD 加盟交渉の責任者）。

・経済問題に関する閣僚級会合における OECD 代表。

2000 年〜現在　国際経済政策研究協会・会長。

・日本国内および海外で経済講演と論文などの執筆活動に従事。

解題

矢後和彦

　それは光のどかな早春の一日だった。二子玉川の緑多い閑静な立地のマンションの呼び鈴を押した筆者をにこやかに招じ入れてくれた日本人離れしたスラっとした長身の紳士が重原久美春氏である。多摩川を遠望する応接間で、重原氏のインタビューがはじまった。丸 2 日、夕食後にもおよんだ長時間のヒアリングの際には貴重な私信や極秘資料も拝見することが出来た。筆者が持ち込んだ膨大な OECD の議事録資料を、重原氏が初日のインタビュー終了後に全て閲覧され、翌日にただちに言及される、ということもあった。こうしたインタビューを基礎にして成ったのが本書である。

　本書は、重原氏も述べているように、同氏の筆になる「回顧」であり他者が編集した伝記的記録とは性格を異にする。いわば重原氏の視点から回顧された、その限りで主観的な記述である。他方で、存命中の人物への言及に際しては重原氏があえて筆致を抑制している箇所もあり、また言及されなかったものもある。こうした本書の性格をふまえて、以下では、インタビューの聴き手でもあった筆者が若干の情報を補足し、いくつかの「補助線」を引くことで、この豊穣な回顧についての更なる理解を促したい。

　さて、ここで類書をみわたしてみよう。国際機関・中央銀行で経歴を重ねた人物の回顧録としては、古くは BIS の経済顧問・IMF の専務理事を務めたヤコブソン（Per Jacobsson, 1894-1963）について娘の手になる伝記（注 1）が出ており（筆者はこのヤコブソンこそ、重原久美春氏の重要な先行者であると見立てている）、本書でも登場した OECD 事務総長ヴァンレネップ（Emile van Lennep, 1915-1996）についても本人と研究者が共同執筆した回顧録（注 2）がある。このほか BIS 総支配人や ECB の前身である欧州通貨機構（European Monetary Institute）の初代総裁をつとめたランファルシー（Alexandre Lamfalussy, 1929-2015）についても堅実な研究（注 3）があらわれている。これらはいずれも重要な資料であるが、当人が筆を執り、当人しか知りえない過去を率直に語った回顧は珍しい。最近になって中央銀行・国際機関の関係者が

続々と回顧を執筆するようになっており、また国際機関の幹部や上級職員の伝記的記録をデータベース化した〈IO BIO〉という国際プロジェクトも始動している（注4）。こうした新しい潮流の中で、独自なスタイルを持つ本書が公刊されることは歴史研究にとっても意義深い。

　なお以下では叙述の公平を期すため、重原氏も含めて、敢えて敬称は省略する。

思想形成——彼はいかにして重原久美春になったか

　重原久美春は第二次世界大戦の開戦の年、1939年に父・清三郎、母・るつの長男として群馬県に生を享けている。その年に生まれているのは、日本の政治家では加藤紘一、平沼赳夫、学界・論壇では西部邁らがいる（西部邁は重原と東京大学教養学部の同期であり、学生運動の渦中で遭遇している）。重原の父、重原清三郎は群馬師範学校を最優秀の成績で卒業して教員として奉職した。前橋市桃井小学校の副校長を務めていた32歳のときに応召し、沖縄戦で戦死している。重原は、インタビューの中で「私の思想形成などと言えるような立派なものはありませんが、私が常に意識してきたのは父が立派な教師であったということです」と述懐しており、本書の刊行に際して重原は沖縄の平和祈念公園に赴き、父の霊前に報告したという。

　重原の母、旧姓・田邊るつは夫の戦死で28歳にして寡婦となり、重原久美春と弟・格（後に京都大学理学部に進み化学研究に従事）の二人を育て上げた。るつの父（重原の母方の祖父）は新潟出身のクリスチャンで前橋養老院の初代院長を務めた田邊熊蔵であり、母・るつの弟（重原の叔父）には日本社会党委員長になる田邊誠がいた。なお田邊誠は学生時代の重原に日本銀行への就職を勧めたことがある。当時、上級公務員試験の受験準備をしていた重原に、既に政治家になっていた田邊誠は「役人は上に行けば政治の関係で運不運が生じやすいが、それよりお前のような者は日本銀行へ行け」と述べたという。重原と日本銀行との機縁のひとつに社会党の有力政治家でもあった叔父の助言があったことは興味深い。田邊誠は2015年に他界したが、生前、重原に送った年賀状に「久美春には、OECD副事務総長のあと、今度は日本の中でもう一花咲かせたい」としたためていた。

さて、群馬県立前橋高校に進んだ重原は、在学中にグルー基金による長期米国留学のための選抜試験に全国からただ1名合格している。グルー基金とは、戦前の駐日米国大使ジョゼフ・グルーの功績に昭和天皇が報いた恩賜金をもとに成った基金であり、日本のすぐれた青年を米国の大学に無償で留学させるエリート養成プログラムを動かしていた。グルー基金の選考面接に際して重原の英語力を高く評価した試験官達は、面接後に「どうやって英会話を習ったのか」と尋ねた。重原が「松本亨先生を講師としたNHKのラジオ英語会話を聴いて勉強しただけだ」と応えると、試験官らはみな信じられないというような顔になったという。後に国際人として活躍する重原であるがその英語力の基礎はこうした地道な勉強のたまものだったことは、今日、会話重視の英語教育が叫ばれる中、注目されてよいだろう。

　結局、この基金による重原の留学は、肺のレントゲン写真に影がみつかり当時の基準では査証が下りなかったために立ち消えになっている。ここでもしも留学していたら、重原は日本の大学に進学せず米国で学位を得て別のキャリアを歩んでいたことになる。なお前橋高校の同級生には堤富男（後に通商産業次官）や高木仁三郎（反原発の市民科学者・運動家）がいた。

　前橋高校から東京大学に進学した重原は、教養学部で英文学や科学哲学を志した。教養学部の2年次修了時に専門課程への進学の資料として交付された成績表によると、重原は88.8点という、全学の最高点を挙げている。進路の選択に際して科学哲学を志して担当教授だった大森荘蔵に相談すると、大森は重原に科学哲学者の大学におけるポストの制約などのリスクを説き、法学部への進学を勧めた。この助言にしたがって重原は法学部公法学科に進むことにしたが、この決定を知ったフランス文学教授の田辺貞之助が、重原が出席しているフランス語の授業の際に「このクラスには『パンのための学問』を選んで法学部に行くことになった馬鹿者がいる」と大声で述べたそうである。教養主義を色濃く残した当時の大学の雰囲気がしのばれる。

　東京大学教養学部のクラス担任は英文学の日高八郎で、ここで重原は級友の林昭彦（元通商産業省幹部）、長澤道隆（元都市銀行幹部）、武藤光廣（元大手商社幹部）らと終生の友情を結んでいる。後述する日本銀行の人事問題を機に再結集した彼ら三人の旧友は本書の出版に際して以下のコメントを寄せてくれた。本書のメッセージをよく伝えているので、以下に全文を引いておこう。

422

「重原君は OECD において、4回、都合17年の長きに亘って勤務し、この間、エコノミストとして一番下のレベルからスタートして全ての階段を踏んで最高ポストに到達するという、欧米人エコノミストを含めて過去に例を見ない快挙を成し遂げました。こうして重原君は、日本銀行でも事務職員の最初のポストから始めて全ての職階を踏んでチーフエコノミストとして実績をあげただけではなく、日本人であることを超越した存在として OECD に新風を吹き込むことに成功しました。さらに OECD 退官後は私人の立場で海外を中心に積極的な言論活動を行ない、立派な業績を残してきました。このことを私達は友人として誇りに思います。何故、第二、第三の『重原』が続いてこないのか、重原君の回想録の出版を好機として真摯な議論が遍く湧き起こることを期待します。」

東京大学教養学部でフランス語を学んでいたことも、重原の後のキャリアに重要な影響を及ぼした。クラス担任の日高八郎から、当時論壇で活躍していた加藤周一について英語だけでなくフランス語の新聞・雑誌を毎日読んでいることを教えられ、また比較文学への関心が芽生えたことからフランス語学習には熱心に取り組んだという。教養主義的なフランスへのあこがれが残っていた時代であるが、こうした文化論的な関心からフランス語をマスターしてやがて OECD などでバイリンガル、トリリンガルの国際公務員としてはばたくことになろうとは重原自身も予期しなかっただろう。

法学部に進学した重原は、丸山眞男（政治学）、坂本義和（国際政治学）、小林直樹（憲法）、川島武宜（民法）、平野龍一（刑法）など錚々たる教授陣の講義を熱心に受講した。経済学部の講義にも出席し、堀江薫雄（国際金融論、当時は東京銀行頭取）や舘龍一郎（金融論）ら日本の経済学・金融論に大きな足跡を遺した教授陣の講筵に列している。

重原は法学部では同学年で一人だけが選抜される穂積奨学財団の奨学生だった。当時をふりかえって重原は「外交官は海外勤務が長く、父が戦死した後、一人の手で私を育ててくれた母には申し訳ないように思われ、外交官試験ではなく一般の上級公務員試験を受ける積もりでおりました」と回顧している。ところが、ここで運命は動き始める。初夏のある日に東京大学の教室で日本銀行

解題　423

の就職説明会が開かれたのである。日本銀行の中尾万寿夫・人事部長、渡辺孝友・人事部次長、中村進・人事課長があらわれた説明会が散会となったところで、中村課長が重原のもとに歩み寄り「ぜひ、一度、人事部に遊びに来て下さい」と言って立ち去ったという。後日、日本銀行本店にでかけた重原を人事部は歓迎し、中村課長は「昼休みの時間が終わったらもう一度来てもらいたい」と重原に告げた。その通りに午後に再訪するとそのまま口頭試問に移り、重原が下宿に引き揚げた夕刻には中村課長から入行内定の電話があった。前述の田邊誠の助言もあり、ここで重原は日本銀行入行を決断する。夏休みに帰省すると、中村人事課長からは重原の日本銀行入行に期待している旨の見事な筆跡の書状が郷里に届き、重原の母・るつはこの書状を亡父・清三郎の仏壇に供えたという。

　隔世の感がある就職活動の舞台裏ではあるが、重原に注目した中村人事課長は、後に総裁になる前川春雄（1911 年〜 1989 年）が日本銀行の国際部門強化を狙って優秀な人材を集めた際に選ばれた俊才だったという。重原は、中村課長との就職面談の際に「教養学部で学んだ第二語学のフランス語は日本銀行では役に立たないのではないか」と話したところ、中村は「経済協力開発機構（OECD）や欧州経済共同体（EEC）の動きには日本銀行も強い関心を持っており、こうした国際舞台で使われているフランス語は日本銀行の職員にとっても大切である」と応えている。前川総裁との縁、OECD とのかかわりなど、後の重原を造形するモチーフが既にあらわれていた。1962 年のことである。

日本銀行の中で——前川春雄の流れ

　日本銀行入行以降の重原の活動については本書に詳述されているので、以下ではいくつかの注目すべきポイントを紹介するにとどめる。

　日本銀行入行後の重原は本店出納局、広島支店、本店調査局を経てフランス銀行研修に出ている。本書にも述べられているように、当時の日本銀行では国内金融の営業局と国際金融の外国局に大きな力があり、ここに調査局が新たに台頭する機運があらわれていた。日本銀行に限らず、大きな組織においては「国内派」「国際派」というネットワークが形成されることが少なくないが、重原は「国内派」「国際派」の有力局とは異なる調査局から本格的なキャリアを

積んで、やがて国際舞台に立つことになったのである。重原の初期のキャリア
でもうひとつ注目されるのが、フルブライト留学試験の受験に関する日本銀行
人事部の不許可、総裁の通訳への抜擢、更に OECD 事務局への推挙にいたる
まで、重原をみちびいた目にみえない「糸」のような流れである。この「糸」
は前述の「国内派」「国際派」双方から引っ張られ、重原には時として困惑を
齎したかもしれないが、このキャリアパスはどこから来たのか。

　ひとつのヒントは本書でも触れられている前川春雄との機縁だろう。実際、
重原の人事の節目にあらわれている人々は前川と接点があり、前述の「糸」の
端は前川がたぐり寄せていたものではないだろうか。周知のとおり前川春雄
は、日本と日本銀行が国際舞台で存在感を増していく時代の日本銀行を担った
人物で、国際的にも広く知られた日本銀行総裁であった。重原が直接に仕え
た前川の前任者、森永貞一郎（1910 年〜 1986 年）にもさかのぼるこのネット
ワークは、本書にも影に日向に姿をあらわしている。この点では、森永総裁・
前川副総裁の体制下で副総裁の秘書を務めた畑山卓美（日本銀行金融研究所参
事などを歴任）が以下のように証言している。

　「その当時、森永総裁は国際的な課題の重要性を十二分に理解されていた
　ように拝察しました。それだけに、国際金融の世界で信認の篤い前川副総
　裁（当時）に全幅の信頼を置き、相当部分の折衝を任せておられた印象が
　ありました。その前川さんに、1979 年秋に、日本外国特派員協会におい
　てスピーチをする機会が巡ってきました。森永総裁の後継について、国内
　外から多くの関心が寄せられていた時期でした。日本銀行では、プロパー
　総裁の待望論が強く、前川さんもこの時は相当緊張しておられたように窺
　われました。会場へ出向く途上の車中で、同乗の重原さんに『何かあった
　ら頼むな』と言われたことが強く記憶に残っています。」

　「前川さんの言われようとしていた『国際性』の本質的な構成要素の中に
　は、語学、経済学の理解を超えた確固とした権力との向き合い方というも
　のがあったと感じております。この点に関しては、部下として仕えた重原
　さんにも重なるものがある、と生意気にも思っております。」

日本銀行における重原の立ち位置をみるいまひとつのヒントは、重原のフランスでの研修にはじまる欧州との繋がりであろう。本書を注意深く読むと1966年〜67年のフランス銀行での業務研修に際してリュエフ（Jacques Rueff, 1896-1978）の経済学に触れた経験が語られている。ここで体得されたマクロ経済、外国為替、金融政策の独自な配置感覚は、すぐ後の1967年の英ポンド切下げの際に執筆した『調査月報』1967年12月号所収の論文、あるいは1969年9月1日のOECD対日年次審査報告書と同日の日本銀行公定歩合引上げに対する重原の反対にも繋がっている。その神髄は、端的にいえば欧州に発祥した多国間主義、すなわち世界経済を多角的（マルチラテラル）にみる視点である。後述するように、これは後の重原の理論活動にも大きな影響を与えることとなる。

　この文脈で更に注目されるのは、固定相場制の末期における「円切上げ」論である。当時、日本の国際収支は急速に黒字化に向かっており、外貨準備が増大しつつあった。ところが、当時の政府・日本銀行はそれまでの「国際収支の天井」論、すなわち、日本は外貨不足であり、日本経済の成長は外貨保有高に制約されるという議論になじんでおり、日本がよもや黒字国になりやがて円高が要請されるという事態は想定外だった。この当時から重原がこの点をするどく洞察していたことは特筆されてよい。やや時代は下るが、最近の研究では1970年代初頭の政府・日本銀行の一部にも円高容認論があったことが知られているが、重原の議論はこうした新しい潮流の嚆矢となったといえよう。

OECD——その組織と人事

　重原はOECDに4回出向し通算17年を勤め上げている。OECDで経済総局長から副事務総長まで主要ポストを全て歴任した人物は、日本人としてはもとより、国際的にも例をみない。OECDについては、本書の中で重原自身がわかりやすく解説している通りであるが、とくに注意したいのが同じく経済・金融を扱う国際機関たるIMF・世界銀行やBISとの異同である。1945年のブレトンウッズ協定で設立されたIMFと世銀は、連合国の政府代表を集めて発足し、議会制民主主義と納税者の貢献をもとに代表権が構成される。国際政治学でいう「ハードロー」hard law の組織である。他方、中央銀行のフォーラムとして

1930 年に発足した BIS は、各国の代表権を中央銀行のみに与え、政府資金も受け取らない。そのかぎりでは各国政府への応答責任を有しない「ソフトロー」soft law の機構である（注 5）。この両極のあいだにあって、政府・中央銀行の双方を包摂するのが OECD である。OECD の扱う政策は、金融政策から財政政策、更には社会政策にも及び、IMF や BIS をはるかにしのぐ。意思決定のあり方も、IMF・世銀における加盟国出資比率（クォータ）による大国が支配的な方式、BIS における中央銀行総裁のみによる合意形成とは異なり、OECD では閣僚理事会から作業部会にいたる多層的な機構において、高度に理論的な討議を経てコンセンサスが求められる独自な組織構造を有していた（注 6）。

　この事情については重原自身が『週刊東洋経済』のインタビューにこたえて述懐している。

　　「IMF（国際通貨基金）や世界銀行はもともとユニバーサルな機関で、多
　　数決原理に基づいている。これに対し、OECD は基本的に決定の場ではな
　　く議論を闘わす場で、コンセンサスの形成を重視してきた。国の大小を問
　　わず一票を与え、どこか一国でも反対すれば結論が出せないという形で
　　やってきた。いわばガラス細工のような組織であるが、これではうまく解
　　決できない問題が増えている」（注 7）

　OECD の人事制度も他の国際機関との対比で特徴的である。IMF・世銀におけるような「政治任用」の側面もありつつも、厳格な採用時の審査、試験雇用期間を含む業績の年次評価など、本書で語られている OECD の人事制度は極めて峻厳なメリトクラシーに彩られている。

　OECD における重原の仕事ぶりについては本書にも縦横に語られているが、ここでは筆者が歴史家として垣間見た経済政策委員会第三作業部会（WP3）の資料について触れておこう。OECD 資料室には、閣僚理事会のコミュニケは勿論、WP3 などの非公開の議事録や草稿段階の原稿も保全されている。議事録からは、各国代表がそれぞれの国益を意識しつつも世界経済の安定と成長について、大所高所から俯瞰した議論が丁々発止と交わされている様子が窺える。また事務局資料には本書でも登場するヴァンレネップやエミンガーらが手書きで朱筆を入れた跡も読み取ることが出来る。重原が一般経済局次長として任に

解題　*427*

あたった時期の WP3 は改革を迎える曲がり角にさしかかっており、重原が執筆を指揮した膨大な事務局資料はいま歴史家の閲覧に供され、OECD 研究に裨益していることはいうまでもない（注 8）。

国益と国際的な一般公益、各国政治のメカニズムと自律的な国際組織運営、政府と中央銀行、「ソフト」と「ハード」——これら輻輳する対抗軸の線上にあって OECD は、そして重原は激動する世界経済にひとつの海図を提供しようとした。国際機関間の対比という点では、重原より後の時代に日本銀行に入行して IMF や BIS の要職を経験した吉國眞一が以下のコメントを寄せている。

　　「英国の EU 離脱の是非に関するエコノミストのナイーブな議論が逆効果になったという重原さんのご指摘は重要だと思いました。私が勤務経験を持った IMF と BIS は共にエコノミストが主体の機関だけにそうした陥穽に陥りやすいと思います。その点、本来幅広い分野の専門家を抱えた OECD の役割が期待される筈なのに、その機能が予算不足などから低下しているということは憂慮すべき事態です。」

OECD の理論的立場と重原

こうした組織上の特質を持った OECD はいかなる理論的な枠組みを採用していたのだろうか。OECD からいったん帰国して長崎支店長を務めていたころの重原自身の述懐によれば「OECD 経済統計総局は当時、『ホワイト・ホール（英国大蔵省の通称）の亡命者で固められている』と、米国や欧州大陸諸国の代表に皮肉と羨望をこめて言われることがあった」。実際には枢要な役職者がみな英国大蔵省から送り出されたわけではなかったものの、かれらは「いずれも英国人で典型的なケインジアンであったことは事実である（当時の英国大蔵省も、今とは異なり、ケインジアン・エコノミストで固められていた）」（注 9）。ここにあるとおり OECD は創設当初からケインジアンの影響力が強かったといわれる。その立ち位置は、欧州大陸諸国の国家重視の政策運営とは距離を置いて市場を重視するマクロ経済政策を推進する一方で、米国の（当時は）強力だった米ドルの覇権に異を唱えるという、戦後資本主義のいわば中道を行くものであった。こうした OECD におけるケインジアンの影響はちょうど重

原が三度目の OECD 勤務をはじめるペイユ事務総長の時代から急速に後退していき、規制緩和と構造改革を重視する今日的な「新自由主義」路線へと転換する。重原はこの変化を敏感に感じ取りながら、ケインジアンのマクロと「新自由主義」のミクロを結合する論陣を内外で張っていくことになる。

　その理論活動の軌跡は、本書にみられるとおり多岐に亘っている。ここでは「重原理論」とでも呼ぶべき体系を浮き彫りにする上で、以下の諸点に留意しておきたい。

　第一に、二国間主義（Bilateralism）と多国間調整（Multilateralism）である。本書にもあるとおり OECD は 1970 年代から実質実効為替相場のデータを開発していた。ここで読み過ごせないのは、この指標が多角的なマトリクスから出来上がっていることである。とかく日米の二国間関係を重視する日本の財務省（旧・大蔵省）などとは異なり、重原は、多国間調整のあり方をその黎明期から OECD で学び、後にはその運用を指揮した。前述したとおり、この視点は重原の日本銀行勤務の初期から連続している。本書第 16 章で言及されている重原の論文（注 10）は OECD 経済総局長の任にあった重原がこうした多角的（マルチラテラル）なサーベイランスのあり方を「マクロ経済」と「構造問題」の両面に亘って展開したものであり、当時ようやく普及してきたゲーム理論的な視点を織り込みつつ、後の「景気対策か構造改革か」という議論を止揚する展望を示した重要な論考である。

　第二に、ポリシー・ミックスの考え方である。ポリシー・ミックスとは、ケインズ経済学の流れをくむマンデル＝フレミング・モデルに発する財政政策・金融政策の組み立て方であるが、ここで重原を単純にケインジアンかマネタリストか、という基準で特徴づけることは正しくない。重原は、古典的なケインズ経済学から離脱しながら、1980 年代に活躍したスプリンケル米財務次官のような原理的なマネタリストにも対峙した。OECD 内部でもポリシー・ミックスについては諸説があり、重原は当時の上司でもあった OECD 経済顧問マリスとも対立している（重原のこの立ち位置は、前述した 1960 年代の IMF 専務理事ヤコブソンがヴィクセル経済学から出発してケインズと対決しながら、ミルトン・フリードマンと公開演説会で激突した姿と重なる）。これらの舞台裏を語った本書の第 8 章・第 9 章は、一般の読者にはやや難解かもしれないが「重原理論」の展開をみるうえで一級の資料となる。

解題　429

第三に、これも OECD ならではの視点であるが、経済政策を考える際に早くから人口動態・高齢化の視点を導入していることである。1980 年代初頭の「ジャパン・バッシング」を経験した重原は、日本の高貯蓄が円安を導くという議論に直面した。これに対して重原は「高齢化→退職人口増→家計貯蓄率低下→家計貯蓄が開発資金に投下→時間差で海外投資収益として還元」という見取り図を描き、先進諸国間の経常収支の均衡化をゼロサム・ゲームで捉えるべきではなく、高齢化に向かう先進国と、これから発展していく開発途上国のあいだの、時間差をともなう均衡化の過程とみるべきことを提起した。重原がこうした視点を 1980 年代から既に打ち出していたことは注目されてよい。本書第 14 章で紹介されている重原の理論活動はこうした思考の集大成であると共に、後述する現在の経済政策論にも繋がる伏線となってくる。

　重原の理論活動は、OECD の幹部はもとより、内外の幅広い関係者に強い印象を残した。OECD 経済総局から BIS へ転出して、金融経済局次長として活躍し、最近 BIS を定年退職したフィリップ・ターナー（Philip Turner）はメールで以下のようにコメントしている。

　　「是非付け加えさせて頂きたいのは、真に重要な経済問題について考察するにあたっての、貴方の全身全霊で打ち込む姿勢と粘り強さに、永年に亘って私が感銘を受け続けてきたことです。」

激動の世界経済をみすえて──日本銀行・OECD 退任後の活動

　OECD で副事務総長まで登りつめ、日本銀行でも長崎支店長、考査役、金融研究所所長などの要職を歴任した重原は 1999 年秋に OECD を退任し、翌年に「国際経済政策研究協会」を立ち上げて会長に就いた。この時期以降の重原は、本書にもあるとおり IMF「世界経済展望」（WEO）の分析の誤りを指摘したり、世界金融危機への国際機関の対応を検証するコンファランスを開催したりと、いわば国際機関のご意見番として広く知られるようになった。重原の下には各国・各界から幅広い人士が集まり、コンファランスの成果は国際的な書肆から刊行された。

　同時に本書でも触れられている通り、OECD 事務総長の人事、更には日本銀

行総裁人事を巡るうねりの中に重原も巻き込まれていくことになる。重原が日本銀行総裁の最重要候補に挙がりながら総裁指名に至らなかった経緯については、政界の動きや海外の反応も含めて本書に盛られているとおりである。小泉純一郎内閣当時、重原を日本銀行総裁に推挙していたグループは一枚の建白書（2003 年 2 月 13 日）を小泉官邸のために作成している。そこでは、重原を日本銀行総裁に推す理由として次の三点がまとめられていた。すなわち、海外の知名度の高い「国際派総裁」、日本銀行の組織を活性化出来る「改革断行総裁」、経済構造改革の先導者となりうる「華のある総裁」である。この時期に重原自身が筆を執った非公開の「発言要旨」から、重原本人の許諾を得てその一部を紹介しよう。

　「インフレ目標を導入した諸外国では、現実のインフレ率が望ましい物価状況とは程遠く高い状況にあったわけだが、我が国の現状はこれと反対の状況にあり、こうした状況のもとでのインフレ目標導入の効用とか特質をどう考えるか、といった点について、虚心坦懐に検討を急ぎ、得心がいけば、早急に導入することに私としては何の躊躇もない。」

　「いわゆる金利機能を通じる経済拡大効果がゼロ金利の制約で限界に達している中、金融政策の効果の波及過程としての他のチャンネル、例えば、資産効果（wealth effects）や交易条件効果（terms-of-trade effects）を活用する政策手段をより重視した政策運営が可能か、検討を急ぎたい。」

　「ただ、その際忘れてならない視点は、金融政策の時間的整合性（time consistency）である。金融政策の目的は、政府の経済政策と共に、国民全体の経済福祉水準の持続的な向上にある。こうした観点から、金融政策の運営にあたって、短期的な効果に偏重する結果、中長期的にみて禍根をのこすことがないようにしなければならない。」

　本文では筆致は抑えられているが、同時代の文献や私信をみるにつけ、「重原総裁」への当時の期待とそれが叶わなかった際のとりわけ海外からの失望は大きかった。欧米金融界の重鎮達からは、日本銀行総裁、OECD 事務総長、

解題　*431*

IMF 専務理事、あるいは BIS 総支配人に重原を推す声が高まっていた。付言しておけば、重原自身は実際に総裁に任ぜられた福井俊彦について、福井の民間での経験に触れて「日銀が発想の転換を図るには、福井氏の起用は良かったと思う」と述べている（注11）。

下って 2008 年 3 月 25 日、ロバート・フェルドマン博士（モルガンスタンレー証券・経済研究首席）が「次期日銀総裁——候補者を比較する」と題する英文の調査報告書を発表した。日本銀行総裁の資質を数値化して候補者をランク付けしたこの記事で、重原は竹中平蔵と共に第一位にあった。こうした情報は、しかしながら日本のメディアの取り上げるところとはならなかった。いずれにせよ重原をサポートした人々の政策提言や海外からの期待の声は、何らかの形で史料として後世に遺されるだろう。

人事を巡る話題はいつの世も喧しいものだが、ここでは当時、重原が何を語り、何を掲げていたのか、という観点から事態を整理してみよう（注12）。巻末の「著作目録」に窺えるように、重原は、デフレ脱却の方途について 2000年前後から系統的に発言を重ねていた。重原は 2003 年 6 月には「政府・日銀による無制限の円売り・ドル買いの市場介入を実施し、円相場を 1 米ドル＝150 ～ 160 円に誘導するのが望ましい」「この水準は OECD が算出した 2002 年時点での円の購買力平価水準とほぼ合致する」と述べて大胆な円高是正と物価に関する数値目標の設定を提唱している（注13）。当時の経済論壇を思い起こせば、重原はこうした「円高是正」論の論客として記憶に残っている。他方で忘れてならないのは、重原が 2001 年に発表した小泉改革を巡る論考である（注14）。この論文で重原は、プリンストン大学教授クルーグマンによる周知の批判——「構造改革なくして景気回復なし」と呼号した小泉改革に対して、総需要管理政策の不在を衝いて「改革と低迷」と論断した——を引き合いに、小泉改革路線の問題点を縦横に語っている。すなわち「政府・日銀当局による適切なマクロ需要管理政策と構造改革を車の両輪」とする総需要管理政策、労働市場政策や所得保証制度に踏み込む。「こうした多方面に亘る施策のデザインなしに、構造改革に偏重した経済政策を進めると失敗することは、OECD 諸国の経験が教えてくれるところである」。いまから 20 年近く前、それも「小泉劇場」の熱狂の最中にこうした議論を提起した人物がいたことは記憶されてよい。

本書を注意深く読むと、たとえば円高志向を掲げていたころの速水日本銀行総裁に対して重原が反対の立場にあったことや、その重原が日本銀行勤務の初期には逆の議論を展開していたことがニュアンスゆたかに語られている。「構造改革」と「マクロ需要管理」は、固定的な対立軸ではなく、「両輪」としていかに整合的に実施するか、そこに社会政策の配慮が入らなければならないというところに重原理論の重要なメッセージがあると読むべきだろう。実際、2003 年に重原が発表した 10 項目の政策提言では、為替や物価に係る緊急対策とならんで、失業者など「構造改革」の犠牲になりうる人々への支援が打ち出されている（注 15）。時論では、ともすると「リフレ派」か「反リフレ派」か、という単純な色分けがなされることが多いが、重原の立論はこうした図式を超えたところで、経済成長と社会的公正を内的にむすびつけた展望を指し示しているといえるだろう。それは経済成長のみならず、社会政策や教育政策にも深く関与した OECD の思考にも重なっている。

　　おわりに――重原久美春の回顧録が投げかけるもの

　上述した重原の自由人としての言論活動は、いかなる企業的スポンサーにも依拠せず、公私の権力から完全に独立して運営されている。既存の体制から距離を置き、場合によっては権力に対抗出来る自由を優先した重原は、嘗て衆議院議員選挙の当日に研修が課せられていたときに選挙権の行使を主張して上司に物申した若き日本銀行マンだったころに戻ったかのように、権力に正対して自由人として旺盛な理論活動をくりひろげている。重原の言論活動は経済・金融に限らず外交問題、戦争責任論、安全保障論などにも及んでおり、その一端は重原のウェブサイト（http://office.shigehara.online.fr）から閲覧出来る。
　日本銀行長崎支店長だったころ、重原は日本銀行行内広報誌『にちぎん』1985 年 7 月号の「巻頭随想」に「異邦人の献身」と題する小文を寄せている。ここで重原は、明治初期に長崎にやってきたフランスの青年神父マルク・ド・ロを紹介している。マルク・ド・ロは貴族出身ながら長崎に来て医療・孤児教育や産業指導に尽力し、フランスにもどることなく長崎で帰天した。重原はこの青年神父に仮託して「国を超えた人間の連帯」に思いを馳せている。国際経済の激動や内外政治のうねりの渦中にありながらも独自な光芒を放ちつづけた

重原の思考の根底には、こうした「人間の連帯」への信頼と期待がいまなお脈打っている。本書を手にとった読者がこうした重原の思想の奥深くに流れる価値観を読みとっていただければ幸いである。

　反グローバル主義、自国優先主義が高まる風潮の中で、重原が主張し続けてきた国際協力の枠組みの強化はますます難しくなるように見うけられる。本書にも指摘されているように、先進国と新興国を架橋するような国際経済政策協力のコア・グループはいまだ空白となっている。こうした中で、本書は重原久美春という異能の人物が肉声を通してみずからの経験と思想を語った貴重な成果であり、既発表の論文等に新たな光を投げかける手がかりでもある。後世の歴史家が重原久美春をみるとき、そして現在の人々が重原から学ぶときに、本書がその手助けとなることを願うものである。

2019 年 3 月 31 日

注

1. Erin Jacobsson, "A Life for Sound Money: Per Jacobsson, His Biography", Oxford University Press, 1979（吉國眞一・矢後和彦監訳『サウンドマネー BIS と IMF を築いた男　ペール・ヤコブソン』蒼天社出版、2010 年）
2. Emile van Lennep（with Evert Schoorl）, "Working for the World Economy, A Personal History", Nederlands Instituut voor het Banken Effectenbedrijf, Amsterdam, 1998.
3. Christophe Lamfalussy, Ivo Maes, Sabine Péters, "Alexandre Lamfalussy, The Wise Man of the Euro", Lanoo Campus, 2014.
4. このプロジェクトはオランダのラドバウド大学を拠点としてウェブ上で集積されつつある国際機関幹部・上級職員の伝記データベースである。
   https://www.ru.nl/politicologie/io-bio-bob-reinalda/io-bio-biographical-dictionary-sgs-ios/（2019 年 2 月 15 日閲覧）
5. Kenneth Abbot and Duncan Snidal, "Hard and Soft Law in International Governance" in International Organization, vol.54, no.3, Summer 2000.
6. OECD の歴史と現状を簡略に整理した最近の業績として Peter Carroll and Aynsley Kellow, "The OECD, A Study of Organisational Adaptation", Edward Elgar, 2011. OECD や IMF・BIS などの国際金融機関について日本のプレゼンスという視点から概観した近業として Kazuhiko Yago, "Contemporary Japan's power within international financial organisations", in Guibourg Delamotte, ed., Japan's World Power: Assessment, Outlook and Vision, Routledge, 2017.
7. 重原久美春、「運営に難題増す "ガラス細工の組織" — 50 周年を迎えた OECD が抱える課題、重原久美春 OECD 副事務総長インタビュー」『週刊東洋経済』1997 年 7 月 12 日号。
8. OECD 資料に依拠した最新の OECD 史研究として、Matthieu Leimgruber, Matthias Schmelzer, eds., "The OECD and the International Political Economy Since 1948", Palgrave, 2017 を参照。
9. 「OECD の思い出」『貯蓄と経済』139 号、1984 年 3 月。
10. Kumiharu Shigehara, "Multilateral Surveillance: What the OECD can offer; Surveillance Multilatérale, Ce que l'OCDE peut offrir", OECD, 1996.

11. 重原久美春、「福井総裁に言いたい ― 政府と一体で円高是正を」『読売新聞』2003 年 3 月 19 日。

12. 重原は 2010 年にインタビューに答えてバブルの発生と崩壊を中心に 1980 年代以降の金融政策を体系的に回顧している。松島茂、竹中治堅編『バブル／デフレ期の日本経済と経済政策』第 3 巻『日本経済の記録 ― 時代証言集 ―』（オーラル・ヒストリー）、（内閣府経済社会総合研究所、2011 年 3 月）。

http://www.esri.go.jp/jp/prj/sbubble/history/history_03/history_03.html（2019 年 2 月 17 日閲覧）

13. 重原久美春、「デフレが蝕む ― 輸出増で投資喚起／円、150〜160 円に誘導」『日本経済新聞』2003 年 6 月 20 日。

14. 重原久美春、「小泉政権の経済政策は成功するか」『金融財政事情』2001 年 10 月 8 日。

15. Kumiharu Shigehara, "A global solution needed to deal with the "Japan problem"", 20 March 2003. http://office.shigehara.online.fr/en/index.html（2019 年 2 月 18 日閲覧）。この 10 項目の提言をまとめた英文の声明は、当時の新聞等で伝えられた重原の印象とはまた異なり、極めて多岐に亘る対策を整然と打ち出した重要な資料である。

著作目録

【単著書】

Monetary Policy in Japan（OECD, 1974）

日本の金融政策（上掲書の草稿の日本銀行調査局抄訳、行内印刷、1972 年 11 月）

原書 "Monetary Policy in Japan" は、当時の OECD 事務総長 Emile van Lennep の方針により著者名を明示しない形で OECD Monetary Policy Studies の第 1 巻として 1974 年に刊行された。Christopher Dow（OECD Assistant Secretary-General and Head of Economics and Statistics Department）からは、重原久美春が著者であることが明記されるべきであると van Lennep 総長に進言したものの、聞き入れられなかったことに遺憾の意を示すと共に、英国 "Economist" 誌が "Monetary Policy in Japan" の内容を全 2 ページに亘る特集記事で紹介したことをもって reward と受け止めて欲しい、という文言を含む自署された覚書を重原に寄せた。経緯の詳細は第 6 章を参照。なお、日本銀行調査局抄訳版の解説部分には、全て重原の手による執筆であることが明記されている。

経済の安定成長と金融政策（東洋経済新報社、1991 年 12 月）

Multilateral Surveillance: What the OECD can offer; Surveillance Multilatérale, Ce que l'OCDE peut offrir（OECD, 1996）

日本銀行と OECD — 実録と考察：内外経済の安定と発展を求めて（中央公論事業出版、2019 年 12 月）本書

【共著書・編著書】

Kumiharu Shigehara and Niels Thygesen, The Role of Monetary Policy in Demand Management: the Experience of Six Major Countries（OECD, 1975）

重原久美春、ニールス・ティーゲセン（共著書）金融政策と景気調整：主要 6 ヵ国の国際比較（金融財政事情研究会、1976 年 8 月）

重原久美春、『金融自由化の進展と金融政策 — 日本の経験』、日本信用調査編『変貌するわが国の金融・経済構造：日本銀行調査月報等収録論文集』（日本信用調査出版部、1991 年 7 月）

Kumiharu Shigehara, "Global Implications of Trade and Currency Zones – Commentary" in "Policy Implications of Trade and Currency Zones" (The Federal Reserve Bank of Kansas City, 1991)

Kumiharu Shigehara, "The External Dimension of Europe 1992" in Tommaso Padoa-Schioppa, ed., ［essays by］Michael Emerson, Kumiharu Shigehara, and Richard Portes, "Europe after 1992: Three Essays"（Princeton University, N.J., International Finance Section, Dept. of Economics, 1991）

重原久美春（編著書）金融理論と金融政策の新展開（有斐閣、1992 年 3 月）

Kumiharu Shigehara, ed., Price Stabilization in the 1990s: Domestic and International Policy Requirements（Macmillan, 1993）

Kumiharu Shigehara, "Causes of Declining Growth in Industrialized Countries" in "Policies for Long-run Economic Growth" (The Federal Reserve Bank of Kansas City, 1992)

Kumiharu Shigehara, "Evolving International Trade and Monetary Regimes and Related Policy Issues" in Thomas Andersson, ed., "Japan: A European Perspective"（St. Martin's Press, London, 1993）

Kumiharu Shigehara, "Financial Markets in Transition – or the Decline of Commercial Banking - Commentary" in "Changing Capital Markets: Implications for Monetary Policy" (The Federal Reserve Bank of Kansas City, 1993)

Kumiharu Shigehara, "Long-Term Tendencies in Budget Deficits and Debt – Commentary" in "Budget Deficits and Debt: Issues and Options" (The Federal Reserve Bank of Kansas City, 1995)

Kumiharu Shigehara, "The Options Regarding the Concept of a Monetary Policy Strategy" in Deutsche Bundesbank, ed., "Monetary Policy Strategies in Europe" (Verlag Vahlen, München, 1996)

Kumiharu Shigehara, "Monetary and Economic Policy – Then and Now" in Age F. P. Bakker and Noud Gruijters ed., "A Global Order for Sustainable Economic Growth" (De Nederlandsche Bank and Nederland Instituut voor het Bank-en Effectenbedrijf, Amsterdam, 1998)

Kumiharu Shigehara, "Monetary Policy and Economic Performance" in Axel Leijonhufvud ed., "Monetary Theory and Policy Experience" (Palgrave, London, 2001)

Kumiharu Shigehara, ed. (with a main chapter as author), The Limits of Surveillance and Financial Market Failure: Lessons from the Euro-Area Crisis (Palgrave Macmillan, 2014)

【単著論文・証言等】

パリ金融市場とフランス銀行の介入操作（日本銀行調査局、1967 年 2 月）

英国の銀行体質改善策（日本銀行調査局、1967 年 7 月）

英国における所得政策の展開とその効果（日本銀行調査月報、1967 年 9 月）

英ポンドの平価切下げとその影響（日本銀行調査月報、1967 年 12 月）

英国の財政支出削減強化と今後の政策課題（日本銀行調査月報、1968 年 2 月）

英国の 68 年度予算案と物価・所得政策の強化措置について（日本銀行調査月報、1968 年 4 月）

> 日本銀行調査月報掲載論文には筆者名は明示されなかった。

"Absorption of the Two Oil Crisis: Japan's Experience"(*The European Economic Review*, Amsterdam, 1978)

"Monetary Policy in Japan: A Review of its Conduct During the Past Ten Years", Haruo Mayekawa (Kredit und Kapital, 12, Jahrgang 1979/Heft 4)

> 重原久美春が前川春雄（当時日本銀行副総裁）の直接の命令で代筆したもの。重原が単独で原稿全文を執筆、演題も重原が選定した。経緯の詳細は第 8 章を参照。

ユーロ市場の拡大とその規制をめぐる諸問題（金融学会報告、1981 年 5 月）

"The Way Back to the Growth of the World Economy", lecture delivered by Bank of Japan Governor Haruo Mayekawa (Bank of Japan Monetary and Economic Studies, Vol.1 No.1, June 1983)

> 重原久美春が前川春雄（当時日本銀行総裁）の直接の命令で代筆したもの。重原が単独で原稿全文を執筆、演題も重原が選定した。Bank of Japan Monetary and Economic Studies の第一号への掲載、そして真の執筆者を明示しないことは、日本銀行金融研究所研究第一課長として編集を担当した重原の独断であった。経緯の詳細は第 10 章を参照。

OECD の思い出（貯蓄と経済、1984 年 3 月）

金融面でも国際協調を（日本経済新聞「経済教室」、1987 年 7 月 4 日）

"Life in the City of Lights – Japanese in International Organizations: Kumiharu Shigehara" (Look Japan, October 1988)

国際収支の改善策：中期的に推進を（信濃毎日新聞、1989 年 6 月 22 日）

国際政策協調：日本は指導性発揮を（日本経済新聞「経済教室」、1989 年 9 月 29 日）

米財政再建の課題：租税構造の転換を（信濃毎日新聞、1989 年 10 月 4 日）

先進国は貯蓄率アップを（日本経済新聞「経済教室」、1990 年 6 月 8 日）

資産価格の変動とインフレーションについて（金融研究、1990 年 7 月）

金融自由化のパフォーマンス評価基準を提案する（金融財政事情、1990 年 7 月 23 日）

1992 年欧州統合の対外的側面（金融研究、1990 年 10 月）

地域経済統合の進展と金融経済の展望（証券経済時報、1990 年 11 月）

"Some Reflections on Monetary Policy Issues in Japan"（Bank of Japan Monetary and Economic Studies, Vol.8, No.2 / September 1990）

"Japan's Experience with Use of Monetary Policy and the Process of Financial Liberalization"（Reserve Bank of Australia, Sydney, 1990）and（Bank of Japan Monetary and Economic Studies. Vol.9, No.1 / March 1991）

金融自由化の進展と金融政策 — 日本の経験（金融研究、1990 年 12 月）

金融構造の変化と今後の課題（かんぽ資金、1990 年 12 月）

EC 通貨統合と中央銀行の使命（きんき、VOL.7 WINTER、1991 年）

"Evolving International Trade and Monetary Regimes and Related Policy Issues"（Bank of Japan Monetary and Economic Studies, Vol.9, No.2 / September 1991）

錯綜する自由化本番時代の金融政策（銀行時評、1991 年 10 月 15 日）

国際貿易・通貨体制の新展開と政策課題（金融研究、1991 年 12 月）

OECD の方向：工業国の協力カギ（上毛新聞「日曜トーク」、1992 年 3 月 8 日）

Kumiharu Shigehara, "Statement on the General Economic Situation and the Policy Challenges in Europe" at OECD Working Party No.3（mimeo, OECD, 3 December 1992）

Kumiharu Shigehara, "Introductory Statement: Press Conference – OECD Economic Outlook 52"(mimeo, OECD, 17 December 1992)

世界的課題に国際協調は可能か（外交フォーラム、1993 年 5 月）

雇用創出が先進国共通の課題（エコノミスト、1994 年 5 月 17 日）

"Macroeonomic Policies and Structural Reform", Opening Remarks at an international conference on "Interactions between Structural Reform, Macroeconomic Policies and Economic Performance" at the OECD on 18-19 January 1996,（OECD Proceedings, 1996）

規制改革：ダイナミックな経済の構築を目指して（東京読売シンポジウム、読売新聞、1996 年 6 月 1 日）

内需拡大に金融緩和維持を（週刊東洋経済、1996 年 8 月 3 日）

Kumiharu Shigehara, "Meeting the Challenges of Borderless Competition", a speech given at the Strategy Conference for Scandinavian Executives on "Mobilising Your Company for Borderless Competition", Stockholm, 3 May 1994.

Kumiharu Shigehara, "Globalisation and Employment", a speech at the International Workshop "Globalisation and Employment: A Possible Solution?", organised in cooperation with Confindustria of Piacenza, Palazzo Farnese, Piacenza, Italy on 11-12 April 1997（OECD Press Release, 12 April 1997）

運営に難題増す "ガラス細工の組織" ― 50 周年を迎えた OECD が抱える課題（週刊東洋経済、1997 年 7 月 12 日）

"Good News on Globalization"（The Journal of Commerce, 25 July 1997）

"The OECD: Just Another Rich Man's Club?"（Look Japan, September 1997）

規制緩和は将来への投資だ（週刊東洋経済、1997 年 11 月 1 日）

"Globalisation, technologie et emploi"（Le Figaro, 7 November 1997）

"Die negative Einstellung zur Globalisierung überwinden"（Handelsblatt, 9 January 1998）

グローバル化、各国に利益（読売新聞、1998 年 2 月 4 日）

Kumiharu Shigehara, "The Rule of Law and the Development of a Market Economy in the Russian Federation", Opening Statement at an OECD Symposium on 23-24 March 1998（OECD Press Release, 23 March 1998）

"Causes and Implications of East Asian Financial Crisis"（speech delivered at conference on "Asia and Europe: A New Agenda After the Crisis"organised by the Asia-Europe Foundation and the Centre d'Etudes Prospectives et d'Informations Internationales, 11 May 1998）

"Asia and Europe: Some Common Challenges for the 21st Century"（Asia-Europe Young Leaders Symposium, Baden/Vienna, 25 May 1998）

"New Policies for Dealing with Ageing"（The OECD Observer, no.212, June/July 1998）

"Globalisation, Technology and Jobs"（speech at the Japan Society, London, 4 July 1998）

"Targets and Indicators for Monetary Policy: Observations from OECD Countries' Experience"（lecture delivered at The People's Bank of China, Beijing, 15 July 1998, OECD Press Release of 15 July 1998）

"Policies for Dealing with Population Ageing in the Global Context"（speech delivered at The Development Research Centre of the State Council of China, Beijing, 17 July 1998, OECD Press Release of 17 July 1998）

"OECD and Asia in the Globalizing World Economy"（Asia-Pacific Review, Volume 5, Issue 1, 1998）

Kumiharu Shigehara, "The Path Ahead to High and Equitable Growth for the Global Economy: the Role of the OECD", a keynote speech given at the Conference "Economic Development in the Baltic Region: the Path Ahead", Tallin, Estonia, 20 October 1998 （OECD Press Release, 20 October 1998）

Kumiharu Shigehara, "Towards More Stable Global Finance: Some Issues Concerning Orderly Liberalisation in Emerging Market Economies", a keynote speech at the Thirteenth Pacific Basin Central Bank Conference, Los Cabos, B.C. S., Mexico, 9 November 1998 （OECD Press Release, 9 November 1998）

Kumiharu Shigehara, "Financial Crisis: Causes and Implications of Recent Episodes", a keynote address at the Finance 98 Conference, Istanbul, Turkey, 21 November 1998 （OECD Press Release, 21 November 1998）

Kumiharu Shigehara, "Politiques à mettre en oeuvre pour faire face au viéllissement des populations dans le contexte mondial", discours prononcé à l'Université de Liège, 26 novembre 1998 （OECD News Release. 26 November 1998）

Kumiharu Shigehara, "Faut-il contrôller les movements de capitaux?"（L'ECO, 5-7 December 1998）

Kumiharu Shigehara, "A View of the Global Economy in the Twenty-first century", Keynote speech at the Amrosetti Conference on Market Leaders and Scenarios for the Twenty-first century, Villa d'Este, Cernobbio, Come, Italy, on 26-28 March 1999 （OECD Press Release, 28 March 1999）

域外国に開かれた OECD（OECD ニュースレター、1999 年 6 月号）

競争政策の国際的側面（一橋大学「経済研究」発刊 50 周年記念号、VOL.50, NO.1、

1999 年）

グローバル金融の更なる安定を目指して（NIRA 政策研究、1999 年 VOL.12, NO.1）

拡大する所得格差にどう対応するか（論争東洋経済、2000 年 5 月）

経済成長と社会的公正（日本経済研究センター会報、2001 年 5 月）

"Flawed assumption in simulations with IMF model"（The Financial Times, London, 15 May 2001）

世界経済、一層の減速懸念（日本経済新聞「経済教室」、2001 年 7 月 10 日）

"Is the World Prepared to Deal with the Global Economic Slowdown?"（The Japan Times, 12 July 2001）

"Comment affronter le ralentissement économique?"（Les Echos, Paris, 18 July 2001）

小泉政権の経済政策は成功するか：日本経済再建の処方箋（金融財政事情、2001 年 10 月 8 日）

世界経済の潮流と日本の政策課題（財経詳報、特別論文、2002 年 1 月）

ユーロの挑戦（金融財政事情「時論」、2002 年 1 月 14 日）

言霊とロゴス（金融財政事情「時論」、2002 年 4 月 14 日）

我が国における人材育成の課題：強まる経済と教育システムの国際競争のなかで（財経詳報、特別論考、2002 年 6 月 5 日）

国際公僕のすすめ：もっと日本の出番を（OECD 東京センター・ニュース 2002 年 6 月）

"Developments in International Policy Co-operation and Japan's Tasks: An Insider's Views"（Research Institute of Economy, Trade and Industry, 23 July 2002）

公務員の天下り規制（金融財政事情「時論」、2002 年 8 月特大号）

"Looking for Models in Pursuit of Prosperity"（The OECD Observer, no.235, p.14-16, December 2002）

財政規律と金融・為替相場政策運営（金融財政事情「時論」、2003 年 1 月 20 日）

"A global solution needed to deal with the "Japan problem"
（http://office.shigehara.online.fr/en/index.html 20 March 2003）

"A weaker currency is the best medicine for Japan"（The Financial Times, April 2, 2003）

悪循環打開に円高是正を（日本経済新聞「経済教室」、2003 年 4 月 28 日号）

経済発展、社会公正と福祉の向上を目指して（財経詳報「特別論考」、2003 年 8 月 25 日号）

"Number of top jobs at OECD must be reduced as governments begin to search for new secretary-general"（The Financial Times, 29 July 2005）

"The Japanese Economy in the Age of Globalisation"（Casa Asia, Barcelona, 12 December 2005）

"Comments on Mervyn King's Speech: Division of Labour between the IMF and the OECD?"（http://office.shigehara.online.fr/en/index.html, 25 January 2007）

"Japan's monetary authorities must act aggressively"（The Financial Times, 25 November 2008）

"Swift BOJ action is needed to check yen's sharp rise"（The Nikkei Weekly, 1 December 2008）

"Managing the International Crisis"（The Japan Times, 10 December 2008）

新たな国際経済社会秩序の構築（外交フォーラム、2009 年 4 月号）

日銀、円高への警戒を強めよ（日本経済新聞「経済教室」、2009 年 10 月 12 日号）

"Japan needs more aggression in warding off deflation" (The Financial Times, 26 October 2009)

"Japan's demand management and yen rate in the global crisis" (The Japan Times, 2 November 2009)

"Central banks experimenting to counter deflationary pressure" (The Japan Times, 3 November 2009)

為替相場の安定のために日銀が取るべき政策対応（週刊エコノミスト、2009 年 11 月 3 日号）

"Multilateral Surveillance: the IMF, the OECD and G-20" (speech at the Conference on "Outlook for the European Union in 2030: Between Emerging Countries and North America", la Ligue Européenne de Coopération Economique, Paris, 1 February 2011)

松島茂、竹中治堅編『バブル／デフレ期の日本経済と経済政策』第 3 巻『日本経済の記録 ― 時代証言集 ―』（オーラル・ヒストリー）、（内閣府経済社会総合研究所、2011 年 3 月）

"The Way Forward: Streamlining Policy Discussions for More Effective Multilateral Surveillance" (The OECD 50th Anniversary Book "OECD at 50", May 2011, OECD)

"For More Effective Multilateral Surveillance" (The Japan Times, Tokyo, 23 May 2011)

"Multilateral Surveillance of Monetary Policy in the United States and the United Kingdom" (The International Economic Policy Studies Association, Paris, October 2013)

"Interdependence, International Spillovers and Global Governance" (Shanghai Institute of Finance and Law, Shanghai, 1 November 2013)

経済繁栄と社会公正：日本とスペインの課題（日本スペイン交流開始 400 周年記念コンフェランス基調講演）、（CIDOB、Barcelona、2014 年 1 月 17 日）

"Japan at the OECD and the OECD in Japan" (The OECD Observer, no.298, pp.35-36 April 2014)

日本における OECD と OECD における日本（OECD『オブザーバー』誌、日本 OECD 加盟 50 周年記念特別号（日本語版）、2014 年 4 月）

"New Challenges and a Search for Better Global Governance" (BOAO Review, China, April 2014)

国際社会で活躍できる人材（前橋高校平成 26 年度開校記念講演、2014 年 11 月 17 日）

"Economic challenges ahead" (The Japan Times, 27 June 2015)

"The Future of Policy Advice by Inter-governmental Institutions-Lessons from the UK's EU referendum Leave Vote", note presented to an international seminar held at the French Delegation to the OECD in Paris on the 14th December 2016, http://office.shigehara.online.fr/en/Shigehara_Issues.pdf

"A Reflection on Japan's Security", 24 July 2017, http://office.shigehara.online.fr/en/articles/NK1.pdf

"Further Reflections on North Korea's Threats and Japan's Security", 22 August 2017, http://office.shigehara.online.fr/en/articles/NK1b.pdf

"Japan's War crimes, Colonialism and Apologies" (The Japan Times, 29 August 2019)

【共著論文】

"The Effects and the Design of Monetary Policy", co-authored with Niles Thygesen, in "Economic Research in European Central Banks" edited by F. Masera, A. Fazio and T. Padoa-

Schioppa (Banca d'Italia, Rome, 1975)

企業の資本コストを巡る問題について（佐藤節也と共著、金融研究、1990 年 7 月）

『新しい成長理論』について（大庭竜子と共著、金融研究、1991 年 3 月）

日本の「貯蓄」をどう使うか：貿易摩擦の "足音" ─ スタンフォード大学ジョン・テイラー教授との対談（週刊東洋経済、1991 年 11 月 23 日）

"Surveillance by International Institutions: Lessons from the Global Financial and Economic Crisis", co-authored with Paul Atkinson（OECD Economic Department Working Papers, no.860, May 17, 2011, pp.2-41）

"How to run the euro area", co-authored with Paul Atkinson, Wolfgang Michalski, Leif Pagrotsky and Robert Raymond（The Japan Times, 22 April 2014）

"Wirtschaftspolitik für die Eurozone", co-authored with Paul Atkinson, Wolfgang Michalski, Leif Pagrotsky and Robert Raymond, transalated into German by Wolfgang Michalski（Wirtschaftsdienst, Volume 94, Issue 6, pp.407-409, June 2014）

【上毛新聞「重原久美春の経済コラム」寄稿文】

黒田日銀総裁に期待	2013 年 4 月 2 日号
OECD の「通信簿」	2013 年 5 月 8 日号
英国女王陛下のご下問	2013 年 6 月 5 日号
財政再建の王道は何か？	2013 年 7 月 3 日号
教育制度と社会公正	2013 年 8 月 7 日号
金融資本市場の失敗	2013 年 9 月 4 日号
サマーズ氏の挫折	2013 年 10 月 3 日号
ユーロ圏危機の教訓	2013 年 11 月 6 日号
中国の対外開放	2013 年 12 月 4 日号
2014 年の経済展望	2014 年 1 月 9 日号
東アジアの経済繁栄と安全保障	2014 年 2 月 5 日号
成長促進の国際公約	2014 年 3 月 5 日号
欧州域内の協力体制	2014 年 4 月 2 日号
国際機関での日本人	2014 年 5 月 6 日号
東アジア海域の緊張	2014 年 6 月 4 日号
日本が選択する未来	2014 年 7 月 2 日号
日本の戦争責任	2014 年 8 月 7 日号
経済的な豊かさの将来像	2014 年 9 月 3 日号
日本女性の活躍	2014 年 10 月 1 日号
女性の社会進出	2014 年 11 月 5 日号
日本人の米国留学減少	2014 年 12 月 4 日号
ことしの経済展望	2015 年 1 月 7 日号
ユーロ圏の量的緩和	2015 年 2 月 4 日号
子どもに貧困の連鎖	2015 年 3 月 4 日号

【民間外交親善協会（FEC）月刊機関誌「随想」欄寄稿文】

世界的繁栄のための新たなモデルを求めて	2003 年 5 月号
イラク日本人拘束事件に想う	2004 年 5 月号

世界に貢献する創造的な日本人の形成のために	2004 年 11 月号
「ドイツの悲劇」と一般国民の戦争責任	2006 年 5 月号
戦争責任の多角的な論考	2007 年 9 月号
未来のための記憶の伝達	2008 年 4 月号
世界的な経済危機のなかで望まれる多角的な政策論議	2009 年 2 月号
不況の克服と経済社会構造の変革	2009 年 8 月号
金融危機の反省とその教訓の伝達	2010 年 5 月号
混迷する世界に対する日本の情報発信力	2011 年 1 月号
中国紀元	2012 年 1 月号
世界大戦から何を学ぶか	2014 年 9 月号
英国の EU 離脱	2016 年 9 月号

【日本銀行行内広報誌『にちぎん』掲載記事、寄稿文】

日本銀行昭和 37 年入行者座談会『伸びよ若きポプラ』	1962 年 8 月
日本銀行広島支店職員座談会『よみがえる広島』	1964 年 8 月
日本銀行本店若手職員座談会『物価問題を考える』	1969 年 5 月
速水優（理事）・緒方四十郎（外事審議役）・重原久美春（外国局兼総務部調査役）＝鼎談『国際経済の流れを見つめて』	1978 年 12 月
巻頭随想『異邦人の献身』	1985 年 7 月
インタビュー『重原 OECD 経済総局長に聞く』	1992 年 4 月

注
1. 日本銀行『調査月報』に掲載された論文は全て以下のリンクで入手可能です。
   https://www.boj.or.jp/research/past_release/index.htm/#p04
2. 日本銀行英文機関誌 "Monetary and Economic Studies" に掲載された論文は全て以下のリンクで入手可能です。
   http://www.imes.boj.or.jp/research/mes.html
3. 日本銀行金融研究所機関誌『金融研究』に掲載された論文は全て以下のリンクで入手可能です。
   http://www.imes.boj.or.jp/research/kinyu.html
4. 上毛新聞および民間外交親善協会（FEC）機関誌への寄稿文は重原久美春の公式ウェブサイト（日本語版）の「談話コーナー」から入手可能です。
   http://office.shigehara.online.fr/jp/index.ht

人名索引

（五十音順）

【あ行】

相川賢太郎	171,172
アイゼンハワー、 ドワイト・デヴィッド Eisenhower, Dwight David	72,73,84
青木昭	34,43,110, 228,229,350
アキシルロッド、 スティーヴン Axilrod, Stephen H.	13,72,73,100, 102,133,148, 150,167,192, 195,324,329, 417
芦部信喜	390
アダムクス、ヴァルダス Adamkus, Valdas	270
アデナウアー、コンラート Adenauer, Konrad Hermann Joseph	56,85,203
アトキンソン、フレデリック Atkinson, Frederick John	145
アトキンソン、ポール Atkinson, Paul E.	9,324,329,336, 337
アヌン、エルヴェ Hannoun, Hervé	288
アフタリオン、アルベール Aftalion, Albert	49,390
安倍晋三	305,373
新井永吉	119
アリバー、ロバート Aliber, Robert	99
アルクライシ AlQuraishi	140
アルチュイ、ジャン Arthuis, Jean	9,359

アルファンデリ、エドモン Alphandéry, Edmond	327
アレクサシェンコ、セルゲイ Aleksashenko, Sergei	267,268
アンダーソン、トマス Andersson, Thomas	297,335
安藤太郎	27,115
飯塚明	115
イカール、アンドレ Icard, André	325,329,343
池田勇人	46,49,85
石川吉右衛門	390
石川健一	29
石田定夫	100
磯田一郎	115
五十畑一彦	41
イツォ、ルチオ Izzo, Lucio	92
イッシング、オトマール Issing, Otmar	242,288
伊藤隆敏	226,371
伊藤正直	152,199
稲葉延雄	183,417
稲村光一	92
犬塚時夫	173
井上四郎	92,143
伊部恭之助	115
岩田一政	191
ヴァンストン、ニコラス Vanston, Nichlas J.	9,336,337

人名索引　*445*

ヴァンレネップ、エミール
van Lennep, Emile
1,3,14,22,43,57,
65,75-77,79-
82,85,86,93,
103,106,129,
145,146,154,
156,160,168,
170,174,185,
186,189,215,
216,252,331,
351,359,362,
413,420,427

ヴィスコ、イニャツィオ
Visco, Ignazio
241,252,253,
284,292,293,
363

ウィックス、ナイジェル
Wicks, Nigel
224

ヴィッテヴェーン、ヨハン
Witteveen, Johan
87,126,130

ウィルソン、ハロルド
Wilson, James Harold
40,42,66

植田和男
191,233

ウェリンク、ナウト
Wellink, Arnout Henricus
Elisabeth Maria "Nout"
242,411

ウォーリック、ヘンリー
Wallich, Henry
7,92,133,137,
139,141,147,
150,151,153,
154,161,174,
197

ヴォルカー、ポール
Volcker, Paul
13,58,72,81,
86,92,127,133,
137-141,175,
193,203,207

ウォルターズ、アラン
Walters, Alan Arthur
158,220

ウォルフ、マーティン
Wolf, Martin
289,331

宇佐美洵
34,41,44,59,
132

内山充
375

ウッドレイ、ジョン
Woodley, W. John R.
130,132,135,
137

内海孚
386

ウルマニス、カールリス
Ulmanis, Kārlis
270

ウルモ、イーヴ
Ullmo,Yves
145,146,156

エアハルト、ルートヴィヒ
Erhard, Ludwig Wilhelm
57,84

江口英一
99,165,166,352

エミンガー、オトマール
Emminger, Otmar
56,57,59,62,64,
79,80,82,92,95,
121,138,427

エリザベス女王
Elizabeth II
(Elizabeth Alexandra Mary)
321,322

エリツィン、ボリス
Yel'tsin, Boris Nikolayevich
266-268

エルメスコフ、ジョルゲン
Elmeskov, Jørgen
218

遠藤達男
36

大倉真隆
144

大島陽一
174

太田赳
35,119,143

大庭竜子
194

大場智満
192,214

大平正芳
117,130,134,
137

大森荘蔵
388,389,422

岡昭
34,42

岡田明久
387

緒方四十郎
7,34,35,60,119,
121,128,132,
168,175,189,
195,370,412,
417

岡光序治
408

小川是
406,417

小倉和夫
414,415

オストリ、シルヴィア
Ostry, Sylvia
1,4,7,14,145-147,
150,156,163,
164,185,216,
253

オスブリンク、エリック
Åsbrink, Erik
9,209

オソラ、リナルド
Ossola, Rinaldo
92,95

小田部陽一
408,414,415,
417

オボーン、ジョージ Osborne, George	333,335
小和田恆	414,415

【か行】

カークランド、 リチャード Kirkland, Richard	164
カーニー、マーク Carney, Mark J.	244,332
カーター、ジミー Carter, James Earl "Jimmy", Jr.	119,120,128, 129,154,192, 204
ガイトナー、ティモシー Geithner, Timothy Franz	375
カシヤノフ、ミハイル Kas'yanov, Mikhail Mikhailovich	268
柏木雄介	59,62,63,92, 93,96
カズンズ、ケネス Couzens, Kenneth	151,154,158
ガソリバ、カルレス Gasoliba, Carles A.	329
カダン、ギュイ Quaden, Guy	9,325
カッセル、カール・グスタフ Cassel, Karl Gustav	49
加藤紘一	421
加藤周一	388,390,423
加藤隆司	137
加藤隆俊	230,237,324, 396,417
可児滋	119
カムドシュ、ミシェル Camdessus, Michel	148,204,338, 365,366
鴨志田孝之	358
カルヴェ、ピエール Calvet, Pierre	79
カルリ、グイド Carli, Guido	106
河合榮三郎	387,391

川口順子	414,417
川島武宜	389,423
樺美智子	31
木川田一隆	60
菊井維正	119
岸井成格	367
北村行伸	397,401,410, 417
ギッシング、ジョージ Gissing, George Robert	279
木村健康	30,390
キャメロン、デヴィッド Cameron, David	332,335
キャラハン、ジェームズ Callaghan, Leonard James	42,67,75-77
行天豊雄	58
清島省三	172
キリエンコ、セルゲイ Kirienko, Sergei Vladilenovich	268
キング、マーヴィン King, Mervyn	13,16,103,242, 288,304,333, 339,407,408, 411,417
クームズ、チャールズ Coombs, Charles A.	71
クーリ、ペンティ Kouri, Pentti	99
クズネッツ、 サイモン・スミス Kuznets, Simon Smith	262
クック、ピーター Cooke, Peter	141,143
グッドハート、チャールズ Goodhart, Charles Albert Eric	122,220,329, 417
グッドフレンド、マーヴィン Goodfriend, Marvin Seth	233-235
グッフィ、ロジャー Guffey, J. Roger	203
クドリン、アレクセイ Kudrin, Aleksei Leonidovich	267,268
久保治彦	32

クラーク、スコット Clark, Scott	8
クライン、ローレンス Klein, Lawrence Robert	120,156
蔵原千秋	119
グリア、アンヘル Gurría, Angel	333,361,362, 413,417
グリーンスパン、アラン Greenspan, Alan	193,203,285
クリステンセン、ソーキル Kristensen, Thorkil	56,57,362
クリントン、ウィリアム （通称ビル） Clinton, William Jefferson "Bill"	13,214,239, 341,359,375
グルー、ジョゼフ Grew, Joseph Clark	32,384,385, 386,415
クルーグマン、ポール Krugman, Paul Robin	193,204,205, 207,210,289, 290,292,432
グレスケ、レオンハルト Gleske, Leonhard	139,147,148, 206
呉文二	34,102
黒岩文三郎	383
クロウ、ジョン Crow, John	193,203,206
クローゼン、オールデン Clausen, Alden Winship "Tom"	168
クロケット、アンドルー Crockett, Andrew	15,23,220,224, 288,365,366, 393,396,411, 417
黒田晃生	175
黒田東彦	17,305,375,417
ケインズ、 ジョン・メイナード Keynes, John Maynard	30,89,148,168, 429
ケーラー、ホルスト Köhler, Horst	284,366
ケネディ、 ジョン・フィッツジェラルド Kennedy, John Fitzgerald "Jack"	72,79,80,84-86
ケネン、ピーター Kenen, Peter Bain	193

ゲラシチェンコ、ヴィクトル Gerashenko,Victor	195,267
ケロー、エンスレー Kellow, Aynsley	363,375,434
コイヴィスト、 マウノ・ヘンリク Koivisto, Mauno Henrik	99
小池良司	152,200,202
小泉純一郎 Koizumi, Junichiro	17,289-293, 367-369,372, 406,411,431, 432
河本敏夫	159
項懐誠	273
ゴー・チョクトン（呉作棟） Goh Chok Tong	341
ゴードン、ロバート Gordon, Robert	167,196,241
コーン、ドナルド Kohn, Donald Lewis	192
呉儀	273,274
小瀬一郎	385
コッホウェザー、カイオ Koch-Weser, Caio	366
コティス、 ジャン＝フィリップ Cotis, Jean-Phillipe	293
コノリー、バーナード Connolly, Bernard	223
小林直樹	389,423
小林元	387,406,417
小宮隆太郎	28,96,208,209
小矢野重雄	384
コロムゼー、ヴァル Kromzay, Val	273,329
近藤誠一	364

【さ行】

斎藤精一郎	47
坂上靜広	29,31,32
榊原英資	254

坂本義和	389,423
桜井充	374,375
佐々木直	33,60,117,224
佐々木信行	30
佐々木義孝	8
サッチャー、マーガレット Thatcher, Margaret Hilda	153,158,220, 370,371
佐藤栄作	234
佐藤節也	194,288,393, 398,417
佐藤俊樹	309
サマーズ、ローレンス （通称ラリー） Summers, Laurence "Larry"	8,13,207,208, 224,229,230, 232,239,240, 252,255,256, 268,274,375
サミュエルソン、 ポール・アンソニー Samuelson, Paul Anthony	30
サモンズ、ロバート Sammons, Robert	89,98,102
サルコジ、ニコラ Sarközy, Nicolas Paul Stéphane de Nagy-Bocsa	338
澤田悌	33
シーマン、マルト Siimann, Mart	271
ジールストラ、イェレ Zijlstra, Jelle	87,96
シェイファー、ジェフリー Shafer, Jeffrey R.	7,329,359,368, 373,375,411, 417
シェルトン、ジョアンナ Shelton, Joanna	359,362
ジェンキンズ、ポール Jenkins, Paul	224,255
ジェンキンズ、ロイ Jenkins, Roy	42,67
塩崎泰久	119
重原（旧姓吉澤）曄子	8,9,32,414
重原（旧姓井上）いえ	9,377,379,381
重原格	9,381,421

重原喜代作	377,378,381
重原清三郎	377,392,421, 424
重原久美春（通称クミ） Shigehara,Kumiharu "Kumi"	1,3,7-9,11,12,16, 163,176,179, 203,223,247, 252,257,258, 359,361,362, 370,375,377, 394,401,420, 421,433,434, 458
重原（旧姓田邊）るつ	9,377,403,421, 424
ジスカールデスタン、 ヴァレリー Giscard d'Estaing,Valéry	69,76,147,195
鎮目雅人	152,200
篠塚豊	28,409,417
島田謹二	388
島本禮一	114,117,119, 121-125
シモニン、ポーラ Simonin, Paula	107,108,396, 417
下村治	34,38,49
シュヴァイツァー、 ピエール＝ポール Schweitzer, Pierre-Paul	81,82
シュタルク、ユルゲン Stark, Jürgen	8,240
シュミット、ヘルムート Schmidt, Helmut Heinrich Waldemar	120,195
朱鎔基	274
シュラキ、ジャン＝クロード Chouraqui, Jean-Claude	106
ジュリオン、ベルナー Jurion, Bernard	9
ジュルゲンセン、フィリップ Jurgensen, Philippe	154
シュルツ、ジョージ Schultz, George Pratt	148
シュレーグル、ヘルヴィック Schloegl, Herwig	359

シュレーダー、ゲルハルト Schröder, Gerhard Fritz Kurt	366	鈴木竹雄	390
シュレジンガー、ヘルムート Schlesinger, Helmut	104	鈴木（旧姓大澤）由香	398,417
シュワルツ、モイーズ Schwartz, Moisés	324	鈴木淑夫	158,159,165, 166,207,228, 351,412,417
昭和天皇	380,384,422	スティグラー、 ジョージ・ジョゼフ Stigler, George Joseph	30
正田米吉	383		
ジョージ、エドワード （通称エディ） George, Edward Alan John "Eddie"	17,227,244, 288,365,396	ストロス＝カーン、 ドミニク Strauss-Kahn, Dominique	366,395
ジョーダン、ジェリー Jordan, Jerry	150,151	スパーク、 ポール＝アンリ Spaak, Paul-Henri Charles	78
ジョスパン、リオネル Jospin, Lionel	263	スプリンケル、ベリル Sprinkel, Beryl Wayne	147,148,150- 152,154,156, 158,161,162, 429
ジョンストン、ドナルド （通称ドン） Johnston, Donald J. "Don"	1,2,4,5,9,17, 252,266,267, 274,293,329, 341,357-362, 364,413,417		
		スミス、アダム Smith, Adam	204
ジョンソン、ハリー Johnson, Harry Gordon	98,99	関根敏隆	400,401,417
ジョンソン、リンドン Johnson, Lindon Baines	41,70-72,77	ソイヤー、マルコム Sawyer, Malcom	309
シラー、ロバート Shiller, Robert James	99	相馬克美	44
シラク、ジャック Chirac, Jacques René	358	ゾルマン、スタファン Sohlman, Staffan	361
白井慎一郎	101	ソロス、ジョージ Soros, George （Schwartz György）	221
白川方明	198,299,305, 371-373		
		ソロモン、 アンソニー・モートン Solomon, Anthony Morton	121,140,141
白塚重典	21,200,417		
シルー、キャロル Sirou, Carolle	329	ソロモン、ロバート Solomon, Robert "Bob"	92
城山三郎	30	**【た行】**	
神藤吉重	383	ターナー、フィリップ Turner, Philip	324,402,417, 430
新保生二	395,396		
スヴェンソン、ラール Svensson, Lars	295,297	ダーン、デューイ Daane, J. Dewey	92
菅野明	119	戴相龍	273,274
鈴木昭徳	29	タイソン、ローラ Tyson, Laura D'Andrea	192,214
		ダウ、クリストファー Dow, Christopher	88,103,109, 145

高木仁三郎	387,422
高田紘一	39
高橋邦和	40
高橋是清	132,401
竹下登	175
竹中平蔵	289,372,432
橘木俊詔	309
舘龍一郎	37,49,191,390,423
田中角栄	112,234
田中二郎	389
田中努	158,213
田中直毅	191
田邊熊蔵	377,378,380-382,421
田邊（旧姓矢島）さと	377,382
田辺貞之助	389,422
田邊誠（通称：田辺）	28,382,402,404,417,421,424
田波耕治	371,372
谷口誠	272,357,362,364
ダニロフ＝ダニリヤン Danilov-Danilyan	268
タファラス、イムレ Tarafas, Imre	195
玉置孝	102
田村達也	30,119
樋川満	28
チェルノムイルジン、 ヴィクトル Chernomyrdin, Viktor Stepanovich	266
チトー、ヨシップ・ブロズ Tito, Josip Broz	135
チャンピ、カルロ Ciampi, Carlo Azeglio	252

チュヴェリ、 ジャン＝ピエール Tuveri, Jean-Pierre	268
チュバイス、アナトリー Chubais, Anatolii Borisovich	9,267
塚越孝三	119,177,417
堤富男	228,387,422
角田義一	374,375
鶴光太郎	397,399,417
ティーゲセン、ニールス Thygesen, Niels Chritopher	102,106,324,330
ティートマイヤー、ハンス Tietmeyer, Hans	8,23,198,213,220,224
ディーニ、ランベルト Dini, Lamberto	252
ディーン、アンドルー Dean, Andrew	9
テイラー、ジョン Taylor, John Brian	161,169,197,285,286,295
デイル、ウィリアム Dale, William	130
ティル、ピーター Till, Peter	89,91,98,104
ディロン、C.ダグラス Dillon, Clarence Douglas	84
デュケーヌ、ピエール Duquesne, Pierre	335,336
寺沢一	390
寺田晴彦	173
ドイセンベルク、 ウィレム・フレデリック Duisenberg, Willem Frederik "Wim"	87
ドゥッドラー、ヘルマン Dudler, Hermann	104,106,107
ドゥビニン、セルゲイ Dubinin, Sergei Konstantinovich	267
トービン、ジェームズ Tobin, James	80,167,375
ドーンブッシュ、 リュディガー（通称ルディ） Dornbusch, Rüdiger "Rudi"	99

人名索引　*451*

ドゴール、シャルル
de Gaulle, Charles André
Joseph Pierre-Marie　35,42,68,69,76,85,205

トソフスキー、ジョゼフ
Tosovsky, Josef　195

戸田善明　119

ドブレ、ミシェル
Debré, Michel　69,76

外山茂　28,34

ドラギ、マリオ
Draghi, Mario　245

ドラロジエール、ジャック
de Larosière, Jacques de
Champfeu　130-133,193,205,207,210,365

トランプ、ドナルド
Trump, Donald John　19,344

トリシェ、
ジャン＝クロード
Trichet, Jean-Claude　8,170,219-222,288,335

トリフィン、ロバート
Triffin, Robert　39

トルーマン、エドウィン
（通称テッド）
Truman, Edwin M. "Ted"　8,150,220,232,245

トルーマン、ハリー・S
Truman, Harry S.　72,77,78

トルドー、
ピエール・エリオット
Trudeau, Pierre Elliott　14,145,360

ド・ロ、マルク
de Rotz, Marc Marie　179,433

【な行】

ナイト、マルコム
Knight, Malcolm D.　366

中尾万寿夫　27,424

中川幸次　119,351

長坂健二郎　183,417

長澤道隆　184,373,388,393,409,411,417,422

永島旭　7,28,230,237,254

中曽根康弘　22,175

中原伸之　368,370

中平幸典　397,417

中村進　27,28,32,36,46,350,424

中山伊知郎　352

灘山龍輔　38

浪川攻　11

南原晃　30

ニクソン、リチャード
Nixon, Richard Milhous　72,86

西部邁　31,421

額賀信　119

ネムツォフ、ボリス
Nemtsov, Boris Efimovich　267

ノイマン、マンフレッド
Neumann, Manfred　99

野上義二　358,363,364

野村吉之助　384,385

ノワイエ、クリスチャン
Noyer, Christian　289

【は行】

パーキン、マイケル
Parkin, Michael　98

バーグステン、フレッド
Bergsten, Fred　120,154,173,192,204,207,214

バートランド、ラッセル
Russel, Bertrand Arthur
William　400

バール、レモン
Barre, Raymond B.　76

バーンズ、アーサー
Burns, Arthur Frank　72,73,124

ハイネス、ウィリアム
Hynes, William　87

ハイマン、ジョン
Heimann, John G.　207

ハウ、ジェフリー
Howe, Richard Edward
Geoffrey　158,159

バウトン、ジェームズ Boughton, James	22,107
ハグマン、ベルティル Hagman, Bertil	209
パグロツスキー、ライフ Pagrotsky, Leif	9,329,337
橋爪芳男	383
畑山卓美	397,403,417, 425
秦忠夫	63,93
バッド、アラン Budd, Alan	213,243
パドア＝スキオッパ、トマゾ Padoa-Schioppa, Tommaso	8,16,17,106, 107,109,193, 252,289,367, 417
パドアン、ピエル・カルロ Padoan, Pier Carlo	324
浜田宏一	99,287
林昭彦	373,388,393, 397,407,409, 417,422
林大造	59
速水優	7,55,60,92,103, 104,114,115, 117,119,124, 128-130,137, 139,141,147, 153,286-288, 293,299,341, 351,364-367, 370,393,396, 411,433
バユミ、タミン Bayoumi, Tamin	283
ハロッド、ロイ Harrod, Henry Roy Forbes	67,197
ハンセン、ベント Hansen, Bent	96
ヒースコート＝エイモリー、 デリック Heathcoat-Amory, Derick	84
東山紀之	34,102,119, 123,124,352

ヒギンズ、クリストファー （通称クリス） Higgins, Christopher Ian "Chris"	156,170,185, 351
日高八郎	388,422,423
ヒックス、ジョン Hicks, Johnn	67
ピネー、アントワーヌ Pinay, Antoine	68
ビューゲル、 エルンスト・ヴァン・デア Beugel, Ernst van der	79
平井正穂	279
平沼赳夫	421
平野龍一	389,423
ヒルシュ、フレッド Hirsch, Fred	127
ファイナー、マイケル Feiner, Michael	8
ファウラー、ヘンリー Fowler, Henry Hammill	70,77
ファツィオ、アントニオ Fazio, Antonio	16,104,106, 109
ファンアクト、 アンドレアス van Agt, Andreas Antonius Maria "Dries"	208,209
フィッシャー、スタンレー フィッシャー、ローダ Fischer, Stanley; Rhoda	8,99,196,284
プーチン、ウラジミール Putin, Vladimir Vladimirovich	267,268
プール、ウィリアム Poole, William	100,174
フェイ、ジョン Fay, John	7,88,89,145, 146
フェルドスタイン、 マーティン（通称マーティ） Feldstein, Martin Stuart "Marty"	174
フェルドマン、ロバート Feldman, Robert	371,372,432
フェルプス、エドムンド Phelps, Edmund Strother	99

フォード、ロバート Ford, Robert	218	フリーマン、リチャード Freeman, Richard Barry	262
深井英五	29	ブリタン、サミュエル Brittan, Samuel	223
深井道雄	110,111,119, 175	プリマコフ、エヴゲニー Primakov, Evgenii Maksimovich	266
福井俊彦	17,35,110,119, 229,233,293, 294,299,367, 368,370,371, 404,405,417, 432	ブルメンソール、マイケル Blumenthal, Werner Michael	120,124,128
		古谷九八郎	126
福田赳夫	117,120,125, 130,195,208	ブルンナー、カルル Brunner, Karl	98,99,109
福田康夫	367,370,371	ブレッシング、カルル Blessing, Karl	57
藤井照雄	281	フレミング、マーカス Fleming, John Marcus	148,155,158, 240
藤井裕久	304		
藤岡真左夫	117	フレンケル、ジェイコブ Frenkel, Jacob Aharon	99
藤田恒郎	116	ブロスレット、ピエール Brosollette, Pierre	92
藤本厳三	119,121,123, 124,139	ベア、ギュンター Baer, Günter D.	329
ブッシュ、ジョージH・W Bush, George H.W.	213,285	ベイカー、 ジェームズ・アディソン Baker, James Addison	175
ブッシュ、ジョージ・W Bush, George Walker	285	ペイユ、ジャン＝クロード Paye, Jean-Claude	1,2,4,8,12-14, 185-189,198, 214,216-218, 221,266,272, 355,357-362, 429
プライス、ロバート Price, Robert W. R.	9,336,337		
ブラインダー、アラン Blinder, Alan Stuart	224		
ブラウン、ゴードン Brown, James Gordon	244	ペール、カルル・オットー Pöhl, Karl Otto	138-140,206
ブラック、スタンレー Black, Stanley	99	ヘラー、ウォルター Heller, Walter Wolfgang	79,96
フランシス、ダリル Francis, Darryl R.	71,73	ベルティル Bertil Gustaf Oskar Carl Eugén	208
ブランデル＝ウィグナル、 エイドリアン Blundell-Wignall, Adrian	329	ヘンダーソン、デヴィッド Henderson, David	7,185,355,359, 394,417
ブランデン、ジョージ Blunden, George	141	坊秀男	121-123
フリードマン、ベンジャミン Friedman, Benjamin Morton	99	ホートレイ、ラルフ Hawtrey, Ralph George	67
フリードマン、ミルトン Friedman, Milton	73,167,429	ボーマン、ジャック Boorman, Jack	18,343

ボスキン、マイケル Boskin, Michael Jay	212-214
ポスチューマ、スアード Posthuma, Suard	65,67,77,78
ホストラ、ヘンク Hofstra, Hendrik Jan "Henk"	78
細谷貞明	166,352
穂積重遠	26
穂積陳重	26
ボッケルマン、ホルスト Bockelmann, Friedrich Wilhelm Horst	104
ポッター、スティーヴン Potter, Stephen	7,17,145,164, 185,417
堀田健介	115
堀田庄三	115
堀井昭成	119
堀内昭義	191
堀江薫雄	49,390,423
堀江康熙	191
堀太郎	172,173
ホルトロップ、マリウス Holtrop, Marius Wilheim	78,87
ホワイト、ウィリアム （通称ビル） White, William R. "Bill"	8,190,230,241, 329,330
本田敬吉	93
本間忠世	257

【ま行】

マーシャル、ジョージ Marshall, George Catlett Jr	78
マーシャル＝ラーナー Marshall-Lerner	240
マーシュ、デヴィッド Marsh, David	14,122,215,216
マーティン、ジョン Martin, John	7,335
マーティン、 ウィリアム・チェスニー Martin, William McChesney Jr.	72-74

マーティン、ポール Martin, Paul Edgar Philippe	342
前川春雄	7,11,28,33,34, 86,92,96,119, 123,124,135- 141,145,146, 165,167-169, 171,350-353, 397,398,402, 403,424,425, 438
前田尚志	28
前田豊	32
マクマーン、クリスト ファー（通称キット） McMahon, Christopher "Kit"	146,148-150, 158,163,164
増永嶺	119
マセラ、フランチェスコ Masera, Francesco	109
マゾッキ、ピエルジョルジョ Mazzochi, Piergiorgio	364,365
町村信孝	404,417
松浦晃一郎	415
松川道哉	92,117,118, 121,122
マックファーレン、アイアン Macfarlane, Ian John	107,199
松下康雄	233,367
松島正之	254
松本亨	385,422
マテス、ハインリヒ Matthes, Heinrich	126
マテロフ、イワン Materov, Ivan	268
マランボー、エドモン Malinvaud, Edmond	168
マリス、スティーヴン マリス、マーガレット Marris, Stephen; Margaret	7,8,88,89,95, 107,122,126, 129,145,146, 150,155-158, 163,164,168, 173,174,177, 185,186,189, 215,226,252, 429
丸磐根	119

人名索引　455

丸山眞男	389,423	村山達雄	124
マンキュー、グレゴリー Mankiw, Gregory	334	村山富市	382
マンスフィールド、 エドワード Mansfield, Edward	334	メージャー、ジョン Major, John	221
マンデル、ロバート Mundell, Robert Alexander	148,155,158, 240	メドヴェージェフ、 ドミートリー Medvedev, Dmitrii Anatolievich	268
三重野康	13,110,111, 119,191,192, 199,229,353, 357,358	メナシェ、アイザック Menashe, Isaac	89,91,98
三ヶ月章	389	メリ、レナルト Meri, Lennart Georg	270,271
三木武夫	112	メルツァー、アラン Meltzer, Alan	8,99,196,206, 207,235,255, 256,296,407
溝口善兵衛	286		
ミッチェル、ジョージ Mitchell, George W.	71	モウ、トルヴァルト Moe, Thorvald	359
ミッテラン、フランソワ Mitterrand, François Maurice Adrien Marie	147,148	モーゲンソー、ハンス Morgenthau, Hans Joachim	389
箕浦宗吉	7,124,134,137, 355	モース、ジェレミー Morse, Jeremy	92,370,371, 412
ミハャルスキー、 ヴォルフガング Michalsli, Wolfgang	331,337	茂木悦郎	383
		モディリアニ、フランコ Modigliani, Franco	99,196
三宅純一	191	本屋貞一	116
宮澤喜一	175,208,341	モリトール、ベルンハルト Molitor, Bernhard	213,214,395
ミュンシャウ、 ウォルフガング Munchau, Wolfgang	335	森田一	137
		森田泰子	199
ミラー、ジョージ Miller, George William	124,128,133	森義則	176,417
ミルロン、ジャン＝クロード Milleron, Jean-Claude	358,359	森永隆子	7,134
ムッサ、マイケル Mussa, Michael	99,230,284	森永貞一郎	7,22,34,47,73, 117,119,121, 123,124,128- 135,137,350, 351,397,403, 406,425
ムッツ、ダイアナ Mutz, Diana	334		
武藤敏郎	371,372		
武藤光廣	373,388,393, 400,401,409, 411,417,422	**【や行】**	
		ヤーコプス、エヒベルト Jacobs, Egbert	272,417
村上稱美	28	ヤコブソン、ペール Jacobsson, Per	407,420,429

矢後和彦	21,22,420	リーガン、ドナルド Regan, Donald Thomas	154,159,160
矢島昭	101	リーケ、ヴォルフガンク Rieke, Wolfgang	8,213,220, 222
安居和男	119,122	リーランド、マーク Leyland, Mark	154,162
山際正道	7,31	リカード、デヴィッド David Ricardo	230
山崎文治	29		
山中鉄夫	352	リケット、デニス Rickett, Denis	75,76,80
ユーク、コンスタンティノ Lluch, Constantino	7,8	李克強	274
ヨウ、エドウィン Yeo, Edwin	117	リトラー、ジェフリー Littler, Geoffrey	185,186,213
横山昭雄	7	李鵬	272
吉國眞一	407,408,417, 428	龍永図	274
		リュエフ、ジャック Rueff, Jacques Léon	39,68,426
吉澤洸	32,281,352	李嵐清	274
吉澤利夫	28	ルウェリン、ジョン Llewellyn, John	12,13
吉田典之	375		
吉富勝	185	ルービン、ロバート Rubin, Robert Edward	341
吉野俊彦	34,38,41,49,58	ルジェロ、レナート Ruggiero, Renato	9
		ルボウ、デヴィッド David Lebow	241
【ら行】		ルミエール、ジャン Lemierre, Jean	224
ラーソン、アラン Larson, Alan	214	レイドラー、デヴィッド Laidler, David	98
ラール、ルネ Larre, René	92,143	レーガン、ロナルド Reagan, Ronald Wilson	147,148,215
ライクロフト、ヘンリ Ryecroft, Henry	279,282	レグリンク、クラウス Regling, Klaus P.	240
ライヘンバッハ、ハンス Reichenbach, Hans	388	レモン、ロベール Raymond, Robert	1,3,255,324, 328,329,337
ラギャルド、クリスティーヌ Lagarde, Christine Madeleine Odette	333,366,395	ロイトヴィーラー、フリッツ Leutwiler, Fritz	124,138-140
ラズミンスキー、ルイス Rasminsky, Louis	80	楼継偉	274
ラト、ロドリゴ Rato, Rodrigo de	366	ローザ、ロバート （通称ボッブ） Roosa, Robert Vincent	77,79,80
ランギュタン、ピエール Languetin, Pierre	139,147		
ランファルシー、 アレクサンドル Lamfalussy, Alexandre	99,152,154, 223,420		

ローソン、ナイジェル Lawson, Nigel	306-362		**【わ行】**	
ローマー、ポール Romer, Paul Michael	194		ワーナー Werner	7,31,32
ローリー、アンソニー Rowley, Anthony	275		ワイデンバウム、マレー Weidenbaum, Murray Lew	148,186,215
ロゴフ、ケネス （通称ケン） Rogoff, Kenneth "Ken"	296,297		若月三喜雄	119,176,405, 417
ロビンス、ライオネル Robbins, Lionel Charles	67		ワス、ダグラス Douglas Wass	158
ロビンソン、ジョーン Robinson, Joan Violet	67		ワズワース、ジョナサン Wadsworth, Jonathan	334
			渡辺孝友	27,110,424
			渡辺誠	86

　本索引の作成にあたっては、中央公論事業出版編集部の堤智紀氏はじめ、スタッフの方々のご支援を頂きました。心から御礼を申し上げます。

　2019 年 12 月吉日

重原久美春

日本銀行と OECD　実録と考察

2019 年 12 月 25 日初版発行

著　　者　　重原　久美春

制作・発売　　中央公論事業出版
　　　　　　〒 101-0051　東京都千代田区神田神保町 1-10-1
　　　　　　電話　03-5244-5723
　　　　　　URL　http://www.chukoji.co.jp/

印刷／精興社
製本／松岳社

ⓒ 2019 Shigehara Kumiharu
Printed in Japan
ISBN978-4-89514-504-6 C3033

◎定価はカバーに表示してあります。
◎落丁本・乱丁本はお手数ですが小社宛お送りください。
　送料小社負担にてお取り替えいたします。